读懂学生
DU DONG

教育的逻辑起点

主　编：陈燕华

副主编：李晓弘 / 吴锦福

编　委：张彩虹 / 叶万东 / 许可馨 / 陈素荫

厦门大学出版社　国家一级出版社
XIAMEN UNIVERSITY PRESS　全国百佳图书出版单位

图书在版编目(CIP)数据

读懂学生:教育的逻辑起点/陈燕华主编. -- 厦门:厦门大学出版社,2023.2(2023.12重印)
ISBN 978-7-5615-8691-4

Ⅰ.①读… Ⅱ.①陈… Ⅲ.①教育工作 Ⅳ.①G4

中国版本图书馆CIP数据核字(2022)第140952号

出 版 人　郑文礼
责任编辑　施建岚
美术编辑　李夏凌
技术编辑　朱　楷

出版发行　厦门大学出版社
社　　址　厦门市软件园二期望海路39号
邮政编码　361008
总　　机　0592-2181111　0592-2181406(传真)
营销中心　0592-2184358　0592-2181365
网　　址　http://www.xmupress.com
邮　　箱　xmup@xmupress.com
印　　刷　厦门市明亮彩印有限公司

开本　787 mm×1 092 mm　1/16
印张　22.25
插页　1
字数　450千字
版次　2023年2月第1版
印次　2023年12月第2次印刷
定价　80.00元

本书如有印装质量问题请直接寄承印厂调换

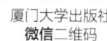

读懂学生,让教育的勃勃生机得以生成

尽管不在和美论坛的现场,但依据之前与厦门第二实验小学教师们持续多年的密切合作经验,完全能想象到在"读懂学生"这一鲜明主题感召下,教师们相互之间的启发和由此不断生成的新思想、新实践。更难得的是,基于该次论坛的成果和长期实践的总结,得以形成本书并出版。充分地阅读这部书稿,我的内心充满感动和敬佩。

在我的印象中,厦门第二实验小学的教师热爱教育、热爱生活,充满教育激情,追求教育智慧,保持自我超越状态,不断践行着"生命·实践"教育学思想,不断创造着具有"和美"个性的教育实践。阅读本书的各位校长、教师、家长、教育研究者,也许也会从这本书中发现这些特征,也会在这一些教师的情怀、思想和为人处事中找到共鸣。

在这本以《读懂学生》为名的书中,汇聚着厦门第二实验小学教师们乃至家长们丰富的学生研究的内容,体现着鲜明的学生立场,并且还有直接来自学生的自我发现、主动分享。在阅读过程中,读者能感受到这一主题如何被重视、被理解、被践行,体会到"读懂学生"与变革教育、关怀生命之间的内在关系。

一

作为教育的对象,作为教育实践的合作者,学生是任何教育实践中都不应缺席的,而"读懂学生"是一切教育得以发生的前提。

教育是发生在师生之间的实践活动。如果将学校教育、家庭教育、社会(社区)教育等作为教育的不同类型,则无论哪一种类型,教育都发生在教育者与受教育者的交往中。无论教育工作者有多少年的经验,曾经接受过多么丰富和专业的培训(培养),都不能完全替代在真实教育实践中对学生的研究,都需要在职业和专业生活的全程中保持对学生的研究。

学生作为主体,尽管其身心发展有着一定的稳定性、阶段性,可以参照之前的经验而加以认识、理解;但是,每一个学生都是具体的、生动的,不可被替代的;每一个班级、每一所学校,亦因为每一个学生的具体、生动,而成为独特的群体。这就需要教育工作者树立起"具体个人"的意识。这一观点和立场,在终身教育思想的集大成者朗格朗的著作中,在叶澜教授等学者的著述与研究实践中,都有鲜明的体现。

这不仅仅是一种原理性认识,更是教育实践中无时无处不在的挑战。学生有自己的认识基础和发展过程,因此,从认知发展的角度,其先于教学活动的相关认识,其学习方式、思维方式及建构知识的能力,直接决定其各学科学习的品质,决定其认知发展的高度。而学生学习的复杂性还不止于此,其学习的动力,其对于学习的体验,其社会性发展状态,其所处的丰富、多元、个性化的学习生态,无不影响着学生的学习状态和学习质量。自然,学生也会在这种复杂性中,不断以自我的发展和自我教育能力的成熟,而逐步成长为学习和发展的主人。

这样的认识和体验,估计是扎根在每位厦门第二实验小学教师心中的,尤其是参与过"新基础教育"实验历程的教师们,无论是学科教师、班主任还是管理干部,都会对学生研究的价值和内容非常熟悉。在本书中,我们能读到许许多多的教师通过对学生发展状态的敏锐观察,形成一个个聚焦性的问题或主题。例如,如何在立体几何的学习中让不同层次学生的空间观念得到应有的发展?在小学第一学段写话到第二学段习作出现跳跃式递进时,如何才能更好地帮助学生克服困难?有些学科概念学生即使学过,但在检测中还是反复出错,而且根深蒂固,为什么孩子们会经常出错?为什么这些孩子不爱自己的班级、不能为班级建设而努力?……正是通过这样的聚焦,教师们得以进入学生的思维与情感世界,得以理解每一个、每一群学生的特殊性。而这样的认识和理解,会不断充实、发展教师对"读懂学生"之内涵的理解,不断建立起教师对学生的具体性、生动性的认识和体验,不断发现学生作为一个生命体所具有的认知、情感与社会性特征,不断形成对每一个学生、每一群学生在学习中的认知、情感、社会性等发展基础、发展特征的理解。在一定意义上说,教师总会有对学生的"前理解",但更需要在这样的研究中,在"读懂学生"的过程中不断实现"读懂"学生。

也因此,能读懂学生的教师,才具有了开展有质量的学校教育实践的基本前提;能读懂孩子的家长,才具有了开展有质量的家庭教育实践的基本前提;有较好自我意识的学生,才具有了自我教育的极好前提,且更容易持续终身!

二

理解了"读懂学生"的内涵,就会发现,这是任何一位教育工作者的基本工作、前提工作。但在教育实践中,学生也经常是教育工作者忽视的主体,"读懂学生"的工作尚未真正融入教师日常工作中。

我国的中小学教师是非常敬畏专业性的，对于解读教材、投入教学设计研究、开展课堂教学改革研究、推进项目化学习实验等充满热情，也富有创造性。但所有的对教学资源、教学条件、教学过程的研究，都应该以学生研究为前提、为构成、为结果。如果不能读懂学生，则教材研究、教学研究、专业发展研究等，完全可能会助长"灌输"的风气，形成"目中无人"的"教学"过程，背离"双减"的目标，恶化教育发展的生态，无益于教师专业的可持续发展。可以说，"读懂学生"需要被纳入教育改革的战略设计之中，化为具体的教育改革与发展策略，化为教师职业生活、专业生活的构成，化为学校教育乃至家庭教育、社区（社会）教育的战略构成并日常化。

当我们确认了"读懂学生"在教育实践中的前提性、基础性价值，且和厦门第二实验小学的老师们一样，直接感受到学生学习与发展的丰富性，尤其是其认知、情感、社会性的多维性与动态性之后，就要继续来回答，"读懂学生"发生在何时何地？是否可以类似备课活动一般，毕其功于一役？

厦门第二实验小学的教师们估计会这样回答：这是贯穿在研究性变革实践全程的，是连续不断、可持续进行的，乃至于是贯穿教师职业生涯、专业生活全程的。

在本书中，我们读到了教师们通过对已有学生研究成果的学习而实现与知识世界的沟通和对话；读到了教师们通过自己的观察与思考，通过调查研究、个案研究，通过实践中的验证与发展，以多种方式实现"读懂学生"的使命；还读到了教师们如何使得这样的学生研究渗透到教育的全过程之中。阅读本书时，教师们的专业阅读、专业实践、专业写作，给我带来很大的触动。估计这样系统的工作方式、学习方式的更新，对厦门第二实验小学的各位教师也有挑战。

本书呈现的教师发展状态和发展方式，还是我所熟悉的，保持着厦门第二实验小学的鲜明气质；但也有不同之处，例如，教师们所采用的表达结构，不断熟悉起来的学术研究策略，更长篇幅的写作，都是和之前有明显不同的。这些不同，体现着更明确的学术追求，展现了更开阔的视野、更综合的能力、更自觉的创新、更自信的表达。如果沿着这条道路走下去，我想，一所学校可持续、高质量发展的保障力量，应该会不断增强。而这，也同样会受到学生和家长的持续欢迎，因为学生研究就是这一新的飞跃过程的灵魂。这是有挑战的，但各位老师做到了。我想，全国各地更多的教师也会不断发展起这样的专业能力。在本书中，厦门第二实验小学的教师们都呈现出专业阅读和思考的新习惯，而且通过自己的调查研究形成认知，如通过调查问卷、访谈法、日常观察等，走进学生的生命世界。

特别值得推崇的，是"读懂学生"要化为教育变革的力量，要融为教育实践的构成,改造教师的教育实践。在本书中,教师们基于"读懂学生"的成果,改变着教育教学的设计,探索着方式方法的更新,不断形成可沟通、可学习的实践样态,成就着一位位的学生。这样的实践,不就是更高品质的教育实践吗?不就是在形成、发展、矫正"读懂学生"中而形成的学生观吗?而且,教师们所撰写的每一份材料,不就是教育实践变革与教师专业成长的微报告吗?

在阅读本书的过程中,我结合着之前合作研究的经历,可以想象在厦门第二实验小学会形成的实践与发展状态:带着"读懂学生"的使命感和自觉性,保持着"读懂学生"的过程感,将对学生的不断发现融入教育实践中,伴随着教育过程的展开而保持着生成性,不断追求更有专业性的教育实践和更有意义的专业生活。

三

特别值得分享的阅读体会,除了本书中所呈现的对学生立场的尊重、对学生发展的追求、对学生研究的践行,还体现在对学生发展之生态的敏感与改进中。

学生不是生活在真空中,而是在具体的人与人的互相影响中,在真实的班级、学校情境中,在多变的家校社协同关系中持续学习和发展的。厦门第二实验小学的教师们会通过精心创设教育实践情境,让师生互动、生生合作变成教育的过程,形成综合、长程的教育力量。有教师写到学生毕业之后的发展,会在学生升入高一学段后依然保持师生联系,这都体现着对学生成长特征的尊重。学校教育的系统变革,涉及所有人、时间、空间,尤其是会延续到学生毕业,乃至于成为对学生终身学习、终身发展的支持力量。这种生态式的思维,会进一步充实"读懂学生"的力量感。

难得的是,本书还收录多份父母、孩子的作品。其中,有家长对"习得性无助"主题的学习、体悟,进而从家庭教育视角呈现一个母亲的探索、改变、思考等;也有学生分析自己如何自律而拒绝沉迷手机,或如何将楼梯作为自我锻炼、自我超越的地方,从没获得参赛资格到获得校运会金牌并破校运会纪录。我们能读到家长们在学校的引导下"读懂孩子"进而更新家庭教育的实践;能读到孩子们的自我发现、自我教育、自我更新,从而在小学阶段就体验到了健康的"自我"所拥有的力量!

在生动的文字背后,是生机勃勃的教育,是学校、家庭、社区协同育人的新生态,是每个人保持终身学习状态的新境界。就学生发展而言,家校社协同育人的新格局,是当前非常值得教育工作者乃至全社会投入建构的;也因为有了"读懂学生"这一基础与前提,这一建构的力量除了来自教师,还有学生和家长。

本书所呈现的这一发展道路,对于教师、学生和家长,对于学校、家庭和社区而言,都将是一段新的旅程。相信这段旅程,将创生更多教育的变革、发展更多专业的素养、实现更多人性的丰满。

四

阅读这本书时,时常会联想起在厦门第二实验小学合作开展研究的那些日子,想起那些合作的教师和孩子们,想起许多充满激情、不断创新、相互成就、共同成长的场景。看着书中孩子们手绘的插图,我也联想起许多的画面。联系"读懂学生"这一核心,对于身处高校的教育研究者,也许,我们也需要增强"读懂学校"的意识,投入对一所所像厦门第二实验小学这样的学校的研究,以此丰富和发展新时代的中国教育学!

本书的出版,是一个鲜明的起点。"读懂学生",在厦门第二实验小学早就不再是一句口号,现在正在积淀为教师们日常工作中的新习惯,成为教师素养提升的基础,成为学校文化的核心构成。伴随着学校的发展和教师群体的成长,"读懂学生"的成果也会越来越丰富。而且,这不应该只是一所学校所追求、所践行、所体验的,而应成为更多教育工作者、研究者所投入、所体悟、所贡献的。

当本书被更多教育同人阅读时,相信这份相通的教育追求、理念与实践,会产生更强大的教育力量。

李家成(华东师范大学上海终身教育研究院执行副院长,教授,博士生导师)

目 录

研究学生,洞察教育的本质

01 林欣颖 告别"隐形人",实现真合作 ...3
02 黄冬敏 "自己人"效应,班级认同感进阶路径 ...11
03 徐舒婷 定位·梳理·转码,远离"资料迷失" ...22
04 林 皓 破除图式僵硬,让数学易懂些 ...33
05 吴国铎 小心"危险模型",五步助力"数模小达人" ...48
06 林婷婷 巧借"4C"策略,摆脱"识记策略缺失症" ...61
07 杨双双 突破"符号模式化",助燃儿童绘画创作 ...72
08 林萍玲 重掌"无舵之舟",用真"情"实"感"激活内驱力 ...82
09 林廷润 "Leader in Me自我领导力"助力up,up,up——我的"4M"理论 ...92
10 尹俊淏 打破"高原现象",突破学习"瓶颈" ...98

理解学生,探寻教育的方向

11 刘丹鸿 巧用"运镜"手法,提升红色共情力 ...105
12 李艺灵 绘本搭桥,让文字不再"失语" ...118
13 陈 婷 "浸润式游戏",促规则意识升级 ...134

14	黄思如	埋下情感种子，化育"失落"的道德感	...144
15	蔡斯琪	From Word to World：词汇学习赋能量	...159
16	余雅清	知识"悟"化，辟路"求知窘境"	...167
17	逯 瑶	xin动力，化解乐团排练"笃新怠旧"症结	...178
18	林文婷	导图引路，解救"复述迷航"	...190
19	陈淑敏	找准概念生长点，推翻学生的"误解"	...201
20	李 微	从0到200的"绳奇"历程，攻克畏难症"当妈"有招！	...208
21	伍 婧	智慧陪伴，度过"喊妈"焦虑期	...213
22	程芋语	打破"高光心态"，韧心成长	...225

发展学生，遇见教育的未来

23	赖斯婕	指"点"迷津，挣脱"刻板作业链"	...231
24	颜芳春	向"蜗牛性格" Say Goodbye！	...241
25	董一派	打破"说明文索然"，趣添语文味	...252
26	吕 萍	打破"沉默式回应"，三步打造"燃点"课堂	...267
27	林 倩	一"键"三联破解程序化演奏	...279
28	万 鑫	数形"邂逅"，拯救"解题迷失患者"	...288
29	王 悦	告别"管中窥豹"式欣赏，突破审美局限	...302
30	庄冰冰	项目驱动，赋质疑高能	...311
31	吴聪毅	以问题为导向，解决体育"表面工程"	...320
32	方 蕾	正循环陪伴，让孩子潜能不流失	...328
33	郭筱淳	跳出"家长陷阱" 迎接独立自信小男子汉	...334
34	徐芃茜	哆来咪发唆，我的"超越"成长法	...341

研究学生,
洞察教育的本质

01

告别"隐形人",实现真合作

厦门第二实验小学分校 林欣颖

现场问索

2021年初,六年级最后的"草根才艺秀"如火如荼地开展,六个小组分头进行节目策划。在一个日常的策划会上,大家针对节目内容各自散开讨论。然而,这些情景却让我有了新的担忧。

小颜在A组热闹的讨论中发呆、不回应、不反驳,与热闹的讨论氛围形成了鲜明的对比。即将下课的时候,我上前询问小颜讨论的感受,小颜摆摆手说:"反正大家让我做什么就做什么。"

与此截然不同的是,B组的大部分成员都莫名地"消失"了:小苏在教室后打闹,小李到处闲逛"打探军情",留在组内的学霸小杨正背过身写着自己的作业。组长看到我一来,拉着我焦急地说:"我们组剩我一个人了!"

在小组的合作中,像小颜这样任凭安排,像小苏、小李这样不合作的孩子不算少数。这些学生为什么会在班级活动的合作中处于隐形状态?如何在毕业之前让他们在班级活动中拥有合作的参与感?这些成了我思考的方向。

正本洄索

像这样在班级活动的合作中无法参与的孩子,我称之为"合作隐形人"。他们的表现主要有以下几点。

一、语言隐形

他们常常沉默,哪怕有更好的想法,也不愿意在众人面前表达。他们对于合作没有期待,久而久之,把沉默倾听当成习惯,失去了在合作中表达的能力。

二、行动隐形

他们难以与成员相处,拒绝倾听,时常游离在讨论范围外,习惯做自己的事情或者玩耍。

三、思考隐形

虽然能开口表达一些想法,不过仔细倾听会发现,他们只是人云亦云地附和,并没有真正地思考并参与讨论。他们害怕被人指责"不讨论",却又难以真正参与。

远溯博索

截至2021年,在中国知网(CNKI)数据库以主题为"班级""合作""边缘"进行高级检索,共检索到162篇文献,其中学位论文131篇、学术期刊文献14篇、国内会议文献2篇,基础特色期刊文献15篇。近年来关于这个方面的研究也大体呈现上升趋势(见图1)。

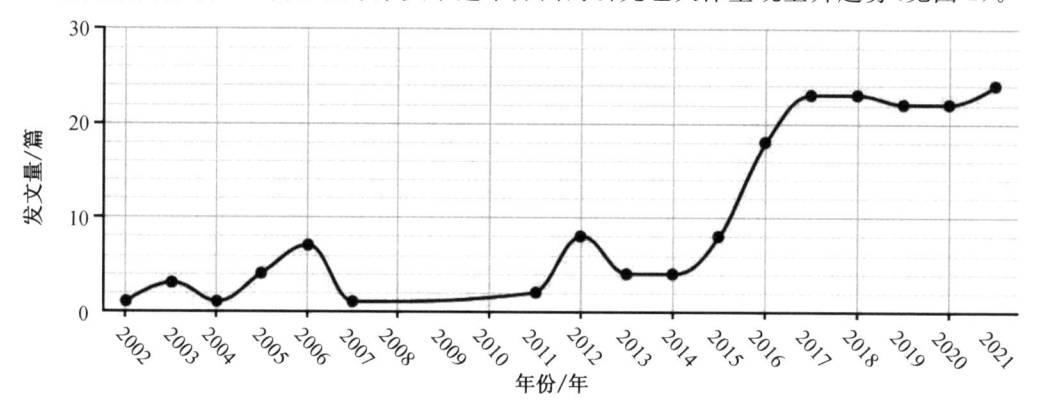

图1 2002—2021年CNKI论文发表趋势

在众多的研究成果中,笔者发现多数学者侧重于研究课堂中的边缘学生。比较有代表性的如徐凯芳在其硕士论文《课堂教学中"边缘人"话语权问题研究》中对这类隐形人的界定是:在课堂教学环境中,由于教育者行为失当而导致的游离于课堂教学活动中心,学习和社会性均没有得到发展的学生个体或群体。而尚孟婷也在其硕士论文《班级"边缘人"的形成原因及其应对策略研究》中,对这类群体进行了详尽的研究。

课堂中的边缘学生群体与合作活动中的边缘学生群体有相似的特点,但在应对的策略上侧重点却有所不同。前者多侧重于教师层面的策略,而"合作隐形人"却更需要由学生自我层面出发施策。在大部分的研究成果中,多杂糅而少区分,应对策略的模棱两可也使这个问题的研究面临"只见问题,难以应对"的局面。

工具研索

本文主要采用访谈法进行研究。访谈法的目的是了解学生们在合作过程中的不同表现,并进行原因分析。

访谈对象:毕业季活动策划 A 组中的小颜、组长小施。B 组中的小李、小苏、小杨、组长小陈。访谈对象的选择,主要以"合作隐形人"特性比较明显的学生为主,而两组的组长作为合作小组中的领军人物,他们对于"合作隐形人"的想法也同样作为研究的内容之一。

访谈问题:(1)你喜欢小组合作吗?为什么?(2)对于小组合作,你感到最害怕的是什么?(3)你希望在合作中扮演怎样的角色?

归因追索

"隐形人"的种类多样,但占比最大的"隐形人"最突出的特点仍是想参与却又茫然无措。这并非是一种天然状态,这类"隐形人"的产生也有多方面的原因。

一、先天不足——成长过程缺少正向引导

"合作隐形人"在成长的过程中,受个体性格、家庭教育的影响,没有对自身和外界环境形成正确的认知,在遭遇挫折和创伤后,往往采取消极的自我防御机制。因此在人际交往上,会极力避免与人产生冲突,习惯安静居于班级的角落。面对常有交锋的合作讨论,他们自然能躲就躲。长此以往,"合作隐形人"对班级活动不感兴趣,认为班级活动和自己没有关系。这也使得他们在班级活动中的主体性意识逐渐变得薄弱,只能被动地接受安排,遇到困难和障碍时往往不知所措。

二、后天失养——活动设计缺乏整体思考

我们的班级活动,往往缺乏整体、螺旋上升的连续性设计。纵使一周有一次班队活动,却都是独立成课,主题都不同,关系割裂,缺乏内在有机性。遇到节点活动,开展时间也十分受限,在特定时间完成后就难以持续,既没有年级的联动,又无承上启下的衔接。与此同时,教师对学生的合作能力发展也缺少长程性的规划,很少关注学段的特点以及该学段学生的总体发展目标。要求学生"合作"却又极少有时间专门教授他们如何"合作"。

没有明确、完善的目标指引,教师在活动的进行过程中,常常是想到哪儿做到哪儿,较为随意,更无法及时给予"合作隐形人"指导帮助,只能使"隐形人"对于"合作"越发无助。

三、发展失衡——学生发展水平参差不齐

成长中的先天不足与后天失养,让"合作隐形人"的发展水平与其他孩子相比出现了偏差,在合作上他们常常会慢人一步。在这个过程中,教师为了保证课堂呈现的效果以及推进效率,让善于表达的孩子得到更多的表现机会,无形中减少了"合作隐形人"的表现机会,甚至许多老师对"合作隐形人"的要求是:那就静静坐在那里听吧!

在这样的氛围下,班级孩子也对这类"隐形人"熟视无睹,部分孩子缺乏对这类孩子的友好关怀,不能平等地对待同学。能力高的孩子漠视他们的存在,而骄傲的孩子甚至还会冷嘲热讽,无形中剥夺了他们的机会。面对同伴如此态度,这些"隐形人"更难以展现自己。

久而久之,优秀学生的发展掩盖了这些"合作隐形人"的成长,他们越发"隐形"。

行动求索

"合作隐形人"的形成并非朝夕,因此想让他们"现身"也非易事。在他们小学的最后阶段,面对即将来临的毕业季活动,我不想让他们继续隐形下去。或许短时间内无法成为万众聚焦的"明星学员",但哪怕只是微弱的萤火之光,能在他们心中播下合作的种子,告别"合作隐形人"的身份,就值得我去努力尝试。

结合自己在毕业季活动阶段的一些尝试,我认为以下几点可以助力孩子告别"合作隐形人"。

一、高粱饴方案也很好——每种设想都被看见

只有基于学生需求的班级活动,才能让孩子获得真正的参与感。制订活动计划的时候,教师需要充分尊重并关注每一个孩子的实际想法。在六年级制订一份活动策划,通常采用小组的方式来呈现。但为了避免"合作隐形人"的想法被替代,在寒假阶段,我让全班每个孩子尽情畅想自己对于毕业季活动的期望,并将想法落于笔头。开学后,所有的孩子都提交了自己的方案,我利用班队课以"畅想会"的方式让孩子们一一交流。在舒服的交流环境下,班里的"合作隐形人"获得了展示的机会。想法或许会重叠又或是不够新颖,但"人人能发声,人人能表现"为"合作隐形人"搭建了亮相的舞台,让他们被看见!

这样的理念由上至下,也传递到了孩子的内心深处,在他们的身上得到了更好的发展。小组内合作成员的支持,以及他们对合作伙伴想法的尊重,让他们成了"隐形人"舞台下最忠实的观众。毕业季活动的中期,在讨论展现形式的环节中,A组组长有意识地收集了所有组员的想法,组内"隐形人"Y是一个热衷于抖音视频的孩子,他提出可以采用最近风靡抖音的高粱饴广告作为展示方式,一石激起千层浪,大家纷纷赞同,方案呈现

出来后,在班里得到了惊人的反响。获得了肯定,Y也更有信心了。

每种设想都应当被看见,"合作隐形人"群体对于活动的需求更需要我们的重视。当"隐形人"的想法"被关注""被讨论",他们就能够获得更多的合作参与感,更加愿意参与合作,助力他们更好地告别隐形。

二、特别考试卷——每个行动都被关注

在合作活动中,每一个人都必须在小组中展示自己,做到责任到人、人人尽责。然而,我们的小组里一般只有组长与组员两种角色。简单的划分无形中让"合作隐形人"已经"低人一等"。因此可以依据组内成员性格、能力特点,协助他们认领不同的角色。有研究者就将不同孩子可承担的内容划分为主持人、记录员、观察员、检查员、教练员等。不同的角色赋予组内每个成员不同的分工,在前期阶段教师可以根据孩子的角色协助孩子进行任务分配。

毕业季活动中,B组的活动策划名为"特别考试卷"。在活动的实施阶段,他们对分工存在很大的争议。在我的建议下,组长模仿老师命卷的分工,分为:出卷人、组卷人、审核人、试做员。组内能力较高又有创意的明星学员承担出卷人的工作,而"合作隐形人"得到了试做员这个光荣的使命,对于他们而言,既能参与活动的核心内容,又能及时发现试卷中的问题,协助组卷人及时修改试卷,成就感不言而喻。

每个行动都被关注,"合作隐形人"同样是合作小组内重要的成员,同样能承担不可替代的作用。高质量的有效分工,保证了每一个小组成员都能积极参与到学习活动之中,助力"隐形人"走进真正的合作,也让他们享受到合作带来的快乐与自信。

三、"不用担心,你可以的!"——每段成长都有陪伴

身为老师,我们要始终牢记,自己是这些"合作隐形人"背后坚强的靠山。C小组到了展示毕业策划方案时,那些由于"先天不足"所带来的恐惧与逃避笼罩在她们的心中。我知道,她们需要我的帮助与鼓励!在某个筹备的午后,她们正在为无法自然演讲而苦恼,我与这几个内向的小女孩坐在一起:"如果觉得干站着很尴尬,可以模仿新闻主播的样子坐在台上讲,是不是就更自然了?"听了建议,她们松了一大口气。"可是老师……我们声音都很小……""有麦克风怕什么!"一来一往,她们把内心积压的不安与疑惑一一向我倾吐,我也在交流中更加明白,"合作隐形人"也渴望展示,当我能给她们一点"阳光",她们就能给予我十分的"灿烂"。

除此之外,在合作伙伴间,也需要发挥核心成员的带头作用,将互帮互助的群体理念传递给每一位成员。合作小组中的成员摆正自己的态度,包容、尊重每一位同伴。这样的成员互助在毕业季活动推进过程中就不断发生,一直持续到后期进行的"大手拉小手",为一年级孩子上队会课的活动上。组长小陈充分关注每个成员,一人试讲,全员倾听,并及时给予建议。"合作隐形人"M,第一次尝试当老师,由于紧张,他总是忘记总结

语。成员发现了这个情况后,和 M 约好"暗号",每到最后的总结语,整组成员齐刷刷做起暗号,成功帮助 M 渡过了难关!这样温馨又可爱的片段,充满陪伴的力量。

每段成长都有陪伴,让"隐形人"时刻感受到困难有地方说、烦恼有人帮着解决,他们会更加放心大胆地投入合作活动中。主动倾听他们的想法,鼓励他们将自己的想法表达出来,主动为他们创造在小组中畅所欲言的机会,消除他们的不安,激发他们参与合作的热情。使每一个"合作隐形人"都能明白,在合作中,没有我,只有我们!

四、"请为自己点亮"——每份努力都应肯定

评价是对小组合作过程和学生合作表现的反馈,是促进合作小组健康发展的重要环节。

毕业季活动的总结课上,我和孩子们共同回顾了毕业季的点点滴滴,从方案的设想到最终的实施,是大家一步一个脚印共同完成的。不少孩子分享了他们合作过程中难忘的小插曲,而"隐形人"也大胆分享自己在毕业季中的全新体验。在颁奖环节中,我告诉所有的孩子:"你们都为自己的毕业季留下了最宝贵的记忆,在这个过程中,只要你有所尝试、有所突破,只要你为之努力过,那么你就是最闪亮的星,也请你为自己点亮这颗闪亮之星吧!"

正因如此,评价上需要体现个人和团队的结合,既要肯定学生的个体努力,又要注重团队的评价。个人方面,班级设置了"能说会道小达人""任劳任怨组长""最强大脑"等称号。在团队评价方面,设置了"王者之队""勇往直前小队""超越自我小队""和和美美小队""最给力后援团"等奖励。

而"隐形人"同样在过程中点亮了自己。"小小流萤,在树林里,在黑沉沉的暮色里,你多么欢乐地展开你的翅膀!你在欢乐中倾注了你的心。你不是太阳,你不是月亮,难道你的乐趣就少了几分?你完成了你的生存,你点亮了你自己的灯……"在为一些"隐形人"颁奖前,我想起了泰戈尔的《萤火虫》。对于所有的"隐形人",我也想要告诉他们,他们的光虽然微小,却不渺小。针对"隐形人",我还特别设置了"突破自我之星""天天向上之星""有你真好之星"的称号。

激发"隐形人"尽可能地展示自己的才华,开发他们的潜能,使他们乐意为共同的目标而努力,从而培养他们的合作意识。每份努力都应被肯定,有效的评价能让"合作隐形人"知道,自己的每一分努力都是能得到认可的。

案例探索

特别的你

毕业季活动策划中，C小组策划的项目是"特别考试卷"。这一张为毕业季而生的"特别考试卷"成为大家难忘的一张试卷，试卷内容包含知识类和情感回忆类，既有一到六年级的知识回顾，又有六年来同学、老师、学校的重要往事回忆。

承担活动的C小组，在组长小陈的带领下，在六一当天顺利完成了活动。欢声笑语萦绕着整个班级，每个人对活动都赞不绝口。作为指导老师，我参与了他们试卷的组卷、印制工作，对于这张试卷诞生的背后故事深有感触。

所有的一切都要从组内那个在我看来有些"隐形"的孩子——小晴说起。

在小组中，她是最默默无闻的一员，她没有组长的领导力，也没有组内学霸源源不断的灵光一闪，在整个小组内，她似乎总找不到自己能做的事情。久而久之，她在策划组内似乎成了一个可有可无的"隐形人"。

生生互助——你是我们的一员！

就在她即将放弃之时，组长小陈找到了她，询问她是否能在周末来学校一起帮忙拍照片作为题目。"只是拍照，这个很简单，我能做！"她欢快地说道。在那个下着雨的周末，尽管天气不佳，但小晴却第一次有了参与感："我觉得我也成了这个组里不可缺少的一员了！这份考卷也有我出的一份力。"事情不止于此，在试卷初步成型后，小晴还获得了"试做"的机会，组长仔细地交代她：你不要带着考试的负担来做题，做多久都可以，我们帮你计时。你的时间和正确率，我们都要记录下来，这个很重要！开始吧！"原来，自己也可以承担这样的重责大任。我一定要做好。"

最终，在活动进行当天，在台下的小晴全程紧张不已。"虽然我没有上台的机会，试卷上也不会印出我的名字，但是我知道，我可是这个特别考试中最特别的角色。我不仅参与了试题编制，还第一个做这份试题，是帮大家试错的试做员！我感受到了合作的快乐，能和大家一起完成一件事的感觉，真好！"

生活旋转的齿轮里，有多少这样不起眼却又至关重要的螺丝钉；光亮的舞台中，又有多少这样不可缺少的甲乙丙丁。小晴在她的人生道路里，尝到了合作的甜美果实。

小晴的成长离不开组长小陈的功劳。他的合理分工，让不同能力的人得到了适合他们的锻炼。对于小晴来说，出题、组卷是难题，但是拍照、做题却是自己可以应对的。她无须拿出百分百的成果，她只需去做，无论结果如何都不会影响活动实施的进度。这样的工作分配，着实需要有些大智慧！

在班级活动的合作当中，分工一直以来都是大难题。我想，分工不仅仅是按工作量分配，更重要的，还需要按能力分配。不同能力的孩子，也需要分配不同能力的任务。承担起自己能做的事情，合作也能更加顺利地进行下去！

参考文献

[1]尚孟婷.班级"边缘人"的形成原因及其应对策略研究[D].武汉:华中师范大学，2020.

[2]衣梦娜.班级生活中小学生合作意识的培养策略研究[D].西安:陕西师范大学，2019.

[3]徐凯芳.课堂教学中"边缘人"话语权问题研究[D].锦州:渤海大学，2018.

02

"自己人"效应，班级认同感进阶路径

厦门第二实验小学　黄冬敏

现场问索

一年级下学期，我们班的孩子开始了班级岗位工作的体验之旅，一段时间后新鲜感褪去，有些孩子失去了工作的热情，当我以"爱班级"的名义鞭策他们时，有些孩子眼里无光。"难道他们不爱班级吗？"我问自己。

每周升旗仪式上，德育处都会宣布上周常规评比产生的"五星班级"，孩子一听到有自己班级时就会欢呼雀跃，没听到的话就会哀声一片。我们班一直都是"五星班级"，但有一次意外没被评上，问题出在卫生。我就将当周教育重点放在了保洁，孩子们信心满满的样子让我觉得他们很爱班级。然而新的一周，地板上有纸屑没人捡，我一问，孩子们开口就踢皮球——"不是我的"。"难道他们没有把班级当作自己的家吗？"我再次陷入了思考。

为什么这些孩子不爱自己的班级，为什么他们不能为班级建设而努力？这成了我思考的方向。让孩子爱上班级这个小家，也成了我此后班主任工作追寻的一道光。

正本洄索

班级认同感，是指学生个体对自身班级群体成员身份的意识，以及对这个班级的构成，如成员、制度、文化等要素的情感依恋和价值评价。对班级的认同感不强，飘浮于班级集体生活之外的问题，我称之为"班级认同感缺失症"。

症状表现主要有以下几个方面。

（一）规范缺失

他们对班级公约和班级共同目标缺乏责任感，无法被班级集体的力量约束。

（二）情感缺失

他们对班级集体活动的参与度不高，对关乎班级集体荣誉的事情支持度不高，对班级没有情感。他们与同班同学相处常有矛盾，没把同班同学当作"自己人"，对同班同学感情淡漠。

（三）依存缺失

他们对"班级"的理解仅仅停留在一个名称、一个学习地点（等同于"教室"），没有把自己的成长与班级的成长融合在一起，感受不到自己在班级的存在感，也感受不到班级对自己的影响。

远溯博索

在中国知网数据库以"小学""班级""认同感"进行检索。截至2021年，共检索到118篇文献，其中学位论文83篇、学术期刊7篇、会议2篇、基础特色期刊26篇。近年来关于这方面的研究也大体呈现上升趋势（见图1）。

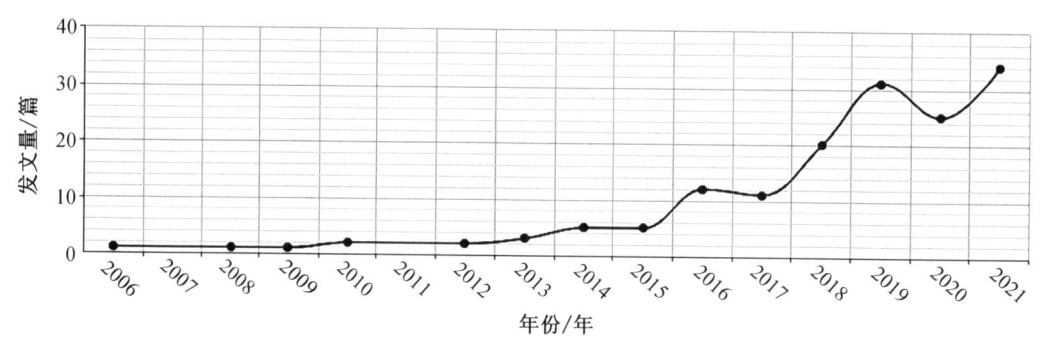

图1　2006—2021年CNKI文献发表趋势

张志强和童正卿在《认同感：班级文化建设的关键指向》中指出，建设良好的班级文化必须以班级内部绝大多数学生的认同为起点和归宿，因此认同感是班级文化建设的关键。而班级文化建设也是认同感的一个形成途径。立德树人的根本任务是形成认同感的前提，激活潜能和善意是获得认同感的途径，民间榜样是认同感发挥作用的关键，培养自觉是班级文化认同的目的。

王婧在《如何增强学生的班级归属感》一文提到，想让学生热爱自己的班集体，获得班级归属感，班主任一定要转变教育理念，正确定位工作目标；尊重学生的主体地位，让学生积极参与班级的建设和管理；根据学情，实行因材施教，鼓励学生发展个性特长，多组织班级活动，增进学生之间的感情，增强班级的凝聚力；制定班级前进的目标，利用班级愿景畅谈法，让学生发挥自己的聪明才智，共同进步。

整体观之，班级认同感缺失不是个例，但小学阶段的相关研究寥寥无几，现有的研究更多地停留在理论或愿景层面，且较少从学生角度去分析原因，并提出行动研究的实践成果。因此，对小学阶段班级认同感培养和增强的研究存在空白点。

工具研索

一、树洞探心声

（一）聊天

我喜欢倾听孩子的心声，就像他们的树洞。因此，我与孩子们亦师亦友，无话不谈。发现班级的问题后，我会在全班以聊天的方式与孩子们分析原因，商讨对策。在各种话题的聊天中，我发现了影响孩子们班级认同感形成的一些因素，比如家庭因素、同伴矛盾等。

（二）信箱

随着年龄的增长，孩子们有越来越多说不出口的心声，他们会写下来投入"大魔法师信箱"，匿名实名皆可，有的纯属倾诉吐槽，有的则需要有回音。我每周开一次信箱，从中发现近期班级的一些共性问题，也对个人问题进行回信，实现沟通对话。这个树洞一学期以来收信不少，但大部分是个人的学习生活烦恼，以及人际交往带来的困惑。只有几封是关于班级的，一封写的是："为什么要为班级服务？太累太麻烦了。可不可以不要当值日生？"另一封写的是："为什么有同学这么不乖？害我们班级评比被扣分！真讨厌。"由此可见，孩子对班级的关注度不高，甚至有较为明显的不认同感。

二、活动观心境

班级认同感是一种主观意识，需要通过行为反映出意识的形成状况。在班级生活中，我经常观察孩子们的言行，并随笔记录。从一些同学低效的合作、不情愿的奉献，以及漠视班规等现象中，我都能感受到"班级"在部分孩子心里的真实地位与我的心理预期相差甚远。

归因追索

一、个体因素:"独居甚好何需群",个性突出不合群

当今城市中的孩子生活条件都较为优越,在家里要风得风、要雨得雨,同伴交往经验不够丰富。不少孩子活在自己的世界里,"独居"甚好,为何要多此一举"群居"? 班级群体生活给他们带来的正面影响需要时间的发酵,而负面影响虽表面且短暂,但都是当下能感受到的,因此他们体验感较差,集体意识淡薄,较难形成班级认同感。

二、文化因素:符号互动无生命,没有归属难认同

班级没有自己特殊的符号,孩子们感觉自己的班级跟别人的班级没有什么不同,不存在独特性,也就较难形成归属感和认同感。另一种情况是班主任强加冷冰冰的班名、口号给孩子,不是从孩子中来,没有在动态中应运而生,这样的班级文化没有生命力,较难被孩子们认可。

三、权利因素:"简单粗暴"生反感,主体地位被替代

在班级建设中,班主任存在"简单粗暴"包办的情况。比如班级制度,有的班主任可能直接敲键盘、打印、贴墙上,然后要求孩子去遵守,孩子可能对某一些条款有自己的想法,无法认可。班级是老师和少部分明星同学的班级,大部分孩子只有义务,没有权利,个人存在感低,对于班级生活更多的是被动的服从和配合,没有权利,就没有主动意愿,更不会产生认同。

四、班力因素:风气消沉不上进,想说"爱你"不容易

班级只是个体学习的主阵地,班主任不重视班级发展,不注重在活动中培养学生能力,还常把自己的主观臆断加在学生身上,听不到孩子真实的声音,看不到孩子的努力过程。此外,同伴共同面对困难、挑战的经历较少,缺少锻炼的学生能力自然不足,遇到困难无法解决。班级整体实力弱,难以给学生正向振奋的力量,缺乏荣辱与共的情感。导致学生无法以班级为荣,便难以与班级形成依存关系。

行动求索

基于班级认同感缺失的问题,我发挥"自己人"效应,开始了四年的行动探索。

一、班级目标我们"自己"定:班级愿景齐畅想

班级愿景是一种由班主任与全体学生共同形成,具有引导与激励作用的未来情景的意象描绘,在不确定和不稳定的环境中,提出方向性的长程导向,把班级发展聚焦在一个

核心焦点的目标状态上，使学生在面对困难或发展低谷时能有所坚持，持续依循地明确方向、步骤与前进路径。班级愿景畅想法，是让孩子有思考、有碰撞、有融通地谈论自己所希望看到的班级情景，达成共识，确定班级目标。最后寻找实现路径，通过讨论确定班规。

开学初，班主任可以与孩子们回顾上个学期班级所获得的荣誉和奖项，引导孩子们结合学校活动及评比，总结衡量班级发展水平的几个方面评价，一同分析班级的优劣势，直面短板。在师生不断完善班级愿景的过程中，使班级目标的确定能更加合理、可操作，也能使班规更有针对性，更能发挥其作用。比如，剖析班级内部最大的问题是同学们自律性弱，由此制定班规时，就突出自律性较强的情况给予特殊奖励，如"自觉做到入座即读""老师没带路队，也能保持安静"等可获得双倍积分。

组织这样的班级愿景畅想会，首先有效发挥了"自己人效应"，调整了学生与班级的关系，让班级从"别人的班级""老师的班级"变成了"我们自己的班级"。其次，在学生与老师共同畅想班级愿景的过程中，建立起师生之间、生生之间的良性互动，融洽了班级人际关系。最后，在畅想班级愿景后确定的班级目标融合了绝大多数学生的想法，讨论下产生的班规更容易得到学生理解与认可，从而再次强化学生对班级的认同感。

二、班级生活我们"自己"管：岗位责任共承担

班级生活由师生共同组成，涉及大大小小的方面，不可能也不应该全部由班主任负责。只有投入自己的班级生活，有"我的地盘听我的"之感，孩子才能对班级有认同感。一年级的孩子初入小学，在刚刚适应小学生活之后，大部分孩子追求任务完成后的成就感。班级岗位工作是他们接触的第一类社会性责任，是他们第一次体验、创生个体与群体生活的新关系，为班级认同感的形成奠定了基础。

我们班每个同学的"岗位小主人"身份贯穿整个小学六年。从最初的一人一岗，到岗位组，再由岗位组形成部门，组成班委会，最后与中队委合成双班委。班级生活全部由孩子们"自己"管，"人人有事做，事事有人做"的同时，也将班级责任交由孩子们共同来承担。

岗位工作的意义主要在于以下三个层面：一是孩子们在班级生活管理中，聚焦自己的分内事，在对别人有所要求的过程中，能感受管理不易，就能理解和体谅班规的制定，以及遵守班规对班级的意义，班级制度自然而然融入他们的认知和行为中，成为"自己"主动去遵守的准则。比如图书管理员的工作，看似简单，只是整理图书，但在工作中，孩子能感受到及时还书和有序摆书背后的意义，从而促使他更加规范自己的行为。二是孩子们在岗位工作中会更加关注班级问题，每个人都会关注和思考岗位工作中发现的问题，通过制定、完善和执行班级制度来实现班级的成长。还是图书管理员的例子，那个孩子曾经在常规工作中加入自己的想法，给图书编号方便有序归还，并在每本书的扉页插

入图书漂流卡给同学们创造书面交流的机会,这些创造性做法都让我们"自己"的班级生活更加美好,在老师同学们的好评中图书管理员更有工作热情,更爱班级了。三是孩子们会更加在意班级发展情况,当大家都做得很好,"自己"的班级在评比中获胜,每个岗位小主人都会很光荣自豪,因为这里面有自己的一份付出,这就是由成就感激发出的班级认同感。

三、班级小家我们"自己"建:小队建设重实践

二年级是在族群竞争中培养合作意识和能力的有利时期。培养合作意识和能力不仅是促进二年级学生良性发展的需要,同时也为班级认同感的形成和强化提供了内在基础。班主任可借班级日常生活或学校节点活动,让全班孩子以"自愿为主,协调为辅"的原则组建七人左右的小队,围绕任务,一一表达,共同讨论,分工协作,解决问题,反思总结。

比如,针对我们班级午间时间浪费的问题,全员一起商量解决对策,头脑风暴后设计出学科融通和小队建设相结合的"多彩午间"系列主题活动。正式活动前,小队共同讨论他们想玩转什么学科、怎么玩、前期准备如何分工等问题。活动开始后,每天时间一到,孩子们就自动切换到小队座位,开始进行学科游戏。一周后,小队内部进行反思、调整和重建。在整个过程中,孩子们的小队意识萌发,分工合作能力也得到了一定的发展。后来到了校级爱心义卖活动的节点时间,我们班变"家长包办"为"小队独立摆摊",从前期策划、筹备,到现场组织,再到最后的总结反思,都由孩子来完成。孩子们爱上了小队这个小家的同时,合作意识和能力也有了进一步提升。

因此,小队建设的意义主要体现在以下两个方面:一是借助班级主题活动,解决班级内部的问题,提升班级日常生活品质。"自己"的班级越来越和谐美好,孩子们自然也就越来越认同它,越爱它。二是借助校级节点活动,在大活动中与同伴共担当,这不仅能够促进个人成长,培养孩子们共建共创共享的精神及综合能力,更能在共创班级佳绩的过程中让孩子对班级有贡献,为认同"自己"的班级打下了良好的情感基础。

四、班级文化我们"自己"创:内外兼修育品性

(一)自创文化,应运而生

班级文化可以让孩子对自己的这个大家庭有清楚的认识,有憧憬,有归属感,从而形成认同感。班级文化如何创生?首先要基于班级活动和日常生活,班主任放大亮点,借助重要的节点活动,由孩子们共同寻找班级特色,适时提炼。比如,我们班的"多彩午间"系列活动,孩子们不断创生出新的学科游戏,从玩转语文,到玩转各个学科,再到优化和升级游戏,最后到年段推广游戏。在整个过程中,孩子们学会了思考,变幻出很多创意玩法,遇到困难也能想办法解决,创造了不少成长惊喜。这就是提炼班级文化的契机,班主任要趁热打铁,鼓励孩子们去思考、讨论、总结出班级特点关键词。接着引导孩子阐述自

己对这些关键词的理解,在表达和倾听中,班级文化的种子在孩子们心中悄然扎根。当我们班有孩子说到"大家像魔法师一样,有很多天马行空的创意,并且能把想法变为现实"时,所有人两眼放光,最后举手表决后一致通过,于是"魔法班"成了我们班名。从那时开始,孩子们更加认可了班级的独一无二。接着,我们要外显班级文化,比如我们班独有的班级日常管理体制——魔幻旅程,里面有各种奇妙的岛和魔法道具;当观点强烈碰撞、无法求同存异时,我引出"魔法天平",引导他们学会倾听和表达,全面分析,权衡利弊。还有路队中的消音魔法,上课时的倾听魔法,以及评比中的魔法班币……班级文化开始在孩子们脑中激荡,班级名称、班徽、班牌和班服等应运而生。班级文化在不断外显的同时,孩子对班级的认同感也在不断增强。

（二）内化精神,外显行动

班级文化不是虚渺的,要引导孩子们提炼班级的精神,以此为内核,成为不断引导孩子们前行的方向。比如,我和孩子们把班级精神高度概括为："敢想·有为",将创新、变幻和挑战作为核心文化,这凝练了孩子们的期待和未来的无限可能。当孩子遇到困难时就可以发挥"魔法师"的潜质,敢想、敢创、敢为、敢当,孩子充满着自信。同时坚持开展班级品牌活动,不断放大和强化文化内涵,促成孩子对"自己"班级文化的认可。固有的魔法班品牌活动慢慢稳定下来,如魔法生日趴、战队联盟挑战不可能、"七嘴八舌"辩论赛、缤纷微享会等,在推进中优化和发展。这种文化精神的力量,不断在发挥量能,引导着孩子们的成长及发展方向。

具体以我们班每月一次的"魔法生日趴"为例,从策划流程、分工、招募助理、落实前期准备,到现场布置、拍照录像、控场,以及后期的反思总结,都由班委组织实施。还有个特殊群体——生日小队,他们由上个月生日的孩子组成。接受同伴祝福后,他们通过各种途径去了解当月生日孩子的喜好,别出心裁地策划生日惊喜,将"敢想·有为"的精神真正落实到实践中,而每个人都有当小寿星被团宠的机会。都是"自己人",当然会更爱家一样的班级。孩子们就是在一次次活动中创生新鲜想法,体验将想法变为现实的成就感,将班级认同感转化为爱同伴的行为。在这个过程中对班级精神有了深刻的感悟和内化,将班级文化融进血液中,形成班级认同感。

上述这四个路径贯穿孩子的每个成长阶段,由浅入深,螺旋上升,一点一点地发挥"自己人效应",实现孩子们班级认同感的进阶(见图2)。

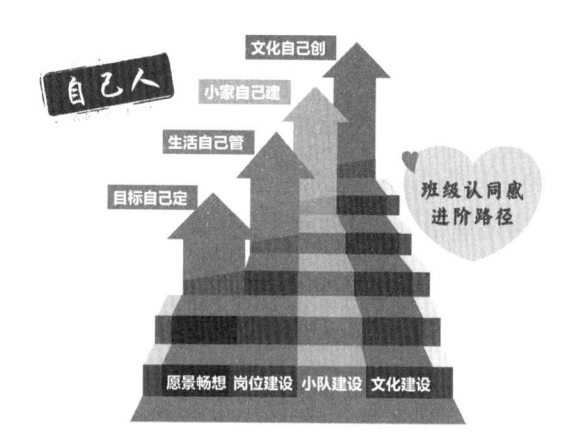

图 2 "班级认同感"进阶路径图

不同阶段会侧重不同的路径,阶段之间没有明确和绝对的时间界限,以下是综合了我们班孩子成长需要和现状的进阶安排(见表1)。

表 1 魔法班"班级认同感"进阶安排

项目	班级愿望畅想	班级岗位建设	班级小队建设	班级文化建设
第一阶段	初步感知集体概念	适应小学生活后渴望获得成就感	积蓄意愿打好能力基础	孕育
第二阶段	扩大参与面,积极思考	一人一岗,第一次体验、创生个人与群体的新关系	由岗位组进阶到小队,促进合作意识和能力的形成	孕育、积淀
第三阶段	主动发现、树立目标	由岗位组进阶到岗位部门,自主管理能力提升	在丰富的小队活动中初步形成合作意识和能力	积淀、发酵
第四阶段	自主在愿景的驱动下规划目标,调整规则	双班委管理,自主管理能力进一步提升	进一步提升合作意识和能力	提炼、确定、外显、内化

在四年的研究和实践中,我坚持"自己人"理念,螺旋推进上述四个路径:新学期或迷茫阶段,发起班级畅谈愿景,明确新目标,解决很多班级问题,孩子们规划目标和制定规则的能力越来越强;岗位和小队建设也由初级进阶到高级,从"要我做"到"我要做",从"我不会"到"交给我";班级的个性更是在一次次活动中才彰显出来,在厦门第二实验小学只要提到"魔法班",人人都知道。

这四个举措的推进(如图2所示),促成每个个体的自我呈现和相互交往,班级认同感也在悄然无声地螺旋式上升:在推动孩子学会理解的同时,促成孩子认识、接纳、创生出多元,在多元中体悟"一"的价值——班级成为一个真正整体对个人发展的意义,从而实现班级认同感的初步形成,即浅层的班级概念,有愿意为班级付出和努力的意愿和行动。进而还要在多元的综合中形成新的"一"——孩子们自我革新和相互融合形成了新的精神气质的班级,即建设我们"自己"家园的能力,最后张扬出我们的精神特质,并且把这种精神又带到行动中去。当孩子能够接纳开放、尊重特殊,能够将"联系""理解""对话""融通"作为思维的重要表现形式,这就实现了班级认同感的进阶。

案例探索

片段一:小小岗位,大有不同

我们班有个男生,他父母经营着家族企业,一直想要一个儿子,所以生到了三胎,才老来得子,家里简直是将他宠上天了,要什么给什么。于是,这孩子表面上对什么事都漫不经心,别说做班级的事情,他自己的事情都完全没办法自理,书包乱得跟什么似的。在班级里东西也都是随地丢,书包、文具盒什么都会被他丢在地板上,乱七八糟。班级岗位对他来讲,有太多拒绝的理由。总的来说就是多一事不如少一事。就是这样一个懒散、不太会表达的孩子,他在与同学的相处中也是大事不断、小事不停,让老师和家长都很头疼。

当时全班每个人都要选一个岗位,他什么都不选,整天游离于集体之外。但后来我观察到他那种无所谓的表情下其实有一颗缺乏自信的心,他不懂得如何做好自己不擅长的事,更不愿意接受这种挑战。所以当时我建议他挑一个大课间可以来搬器材、发器材的"器材大力士"岗位(我们学校的大课间特别有意思,不同的班级有不同的活动,每周会轮用不一样的器材)。这个工作很简单,而且人人羡慕,因为每个孩子都特别喜欢大课间,都想要赶快拿到器材,赶快开始玩儿。当时我还特意给他搭配了一个很负责的乖乖的小男生。一开始他还是不情愿,毕竟要做事情,后来发器材的时候大家非常热情,叫着"给我给我先给我""我要这个""我要那个"……他就充满激情地工作了起来。第二天他又不情愿了,觉得没意思。在搭档的催促下,他勉为其难地领取器材,最后收呼啦圈的时候,因为无序,且力气不够,他变得手忙脚乱。当下他觉得很没面子,便要起脾气,丢掉一堆呼啦圈撒手不管了。瞬间,我的心里燃起一把火,但我知道他有一定的特殊性,于是秒变脸,微笑着跟全班小朋友说:"谁想当他的小助手?"大家非常热情,围着我高举小手大喊着:"我我我!"我趁热打铁,把选小助手的权力交给了他。小朋友们一下子从我身边散开,聚到了他的身边,渴望地高举小手。他选着选着,气就消了。后来他每次收器材都会主动问:"谁要来帮我?"大家都很捧场,我们班大课间也经常因为器材归还及时被表扬。后来慢慢地,他就对这个工作上心了。

经过一年的岗位工作后,起初连收书包、整理抽屉都不会的他不仅能组织小助手快速收器材,每天回家还会跟爸爸妈妈说"我们班"怎样怎样,从班级的边缘人变成了积极分子。这就是小小岗位给他带来的大大改变。

片段二:小队活动,共享成长

"多彩午间"系列活动的起始班队会"玩转语文,我有招"是一节区级研讨课。在课堂上,一个个小队轮流汇报讨论成果,最后一队的发言人汇报结束后,一个男生气嘟嘟地拿起麦克风铆足了劲儿"哼"了一声,然后放下麦克风,双手交叉放胸前,不再参与课堂,以表反抗。其他队员有的安抚,有的不知所措放任其游离。直到下课,这位男生的情绪仍未稳定。课堂上孩子们的创造力令我感到骄傲,但这个小插曲像一记耳光把我打蒙了。

后来我在这个系列课堂中插入了新增的一节班队课——"多彩午间,我们会玩"。我从反思调查问卷中找出了困扰小朋友最多的两个问题小恶魔:有小伙伴不想玩怎么办?意见不合怎么办?聚焦这两个问题,我们在课堂上通过交流采访、情景再现和小队讨论等方式生成了打败小恶魔的妙招卡,有"倾听卡"、"沟通卡"和"配合卡"。在情景再现环节中,我大胆地请了那位男生来跟我表演,我演特立独行、不配合小队活动的孩子,他演队长来劝说我。在这个换位思考的过程中,因为我的不断刁难,他有过放弃,但其他队员马上接话帮助他,最后成功劝服我。这节班队课的最后一个环节是用上"妙招卡"进行小队讨论:下一阶段是玩转语文的升级版,还是用玩转语文学到的活动策划能力去玩转其他学科?大家各有不同的见解。但最让我感到欣喜的是那个听不进别人意见的倔强小男生,他们小队那次讨论速度是最快的,我顺水推舟采访他为什么这么快达成共识,他很骄傲地说他们是举手表决,少数服从多数的。不仅如此,他还在小队讨论中提出了固有选项之外的 C 选项:再玩几天语文,下一周才开始其他学科。这样的思维已经达到了更高的水平——理解多元,初步整合。

而在日常活动中,他也在学着退让,学着融入,半个学期就有了很大的成长。与此同时,他的小队伙伴也学会发现他人的闪光点,接纳他人的缺点,实现了心智的成长。之后,在班级活动中,这个男生还能提出自己的建议,为班级做贡献,不再游离于班级生活之外。可以说,每个孩子都在小队的磨合中共享着成长,班级也因孩子个人的成长而得到发展。

片段三:内化精神,共创惊喜

在班级文化建设较为完善之时,我们班针对与班级精神不相符的"畏难情绪",开展了为期一个学期的"挑战不可能"系列活动,从小队挑战到项目组的联盟挑战(班级社团雏形),孩子们内化"敢想·有为"的班级精神,共同创造出了不少惊喜。比如战队联盟中的"班歌 KTV",他们收集了全班同学的意见,再通过民主投票选出了班歌的旋律,接着由联盟成员一起改编歌词,再由全班同学提建议,最后我们的班歌就新鲜出炉了,我们的班级文化又增加一项产物。班歌的传唱让小魔法师们对班级文化的认同感加深了。没过几天,一个孩子拿着自己画的卡通形象给我看,说想作为我们班的吉祥物。孩子这种自发的意识把我给乐的!于是我就向全班征集吉祥物,通过设计,孩子表达了自己对班级文化的不同诠释。最后融合了好几位同学的设计,由"JAVA"联盟中的IT精英电脑绘图,这样我们班的吉祥物就很接地气地产生了。在内化班级精神的同时,还能产生更多的班级显性文化,让我和孩子们都感到十分欣喜。

片段四:班级认同,爱是归宿

我们班有个孩子是家中老大,他还有一个弟弟两个妹妹,四个娃只有妈妈一个人在带,爸爸常年在国外工作,所以这个孩子很缺爱。虽然他很热心,经常默默为班级做贡献,但他自理能力弱,整个人乱糟糟的,加上有时情绪波动大,有些偏执,在班级里不是很讨人喜欢。三年级的时候我们面临区质检考试,孩子压力大,又得不到家长更多的关注,在班里又没有铁哥们儿,后来因为成绩一直提不上来,他慢慢变得自暴自弃,不断否定自己,情绪崩溃之时会念叨"没人爱我""我没用"之类的话。我不断反思自己的态度和班级对于他而言的意义:我们班孩子很有爱,没有任何人伤害他,但他确实没有特别好的朋友,没有倾诉对象,他爱班级,但是感受不到班级对他的爱,因为老师和普通同学的爱对他来说根本不足以填补父母之爱的缺失。那段时间,这孩子整个人状态非常差。除了陪伴和给更多的爱,我不知道还能做些什么。

后来,到了他生日的那个月,我们的魔法生日趴如期举行。全班给他过生日的第二天,他妈妈跟我说他激动得一个晚上睡不着,那阵子他表现都很好,整天笑嘻嘻的。或许那次生日趴让他感受到了来自老师和同学们满满的爱,或许那次生日趴就是促使他发生良性转变的关键点。五年级以后,这个孩子恢复正常了,抗挫折能力也增强了。我反观他最艰难的那两三年,是什么支撑着他?除了父母的改变,班级也给了他很大的能量。

毕业后他常常回来找我聊天,非常的豁达。有一次他说他在中学竞选科代表的经历:"我太厉害了,居然只有我自己投的一票,哈哈。"第二天他又来找我分享好消息——他成功当选科代表了,因为只有两个人竞选,另一个人后悔了,不想当,他就当选了。说话的时候还是傻里傻气,但会自嘲、自我安慰了。他的转变不是一次班级活动或者一次事件成功解决后就发生的,是我们整个班级在班级文化建设的过程中对他产生的潜移默化的正面影响,同学们打心底把他当作"自己人",他也把老师同学们当作"自己人",并且建立起他与班级的依存关系和情感连接,让班级认同感成为他心智成长的助推器。

03

定位·梳理·转码，远离"资料迷失"

厦门第二实验小学　徐舒婷

现场问索

"鲁迅，原名周樟寿，后改名周树人，字豫山……"小A同学自豪地拿起他找的资料，洋洋洒洒念了出来，可周围的同学或面露难色或早已走神，不知所云——他在说什么？和我有关系吗？课堂上每当出现这样一幕，我总感到遗憾。让学生查找资料、联系资料明明是学习语文的好方法，但是课堂上呈现出来的效果，为什么总是大打折扣，学生查资料的意义何在……孩子们念着一大段自己查找的资料，磕磕巴巴，费时费力，学生不是知识的探究者，而是百度的"搬运工"，查资料变成了预习时的"走过场"，对学生能力的提升以及文本的理解似乎并没有实质性的帮助。那么，学生如何做才能将"查资料"落到实处？如何才能在搜集资料的过程中，学会主动分析与创新运用？

正本洄索

"资料迷失"指的是学生面对众多信息、资料，不会筛选和运用，输入与输出之间没有提升，只会一股脑生搬硬套，大段复制、粘贴。不仅导致资料"失活"，而且还缺少自己的深度思考，学生的研究力、探究力得不到提升。这样的"症状"主要体现如下。

1."无头苍蝇"——瞎碰。面对庞大的资料群，觉得都很有用，都想要，看到什么就摘录或复制什么。尤其是在网络搜索中，搜索关键词随意，对搜索到的资料"眉毛胡子一把抓"。

2."事倍功半"——费劲。查找资料时效率低下，找到的资料与学习内容契合度不高。就算得到一些资料，也不能进行有效梳理、提炼与分析，逻辑混乱，更谈不上进行创造性运用。

3."拿来主义"——应付。对查找资料重视程度不高,查资料时走过场,随便复制粘贴一段标签式的定义,就当作完成任务,但自己完全不理解其中的内涵。

远溯博索

《周易·系辞上》提到:"引而伸之,触类而长之,天下之能事毕矣。"这是古代典籍中蕴含的触类旁通的哲理,由一类事物的知识辅助了解更多其他知识。《汉书·赵广汉传》曾记载"问牛知马"的成语,以"狗""羊""牛"推及"马"之贵贱,是利用了一些相关的信息辅助达到最终的结果。同样,在阅读教学中可以通过搜集补充资料作为学习阶梯,推动以教学文本为中心的理解、联系、迁移、拓展等阅读任务的达成。[1]

叶圣陶先生针对预习时也提到"按照读物的性质,作适当的处理",提倡学生在课前自行寻找资料进行文章疏通,从而补出缺失或隐含的信息以便学生能更好地理解文章。但此时的辅助性资料类型还比较单一,常常是围绕作家生平和创作背景进行的呈现和介绍。

到了现代,也有不少学者、专家,对资料的补充运用给予肯定。余映潮提出"联读"的教学设计思路,意思是从一篇课文扩展开去,结合具有共同因素的课内外文章进行阅读。"这样既可以为这'某一篇'课文找到充足的配读资料,又能让我们体会到各篇'联读'文章的取材角度、语言表达、情感流露、辞格运用等方面的独到之处。"[2]王荣生、许志龙等专家也针对阅读教学中是否需要资料补充的问题进行过专项调查并得出了肯定的答案。韩雪屏、王相文等研究者肯定了补充性课程资料的作用,提出精选及科学化使用的建议,将补充性课程资源解释为"教科书之外的有关课程内容、教学方法、教学用品及设备,特别是以文字资料为主"。[3]

在国外,1974年,美国信息产业协会主席保罗·泽考斯基率先提出了"信息素养"这一全新概念,并解释为:利用大量的信息工具及主要信息源使问题得到解答的技能。1992年,《信息素养全美论坛的终结报告》中将信息素养定义为:一个具有信息素养的人,他能够认识到精确的和完整的信息是做出合理决策的基础,确定对信息的需求,形成基于信息需求的问题,确定潜在的信息源,制定成功的检索方案。美国教育技术CEO论坛2001年第4季度报告提出,21世纪的能力素质,包括基本学习技能(指读、写、算)、信息素养、创新思维能力、人际交往与合作精神、实践能力。信息素养是其中一个方面,它涉及信息的意识、信息的能力和信息的应用,即要成为一个有信息素养的人,他必须能够确定何时需要信息,并已具有检索、评价和有效使用所需信息的能力。

从以上研究可以看到，在语文教学尤其是阅读教学中，让学生掌握检索、诠释、评价、运用资料的能力是尤为重要的。截至 2021 年 12 月 31 日，在中国知网（CNKI）数据库以"借助资料"为关键词进行精确查找，共检索到 67 篇文献，其中特色期刊文献 57 篇、学术期刊文献 8 篇、报纸文献 2 篇，发展趋势如图 1 所示。

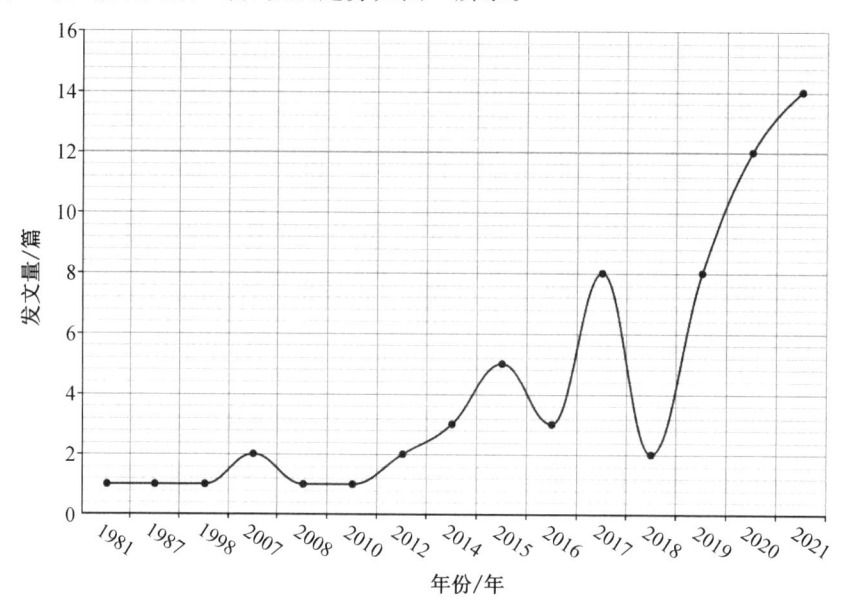

图 1 1981—2021 年 CNKI "借助资料"论文发表趋势

可见，当前对于查找、运用资料这一方面的研究还较少。但梳理其中一些观点，我们可以发现搜集到的研究文献多将阅读教学中应用的资料定义成"背景知识""背景资料""拓展性资料""补充资料""补白""辅助系统"等。同时，大部分文献都是基于教师如何使用资料展开论述。但如何引导学生主动搜集资料，对资料展开探究的相关研究较少。

经过对三至六年级语文教材中"搜集资料"这一要素的梳理（见表 1），我们可以看出，统编版语文教科书观照了信息时代，随着生活、学习和工作诸方面的计算机化、网络化，社会公民必备搜集、筛选、处理和运用信息等能力。从三年级开始，就围绕"搜集和处理资料"循序渐进地安排了一系列语文要素。三至六年级一共有九个单元和四次习作涉及这一能力训练。同时，在一些课文后面也设置"阅读链接"和"资料袋"，以此落实学生整合课内外信息的能力。由此可见，系统地训练学生搜集和处理信息的能力是为提高学生语文素养、培养学生终身学习能力奠定基础，是非常有必要的。

表1 统编语文教材关于"搜集和处理资料"要素梳理表

册次	语文要素
三下第三单元	综合性学习:收集传统节日的资料,交流节日的风俗习惯,写一写节日的过程
三下第七单元	习作:初步学会整合信息,介绍一种事物
四下第三单元	根据需要收集资料,初步学习整理资料的方法
五上第四单元	结合资料,体会课文表达的思想感情
五上第五单元	习作:搜集资料,用恰当的说明方法,把某一种事物介绍清楚
五下第三单元	综合性学习:学习搜集资料的基本方法
五下第七单元	习作:搜集资料,介绍一个地方
六上第八单元	借助相关资料,理解课文主要内容
六下第四单元	查阅相关资料,加深对课文的理解
六下第六单元	综合性学习:运用学过的方法整理资料

工具研索

六年级学生资料查找与运用情况调查问卷

1.在语文学习中,你会主动运用查资料这个学习方法吗?

A.会,经常这么做

B.老师有交代才会做

C.不怎么运用

2.你一般通过哪些渠道查找资料?(多选)

A.网络

B.相关书籍

C.相关报纸杂志

D.采访他人

E.观看影视作品

F.手机相关App

3.在利用网络查资料时,你一般利用哪些网站等资源找资料?(多选)

A."百度百科"等类似"百科"

B.博物院等专业网站

C. 相关视频网站

D. "中国知网"等学术论文网站

4. 查找资料时有人帮助你吗？（多选）

A. 自己独立查找

B. 请家人帮忙

C. 小队分工合作

5. 查找到资料后，你一般用什么形式呈现你找到的资料？（多选）

A. 直接打印

B. 做成 PPT

C. 整理成图表等数据

D. 直接抄写

6. 你觉得查找资料时的困难有哪些？（多选）

A. 不会使用电脑、网络

B. 找的资料不知道如何高效地整合运用

C. 查找资料时不知道具体查什么

D. 时间不够，没时间查找

归因追索

基于年段抽样的问卷调查显示，有62%的同学经常主动查找资料，35%的同学在老师要求时会查资料，可见同学们对这一学习方法的使用积极性还有待提高。学生主要通过网络和书籍查找，占比分别为96%和86%。网络查找中，大部分同学只会通过"百度百科"查找资料，占97%，并且资料的呈现方式也比较单一，直接打印和抄写占比均过半。学生主要的困难在于不知道具体查什么和如何有效运用，占比分别为55%和44%。可见学生独立搜集、处理、运用信息的能力还是比较弱的。因此，我认为导致"资料迷失"的原因如下。

一、目标不明

学生查找资料时，只是知道查资料是目标，但是不知道自己具体要输入哪些关键词，查哪些资料。没有深入依托自己的兴趣点、疑惑点及单元学习的重点、文本特点等搜集相应的资料，导致在查资料时，思路不够开阔，资料类型也相应单一。

二、缺少策略

学生搜索资料能够运用网络工具"百度知道"，但不知道影视作品、短视频、新闻媒体、相关书籍等,都能成为搜集资料的途径。同时,在筛选资料时,也没有梳理的策略,除了从"百度"复制粘贴,没有其他加工资料的方法,导致资料厚厚一叠,但有用的就那么几句。

三、运用刻板

找到的资料有的很有价值,但是学生难以和课内知识关联,或者不会运用资料丰富自己的课外积累。资料的呈现形式仅仅停留在刻板地打印、摘抄阶段,不能创造性地运用资料、丰富资料的呈现形式并内化成为自己的知识。

因此,不知道哪里找资料、怎样找,如何判断资料、输出资料,是学生"资料迷失"的关键所在。

行动求索

今天的语文学习不能只关注最后的成绩,学生应该以课本为载体,勾连文学世界、现实世界,勾连历史、文化等知识,大量阅读各类信息,主动拓宽自己的阅读视域。只有打破语文的课堂边界,让学生主动参与到知识的探索与钻研中,才能让他们从"学语文"到主动"用语文"。学生在查找、运用资料的同时,教师应注重对学生进行学术研究中客观严谨态度的培养,以及研究方法的学习,让学生在检索资料的过程中,亲历完整的信息获取、加工、存储和发布,以及推论、综合诠释、评价的过程,不仅让更多的资料反哺语文课堂,更提升了学生的信息素养。

基于学情,精准把握查找、筛选、处理和运用资料的能力序列;基于单元整体,引导学生真正习得搜集、整理资料的方法;基于课题学习的需要,从资料中获益,融通课内语文学习,促进对课内文本内涵的解读,把握文章主旨。带着学生在研中学、学中研,浅尝以科学的研究方法进行资料信息梳理与运用,远离"资料迷失",提升语文素养。

一、量表定位,从"收集"到"搜集"

《追求理解的教学设计》中认为有效的课程是"以终为始"来开展设计的,首先关注预期学习结果,才有可能产生适合的教学行为。同样,只有确定要学什么,搜集、整理目标时才能更加有方向、有目标,让资料的适切性更强。由于学生对搜索资料原有目标宽泛且单一,引入"KWL量表"(见表2),辅助学生清晰地梳理出自己已知、未知的内容,能使学生的思维可视化,更好地解决每位学生关于"查什么"的问题,进行有目的的搜索,破解"眉毛胡子一把抓"的窘境。

表格中"我已经知道的"一栏,目标在于学生能通过这一提示,在查找资料之前能进行自我定位与分析,发现问题;"我想知道的"一栏则是辅助学生梳理出自己还想知道的内容,基于自己兴趣点、困惑点进行梳理。当然,学生的视野与精力毕竟有限,因此老师也要基于学生想知道的内容进一步推荐阅读,引导关注教科书内容的提示等,帮助学生逐渐缩小并锁定自己的关注点,从而明确到底要查什么,探究什么的问题。量表如提纲,查找资料就不再是宽泛地"收集",而是能根据自己想知道的内容,精准输入关键词进行"搜集"。

例如六上第八单元的单元主题是"初识鲁迅",借助KWL量表梳理发现,同学们对鲁迅的了解其实并不多,有个别同学知道一些,也只是贴标签式的了解。但在"我想知道的"一栏中,发现同学们对鲁迅很好奇,想知道鲁迅童年是什么样的,鲁迅如何和旧思想作斗争,鲁迅生活的时代是怎样的,鲁迅作品的背后想表达什么……这些内容涉及不同的方面,由量表驱动,再结合老师的推荐阅读,如《朝花夕拾》、萧红的《回忆鲁迅先生》、巴金的《悼鲁迅先生》等作品,很快明白了自己不再是只会在"百度"里输入"鲁迅"这个单一的关键词,而是能根据各种目标在网络、书籍等渠道中进行有向搜索。

表2 KWL量表

我已经知道的 (what I know)	我想知道的 (what I want)	我学到的 (what I learned)

二、梳理反刍,从"百度"到"摆渡"

梳理资料是研究资料中重要的一环。整理不是简单地将资料全部堆砌在一起,而是要引导学生将搜集到的资料进行二次筛选、梳理、归类等。学生们通过一环环的梳理,将搜集到的信息进行进一步的整理。运用方法使资料逐步"摆渡"到相应的分类中,再将不同类型的资料进行组合,形成新的资料群。此时,学生就不再是"百度"的"搬运工",而是主动进行信息加工的"摆渡者"。

(一)对比筛选

资料筛选是学生对搜集到的资料进行充分阅读解码、在理解文本内容的基础上展开的活动。提供资料筛选问题单(见表3),引导学生关注以下几个方面进行对比筛选:一是对比价值,选出与主题最契合、能为我所用的信息。二是比较异同,关注资料中哪些信息是相同的,以及各自与主题相关最独特的信息,筛选出不重复的。三是比较课文,将资料与课内知识对比,筛选出能成为课内资源补充、延伸的资料。经过筛选的资料不再是"长篇大论",而是精简形成了指向不同内容的"资料块"。比如学生针对"鲁迅童年"这一主题进行资料搜索,结合老师的推荐阅读,通过对比各类资料,将目光锁定在《朝花夕拾》散文集和《故乡》《社戏》等几篇文章上,认为这些与主题最为相关。在仔细阅读《朝花夕拾》的过程中,对比几篇文章后,锁定在《阿长与〈山海经〉》《从百草园到三味书屋》《五猖会》《父亲的病》等几篇最能反映他童年时代在绍兴的家庭和私塾中的生活情景文章,在这几篇文章中筛选出最能体现鲁迅童年生活环境、娱乐活动、难过的事等几个角度的段落,这些也是最独特的信息。再如,还有同学在阅读《故乡》之后,与课文《少年闰土》进行对比,筛选出故乡中关于童年闰土与成年闰土的段落,作为课内学习的延伸与补充。这些信息的细致筛选为后学的资料分类、提炼、运用做了铺垫。

表3 资料筛选问题单

1.每份资料中哪些内容与主题最相关?
2.资料中哪些信息是相同的?哪些信息是最独特的?
3.哪些内容能作为课内学习的补充?

(二)导图分类

筛选之后的资料还是相对比较零散,学生可以根据自己的需要,利用"气泡图"等思维导图对不同类型和不同主题的资料进行分类。此时,在学生的认知中,各个信息进一步编码,有了框架。例如学生在找到鲁迅相关资料后,可以根据鲁迅生平经历、代表作写作背景、人物关系、生活环境等各个方面进行分类。同时各个主题下,包含不同类型的资料,有文本、影视、新闻事件等,并用思维导图进行显性呈现,分类得越细致,越有利于后续的应用。

(三)提炼概括

对于资料信息的提炼概括是对获取的原生态信息进行分析归纳,并要结合自己的言语活动经验,带有明显的情感态度的信息提炼过程。[4]只有将分类好的资料进行提炼与概括,才有利于资料的进一步理解和消化,解决后续运用资料的过程中照本宣科式的机械输出问题。例如学生找到不少关于鲁迅童年经历的资料,经过整合之后,可以提炼出这样的信息:鲁迅童年有快乐温馨的时刻,但也有家道中落的悲伤。鲁迅作为长子,肩上的责任很重,这些经历也让他变得更加坚强、冷静与成熟。虽然是简单的几句概括,但是却融合了学生对于资料真实而独特的评价,让资料真正走入学生内心。

经过对资料的精细加工,学生不仅丰富、强化了信息加工的方法,更让纷繁复杂的资料从零散的个体"摆渡"到各自的分类中,"摆渡"进学生的思考认知里,让这些资料的意义更加凸显。同时,这更是学生海量阅读的过程,学生在这个过程中,阅读了各种类型、各种形式的作品,拓宽了自己的阅读视野。

三、成果转码,从"会用"到"慧用"

《义务教育语文课程标准(2022年版)》指出,学生在第三学段要"初步了解查找资料、运用资料的基本方法"。一个有信息素养的人,不仅能够有检索梳理信息的能力,更要具备有效甚至创造性地使用信息的能力。"转码"原来指将视频信号从一种格式转换成另一种格式。资料的运用、研究不是简单的一加一的过程,学生在课内如何运用资料,不能仅仅停留在照本宣科读一读。因此,可以用情境性的任务驱动、表现性的成果展示,将资料转换成另一种形式表现出来,以呈现学生对资料的运用,对课文、人物等的理解。通过完成一个个作品,学生真正将资料与课内知识结合,培养创造性思维,让资料运用不再"刻板",使原有信息最大化增值。

(一)用资料延展课内

资料作为课内知识的补充,能够有效帮助学生深入、全面地理解课文内容、人物形象。学生在课内如何运用资料,不能只停留在照本宣科地读一读,而要将资料与课文恰当、深入地融合,以情境性任务驱动,表现性地展示,呈现学生对资料的运用,对课文、人物的理解。

例如鲁迅单元,在"设计鲁迅纪念馆"的情景背景下,学生根据关联课内知识和课外资料,设计出了纪念馆的几个板块:(1)鲁迅人生时光轴;(2)鲁迅真君子;(3)鲁迅的童年;(4)鲁迅"碰壁"那些事儿;(5)鲁迅的朋友圈;(6)鲁迅的梦想卡;(7)鲁迅知多少等。可以引导学生以小组为单位,选择感兴趣的项目,用上自己喜欢的方式,将这一部分的内容设计出来。在这些板块当中,资料的内容多元,有来自课文的内容,也有来自资料的补充。不仅有单纯内容的呈现,更多的是学生理解的展示,如"鲁迅真君子"就是同学们关联课内外内容对鲁迅人物形象的综合评价,对《有的人》等几篇课文的延伸;"鲁迅'碰壁'那些事儿""鲁迅梦想卡"体现的是对《我的伯父鲁迅先生》《好的故事》这两篇课文内容的深度理解;"鲁迅的朋友圈"涉及对单元所有课文中与鲁迅有关的人和事的补白与提升。

研究成果形式多样,这些内容涉及 PPT、思维导图、心得体会、卡片、图画、闯关答题等形式,在这个过程中,学生在课内外来回穿梭,资料的创造性运用不仅是课内知识的延伸,更是培养了他们的创造精神,而一个个形式多样的作品使资料转化为成果,知识转化为能力,思想转化为人格。

(二)用资料关联自我

思想的肤浅是信息的贫乏所致,或者是信息整合的力度不够。通过对信息的分类、比较、概括和转换,学生会自觉地内化和吸收,以至潜移默化为人格的力量。在基于情境的资料运用成果中,任务型的问题也能促进学生主动反思,主动利用资料关联自我。如在学生设计了"鲁迅纪念馆"的各个板块中,设置"设计师语"这一内容,让学生说出为什么要设计该板块的理由,实则是促使学生结合课文和资料学习,反思鲁迅对世人的启示。

再次关联 KWL 量表中"我学到的部分",经过对资料的加工、运用,学生最后在这一栏写下自己的收获,这些收获不仅是知识上的,更有能力、精神上的。如学生不仅了解了鲁迅,更让鲁迅身上的乐观、不屈不挠的精神扎根心田。当鲁迅对于学生不再是一个刻板的标签,而是立体的、有力量的存在时,才真正落实了用资料学做人,从"会用"到"慧用"。

信息时代,学会合理地处理与运用丰富的信息资源,做一个有信息素养的人尤为重要。资料的有效搜集、梳理、运用,解决了使用资料时堆积数量、照本宣科的问题,融通课内外,真正做到资料反哺课堂,学生能真正从资料中获益。当信息输入不再模糊,输出不再机械,在亲历资料的查找、梳理、运用之后,便能远离"资料迷失"。

案例探索

以任务驱动的形式,促进学生对资料的转化。资料的呈现不再是单调地被大段复制、粘贴、打印出来,而是通过学生的梳理、整合、讨论完成一个个独特而真实的作品,实现了对资料的创造性运用。不同类型的作品,背后体现的是学生持续性的信息处理加工过程,体现的是查资料的不同角度,是基于自己的理解对资料的判断、筛选,是基于小组合力之下对资料的创造性运用。通过资料理解课文,通过资料走近鲁迅。每份作品(见表4)中的内容,不是资料的简单摘抄、提取,而是涵盖了对资料和课文的诠释、分类、概括、分析、评价、创造等维度。此时此刻,原来学生认为枯燥难懂、内心有些抗拒的"鲁迅单元",随着他们主动探究、运用资料的过程,单元中鲁迅先生的形象也在学生心中立起来,变得鲜活,甚至有些可爱。真正让资料助力课堂学习,真正"初识鲁迅"。

表4 "鲁迅纪念馆"最终成果梳理

主 题	内 容
启程:鲁迅人生时光轴	总体梳理鲁迅一生经历,并进行评价。
序章:鲁迅真君子	结合资料内容从多个角度对鲁迅这一人物进行评价。
童年:鲁迅的童年	分析鲁迅童年往事及童年经历对他的影响。
成年:鲁迅"碰壁"那些事	筛选相关经历,并分析鲁迅对这些事的态度及原因。
人际:鲁迅的朋友圈	设计鲁迅的朋友圈关系网,以个性化的语言写出他人对鲁迅的评价。
信仰:鲁迅的梦想卡	对照社会现实以及鲁迅的言行,写出他心中所愿。
尾篇:鲁迅知多少	将资料转化为有趣的问答题,引发对人物更深入的思考。

参考文献

[1]刘诗君.高中语文阅读教学辅助性资料的应用研究[D].重庆:西南大学,2020.

[2]基础教育教材建设丛书编委会.中小学教学参考书调查问卷分析[M].北京:人民教育出版社,2006.

[3]韩雪屏,王相文,王松泉.语文课程教学资源[M].北京:高等教育出版社,2007.

[4]杨宏斌.信息整合:语文素养培养的有效路径[J].中学语文,2021(36):86-88.

04

破除图式僵硬，让数学易懂些

厦门第二实验小学　林皓

现场问索

数学学习中"听不懂"是经常挂在学生嘴边的词。

"老师，我知道这个问题你讲了好多遍，可是我还是听不懂，是不是我太笨了？"

不少学生觉得数学难学，经常是每个字都认得，合起来就不知道什么意思了。"听不懂"是学生学习数学时常见的现象。

正本洄索

学生的脑海中到底缺少了什么让他"听不懂"呢？说清这个现象，不得不从学习的实质进行深究。

数学学习过程十分关注学习知识的螺旋递进安排，以降低学习难度，便于理解。整体上看就是认为学习是一系列实施程序，借助于程序式的教材，一小步一小步让学生学会。实质上就是将学生学习的外部结构："知识—知识—知识"的螺旋上升结构，等同于学生学习的内部心理过程。

然而学习实质是内部图式同化外部知识、外部知识促进内部图式，通过不断调节从而可以顺应更多外部知识的过程，也就是从"图式—知识—图式—知识"的内外双螺旋的逐步平衡的过程。

上述现象的实质是：学生的数学知识结构不具有可变性，导致无法同化或顺应有关新知识，他就表现出"听不懂"的状态。我们将数学知识结构不具有可变性的现象称之为图式僵硬。由于学生图式僵硬，因此学生一直反复听老师讲也听不懂。唯有帮助学生建构完善的图式,这个问题才能迎刃而解。

远溯博索

截至 2021 年 12 月,以"数学图式"为关键词在中国知网中搜索,共有 100 篇相关研究论文(见图 1)。

图 1　截至 2021 年 CNKI"数学图式"相关研究文献发表趋势

学者们对数困生这种特殊群体的深入研究,能为我们揭示学生数学图式僵硬的原因。

李洪玉、阴国恩利用相关研究方法,全面系统地研究成就动机、学习兴趣、意志力、情绪稳定性和其他 11 种非智力因素与小学、中学学生学习成绩的关系,结果表明:非智力因素与学生学习成绩之间存在着非常显著的正相关。

吴增强等人运用 Q 聚类分析对数困生进行了分类研究,发现有 57.8％的学生属于非智力因素水平低造成的动力型学习困难。成功教育的研究者调查表明:90％以上的数困生对完成学习任务缺乏信心,有意注意稳定性水平显著低于对照样本的平均值[1]。

然而相关的非智力因素的相关性分析不免让人困惑,到底是学习效果下滑引发一系列非智力因素水平低下,还是一系列非智力因素水平低下导致学习效果变差呢?在研究中均未给出严谨论证。

那我们不禁要问:智力因素和非智力因素外,还有其他因素能在更大程度上解释学生数学学习的困难吗?

管鹏认为数困生的知识表征不恰当,他们的知识结构是零散的,层次性较差,比较混乱,就好像书架上的书乱七八糟地堆放着,很难找出其中想要的一本那样,不利于知识的检索、提取和运用[2]。

辛涛等总结了数困生矫正的五种模式,其中提到行为干预模式和"认知—行为"干预模式,都指向矫正学生认知的问题。[3] 王春梅、辛宏伟提出四种教育对策,其中帮助数困生形成合理的认知结构是有效的策略。[4]

通过上述关于数困生的成因分析和矫正策略的研究,我们发现认知结构缺失是形成数困生的重要因素(见图2)。

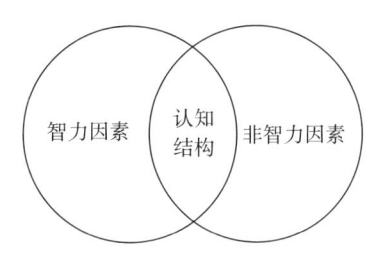

图 2 认知结构与智力因素、非智力因素的关系

皮亚杰的认知发展理论摆脱了智力因素和非智力因素的争论和纠葛,旗帜鲜明地提出内因和外因相互作用的发展观,即心理发展是主体与客体相互作用的结果。

在皮亚杰的理论中[5],图式(schema)是认知结构组织的最基本单元,同化(个体把刺激纳入原有图式之内)和顺应(原有图式的变化以适应外界环境)是个体认知成长的机制。皮亚杰将同化和顺应看作智力的本质,儿童通过同化和顺应的方式使得图式不断发展,而认知结构就是协调了的图式的整体形式。

关于数学图式的研究主要围绕着概念学习和问题解决两个方面展开。

赵娟[6]研究中特别强调图式的重要性,认为影响代数学习的认知因素有四种:图式水平,低级认知加工能力,辨别和再认能力,高级认知加工能力。其中图式水平可作为独立的认知因素存在。

廖运章[7]研究表明:学生随着年级升高,更趋于运用数学模型图式解答数学应用问题,即逐步采用数量关系结构取代情节结构去识别并解答数学应用问题。

然而,研究也存在部分局限性,比如郭兆明[8]提出:图式研究者的兴趣集中于影响图式获得的因素,很少涉及图式层次性研究。斯皮罗(Spiro,1988)等提出认知灵活性理论,他认为学习者在面对非良构领域知识时,需要从多位表征的角度对新情境进行建构,以适应不断变化的需要。Rebecca Bullamp、Gaia Scerif(2001)则指出,在教学实践中认知灵活性高的儿童与认知灵活性低的儿童在非良构领域中有显著差异,前者能结合原有知识对现有情境进行同化、顺应从而建构新的知识结构,而后者却固着于原有的知识结构,不能很好地对新情景进行同化、顺应,只要知识背景稍微变化就会出现问题,不但反复出现同一种错误,而且迁移能力较弱。[9]

通过上述分析我们不难看出,学生图式僵硬,会导致其后续在学习相关知识的过程中缺少相应的图式来同化知识,或者是缺少相应的图式来联结扩容形成新图式以顺应知识。

那么学生图式僵硬现象是否具有普遍性呢？有什么办法能看穿学生内部的认知结构呢？

工具研索

日志是指每天或经常把发生的事、处理的事务或观察的东西写下来的记录，尤指个人活动、思考或感觉的每日记录。学习日志就是个人学习活动、思考或感觉的记录。

数学学习日志应该有其独特的学科特点，它不应该只是整段的文字叙述，还应有解决问题的过程记录或者阶段学习内容的记录。首先数学学习日志是学生的学习成果，可以通过它观察学生学习的情况。学生思维活动过程虽然不能直接测量，但是却可以通过学生日志体现出来的行为进行推测。

常见的学习日志形式有：研究型日志、梳理型日志和内省型日志。

一、研究型日志

人教版在五年级上册"小数除法"计算后依次安排了商的近似数、循环小数和用计算器探索规律。那么如何观测学生关于循环小数的图式呢？学习完这些内容后我引导学生写 1 篇研究日志。

你认为 $1\div 0.1$、$12\div 0.\dot{1}$ 的结果是多少呢？

从图 3、图 4 可以看出，生 1 和生 2 对小数除法计算是十分熟练的，并且掌握了研究规律的一般方法。通过这个学习日志，可以推测：学生对循环小数概念的图式边界是清晰的，并且能自主将循环小数与除法计算进行联结扩容。

$1\div 0.1=10$	$12\div 0.1=120$
$1\div 0.11=9.0909\cdots$	$12\div 0.11=109.090909\cdots$
$1\div 0.111=9.009009\cdots$	$12\div 0.111=108.108108\cdots$
$1\div 0.1111=9.00090009\cdots$	$12\div 0.1111=108.01080108\cdots$
$1\div 0.11111=9.0000900009\cdots$	$12\div 0.11111=108.0010800108\cdots$
$\cdots$	$\cdots$
$1\div 0.\dot{1}=9.0000000\cdots$	$12\div 0.\dot{1}=108.00000\cdots$

图 3　生 1 数学研究日志

生 2 的日志在语言表达上的条理性优于生 1，同时生 2 主动引入了符号语言来表征算式的规律。对比两位学生的日志可以看出，生 2 已经意识到可以从有限小数的结果去预计无限小数的结果，说明其脑海中二者图式的联结已经逐步完成。生 2 日志中提到的

"(除数中)有无数个1,因此(商中)也有无数个0,所以(循环节末尾的)9一定不会出现"反映出学生已经在孕育朴素的极限思想,其循环小数的图式较生1更为完善。

```
一、举例探究
 1÷0.11 = 9.09̇            12÷0.111 = 108.1̇08̇
 1÷0.111 = 9.0̇09̇          12÷0.1111 = 108.0̇108̇
 1÷0.1111 = 9.0̇009̇        12÷0.11111 = 108.0̇0108̇
 ⋯                        ⋯
 1÷0.11⋯11 = 9.0̇0⋯009̇     12÷0.11⋯11 = 108.0̇0⋯00108̇
    (a个1)    (a-1个0)         (a个1)       (a-3)个0

二、类比思考
 0.1̇有无数个1,因此商中也有无数个0,      0.1̇有无数个1,因此商中也有无数个0,
 所以商中的9一定不会出现。              所以最后3位108一定不会出现。
 1÷0.1̇ = 9                         12÷0.1̇ = 108
```

图4 生2数学研究日志

需要特别说明的是,这个问题本身不具有开放性:$1÷0.\dot{1}=9$,$12÷0.\dot{1}=108$。但是我们在观察学生的时候,并不是以问题的结果来观察的,而是观察学生的研究方法。"是否有尝试用正确的方法探究",以及有思考循环小数和除法的关系,即便学生算错了,也有利于学生图式的逐步升级。

这日志能且只能在这个特殊的时间,在学生学习小数除法之后进行,而不能放在"分数与小数互化"之后,一旦学生进行如下转化:$1÷0.\dot{1}=1÷\frac{1}{9}=9$后得到如下结果,那么这个问题对观察学生小数除法和循环小数的图式帮助就微乎其微了。

二、梳理型日志

数学学科具有严谨的逻辑结构,学生建构的图式可以通过结构化的图示外显出来。因此单元学习结束后引导学生以思维导图的形式记录自己所学的内容,可以借梳理型日志推测学生现阶段的认知结构,是研究学生图式的有效工具。

学生绘制思维导图可以推测学生内在认知过程的结构,分析其对学习的深层理解。同时也便于推论出一种反映随时间而变化的规律,并提供有关学生对学科认知能力发展更详尽的描述。下面结合两个例子阐述如何借助梳理型日志分析学生的图式情况。

图5、图6展示了学生在学习人教版五年级上册第一单元"小数乘法"的有关内容,从图中可以看出,两位学生对小数乘法的基本知识和基本技能已经基本掌握,绘制这样的思维导图能较好地增加动作知觉,刺激小数乘法相应图式的边界,同时也为进一步联结扩容小数除法的图式做好铺垫。

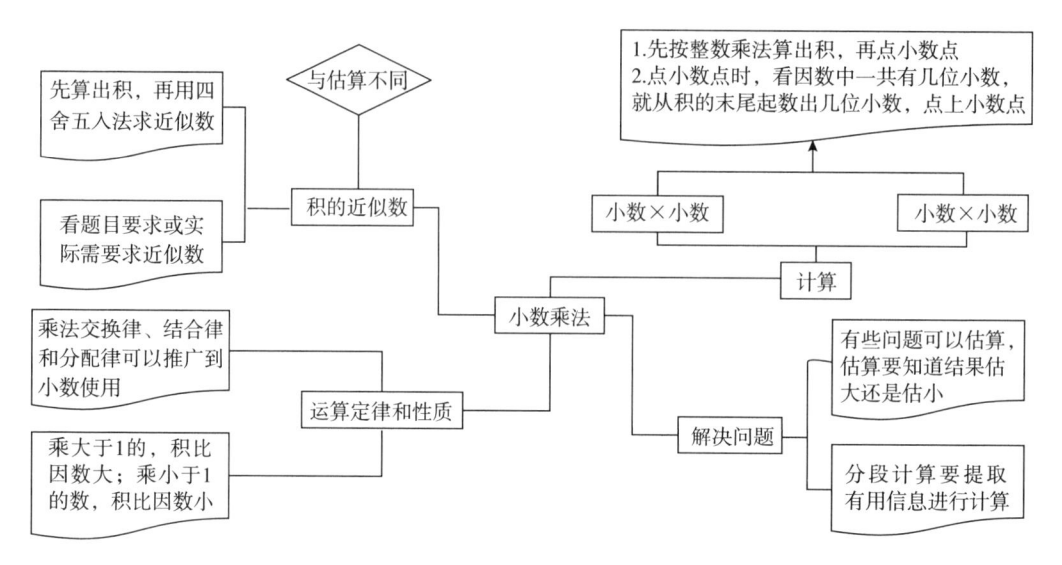

图 5　小数乘法梳理日志1

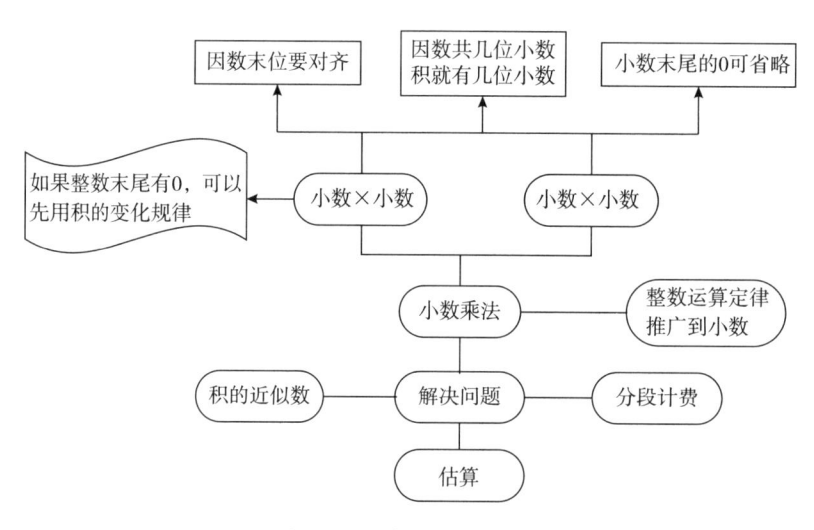

图 6　小数乘法梳理日志2

从思维导图中可以看出,两位学生的心理图式不尽相同。图6的学生内部已经将积的近似数纳入解决问题的模块,他已经意识到对积的近似数根据实际生活应用的需要进行合适的选择,他的认知是完善的。而图5的学生将积的近似数单纯地当作一种方法,表现为图式僵硬,可以预测在解决问题中快速提取"积的近似数"来解决问题会存在困难。

这日志的梳理时间节点只能在小数乘法单元结束之后,在小数除法单元开始之前。因为学生学习小数除法后,关于小数乘法的图式就进行联结扩容了,其图式就不再是单纯的小数乘法的图式,联结扩容后的图式具有综合性,不利于教师观察。

三、内省型日志

内省是心理学基本研究方法之一,内省法又称自我观察法。它是发生在内部的,我们自己能够意识到的主观现象,也可以说是对自己的主观经验及其变化的观察。

学生在学习数学的过程中,思维是不断调整变化的,可能是从错误到正确、从正确到优化的一系列过程。在这个过程中,学生的图式能逐步形成。内省型日志就是引导学生记录自己的思考过程,通过这样的方式来观察学生内部心理图式的形成过程。下面的内省型日志展示了一个学生认知的过程。

一开始,在计算 0.6÷0.2 时我想着 6÷2＝3,那现在既然是小数 0.6 和 0.2,那我就加个小数点变 0.3 呗(小数除法和小数乘法联结不稳定)。同桌跟我说我算错了的时候,我怎么看同桌的答案都不觉得是错的,我反而觉得她的结果很奇怪,怎么会 0.6 和 0.2 除完变成 3(对商比被除数大不接受)。那我就用乘法验算了一下,3×0.2＝0.6,好像她真的是对的,我就把答案改过来了。可是 0.6÷0.2 真的是 3 吗?我还是觉得怪怪的(逐步接受,但是表现出认知初期的不适应)。

上述的内省日志只能在故事发生后的一段时间快速记录下来,时间长了以后学生就对心理活动过程不敏感了,容易出现偏差。

通过上面 3 个例子可以看出,不论是哪种类型的日志都具有强烈的时机性,不能过早或者过晚呈现,因此我们抛开日志的规范格式,将它称为数学日志。

归因追索

通过研究学生的学习日志,我找到了学生图式僵硬的原因。

一、学习方式不同

学生要同化新的知识,必须具备相应的图式,如果缺少这样的图式,教师无论说多少次学生也无法同化新知识。从这个意义上说,学生的学习不是老师教会的而是自己建构会的,学生一直反复听老师讲而未进行自我建构,当然不会的永远不会。

同时这样的图式方式很有可能会有反作用,会影响学生的学习方式,将学习方式逐步转变为简单的机械记忆,而放弃了对心理图式的建构,长此以往会使得学生逐步沦为图式僵硬的学困生,积习日久难以逆转。

二、图式基础不同

学生内部图式无法同化新知识时,他需要改变原有的图式以顺应新知。而学生原有图式基础不同,就导致学生在顺应过程中图式变形的难易程度不同,因而在学习过程中就表现出图式僵硬。

经常见到这样的情况:有的学生学习代数觉得很容易,而学习几何很难,有的学生则反之。就是因为学生预制的图式基础不同,所以在学习不同数学模块时表现出了图式僵硬。

三、练习方式不同

杜宾斯基等人的APOS理论以皮亚杰等人提出的图式发展阶段理论为基础,解释了数学概念从程序化的操作转化为一个整体之后,进一步向更高层级的智慧技能转化的过程。[10]在这一理论中,图式经历的三种状态分别是单个图式、多个图式和图式的迁移。而除了前述的样例学习获得数学认知图式外,问题解决也是获得图式的重要渠道。

在解决新问题时,人们会调用有关图式指导问题解决,在问题解决中图式得以修正,或概括化,或专门化,这样就形成了高级认知图式。学生形成稳定的图式后需要采取不同的提取方式才能逐步升级,否则会停留在单个图式的阶段,表现为图式僵硬。

通过上述的分析,我坚定认为:没有促进学生图式形成的数学学习就是无效学习!我期待能破除学生图式僵硬,让每个学生都能建构完善的图式,让数学易懂些。

行动求索

一、边界清晰策略

如图7展示了内部图式同化外部知识的过程。我们已经知道想要完成对外部知识的同化,需有相应的内部图式,每次经历同化的过程后,认知图式会更加完善:明确什么知识可以被图式同化,怎么同化;明确什么不可以被图式同化。我们将图式逐步完善的过程称为边界清晰。

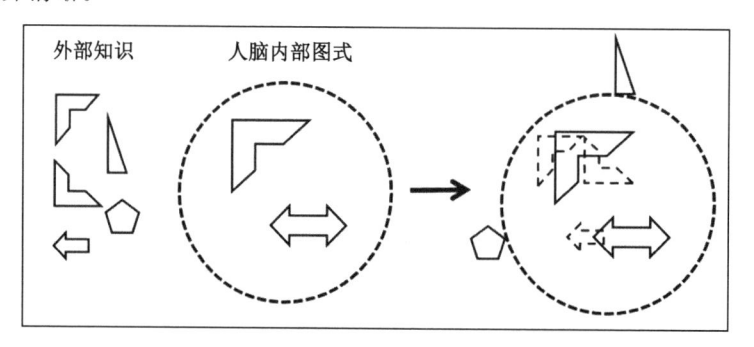

图7 图式边界清晰过程示意图

促进图式边界清晰就必须坚持以学生发展为中心,根据学生图式边界的情况,对学生学习内容进行恰如其分的补充和针对图式的拓展。在教学中不仅仅满足于学生习得知识与技能,而要立足于发展学生的认知水平,切实帮助学生尽快清晰图式边界。

图式清晰化程度越高,应用图式的心理趋势越强,同化相应的认知越快。在学生学习小数乘法的时候,有的学生表现出不用学就会了的状态:在遇到 $0.5×4$、$0.2×3$ 这类小数乘以整数问题时,他们能调用整数乘法的图式,口算得出答案。这种类型的学生对整数乘法的图式是很清晰的,在解决小数×整数的问题时,能直接应用整数乘法的图式,直接同化小数乘以整数。这种类型的学生认知水平的发展较高,在学习过程中要增加言说表达的机会,让学生把图式形成的过程表达出来,促进学生图式的快速形成。

相反,有的学生虽然也能熟练地计算整数乘法,但是他却对 $0.5×4$、$0.2×3$ 这类小数乘以整数问题的结果表现出不确信,让他们说 $0.2×3$ 的意义的时候,表现得困难,他们需要在具体情景中,结合数量来理解 $0.2×3$,从而得到计算结果。这种类型学生的图式发展相对较弱,就要注重在实际情景中让其进行言说表达,逐步从量过渡到数,并鼓励学生把量和数的联系和区别进行对比,刺激他们快速形成图式。

边界清晰是图式形成的必要条件,从图式未形成一直持续到图式完善,可以通过外部的刺激(书面练习、言说表达等)不断进行。比如学生在学习小数乘法的初期,学生会主动调用整数乘法的图式,此时学生虽然能解决小数乘法的计算问题,但是对小数乘法的认知停留在整数乘法计算方法的认知之上。最显著的表现就是:(1)对小数乘法的积比因数小的不接纳。如 $5×0.6=3$,学生会觉得怎么积比 5 小?(2)对小数乘法的积的数感没有形成。如:计算 $0.3×0.2$ 时,学生容易得到 0.6,但是让他再检查一下,他马上意识到是 0.06。0.6 和 0.06 差别之大学生竟然毫无感受。此时教师应该有意识地引导学生对比小数乘法积与因数的大小关系,引发学生进一步思考,为什么会有这样的关系,在言说表达的过程中,学生对积的大小和积比因数小就会逐步清晰,由此关于小数乘法的图式才逐步形成。

二、联结扩容策略

联结扩容是指原有图式不能适应新现象、新情境的时候,通过内部的自我调整,扩容图式的心理变化。扩容是通过联结新、旧图式实现,新、旧图式建立稳固的联结后,表现为新、旧图式的融合,称为旧图式的扩容。

联结扩容过程中也有黄金发展期,在联结初期对联结刺激的反应是最强的,在联结初期,学生学习过程中如果调用旧图式达到一定次数,联结就快速形成了。在学生学习过程中,教师应该关注联结扩容的黄金发展期,并不失时机地提供联结最强刺激物,帮助学生不断进行新、旧图式的联结扩容。

例如学生学习小数除法的过程中,对"商比被除数小"的接受程度显著高于"小数乘法的积比因数小"的接受程度。不少对乘法和除法之间联系清晰的学生,能直接利用学习小数乘法的原理来解释"商比被除数小"。学生在调用旧图式的时候,教师要能准确快速地捕捉,并鼓励学生言说这个过程,这样学生的联结就能快速形成。

同时联结图式需要一定的时间,联结稳定性达到一定程度后,图式扩容才得以实现。

例如学生在学习小数除法的过程中,虽然开始联结小数乘法和小数除法的图式,但是从联结到扩容需要 1~3 天的时间。在这段时间里对于口算 0.6÷0.2＝3(0.3)、0.25÷0.05＝5(0.05)的结果经常出现混淆,但是在竖式计算过程中就没有类似的错误。口算过程中,学生时而调用小数乘法的图式:0.2×3＝0.6 推算 0.6÷0.2＝3,口算正确;时而调用除法的图式 6÷2＝3 推算 0.6÷0.2＝0.3,产生错误。这时候及时引导学生对自己的错误进行反思,只要学生经过几次正确的调用后,他关于小数除法和小数乘法图式的联结就能快速形成。

三、重构立体策略

当图式扩容到一定程度的时候,图式扩容就无法进一步进行。要想进一步进行图式扩容,就必须改变图式的结构。通过对图式分类、序列、重构等,可以将原有图式立体化,以适应新的形式,这个过程称为图式的重构立体。

重构立体需要的时间比联结扩容需要的时间要长,表现为学生学习新知识的各种困难与习得新知识后的混淆与快速遗忘。这个过程如果失败,学生就没办法进行新知识的同化。

图 8、图 9 展示了两位学生在学习完人教版五年级第二单元"位置"后绘制的思维导图。

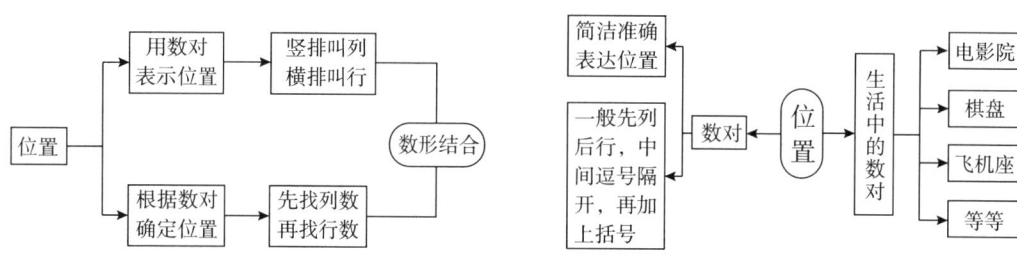

图 8　用数对确定位置梳理日志 1　　　　图 9　用数对确定位置梳理日志 2

从图 8 可以看出,该生在绘制思维导图的过程中,已经明确了数对和位置一一对应关系,他对数对图式联结是稳固的,形成了数对这个单元相应的心理图式。而相应地,右图中虽然知识和技能的梳理十分完整,但是对于数对与位置一一对应的图式是不清晰的,可见该生对这两个小图式的联结是不够稳固的。

当然,从图 9 看也并非乏善可陈,该生在学习位置后能关注到生活中的数对,说明他对数对的认知还是很深刻的,能在不同情境中使用数对,具有从数学到生活的模型思想。从这个角度说,该生的图式扩容能力相对较强。

如果能进一步引导学生对两幅图进行对比,帮助他们互相启发,这两位学生都能进行图式的重构,他们的图式水平会更上一层楼。

> **案例探索**

帮助学生建构可升级的图式
——以"可能性"的教学为例

一、问题思考

张奠宙曾经分析过:仔细研读这两页教材(人教版五年级上册第四单元"可能性"),可以看到教材对于可能性大小的判断,都不基于"等可能性"的理性判断,而是依靠小学生自己去摸,用经验性活动得来的频率来说事。

而学生关于可能性的图式是怎么样的呢?通过问卷、访谈、调查等方式,我们了解到四年级学生的情况(见表1)。

表1 可能性前测调查结果统计表

调查情况问题	人数/人							
理解可能性的内涵	是				否			
	144				28			
抛一枚硬币的可能性如何	正面大		反面大		一样大		不确定	
	1		0		169		2	
掷一枚骰子的可能性如何	1	2	3	4	5	6	一样	未知
	1	0	0	1	0	4	154	12

从数据中可以看出,学生已经感受到在掷硬币、掷骰子这样的活动中,蕴藏着可能性相等的基本事件。在教材设置与学生图式矛盾的情况下,我们该怎么解决呢?

二、实践过程

教学片段一:唤醒可能性的图式

探究完课本例题1后,教师补充如下的活动。

看来随机现象无处不在。比如:为什么大家都知道买彩票能中百万大奖,但是买彩票的人却寥寥无几呢?新闻联播结束后一定有天气预报,为什么我们知道天气预报会错,但是仍然天天播放?哪位同学愿意来说一说?

生1:买彩票中百万大奖的可能性很小,所以买的人就少了。不甘心的人多买几次不中奖,他也就不买了。

师:讲得可真生动。买彩票中奖这个随机事件可能性很小。

生2:虽然天气预报可能会错,但正确的可能性很大。

生3：我们通过卫星云图、风向风力监测等高科技技术，可以使得天气预报准确的可能性变大。

生4：好像天气预报也会说明天下雨的概率是70%，也不是说一定会下雨的。

师：同学们，你们对可能性的感知可真好！确实随着科学技术的发展，天气预报准确的可能性大、不准确的可能性小，所以人们都愿意看天气预报。

看来，我们要研究的随机现象，虽然叫作随机，但是它也有规律。

[设计意图]

在学生学会用可能、一定和不可能描述随机现象后，教师补充如下一个环节，让学生充分感受到可能性是有大小的。所用的例子都是学生熟悉的生活情境，目的就在于唤醒学生相关图式。从问答中看出学生与随机现象有关的图式绝不仅仅停留在"可能"这个模糊的层面，学生对可能性的大小是有很深的感受的，其图式是稳定且成熟的。通过这样的思考，学生沉睡的可能性有大小的图式被初步唤醒，边界清晰过程逐步开启。

教学片段二：因"材"施教，助力图式升级

介绍完课本例2，学生明白：红棋个数多，摸出红棋的次数就多，也就是摸出红棋的可能性大。通过实验次数，学生对可能性大小的感受进一步借助数丰富起来。此时可以顺势拓展，助力学生图式升级。

师：每次研究可能性的大小都要做试验吗？有没有其他的方法呢？

生1：红棋的个数多，我不用试验就可以断定，摸出红棋的可能性大。

生2：我同意生1的想法，我补充红棋的个数是蓝棋的4倍，那摸出红棋的可能性也是蓝棋的4倍。

师：你们也是这样想的吗？

大部分学生都认同生1、生2的推理。

师：看来同学们认为，这5个棋子是一样的，你摸出1个棋子的可能性都是一样的。生活中还有见过类似的情况吗？

生3：抛硬币。抛到正面和反面的可能性是一样的。

生4：抽签。你抽到哪一张签的可能性是一样。

生5：掷骰子，掷出1到6的每一种可能性是一样的。

生6：抽号数，电脑抽我们座位号的时候，每个座位号被抽到的可能性是一样的。

师：同学们真的太厉害了，找到那么多可能性一样的事件。为了让大家对可能性的认识更准确一点，我们可以引入数来描述。

盒子中有5个棋子，分别是红1、红2、红3、红4和蓝1。摸一次一定会摸出这5个棋子中的一个，我们就用1来表示"一定"的可能性。摸一次不可能摸出这5个棋子以外的黄棋、白棋等，我们就用0表示"不可能"的可能性。你会怎么描述摸出红棋和蓝棋的可能性呢?

生1:蓝棋是5个中的1个,可能性在0和1之间。

生2:那就是1/5。

生3:对,摸出这5个的可能性是一样的,那就是把1平均分成5份,用1/5来表示摸出蓝棋的可能性。

生4:摸出红棋的可能性是4/5。

师:你是怎么想的?

生:摸出1个红棋的可能性是1/5,红旗有4个,那就是4/5。

师:同学们说得真好呀。我们一起来回顾一下,我们可以怎么研究事件发生的可能性呢?

板书:试验、分析可能性相等的事件。

[设计意图]

课本内容是经过专家推敲和审核的,作为规定动作有一定价值。但是"教材是家,不是牢笼",需要一线教师根据学生的情况进一步引导学生深入思考研究。

等可能事件是蕴藏在可能性有大小的图式之中的,如果此时打破这个束缚,引导学生充分感受等可能事件,尝试用等可能事件去分析随机现象,对学生可能性的图式的形成是有极大促进作用的。可以说学生接受了等可能事件这个公设,可能性的图式就初步建构了。反过来说,如果此时不刺激与可能性有关的图式,那么学生这个图式就将继续封闭和沉睡,真可谓损失惨重。

三、解决策略

(一)边界清晰

学生对可能性大小的图式所能建构的知识可以更丰富,教材提供的学习材料仅停留在对可能性的感性认识,对学生图式边界清晰没有帮助。教师基于学生立场对教材进行适当的拓展和补充,有利于学生图式边界清晰,唤醒沉睡的关于可能性大小的图式,为后续初中、高中的学习做好铺垫。纵观整体的教材安排,小学阶段安排在五年级上册第四单元2课时,初中阶段安排在初三上进行概率学习,高中阶段安排在高二进行概率学习。一旦错过五年级这个时期,图式形成至少耽误3年。

(二)联结扩容

在可能性学习过程中,教师应该关注图式的黄金发展期,并不失时机地给出可能性图式的最强刺激物——分数表征可能性的有关学习材料。帮助学生将分数的意义与可能性的图式进行联结,让学生在描述可能性的过程中感受到分数作为数的应用价值;同时借助数的表征,学生对可能性的联结扩容得以更完善。

(三)重构立体

小学生的思维水平处于前运算阶段和具体运算阶段,因此对内部图式的建构也需要积累更多的感觉经验。经历图式可视的过程,可以促进学生图式形成,他会把错误的观念、错误的结构清晰化,也会把相同的结构进行联结以实现结构的扩容。

图 10 展示了学生对可能性的有关图式,从中可以看出学生用可能性来表示随机现象的结果已经十分明确,对实际生活情景中的随机现象:扔硬币、摸球、抽奖、掷骰子等也有一定的感受。在这个过程中,学生积累了更多关于可能性的结构,促进学生可能性图式快速重构。

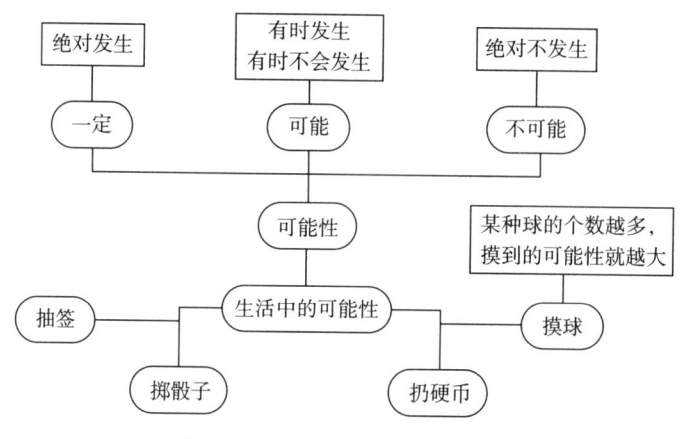

图 10 可能性梳理日志

参考文献

[1] 张超,朱其超.数学学习困难学生及其教育对策研究综述[J].宿州教育学院学报,2013(2):48.

[2] 管鹏.认知心理学的教学观及其对现代教学的启示[J].教学与管理,1997(12):3-5.

[3] 辛涛,陶沙,梁威.儿童学习障碍的矫正模式评介[J].中国特殊教育,1998(2):19-23.

[4] 王春梅,辛宏伟.学困生的学习心理障碍与教育对策[J].教育探索,2003(4):83-84.

[5] 皮亚杰.发生认识论原理[M].王宪钿,等译.北京:商务印书馆,2021:21-62.

[6] 赵娟.初中代数学习困难生认知特征及干预措施的研究[D].大连:辽宁师范大学,2004.

[7] 廖运章.数学应用问题解决认知心理的实证研究[D].桂林:广西师范大

学,2000.

[8]郭兆明.数学高级认知图式获得方式的比较研究[D].重庆:西南大学,2006.

[9]崔新鹏.初中生认知灵活性、平面几何问题表征和数学成绩的关系[D].保定:河北大学,2013.

[10]RAMIREZ R P B,GANADEN M S.Creative activities and students higher order thinking skills[J].Education quarterly,2008,66(1):22-33.

05

小心"危险模型",五步助力"数模小达人"

厦门第二实验小学　吴国铎

现场问索

想到数学,很多人联想到的都是"数字""符号"以及"公式",这些标签都是在学习数学的过程中,潜移默化形成的。在圆的面积学习时,部分家长在课后辅导孩子时,经常只要求孩子背熟公式,但是圆的面积公式为什么是"$S_圆=\pi r^2$",家长很难说出个所以然来。不知从什么时候开始,在学生的心中,就产生了"背公式就能学好数学"的观念。

这种观念经常表现在小学生的学习中。例如:今天课上学习了除法,那么你会发现有几个学生,不论题目中的数学信息是否变化,通通都是用除法解决问题。学生的想法很简单,毕竟今天学的是"除法",只要用除法就能解决问题。"除法"已经沦为今日作业的"公式"。

又如:在学习"求一个数比另一个数多或少几分之几"这一课中,很多学生最后就是将数量关系沦为"公式"进行记忆。比如关于"A 比 B 多 $\frac{1}{2}$",学生都会"背公式"般地说出数量关系"$B\times\left(1+\frac{1}{2}\right)=A$",但当询问学生"$\left(1+\frac{1}{2}\right)$"表示的含义,相信许多学生会瞬间沉默。

数学本是富有逻辑性的,为什么学生最后都沦为死记硬背式的学习,硬生生将理科思想转变成了文科思想?如何帮助学生从真正意义上理解并掌握数学知识呢?

正本洄索

出现以上的现象,我初步认为是学生在建立数学模型的过程中出现了问题。学生的建模过程出现了如建筑工程中的偷工减料，完工时发现工程处处有缺漏，如同豆腐渣工程般的质量。因此，我把学生建立的这种模型，称为"危险模型"。

模型意识是数学核心素养之一，数学模型是为了解决生活中的问题而建立的数学概念、公式、定义、定理、法则、体系等。而模型的运用指学生能够分析信息与判断情境，抽象出问题的共性特征，运用相似的方法或理念解决问题。

"危险模型"我认为有如下具体表现（见图1）。

模型运用停留于单一情境
无法从不同情境中抽象出模型，从而运用模型解决问题。

模型理解局限于表征记忆
模型只停留在表征的记忆阶段，无法理解模型的内在意义。

模型感悟止步于解决问题
学习模型的收获只停留在利用模型解决数学问题，即数学知识的掌握。

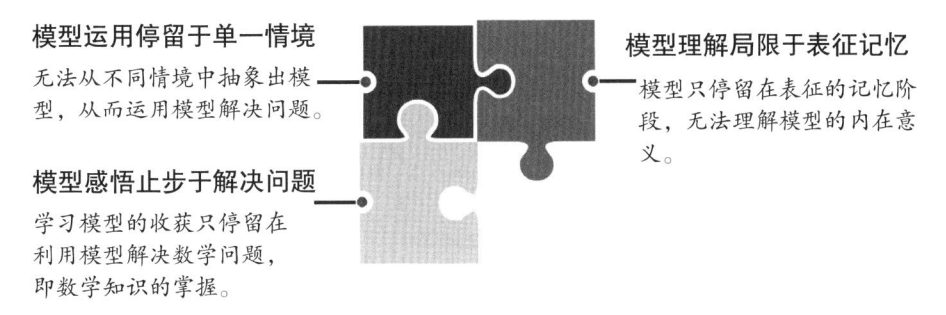

图1 危险模型图

（一）模型运用停留于单一情境

学生无法从不同情境中抽象出模型，进而运用模型解决问题。例如植树问题的模型，若将植树情境换成放学排路队的情境，学生无法将"人"想成"树"，即无法对情境中的本质属性进行抽象，则表明建模失败。

（二）模型理解局限于表征记忆

学生对于模型只停留在表征的记忆阶段，无法理解模型的内在意义。导致无法有目的性、有针对性地处理数学信息，从而适配模型公式。此外还可能出现模型记忆上的混乱，也就是大家常说的"乱套公式"或者"公式记错"的现象。例如简算中常出现的"除法分配律"的错例，学生容易出现"$1.5÷(5-0.2)=(1.5÷5)-(1.5÷0.2)$"的问题，这就是乘法分配律模型建立不完整造成的。

（三）模型感悟止步于解决问题

学生对于学习模型的收获只停留在利用模型解决数学问题，即数学知识的掌握。但对于建立模型过程中运用到的活动经验和数学思想感悟不够，造成了学生忘记模型后却无法再次抽象。

那么，是什么导致了"危险模型"的形成？又该如何拯救这种"危险模型"呢？有什么好方法能够帮助学生建立起"厚实"且"牢固"的模型呢？

远溯博索

截至 2021 年 10 月，以"模型意识"为关键词，并以"初等教育"为主题，在中国知网进行精确查找，共检索到 1366 篇论文，发表趋势如图 2 所示。

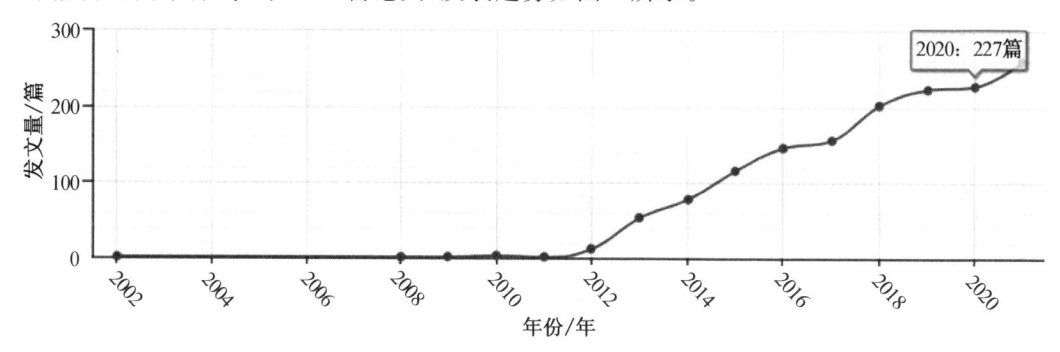

图 2　2002—2021 年 CNKI 论文发表趋势

模型意识作为数学十大核心素养，说明在教学中建构模型解决问题是必要的。《2022 版义务教育数学课程标准》中指出："模型意识的建立是学生体会和理解数学与外部世界联系的基本途径。"刘爱东在《小学数学教学中应彰显模型意识的教学价值》中提出，模型意识能够帮助学生直达概念内核，能够突出数学本质，能完善知识体系。[1]

那么为什么会出现学生利用模型，却无法正确解决问题的现象呢？学者们研究了模型教学中存在的问题。肖玉荣在《小学数学教学中建构数学模型的问题与对策》中指出，小学阶段关于数学建模存在的一些问题，一是教育方式的不合理，二是没有进行模型意识的渗透，三是没有做到与实际相结合。[2]在《模型意识在小学五年级数学教学中的应用现状及策略研究》中，马雪总结了教师对模型意识内涵理解欠缺、教师对模型意识的认识不够、教师缺少对新课标的细致解读、教师缺少对教材中模型意识的挖掘、教师应用模型意识教学能力差以及教学效果不明显等问题。[3]

正确有效的培养模型意识至关重要。刘勋达在硕士论文《小学数学模型意识及培养策略研究》中，对模型意识的相关概念作出了界定与梳理，并总结了小学数学模型意识表现为四种具体的能力要素：问题表征能力、抽象概括能力、直觉思维能力和合情推理能力。还提出了以培养模型意识为目的的模型教学有相对固定的过程模式：创设情境提出假设—建立模型—求解模型—验证模型—应用模型。最后还从五个方面提出培养模型意识的策略：创设问题情境、利用教学工具、研究课程内容、创新学习方式、变革评价形式。[4]

在《小学数学教学中培养学生的模型意识策略分析》中，杨静提出了小学数学教学中培养学生模型意识的策略：(1)结合实际生活，调动学生的建模兴趣；(2)感受模型的应用,建立学生的建模思想;(3)充分利用旧模型,创建新模型;(4)加强实践的引导,提高学生的建模能力。[5]

综上所述,许多专家学者在模型意识的价值、教学上存在的问题以及模型意识的培养策略上,有着一定的研究及许多的成果。但是从学生的学习角度进行的研究相对较少,对于学生建模过程的探究也不够详细。因此笔者想在前人的基础上,从学生学习的角度研究建模中存在的问题,从问题中思考总结,从而形成帮助学生建立数学模型的策略。

工具研索

课堂前测与课堂后测:通过课前测试,观察学生是否已经建模,对于模型的认识达到什么程度。课堂结束后,再进行课堂后测,了解学生对于模型的建立是否完善,是否能够合理运用模型解决不同类型的问题。对比前测后测,了解学生在经历课堂后,对本节课的数学模型是否有所掌握,如表1所示。

表1 "植树问题"课堂后测结果分析

"植树问题"课堂后测结果分析			
后测问题	问题一:一条100米的路,准备在路的一旁每隔20米种一棵树,两端都种,需要多少棵树? 问题二:同学们排路队回家,从第一个同学到最后一个同学之间的距离有16米,每两个同学之间的距离是2米,这列队伍一共有几个同学? 问题三:在100米的廊道挂灯笼,每隔5米挂一个,需要准备多少个灯笼?		
SOLO分类层次	学生解答部分示例		人数/人
前结构层次(没有模型)	无法从情境中抽象模型,无法解决此类相关问题		3
单点结构层次(错误模型)	问题一: $100 \div 20 \times 2 = 10$(棵) 问题二:①$16 \div 2 = 8$(人) ②$16 \div 2 + 2 = 10$(人)		5
多点结构层次(混乱模型)	问题一: $100 \div 20 = 5$ $5 + 1 = 6$(棵) 答:要有6棵树。	问题二: $16 \div 2 = 9$ 答:这队伍一共有9人。	8

续表

SOLO 分类层次	学生解答部分示例	人数/人
关联结构层次（单一模型）	问题三：①100÷5－1＝19(个) ②100÷5＋1＝21(个) (没有多角度考虑问题，仅从单一情况分析问题)	12
拓展结构层次（完整模型）	选用合适的模型解决问题，并在问题三中能分情况讨论	23

通过课堂的后测，借助"SOLO 分类评价法"，可以得到以下几类情况。

1."没有模型"（前结构层次）：即通过模型教学后，学生没有抽象出关联的数学模型，无法通过模型来解决问题。出现这一类现象的学生，都是课堂参与度极低的学生，从课堂一开始就未曾加入师生的讨论中。

2."错误模型"（单点结构层次）：有使用模型的意识，但是使用的是不正确的模型，导致结果出现错误。这类学生没有参与建模过程，只对模型结果进行了相应的关注，并且忽视了课堂运用练习。

3."混乱模型"（多点结构层次）：对模型的熟练度不够，不能快速利用模型解决问题，需要凭借直观工具重新推导结论。学生普遍有参与建模过程，但在模型的内涵上没有理解，解题时只能凭借记忆再次建立模型，导致解题速度偏慢。

4."单一模型"（关联结构层次）：能够使用模型解决问题，但是对多种情况下不同的模型没有整体的认识，没有形成整体的体系。此类学生缺乏比较不同模型的差异，没有整体思考。

5."完整模型"（拓展结构层次）：能够根据信息合理分析，并充分考虑不同情况，选择合适的模型解决问题。

归因追索

"没有模型""错误模型""混乱模型""单一模型"都是属于"危险模型"的范畴，都会导致学生在解答过程中随时出现错乱的可能。结合相应的课堂观察，笔者总结了这类"危险模型"产生的原因，主要有以下几点。

一、学生缺乏动力，模型建立的参与度不足

学生对建立模型没有积极性，没有建模的驱动力，导致在教学过程中，学生无法主动积极地探究，也就造成了建立模型的效果不佳。

二、学生忽视过程,模型理解的深度浅显

学生重视模型结果,忽视模型建立的过程。这和模型教学的模式化有关,学生只为获得最终的方法与结论,片面地认为只需要记忆模型结果即可。导致学生对模型的理解不够深入,甚至出现对模型产生误解的现象。

三、学生缺少辨析,模型运用的广度狭窄

在课堂中,从具象、抽象到模型之后,缺少辨析模型的环节。学生没有进一步探究模型的内在含义,即无法将模型再次具象到不同的情境当中。这就导致了学生在不同的情境下,无法将模型融会贯通,稍微变化情境与已知条件,学生就会出现乱用模型的现象。

四、学生无效反思,能力提升的维度单一

模型教学中,课堂的反思过于形式化,学生对于模型建立过程的认知仅停留于知识上的收获,缺乏不同维度的感悟,例如活动经验、数学思想与数学方法等。这就导致学生今后若遗忘模型,难以自发地再次建模。

行动求索

基于以上的研究与反思,笔者认为:想要帮助学生建立起稳固的模型,告别"危险模型",需要打好基础,落实好模型教学过程中的每一步,学生充分感悟理解,构造的模型才会可靠实用。因此教师应将建模过程细化,稳中推进,辅助学生搭建数学模型。具体如图3所示。

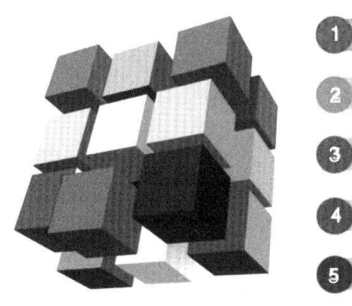

1 "孕模":在问题中激化需求
2 "建模":在异同中归纳抽象
3 "固模":在辨析中加深内化
4 "拓模":在应用中关联拓思
5 "悟模":在反思中提升素养

图3 策略建模

一、"孕模":在问题中激化需求

需求是学生建立模型的"可燃物",即没有问题驱动,学生很难自发地对模型进行构建。因此构建模型需要在学生产生"需求"的情况下,主动地参与抽象才能提高学生的接受程度。因此问题的选择与设计至关重要,需要满足以下几点。

(一)问题创设存在模型构建的价值

在课堂教学中,如果数学问题简单且易于得出结论,就缺少建模的价值,学生自然不愿参与建模的过程。因此,问题的设计要凸显模型建立的必要性。

例如:创设"在全长2000米的小路一边植树,每隔5米栽一棵树,一共需要多少棵树?"大数字的情境下,学生无法通过实际操作或画图的形式得到答案,学生就会自发地通过"化繁为简"的方式进行规律的探索。如此一来,学生就初步有了建模的需求,并积极参与建模。

(二)问题解决符合学生能力的范畴

问题解决的难度不能过高,要使学生可以通过已有的知识、经验或方法,通过自身的努力顺利解决,也就是问题的难度要在学生的"最近发展区"。如果设计的问题过于复杂,抑或是过于晦涩难懂,学生对于问题的解决失去信心,则不利于提高学生的积极性。

(三)问题情境来自学生的生活实际

贴近学生的生活情境,能够调动学生的学习积极性。学生通过模型的建立,能够解决他们日常中常见的数学问题,基于模型的应用性,也能够激发学生的建模需求。

二、"建模":在异同中归纳抽象

当学生有了充分的建模需求后,教师应该合理组织学生进行模型的建立。数学模型具备着解决相似数学问题的功能。但运用模型时,也需要分析条件上的不同,选择适合的模型。因此在教学时,教师要组织学生合理地进行对比,从而建立完善且牢固的数学模型。

(一)异中求同,凸显模型一般性

教师可以引导学生在解决问题的过程中,通过不同的情境或方法,得出相同的思想与相同的结论,并经历总结与归纳,最终抽象出数学模型。例如:在探究梯形面积公式时,学生借助梯形纸片,尝试不同的方法进行公式推导。有的学生会用"倍拼"的方式,有的学生会用"割补"成平行四边形的方式,还有学生则是以"分割"的方式转化成两个三角形进行探究(见图4)。通过学生动手操作与字母推导,外加多元方法的讨论,最终总结归纳出相同梯形面积公式。

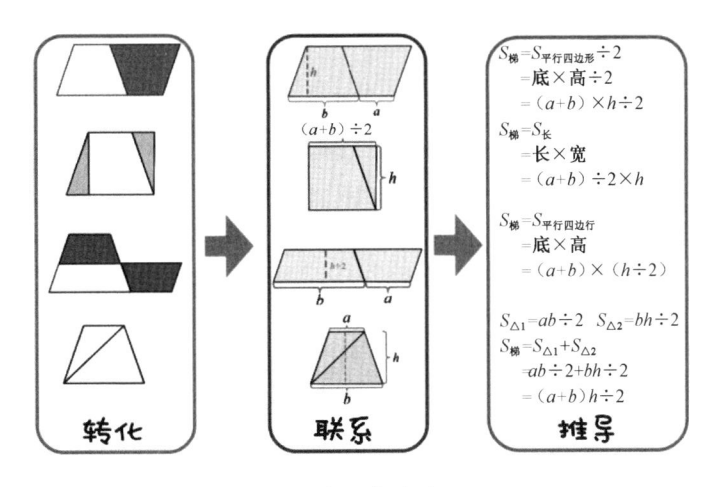

图 4 梯形推导过程

(二)同中求异,比对模型特殊性

教师可以引导学生,在相同的情境或相似的知识中思辨不同之处。通过对比异同点,引发学生进行关联辨析,总结出模型之间的特殊之处,加强学生在模型运用上的灵活性,也强调了模型运用的特殊性,从而避免"无思考"地套用模型的现象出现。例如:植树问题中,学生从"两端都种"的情况总结出"间隔数+1=棵树"的结论。在相同情景中,将条件改为"只种一端"和"两端不种",引发学生再次思考,分别得出"间隔数=棵树"和"间隔数-1=棵树"的结论。虽然情境与问题相同,但是条件不同,导致结果与模型的改变。帮助学生建立了不同情况下的三种植树问题模型。

(三)异中聚同,勾连模型共通性

通过不同的模型比较,可以关联模型之间的相同之处。从而加深对模型的理解,辅助学生的记忆与运用。例如:在建立梯形的面积公式时,可以与其他的图形面积公式进行联系。通过改变梯形的上底,可以将梯形转化成三角形、平行四边形、长方形,从而与这些图形的面积公式进行关联(见图5)。这样一来模型的建立更有结构化意识,也加深了学生对多边形面积的理解。

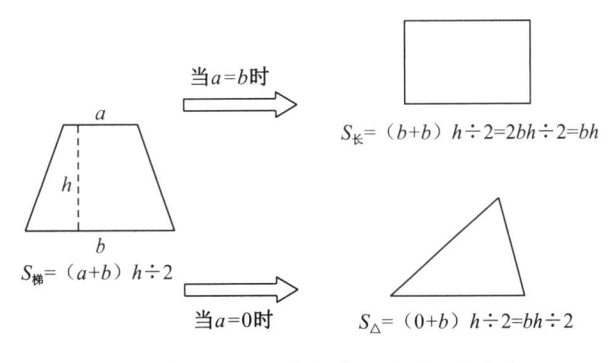

图 5 梯形面积公式与其他图形间的联系

三、"固模":在辨析中加深内化

学生通过归纳抽象,建立模型之后,通常对模型的理解不深,且缺乏对模型深究的意识。学生在建模之后,会将注意力集中于记忆模型公式的表征,而对模型的内在道理与逻辑缺乏理解。因此教师应在建模之后,引导学生进行巩固,深挖模型的内在含义。可以从以下两点进行引导。

(一)诠释模型,说理辨证促内化

在公式模型教学中,教师可以引导学生对模型进行说理辨析,让学生尝试诠释模型的含义。学生可以在说理中再次经历建模过程,在模型各部分的变化过程中,强化对模型各部分含义的理解。例如:在"植树问题"中,在两端都种的情况下,"间隔数+1=棵树",教师询问学生"为什么'+1'?'+1'的树具体指的是哪一棵?"学生结合图,说理分析,从而体现出"一一对应"的思想。

(二)具象模型,直观辨析升理解

部分模型可以让学生借助几何直观具象模型,更具视觉性与思维性,不但能够加强学生的理解,也能辅助学生记忆,提高解决问题的能力。例如:在教学六年级上册的"方与圆"一课时,学生能够通过计算与字母的一般推算,得到圆外方、圆和圆内方的面积之比是4:π:2。引导学生结合图像(见图6),理解圆外方与圆内方之间的关系,结合图形分析,可以直观看出两个正方形之间的2倍关系。

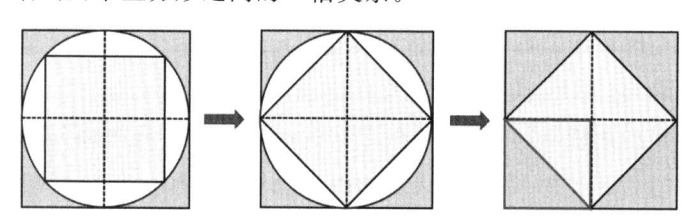

图6 "圆外方"与"圆内方"的联系

四、"拓模":在应用中关联拓思

模型的建立,是为了便于学生解决问题。而如何帮助学生驾驭模型,则要在练习运用模型中达成目的。

(一)丰富情境,强化模型运用

教师应该为学生提供多种情景,使学生在不同情境中抽象出相同要素,从而使学生能够拓展思维,增强模型的使用积极性。例如:在"植树问题"中,提供多种情景,如学生列队、切割绳子、爬楼梯等。

(二)交融模型,提升问题解决

模型与模型之间,也能产生关联互动。教师可以通过回顾已学模型,使之关联,在运用对比中,强化对模型的理解。例如:在六年级学习完"工程问题"后,可以与已学习过的"相遇问题"相关联。在对比中,学生能够发现,其实"相遇问题"也可以用"工程问题"的模型解决,速度和相当于功效和,总路程相当于工作总量。如此一来,学生对于"工程问题"模型的运用意识与理解能力也就得到了提升。

五、"悟模":在反思中提升素养

模型的建立,离不开数学思想的运用。模型可能会伴随着时间的推移而被遗忘,如何帮助学生在模型遗忘后还能重建模型,关键之处在于学生是否掌握相关数学思想。因此,教师应当在模型教学中,引导学生进行回顾反思,总结建模收获。例如:"植树问题"中的"化繁为简"与"一一对应"思想、规则图形面积公式推导中的"转化思想"等。

综上所述,帮助学生告别"危险模型"需要通过教师的引导,细化建模的过程,强化模型的运用,升华模型中的数学思想,稳中推进。模型意识的形成不是一蹴而就的,需要教师有意识、坚持不懈地渗透在日常教学中。相信只要教师脚踏实地地落实,帮助学生不断打磨每一个数学模型,学生终能成为一名优秀的"数模小达人"。

案例探索

植树问题

一、谈话导入,激发需求

师:你们知道 3 月 12 日是什么节日吗?是的,是植树节,绿化环境是我们每个人的义务,在植树活动当中也有着有趣的数学知识。

出示例题:在全长 200 米的小路一边植树,每隔 5 米栽一棵树,一共需要多少棵树?

师:通过题目你知道了哪些数学信息?

预设:全长 200 米、一边、每隔 5 米栽一棵。

师:你能用自己的话说一说每隔 5 米栽一棵是什么意思吗?

预设:每棵树之间的距离都是 5 米。

师:是的,那这里 200 米称为总长,树与树之间的距离就是 5 米,称为间距。总长 200 米中有几个这样的 5 米的间隔呢?

预设:200÷5=40。

师:是的,这里的 40 就是间隔数。

二、化繁为简,初探模型

（一）交流讨论,激发探究需求

师：同学们猜一猜,一共需要准备多少棵树苗呢？

预设：40、41、39、42。

师追问：有这么多答案,有什么方法去验证呢？

预设：画图。

师：那200米这么长,有40个间隔,画起来要画好多,研究起来很麻烦,那该怎么办呢？

生：可以从简单的开始研究。

师：那我们从15米研究起吧,你们知道当总长是15米时,间隔数是多少吗？试着在学习单第一题用横线表示间隔、竖线表示树苗,动笔画一画示意图。

请学生到黑板前用小棒摆出,并请他说一说想法。

师：看来植树方法不止一种。我们把第一种情况叫作两端都种,第二种情况叫作只种一端,第三种情况叫作两端不种。

（二）化繁为简,探究初现模型

引导学生从"两端都种"的情况开始研究,并完成学习单第二题,算出间隔数,再画出图,边画边思考有什么发现？

展示学生画的图,并用PPT展示表格（见表2）。

表2 探究表

两端都种				
总长	间距	间隔数	图示	棵数
25米	5米			

预设：我发现种的树都比间隔数多1。

师追问：你从哪里发现的？结合学习单说一说。那么棵数就等于……

生：棵数＝间隔数＋1。

（三）几何直观,理解模型内涵

那为什么棵数会等于间隔数加一呢？你能结合图来解释一下吗？同桌之间先讨论一下。（这个"＋1"是指哪棵树呢？）

（其他的树和间隔之间又有着什么关系呢？）

预设:我发现一棵树对应一个间隔,但最开始的一棵树没有对应,多出来了,所以要间隔数加一。

师:说得太好了,一棵树对应一个间隔,运用了我们数学的重要思想方法"一一对应",它能够帮助我们解释和理解这一规律。

师:你还能用一一对应的方法,解释总长是20米、25米的情况吗?同桌之间互相选一个,结合学习单边画边说,同桌说得好的,请你为他点赞。

总结:看来我们不但通过有序研究发现规律,还能用"一一对应"的方法解释规律。

(四)尝试计算,熟练模型运用

那如果不画图,你们会算吗?完成学习单第三题。

小结:看来我们还能运用规律来快速解决问题。

三、类比迁移,丰实规律

(一)方法迁移,延伸模型

师:现在两端都种的情况已经难不倒你们了,还有另外两种情况,回到探究一,再画一画,说一说,存在着什么样的规律呢?你们发现了什么规律呢?同桌之间讨论讨论。

预设:

1.一个间隔对应一棵,刚好一一对应,所以一端不种的情况下,棵数=间隔数。

2.一个间隔对应一棵,最后一个间隔没有对应的树,所以棵数=间隔数-1。

师小结:一一对应还可以帮助我们同时解释另外两种不同的情况,真是太厉害了!

(二)回归情境,运用模型

我们再回到最开始的题目,刚开始同学们猜的答案,哪些是正确的?说一说理由。

预设:40、41、39。分别对应只种一端、两端都种和两端不种。

师总结:我们遇到复杂的问题时,从简单情况入手,找到规律后再来解决复杂的问题,这也是我们数学重要的思想方法"化繁为简"。

四、多元情境,加固模型

(一)回扣生活,迁移模型

那今天我们所研究的这些就是数学中经典的植树问题(揭题)。

(出示生活图)你们能发现这当中的植树问题吗?谈一谈"树"在哪?"间隔"在哪?

(二)实际应用,提升模型

练习一:同学们排路队回家,从第一个同学到最后一个同学之间的距离有16米,每两个同学之间的距离是2米,这列队伍一共有几个同学?

练习二:在全长2千米的道路两边安装路灯(两端不装),每隔50米安装一座,一共安装了多少座路灯?

师提问:1.这还是植树问题吗?
　　　　2.这题目也没告诉我们是哪种情况,你们如何判断?

练习三(见图7):

> (1)如图黑球和白球按顺序摆放,假如白球有50个,那么黑球有多少个?
> ●○●○……●○●○
>
> (2)如图黑球和白球按顺序摆放,假如白球有100个,那么黑球有多少个?
> ●○○○●○○……●○○●

图7　练习三

师:说一说你是怎么想的?

总结:看来"一一对应"能够帮助我们解决这么多的问题呀!

五、归纳反思,提升促能

师:回顾学习过程,我们是怎么研究的?

引导学生交流想法。

师追问:如果下次不小心忘记了结论,你会怎么做?

预设:(一)化繁为简,重新推导。

　　　(二)一一对应,推理重构。

参考文献

[1]刘勋达.小学数学模型思想及培养策略研究[D].武汉:华中师范大学,2013.

[2]肖玉荣.小学数学教学中建构数学模型的问题与对策[J].考试周刊,2018(A4):103.

[3]马雪.模型思想在小学五年级数学教学中的应用现状及策略研究[D].沈阳:沈阳师范大学,2019.

[4]刘勋达.小学数学模型思想及培养策略研究[D].武汉:华中师范大学,2013.

[5]杨静.小学数学教学中培养学生的模型思想策略分析[J].中国校外教育,2015(18):106.

06

巧借"4C"策略，摆脱"识记策略缺失症"

厦门第二实验小学　林婷婷

现场问索

"TT老师,课文太长了,记不下来……""老师,老师,单词太多了,我背了忘,忘了背,就是记不住。""老师,老师,这两个知识点怎么区分啊？什么时候要加s啊？""老师,老师,有没有什么好的识记方法呢？每次都是靠死记硬背……"学生经常向我倾诉自己学习英语过程中识记的困难,因此我开始关注孩子们学习英语的识记困难,主要有:识记花费时间长;单词、课文识记不持久;记忆知识点混淆;识记效率低;识记策略缺失;因为识记困难导致成绩上不去。这也让我意识到,英语学习需要方法,授人以鱼不如授人以渔。英语单词量大、知识点多,如何让学生在识记的时候更轻松呢？如何减轻学生识记的压力呢？笔者想通过"4C"策略,让学生在获取语言知识后,能记得轻松、记得准确又持久,事半功倍。

正本洄索

"英语识记策略缺失症"是学习困难的表现形式之一,由于某种主、客观的原因,学生在识记英语知识点时,倾向于死记硬背的机械性方式,缺乏识记策略,又或是不能选择有效的识记策略,导致不能有效地识记、保持或再现语言知识。也因此学生在课后花费大量的时间记忆单词、背诵课文、记语法知识,最终却收获甚少,往往是"背了忘,忘了背"这样消极往复,学生的热情消磨殆尽,自信心受挫。学生需要有效记忆,才能不断增长自己的语言知识,提升综合语言运用能力。

远溯博索

截至 2021 年 10 月 26 日，以"记忆策略"为关键词在知网中进行精确搜索，共有 1244 篇学术文章，以"记忆策略""小学英语"为关键词在知网中进行精确搜索，仅有 3 篇学术文章。

记忆策略指对记忆材料进行的深层次加工，对外界输入信息进行重新组合、改造和加工，从而使输入信息更加精确。

Craik 和 Tulving(1975)提出"仅仅语义编码还不够，信息要进入长时记忆，必须进行精细加工，信息的保持关键依赖于编码方式的实质——最少量的语义分析，其记忆效果都会好于精细的结构分析"。

国内也有很多学者对记忆策略做了研究，例如杨志良早在 1994 年就曾提出记忆策略的定义，从广义上包括记忆的一般性原则，以及有利于记忆的具体策略和方法。

"词汇记忆策略是指主体运用记忆的一般规律，有效地识记、保持、提取词汇信息的方法和技巧。研究表明：词汇量的大小和记忆能力的强弱往往与其学习策略相关，学会运用正确的词汇记忆策略记忆单词十分重要"(贾砚萍，2003)。

王秀丽(2011)在中学英语词汇教学中提出：教师在中学英语教学中基本上沿袭传统的教学方法，却忽视了词与词之间的有机联系，她提出词汇记忆策略训练，在英语词汇中有许多拼写上相似的单词，这就要求老师对学生进行词汇记忆策略训练。

吴霞、王蔷(1998)词汇策略调查结果表明，大学生运用包括元认知策略在内的多种策略来记忆英语词汇；另外陈桦和张益芳(2001)也对 255 名少年儿童进行了一项研究，被试者需要记忆 20 个单词，并说出记忆的策略。研究结果发现所有的被试者都使用了记忆策略，有的依赖语义、有的依赖读音、有的依赖词的拼写等不同的策略。

还有很多研究发现，我国大多数学生采用反复的背诵复述来掌握词汇，如陈辉(2001)对我国非英语专业学生的分析发现：学生英语词汇量不足的原因主要是刻板地死记硬背，通过背诵单词的中文译文来理解英语单词，这样导致学生对积极词汇的用法掌握得不够全面，记忆单词的方法单一并且词典使用不当；左鸣放(2004)调查发现，大约 75% 的学生说他们是采用反复读单词来记忆单词；除此之外，吴霞和王蔷(1998)发现尽管重复法效果最差，但在词汇学习中，大多数还是离不开这一机械记忆法；丰玉芳(2003)通过调查研究发现，"查词典""死记硬背"等记忆方法与词汇量呈负相关；高越和张卓娟(2004)的调查也发现死记硬背的机械记忆与词汇量相关性最低。

从已有研究文献证实了运用认知策略来学习英语是有必要的，记忆技巧是非常有效的工具，不同的识记策略对于不同学习者也起到不同的效果。但从已有文献来看，我国大多数学生仍采用反复的背诵复述来掌握英语语言知识，记忆方法单一，或是缺乏记忆策略，部分学生虽已掌握了一些识记技巧，却不知何时使用，与此同时大部分文献还是集中研究大学生与中学生的英语学习，对于小学生的记忆策略研究比较缺乏，因此笔者认为基于小学生的年龄特点，展开识记策略的研究是很有必要的。

工具研索

自制调查问卷，对本校六年级与四年级两个年级段的学生做了调查。旨在通过问卷调查，了解小学生在英语学习中学习和记忆策略使用情况，探究学生在记忆过程中的困惑与问题，帮助学生运用合适的策略，掌握记忆单词、语法的有效方法。对数据进行处理，分析小学生英语记忆策略使用情况存在的问题。

小学生英语学习记忆策略问卷

1.你常用的单词记忆方法是_____。

A.按读音规则记忆

B.靠图片提示记忆

C.反复读背默

D.在课文情境中记忆

2.你了解的记忆英语的策略有_____。

A.组块记忆策略

B.拼读记忆策略

C.谐音记忆策略

D.联想记忆策略

E.阅读记忆策略

F.其他

G.无

3.你是从哪里习得这些记忆策略的呢？

A.老师

B.书本

C.自己摸索

D.其他

4.课后，你常采用_____的记忆方式。

A.独自记忆

B.与同伴小组合作记忆

C.其他_____（可填写）

问卷调查结果如图1所示。

1.你常用的单词记忆方法是？【单选题】
- A.按拼读音规则记忆 48.08%
- B.靠图片提示记忆 3.85%
- C.反复读背默 36.54%
- D.在课文情境中记忆 11.53%

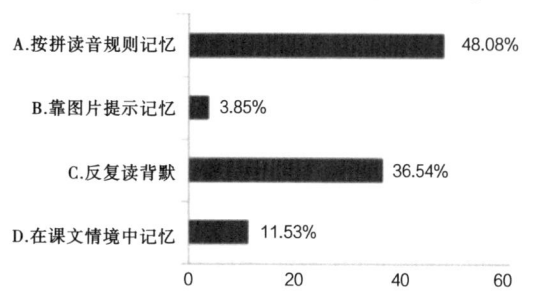

2.你了解的记忆英语的策略有：【单选题】
- A.组块记忆策略 6.82%
- B.拼读记忆策略 68.18%
- C.谐音记忆策略 6.82%
- D.联想记忆策略 11.36%
- E.阅读记忆策略 4.55%
- F.其他 0%
- G.无 2.27%

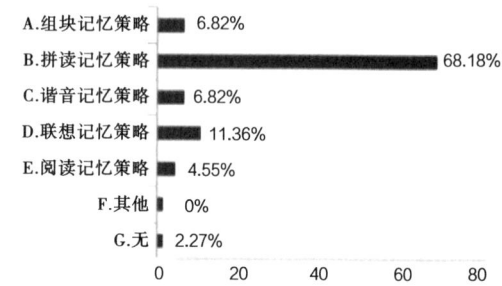

3.你是从哪里习得这些记忆策略呢？【单选题】
- A.老师 36.54%
- B.书本 13.46%
- C.自己摸索 36.54%
- D.其他 13.46%

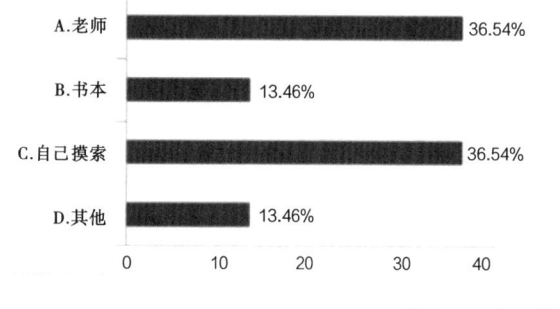

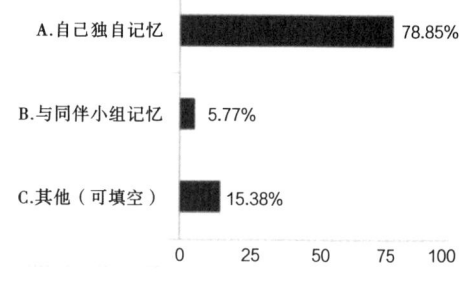

4.课后，你常采用的记忆方式：【单选题】
- A.自己独自记忆 78.85%
- B.与同伴小组记忆 5.77%
- C.其他（可填空）15.38%

图1　问卷调查结果图

通过问卷调查，笔者发现班上有48.08%的学生能够按照拼读规则识记单词，但仍有36.54%的学生采用死记硬背的方式来识记单词或语法；仅有36.54%的学生表示自己的记忆策略多数从老师这儿习得，36.54%的学生是自己摸索获得的记忆策略；68.18%的学生了解拼读记忆策略，但仅有6.82%的学生了解组块记忆策略，6.82%的学生了解谐音记忆策略；78.85%的学生仍习惯采用独自记忆的方式来进行识记。

归因追索

由上述问卷，我发现孩子"识记策略缺失症"的原因如下。

1.大部分学生的记忆策略是从教师这习得，但由于课时少，学生从课堂中习得的识记策略少，导致课后学生识记策略缺失。

2.面对大容量的学习内容，学生缺乏多种单词、语法识记策略，以及运用识记策略的方法，导致花费大量时间，机械化地识记，却效果不佳。

3.学生缺乏对记忆策略的归纳总结,缺乏系统指导与训练。

4.大部分学生还没有形成合作学习意识,习惯独自学习,未能充分发挥团队的力量。

5.部分学生没有形成良好的英语学习习惯,不能主动进行复习与归纳,影响学习效果。

行动求索

记忆策略通常是以某种程度的自觉意识进行的记忆过程,以达到增强记忆的有效方法。笔者想通过"4C"记忆策略,其中"4C"指的是 connection、construction、circumstance、cooperation,让学生能有关联地记、有结构地记、有情境地记、有协作地记,使得学生下苦功,更下巧功,通过具体有效的记忆策略,达到事半功倍的效果。

笔者所主张的"4C"记忆策略,是指通过课堂教学,学生能够选择有效的记忆策略,通过关联性地记,打通语言知识记忆网络;通过结构化地记,加深语言知识理解与内化;通过情境化地记,丰富语言体验;通过协作化地记,增值记忆效果。通过掌握"4C"策略,促进语言知识的准确习得与长久保持。借助高效的记忆策略,促使学生将课堂学习延伸至课后,扩大教学效应,提高学生的记忆效率,轻松愉快地掌握英语知识,从而发展语言能力。那么如何通过"4C"记忆策略,解决学生的识记策略缺失症呢?

一、Connection——关联性地记,串联记忆散点

零散的、片段的记忆内容总是容易被遗忘,通过关联性地记,串联记忆散点,一记记一类,一拎就是一串,能减轻学生的识记压力,增加识记自信心。

著名记忆专家哈利罗雷因指出,记忆的基本原则就是把新的信息与已经存在于大脑中的事物信息连接起来,通过新旧信息的冲撞组合,形成一个新的记忆。相似、相反或相近的信息都容易让我们的大脑产生联想,在这些信息间进行关联与连接。关联性记忆策略是建立在关键词、上下文、语义编码、死记硬背这四种基本词汇策略的单独或合作使用之上的,学生需要找到新旧知识之间相互的连接点,重复地在大脑中留下印记,以便提取时能快速地调出记忆内容。

学生在将语言知识转变为长时记忆时,需要将知识与技能建立联系,在头脑中进行关联,在新旧知识间建立有意义的连接,只有这样才能加深语言知识的理解与内化。

(一)音、形、义关联记忆

单词是音、形、义的统一体。但从小学生识记单词的情况来看,大部分学生在识记时会出现只记形与义或者记音义,这样会导致发音错误或者阅读困难。例如:一年级在学习动物名词 bird、panda、elephant 等时,教师通过简笔画,让学生明义,引导学生在读单词

的时候一边做相应动物的动作,模仿小鸟、大象的声音来读相应的单词,并提示学生在课后也可以像这样来进行复习巩固,通过多感官的参与,视觉与听觉双管齐下,加深孩子对单词的理解与内化。

（二）拼读记忆

"拼读策略可以减少字母复述时短时记忆的负荷,加强意义层面的联系,增加词汇的记忆量。"在小学阶段,学生需要了解简单的拼读规律,如果学生在词汇记忆中能"见其形、知其音、观其义",将极大地提高学生记忆单词的效率,为中学及以后大量的识记单词打下良好的基础。例如在学习 time 的时候,渗透 i—e 的发音,让学生读一读 five、nice、bike,再让学生试着拼读 rice,在这个小环节中,学生能逐步发现拼读规律,一次能记一串单词,不再是单个识记,能大大增强学生识记信心,同时也可以逐步发展学生由见词能读到听词能拼的能力。

（三）联想记忆

联想是通过发散或逆向的思维引发的思考。例如在教授单词时,笔者也会给学生渗透联想的记忆策略,建立新知与旧知的关联。例如在三年级学习 Module 7 Unit 1"Have you got a headache?"一课时,在学习 stomach ache 一词时,通过 ache 后缀的教授,让学生将身体部位与 ache 联系起来记忆,充分利用词缀法的构词规律,使得学生对这一类词更容易掌握。又如在学习 singer 这一职业时,通过联想 singer 是把唱歌当作职业的人,使得学生对于动词后面加 er 的职业类的词有了更结构化的理解,如 write—writer、drive—driver、work—worker 等,能够更为形象、有效地记忆更多的单词。

（四）同义反义记忆

教师在与学生进行知识梳理的时候,可以引导、帮助学生把词义相反或相近的词放在一起记忆,如 long—short、warm—cold、cry—smile、good—bad；good—great、fantastic—amazing、pretty—beautiful 等。在联想比较下,学生能够有意识地进行对比区分,从而达到牢记的目的。

二、Construction——结构化地记,关联记忆网格

语言产出是从记忆中取用短语单位的过程。小学生在语言输出环节,就需要提取相应的语言知识进行表达,但是有些学生存在提取记忆的困难,很大一部分原因就是识记时没有进行结构化记忆,知识编码混乱,导致表达运用时的困难。

我们可以把单词的一个音节当成一个结构,可以把一个单词或者一类词当成一个结构来提高记忆效率。在识记对话时,可以将对话拆分为几个小话轮,分块理解识记,减轻识记压力；在记忆语篇时,也可以运用结构化策略,将语篇进行元素拆分,梳理出语篇框架,再利用框架进行识记,并利用框架进行迁移输出。

（一）滚雪球识记

在进行对话教学时，笔者发现学生在进行长对话交流时常常只能进行一个话轮，部分原因是因为忘记下一个话轮内容了。于是笔者采用滚雪球的识记方式，通过小话轮叠加小话轮操练，最后输出一个完整的大话轮。例如在学习 holiday plan 时，学生需要运用"Where will you go?""I'll/ I will go to…""What will you do?""I'll…"来交流分享自己的假期计划。通过添加节奏，让学生以 chant 的方式，来复述操练文本内容，"Lingling, Lingling, where will you go?""I will go to the UK."与"Lingling, Lingling, What will you do?""I'll speak English every day."采用节奏识记，将两个小话轮掌握后，再迁移到自身实际的谈论，孩子们就能轻松进行对话了。

（二）框架识记

在进行语篇教学时，笔者常采用教结构用结构的方式，结合板书结构化梳理文本，引导学生学结构用结构，结合着语言框架与图片或者关键词进行文本复述，最终迁移创新。例如在学习 Kangaroo lives in Australia 这一课时，通过梳理出"…live in…""They have got…""They (jump)…""They (drink)…"引导学生从动物的栖息地、外形特征、活动习惯、饮食等方面来完整有逻辑地介绍动物，由复述文本的 kangaroo 迁移到中国国宝 panda 再到某种自己喜欢的动物，学生能利用语篇框架进行识记并拓展运用。通过框架识记策略，有助于学生由词走向句、由句走向篇。

三、Circumstance——情境化地记，活化记忆场景

能用英语进行交际是语言学习的主要目的，我们熟悉的情境教学法就是创设真实的情境，让学生能在语境中理解、运用语言知识。正如吕叔湘先生在论述语境和词汇学习的关系时曾说过："词语要嵌在上下文里头才有生命，才容易记住，才知道用法。"

而情境化的记是指通过实物、图片、动画、游戏等来创设真实的情境，在情境中建立词汇的音、形、意之间的联系，明确句子的语用目的，激发学生的认知兴趣，识记语言知识，通过情景，提升语言知识的复现率，从而提高学生识记效果，例如游戏情境、生活情境、文本情境等。

（一）游戏情境化地记

通过创设游戏情境，使得学生在轻松的氛围中掌握、识记并运用语言知识，又可以培养他们学习的兴趣。例如一年级以 colour 为主题的一堂课，在学习完各种颜色后，为了让学生能够尽快识记，设计了 missing game 的游戏，让学生在游戏中，正确读出颜色的单词，并记忆单词。通过 sharp eyes 游戏形式，让学生来进行"Look, it's a 颜色＋物品."的句型操练，有利于学生句型的识记与运用。在游戏情境中，学生更愿意开口说，能够积极主动地投入教学活动中，有利于语言知识的识记。

（二）沉浸式识记

有研究表明，要记住一个单词需要反复识记16遍，才能进入长时记忆。对于小学生而言，记得快、忘得快是大部分学生的通病，那么如何通过沉浸式识记，来增加语言知识复现率，加深记忆效果呢？笔者会采用以下的做法：例如在一年级学习指令语 Sit down、Stand up、Open the window/ door……学生在学习完之后，能够掌握 window、door、desk、chair 这些常见事物的名称，能够听懂简单的指令语，并做出相应的动作，能够运用相应指令语来请别人完成指定动作。但对于一年级的小朋友而言，要记住这些并熟练运用并非易事，于是在班级的门外侧贴上了"Open the door."的指令语，在窗户内侧贴上"Open the window."的指令语，引导孩子每天到校记得开门、开窗通风，并读一读上面的标语。笔者想通过这样的沉浸式记忆，使学生对单词或者句型都能够记忆犹新。

四、Cooperation——协作化地记，趣化记忆形式

俗话说："三个臭皮匠，顶个诸葛亮。"一个人识记不如同伴间协作识记，通过合作学习，利用同伴资源，促进语言知识的保持。在班级，我时常设立互助小组，聘请英语小老师，带几个小徒弟，小老师可以在课间抽查徒弟的背诵，徒弟也可以利用课余时间来请教小老师问题，长此以往，班级的互帮互助氛围也越来越浓厚了，即使是后进生也能有不少收获。同时，学生相互间也能交流分享自己的识记策略，取长补短，彼此优化。

（一）创编顺口溜

对学生容易出错的语法点进行梳理，引导学生在小组中将语法知识点编成上口的口诀，在班级中进行分享。顺口溜使得知识点好记易懂，能有效调动学生的积极性，使得英语学习很有趣。例如：在五年级学生接触 There be 这个知识点时，在 be 动词的选择上，学生非常难理解，做题时也经常出错，于是我想着通过创编顺口溜策略，让学生以小组为单位展开讨论，有没有什么策略能够使这个知识点变得简单易懂，最终在协作中，生发出了一个口诀：There be，三步走，一看时间、二看量、三看有没有。同时为了更加方便识记，我让学生记住表1，在课上通过几个例子，进行示范操练，再由学生进行讲解。借助顺口溜，在实践中理解、改编的顺口溜，学生会记得更牢，也能轻易地掌握语法知识。

表1 be 动词记忆表

be	单数	复数
	a/an/one	a lot of/many/
现在 now	is	are
过去 before, then...	was	were

(二)榜样法

笔者会鼓励学生自建学习共同体,进行合作学习、合作复习。通过"师徒结对",小老师带着自己的小学生一起进行复习时,他们会自觉地充当起导师的角色,指导他们记忆单词,背诵课文、知识口诀等,与此同时,"徒弟"也是在对"师傅"进行测试,考察他们的临场发挥能力,遇到不懂的单词、记忆错误的单词,师傅需要迅速地指正并进行纠错,这个过程也是知识复现的过程。有"师傅"的榜样作用,学习共同体里的"徒弟们"也就更自觉地学习了。

(三)PK法

除了组内合作共进,组间竞争也是协作学习的一种方式,小学生正处于争强好胜的阶段,通过PK的形式,也能激发孩子的学习内驱力,主动参与其中。例如给六年级的学生布置了识记单词的任务,并利用一节课来进行单词接龙PK赛,以cake为首,给予学生5分钟小组合作准备的时间,接着进行组间PK,最后能输出cake—egg—gate—teacher—rabbit……/cake—elephant—tank—kangaroo—orange……的单词链,最后将胜出的小组评为单词大王组,并布置下一回的单词接龙任务,事先给首个单词。孩子们为了赢得小组荣誉,会主动利用课余时间进行单词识记,无形中提高了记忆效果。

通过日常教学活动,帮助学生掌握一些记忆方法,渐渐形成一定的记忆策略,有利于学生英语学习的可持续发展。通过"4C"记忆策略,夯实巩固语言知识,提升学习效率,优化学习效果,达到事半功倍的效果,用"低成本"换取"高回报"。通过"4C"记忆策略,学生能潜移默化地衍生出自己的记忆策略,在实践中不断调整、归纳,发展学习能力。

案例探索

教学内容:外研社新标准《英语》(一起级起点)四年级下册
Module10 Unit 1 I'll send you a postcard.

片段:Connection·关联性地记,串联记忆散点

在学习文本时,谈论到Lingling的假期计划,教授新词postcard,以及长句"She will send Daming a postcard from the UK."教师通过呈现letter、email、postcard的图片,帮助学生了解它们的区别,并借助图片理解postcard的含义,同时建立letter、email、postcard这三种方式都是可以用来联系自己的朋友,建立友谊的。

T:What else will Lingling do?

S2: She will send Daming a postcard from the UK.

T: Excellent. She will send Daming a postcard. Do you know postcard?

Ss: 明信片。

T: Look, is it a postcard?

SS: No, it's a letter.

T: Is it a postcard?

Ss: No, it's an email.

T: What about this?

Ss: Yes. A postcard.

T: Read after me, postcard. Post-card, it's a compound word. Can you read these word?

Ss: postman, poster, post.

T: Well done. Lingling sent Daming many postcards before. Let's have a look. It's a postcard from…

Ss: It's a postcard from the US.

S1: It's a postcard from the US.

S2: It's a postcard from the US.

T: Whole class, It's a postcard from the US.

T: Look, it's a postcard from Australia.

S3: It's a postcard from Australia.

T: Good job. Let's follow the little teacher. It's a postcard from Australia.

Ss: It's a postcard from Australia.

T: And it's a postcard from … together!

Ss: It's a postcard from China.

T: Lingling will send Daming a postcard from the UK. So she says…

Ss: I'll sent you a postcard from the UK.(小组练习，个别读，全班读)

T: She can send regards to Daming by postcard.

T: Will you send your friends a postcard when you go travelling?

S1: Yes, I will send my friends postcards. And they will send postcards to me too.

S…

T: Wow, you must have many friends.

[案例分析]

教师通过图片对比，区分 letter、email、postcard，并学习新词 postcard，在学习新词的过程中，渗透与 postcard 相近词汇的发音 postman、poster、post，通过创设玲玲给大明寄了很多明信片的语境，让学生在语境中进行"It's a postcard from ..."的操练，突破难点，通过玲玲的这个行为引申出"She can send regards to Daming by postcard."渗透明信片的意义，通过追问"Will you send your friends a postcard when you go travelling?"通过学生的回答，来检测学生对 postcard 的掌握，并渗透维护友谊的方式。

参考文献

[1]王伟华.高中英语词汇记忆策略探析[D].漳州：漳州师范学院,2012.

[2]王维.小学生英语词汇学习与记忆策略运用现状调查研究[D].贵阳：贵州师范大学,2015.

[3]张红.小学英语学习策略培养的研究[D].重庆：重庆师范大学,2013.

[4]裴荣荣,叶丹,姚宝梁.对小学生英语词汇记忆策略的培养[J].课程教学研究,2014(10):53-56.

[5]柴伶伶.小学英语词汇记忆策略的探析[J].商,2014(2):339.

[6]江少芬.生本理念视角下小学英语词汇教学有效记忆策略[J].课程教育研究,2019(20):106.

07

突破"符号模式化",助燃儿童绘画创作

厦门第二实验小学　杨双双

现场问索

在一次美术课上,教师以"秋天的树"为主题,引导一年级学生进行创作。谁曾想,学生交上来的作业,"树"几乎都是一模一样且毫无生活中的树的形象,仿佛是一种"约定俗成",教师颇感诧异,树是生活中常见的植物,造型本就千姿百态,且一年级的学生正是儿童创作期无拘束的阶段,为何会产生这样的情况?再继续观察儿童的绘画创作,发现固化式的彩虹、太阳公公等图案时不时出现在孩子们的画面中。这些图案就像是固定的"符号",机械性地出现在本应该生动形象、创意十足的美术作品中。"符号表达、过度完美",成了幼童美术创作的一个主要特殊的呈现特征,"符号模式化"的表达屡屡出现,缺少个人创造的独特性元素,作品千人一面(见图1~图3)。

图1　模式化太阳 　　图2　模式化房屋 　　图3　模式化鱼儿

正本洄索

符号,一般指文字、语言、电码、数学符号、化学符号、交通标志等,它的特征是固定化、标准化,普遍运用性广。本文中的"符号模式化"指的是学生在美术作品创作的过程

中,对事物描绘的一个较为概念、雷同的造型表达,机械化的处理画面,缺乏个人的造型理解和情感表达,失去艺术生活同源的美术表达及个人的创意表现。

远溯博索

在知网以"儿童绘画创作"与"儿童绘画语言"为关键字搜索,截至2021年分别获取62条及18条研究结果。其中,大多是教育者非常关注儿童绘画的特点研究,也十分欣赏儿童时期的作品体现出来的艺术感知。从图4的分布可以观察到从2006年开始,学者对儿童绘画的研究力度开始加大。由此说明,研究者越来越重视儿童绘画中的童稚表现与个性表达,开始慢慢地保护这份孩童状态并研究讨论儿童绘画的本真美育(见图4)。

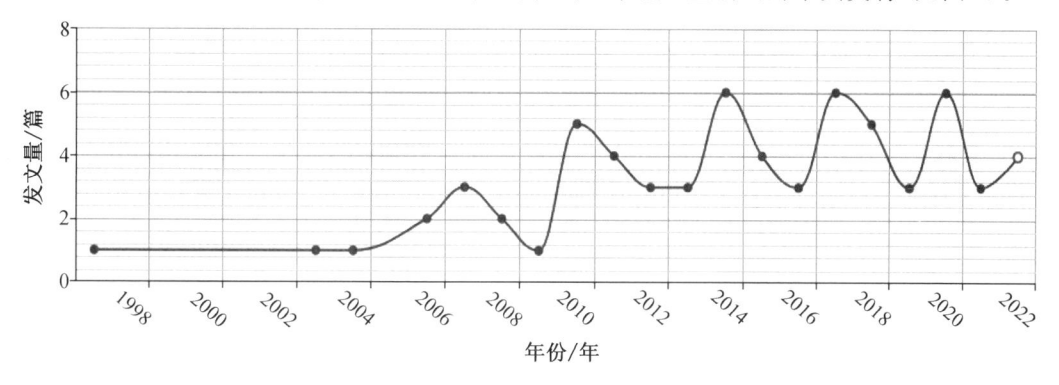

图4 1998—2021年CNKI"模式化"研究论文发表趋势

在以儿童绘画创作为大主题的研究中,对儿童想象力与创造力的研究内容也相伴其中。由此可见想象与创造在美术中的重要性。其中,可据其研究内容分为以下三类。

一、儿童绘画创作的特征研究

沈芳羽老师在《论儿童绘画中的图示表现和本真情感》的研究背景中提到:在欣赏人生不同阶段的绘画作品中,你的目光会不由自主地"走向"儿童绘画,好像冥冥之中有一股牵引力带着你,这是为什么呢?儿童笔下表达的是她们内心世界最真实的想法,他们的绘画纯真、自由、天马行空和引人想象,正是因为儿童画中本真情感的流露,丰富了画面的感染力,触动了人们心里最柔软的地方,与之产生情感的共鸣。

王静老师在《儿童绘画创作能力的培养》中认为,4~9岁儿童虽然有相应的自我意识和自我表象的欲望和能力,但在思维和行为能力上还不是很成熟,在很多方面受身边成人包括老师和家长的影响很大。所以在理念上改变成人对儿童画的认知,对于保护儿童的创造能力、发挥儿童的创作潜能很有必要。

二、儿童绘画创作的策略研究

薛丹阳老师在《儿童绘画的想象力与创造力培养探究》中认为可以使用以下七个策略：培养儿童绘画的兴趣、提供各种材料丰富儿童认知体验、欣赏作品激发儿童的想象力与创造潜能、创造宽松自由的绘画环境、调动各种感官培养儿童的想象力与创造力、转变教学意识开发创新意识、正确评价激发儿童创作的信心。

查清老师在《小学低段儿童"绘画图示"改善的实践研究》中罗列具体的主题训练：人物造型训练、树的造型训练、色彩造型训练、空间样式训练，并在教学建议中提出运用欣赏素材、实物图片、儿童绘本等引导启发儿童的各项感知。

三、儿童绘画的本真探讨研究

向敏鑫在《尊重、了解儿童绘画创作》中提到：儿童绘画中更多地体现感受与主观意识，至于绘画的技术，只是更好地去修饰要表达的内容，尊重和鼓励他们继续跟着自己的主观意识和表达方式，在绘画这条路奔跑。

查清老师在《小学低段儿童"绘画图示"改善的实践研究》中敏锐地指出：小学时期的儿童在慢慢发现形体、空间、色彩的概念，如果在这一阶段不能改善幼儿园学的概念化图形，那么在儿童的绘画成长中这种绘画方式就会成为一种常态，不利于激发儿童的创造思维。

综上所述，属于儿童天生的符号系统的绘画感知和再现是儿童绘画的精彩表现和精髓，是非常值得重视与进行理论梳理及研讨。大部分学者对如何开拓儿童绘画创作的想象力与创造力也具备一定的策略支持。与其大范围大角度的研究不同的是，笔者的研究缘起于对儿童绘画造型的"符号模式化"现象，从问题入手有针对性地进行策略支持。这与查清老师的研究"绘画图示"有着异曲同工之妙。然而，在相关策略的研究上，查清老师还是以绘画技能训练作为抓手进行改善，笔者却想"绕"到儿童的"模式化"背后去寻找其内因，将策略内化，引导学生能够自我改善"模式化"的问题。

工具研索

以一年级3班的学生为主要研究对象，收集学生的课堂作品进行文本分析，建立分析图表，厘清问题产生的根源，尝试结合教学实践制定科学有效策略，进而解决相应出现的"低龄儿童美术作品缺乏创新与个性的问题"的研究（见表1）。

表1　一年级3班"符号模式化"调查表

"符号模式化"案例调查表				
调查对象及人数	调查形式	调查主题	出现"符号模式化绘画"份数	原因抽访（你为什么这样画？）
一年级3班53人	课堂创作	"秋天来了"	31份	"我学书上的""我们培训班这样教的""不知道怎么画"

归因追索

通过对此问题文献综述的研究及对学生作品的案例分析，综合前人的研究成果及个人的案例分析，我们不难发现，五岁过后成人对儿童创作的"干预"明显增加，主要体现在以下几个方面。

一、"劣质性"绘本导读，干预儿童的原生植入

随着教育的发展与家长的重视，通俗易懂且图案简洁的绘本在幼童时期的导读日益热化。儿童的视觉感知不再仅仅从自然中积累，绘本导读成为首次人为干预的行为。形形色色的绘本给儿童带来了一定的视觉冲击和造型借鉴，而在一些劣质的绘本里，常常出现不负责的"符号式"造型范本，也对儿童的造型再创造造成一定的负面影响。

二、"流水线"培训模式，干预儿童的个性发展

教育部"双减"下的"双增"，明确指出，在"减"孩子的课程和课外培训班的同时，应该增加艺术活动的学习和体育活动锻炼。课外美术培训班进一步得到了国家的支持。然而，课外美术班的教学质量良莠不齐，部分培训为了回应家长对培训效果的良性评价，一味追求"流水线"的作业效果，虽达到了培训质量的统一，并不尊重孩子的个性发展与造型的个性表达。

三、"刻板化"教学手段，干预儿童的独立创造

儿童创作出现"符号程式化"的特征相对显性，大部分的美术工作者能观察到这个现象。但部分美术教师低估了"符号模式化"对儿童美术个性创作的劣质影响及形成创造力缺失的长远破坏力，对于学生想象不能持续、思维逐渐固化的问题不能及时针对性地提出解决的方针与策略。课堂教学还停留在教教材的单线讲授与输出，刻板化无研究意识的教学手段，错过了小学美术一至四年级的形象思维发展阶段，无法为儿童积累更多独立探索、独立创作的经验和能力，从而完成有个性特征的美术表达作品。

行动求索

美术的育人功能体现在创新意识、个性表达、创造力养成,长此以往的儿童符号固化式表现,将禁锢美育的育人特征、弱化儿童的美术创作表达。大约在3岁到10岁之间,是人的形象思维发展期,也叫做艺术思维期,这个阶段就是人类先天想象力和创造力最强的时期,是上帝给予我们的礼物。小学阶段的美术教育,如何抓住这个窗口关键时期,在美术课堂上进行系统研究及针对策略的实施,是当下美术工作者的时代任务。

多渠道、坚夯实的教学思路,力求在突破"符号模式化"过程中做到多角度、多方法,以教师智慧的教学能力关注儿童对想象的持续性,促动儿童的学可能、学持续、学注入,在技能技巧的相辅下塑造自我创作意识、开创儿童艺术表现风格,达到美育关键能力培植点,为学生形成创造力人格注入基调。笔者进行了以下三方面的探究与实践。

一、再"建构",多维感知促映射

"符号模式化"中的太阳、彩虹、房屋等造型,儿童并不感觉是符号化及机械化的图示,他们认为这就是太阳、就是彩虹、就是房屋,它们可能不精彩,但它们是正确答案。这是儿童对这些形象原有经验的快捷且固化的表达,儿童对生动描绘个性表达的经验感知为零,需进行再一次的经验具象建构,结构化儿童对造型对象的重现,不断循环后掌握方法,且主动映射到接下来的日常创作中,形成可掌握的能力。

例如,在调整"符号树"的教学实验中,儿童先绘制树(符号模式化的树或者是造型较简单的树),接着当他们在校园中零距离地观察树时:他们眼观,树的种类及造型真多,即使同种类的树也是不一样的形态;他们手摸,树皮、枝干粗粗的,树叶滑滑的,树上的花朵嫩嫩的;他们交流,越靠近阳光的树叶颜色越浅,干枯的树叶像老人的皱纹……再次创作树的时候,他们笔下的树开始有源于生活的艺术生命力了,能体现形态、质感、情感等美术绘画创作的特征,当他们用如此精彩的树再与"符号树"做文本视觉比较时,向美而行,原经验的推翻就顺理成章了。

在这个再建构的过程中,学生经历了一个完整的认知体验,在多感官的触动下完成学习的循环:再现已有经验模式—多维实践并感知—结构具象表达—精准创造主动映射。

坚持引导的长线性结果表明,儿童能主动建构推翻再建的学习,完成对绘画创作不再"符号"的意愿及实践。例如:惯性为作品搭配蓝天白云太阳公公也是"符号模式化"的表现,经过再"建构"训练,儿童能为作品匹配与之相应的不同天气的描绘。如,雨天的昆虫宝宝,月光下的树林……尝试打开儿童的感官,引导其学会观察、组织、表达,因为绘画是儿童表达情感和美好愿望的语言,拥有真实的情感感受才能让绘画拥有灵魂(见图5~图8)。

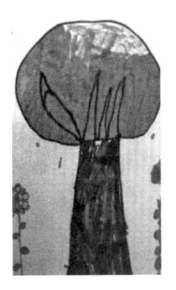

图 5　树（一） 　　　图 6　树（二） 　　　图 7　惊蛰 　　　　　图 8　夜晚公园

二、再"想象"，多元思维促持续

德国哲学家黑格尔说："如果说到本领，最杰出的艺术本领就是想象。"儿童从直觉思维（0～3岁）到形象思维（3～10岁），对于绘画、对于创作他们一向是无所畏惧的，因为对世界最直接最单纯的感受，让他们拥有了无穷的想象力和创造力。而受到外界的干预而出现的"符号程式化"现象，令儿童的想象走向快捷，慢慢地固化和消失。没有想象力的美术绘画创作也不具备儿童的年龄特征与珍贵表现。

至此，我们思考，是什么引起了"想象"？人类对未知充满了想象，未知带来的好奇心，让想象插上了翅膀。美术教育属于国家课程，对教材能够结合不同学龄不同心理发展的学生进行科学编写。课程体系已经完成，但在完成教学课例中可以进行一定开放性命题的思考。"犹抱琵琶半遮面"的命题设置将给学生带来神秘感、未知感、需求感，吸引学生进行主动联想、主动想象、主动创作。

在一年级《童话里的小屋》这一课中，儿童对童话里的小屋联想到的是童话——白雪公主、灰姑娘、小红帽等，小屋——蘑菇房、房子等，这里的联想应该是对已有存在的"回忆"，并未存在想象的成分，再现的作品显然无趣且平庸。如果将课题转换为"精灵的家"，儿童对未知的精灵便会开始探索、想象，精灵——喷火小龙、多眼怪、毛毛精（见图9～图11）……家——海底的家，挂着全家福的家……不同精灵搭配的家也不一样并具备相关联连续性的想象，形成完整的想象循环。四年级《点的魅力》中，对美术元素点的魅力审美感知后，儿童在创作时以"藏在那里的点"为想象的出发点，深入寻找生活中那些打动人心的点，而不是机械地往完成的造型上去添画点（见图12、图13），仅仅达到装饰的目的。对点的魅力的欣赏应该是多元的，而不仅仅把"点"当成绘画的辅助工具，这也是"符号模式化"的问题之一。

儿童的思维从想象的时候开始发散，构思形象、分析，最后得到创新，多元的思维促使想象不断进行。思想决定行动，想象促进创造，由一个未知开拓儿童多元思维的建立，开启无限的想象，让想象再飞一会儿。

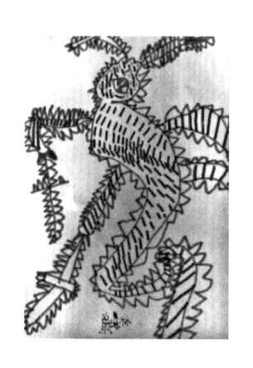

图 9　精灵（一） 　　　　图 10　精灵（二） 　　　　图 11　精灵（三）

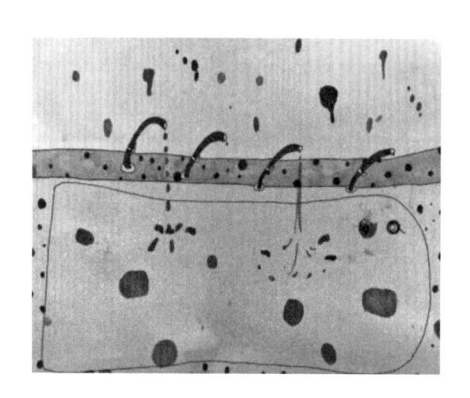

图 12　美术室的水池 　　　　　　　图 13　坦克

三、再"跃迁"，明晰边界促通融

新时代的教育指向了学科的核心素养、人的综合发展，只停留在技能技巧的学科内学习已经不符合新教育理念与发展，轻技能、重育人，儿童绘画也应该是综合感知与综合能力的呈现。而与之相应的评价体系的改革，不再注重结果性评价，而是关注学生学的过程性、学的空间性、学的增值性的评价，围绕人的综合发展进行评价。明晰美术学科边界，探触学科外碰撞形成的综合教育的巨大能量，儿童的绘画表达将更有深度与广度，而凌驾于广度与深度的背后，是儿童正向成长的轨迹。

四年级《走进春天》一课中，学生在对《春天》项目式综合学习中，从春天的诗词入手，在优美的春天语境诗歌中，学生找到了春的颜色、春的元素、春的活动、春的动物、春的意境，立足美术学科的边界，利用诗歌的优美去调整对春天的诗意感受，将诗歌的能量跃迁到绘画创作中，作品各自精彩，充满诗意，学生对诗歌的美术探讨分析，也更好地促进学生文本解析、信息分类的能力（见图14、图15）。

图 14　生命　　　　　　　　　　　　　图 15　春之水仙

学生在《美丽的花边》一课中,解析数学规律带来的形式美感。在《节奏的美感》一课中,与音乐的韵律握手,创作有音律美感的画作(见图 16)。在《光的魅力》一课中,以科学的精神探究光的形、影、色(见图 17)……

图 16　节奏的美感　　　　　　　　　图 17　光的魅力

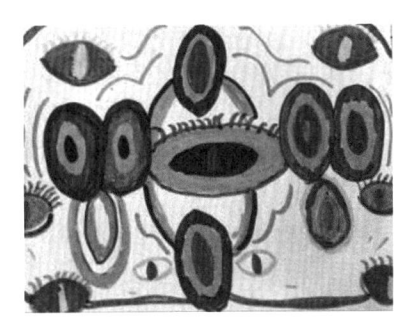

布卢姆将学习的行为表现,由低到高排列,包括记忆、理解、应用、分析、综合、评价,他认为:分析、综合、评价是较为高阶思维高阶能力的行为。在立足学科本位,通融综合素养能力后,这种能力也能反哺儿童的美术创作,息息循环,助力成长。

最后,从模式化到归还儿童本真、想象、融通的绘画创作,不仅仅是从重构覆盖的方法论、从想象持续的设计性、从跃迁通融的大教育观去实践思考,应对社会教育不断改革的未来,还应该如杜威提出的,这是一个不断反思—问题生成—探究、批判—解决问题的过程,解决问题如是,教育也如是。

案例探索

人教版美术一年级人物画破"符号模式化"教学

课题：一年级《我的新朋友》

教材分析：通过观察描述新同学的外貌特征，大胆地、自由地、个性地为新同学绘制肖像。这是一年级小学生学习人物表现的一节造型表现课，对于人物细节的观察和描绘对一年级学生来说较难，也是本节突破"符号临摹"的教学重难点。

学情分析：一年级学生对线条有一定的掌握程度，热衷绘画和表述。在观察能力上较为薄弱，也是"符号临摹"产生的主因。

教学目标：1.能根据人物特征进行生动绘制。

2.能观察、比较、了解人物创作的过程。

3.能关心爱护同学，养成观察的好习惯。

教学重点：通过观察描述新同学的外貌特征，为新同学画一幅肖像画。

教学难点：将观察落实为美术语言进行创作。（破"符号临摹"方法）

教学片段：

1.以错纠正，让观察真实发生

师：刚刚小朋友们都跟老师或者同桌介绍了自己的新朋友，而且介绍得很仔细。那么我们试着把新朋友画下来。教师示范"符号模式化"人物。（错式引导）

师：你们觉得老师画得还行吗？先别急，我们真实地去看看同学，真实地去摸摸他们，再来做决定。

生：老师，我朋友的头发很多很多，不是只有两条线。

师：非常好，你观察力真好。现在你们可以摸摸自己或者同桌的头发，再告诉老师，头发可以用美术里的什么来画，怎么画？

生：我们可以用线，很多的线，画头发。而且我观察到头发不是乱七八糟，它有方向。

师：那么，我们来改改黑板上这个人的头发。（在学生的引导下进行再创作）

接着眉毛、眼睛、鼻子、嘴巴都用相应的方法进行观察、推翻、再创作。引导学生从单线条的符号式临摹的绘画习惯慢慢扭转为通过观察、美术语言表达，完成对新朋友的特征描绘的过程(见图18)。

(a) (b) (c) (d)

图 18 新同学

长期坚持落到实处进行人物画教学，我们从一年级《我的新朋友》、二年级《我的老师》、三年级《我的同学》、四年级《最受尊敬的人》小学低中年级人物创作中发现，学生对人物的创作不再简单概念、简单临摹，而是能够根据身心发展产生相协调的人物创作，能力点顺利螺旋上升，达成美育个性、创新、情感的独特表达（见图19～图21）。

图 19 老师 　　图 20 工作者 　　图 21 战"疫"人员

参考文献

[1] 王静.儿童绘画创作能力的培养[J].沈阳师范大学学报（社会科学版），2015，39(1)：188-189.

[2] 薛丹阳.儿童绘画的想象力和创造力的培养探究[J].美与时代：中，2017(12)：118-119.

[3] 查清.小学低段儿童"绘画图式"改善的实践研究[D].金华：浙江师范大学，2015.

[4] 向敏鑫.了解、尊重儿童绘画创作[J].大众文艺，2013(17)：107.

08

重掌"无舵之舟",用真"情"实"感"激活内驱力

厦门第二实验小学　2016级2班　林萍玲(林廷润妈妈)

Before the mountains call to you 在山峦呼唤你之前
Before you leave this home 在你踏出家门之前
Wanna teach your hear to trust 我想教你的心去信任
As I will teach my own 正如我也将这样教自己
But sometimes I will ask the moon 有时我会问月亮
Where it shined upon you last 在它最后照耀着你的地方
And shake my head and laugh and say 我摇摇头,笑着说
It all went by so fast, you'll fly away" 一切倏忽即逝"

每次跟唱到 Dar Williams 的"The One Who Knows"的最后一节时,我常常会忍不住潸然泪下,父母之爱的锐利、猛烈且美丽的感受席卷着我,是那样深刻和刺痛……

现场问索

我们都期待自己的孩子自觉、自律又自主,这样我们就可以省时、省心又省力。但却常常发现,期待之下却收效甚微。我们苦口婆心,费时费力,孩子们却缺乏热情、情绪低落、难以坚持、害怕困难、纠结拖延、左右为难……

我们恨不得一天 24 小时都能为孩子们注入源源不断的助燃剂,让他们活力四射,但却发现常常使不上劲儿或者用错力气。如此,孩子们自然也就接收不到家长传递的能量棒,更有甚者就连仅剩的一些动力都被消磨殆尽。

在助力孩子成长的"双赢"路上,作为家长,就让我们先来复盘咱们的育儿初衷吧。

参照美国心理协会的说法,世界各地的育儿实践都有三个主要目标。

1.确保孩子的健康和安全;

2.为孩子成年后的生活做好准备;

3.传播文化及价值观。

鉴于这些雄心勃勃的目标,要成为一位成功的父母绝不是一件轻松的事情。现今的父母处处保护、指导孩子,为他们做这么多的事情,反而妨碍了他们成为成年人的基本条件,剥夺了他们对自由的需求以及"我觉得我可以,我觉得我行"的"自我效能"心态,不管是自由还是自我效能,这都曾经是年轻人的共同渴求和相信自己有能力完成任务、实现目标的能力,更是他们能探索并最终撬动内驱力的基石。

正本洄索

因为工作关系,我总能接触到不同的孩子,孩子们各有各样,以上的种种现象可以归并同类项,其核心在于"内驱力"。

姑且用"无舵之舟"来明喻孩子们因"内驱力缺乏"而呈现的具体表现,大致可以分为如下几种行为特征。

一、做事情总需要家长的催促

在生活中,孩子几乎所有的事情都需要家长不断地催促。催一下动一下,不催不促就不动。

二、做事情总是无热情、茫然且不积极

在学习和生活中,孩子们总是一副无精打采的模样,尤其是面对学习更是毫无兴趣,即便各种补缺漏也很难在成绩上长进,并且在学习过程中总是心不在焉,能混一天算一天。

三、对待督促或者建议容易引发负面情绪

孩子不愿意去完成任何一件事情,哪怕是自己可以信手拈来的任务,第一反应就是抗拒,能躲一件算一件。

四、常常出现一些消极行为

在生活中,孩子总是容易失落或者伤心,一副垂头丧气、患得患失的样子,尤其在遇到挫折时更是放弃当头,不是笃定自己不行就是责怪家长没有帮助自己,从来不在自己身上找原因,而是抱怨他人。

远溯博索

究竟什么是内驱力？作为家长的我们又能在激活和助力孩子们内驱力这台发动机上做哪些努力呢？

内驱力，在心理学上叫做动机，通俗地说就是动力，是我们行动开始、维持、导向和终止的动力，是推动我们做一件事情的力量，分为内在动力和外在动力。内在动力是指做事的动力来自内在，这个出发点与自己有关，与体验有关；外在动力指的是做事的动力来自外在，必须有外在因素的配合才能形成动力。

一、内在动力是基石

内在动力主动，外在动力被动，其差别在于"意愿"，而意愿的背后就是感觉。

一个人是否开心，是否状态昂扬，是否眼里有光，这都是人的基础感觉。而对于同一件事情，不同的人有不同的感觉。

如果孩子的基础感觉好，对事的感觉也好，那么他一定拥有丰沛的内在动力。

如果孩子的基础感觉不够好，但对某些事的感觉非常突出，那么他很容易成为某个特定领域的专家，但对于其他领域，未必能钻研进去。

如果孩子的基础感觉不好，对事的感觉也不好，这样的孩子每天不开心，对什么事情都打不起精神，出现厌学、不爱写作业的概率就会出奇的高，父母心疼、焦虑，甚至抓狂，但又无能为力。

最糟糕的情况是孩子的基础感觉和对事的感觉不好，父母的基础感觉和对事的感觉也不好，双方始终处于相互的纠缠中，形成了一个下沉的螺旋。

二、外在动力不可少

是不是单纯强调内在动力，可以无视或者忽视外在动力呢？当然也不是。

外在动力绝不是随意设定一个目标或者条件，否则只是粗暴地运用外在动力，没有考虑孩子的能力和感受，只是想要支配或者控制孩子，这种单边政策无疑是不会有效果的。

外在动力的设定需要充分评估事情的真实难度、设定的条件足够有吸引力、执行过程中能给孩子充分的鼓励和适当的支持，这样既可以触发孩子的意愿来完成具体的任务，还能从外在动力中孵化出内在动力。

我们在运用外在动力的过程中，带给孩子好的感觉，孩子的注意力从外在转向了内在，并自己帮助自己获得了好的感受，这种双重的好的感觉还可能覆盖之前的失望、挫败等消极感受。周而复始，就能在外在动力的驱使下孵化出内在动力，逐步进入上升螺旋，它的恰当运用是一座通往内驱力的高架桥。

归因追索

内在动力是与生俱来的吗？答案是肯定的。既然是标配，为什么在一些孩子的身上却看不到呢？

导致孩子们内驱力流失而不足的原因诸多，孩子的养育者（特别强调父母）要负很大责任。很多家长用了三五年的时间，并且是勤勤勉勉、兢兢业业将孩子的内在动力破坏殆尽，使这与生俱来的标配变成了奢侈品。最常见的不外乎如下几种原因。

1. 父母的高标准、高期待和低认可、低共情；
2. 父母的否定和打击；
3. 父母过度保护，孩子失去自主性的锻炼；
4. 父母包办太多，孩子失去参与的机会；
5. 父母高估和惯用了外驱力；
6. 孩子的抗挫力弱。

基于以上原因，为了助力孩子的成长，作为家长的我们在撬动孩子内驱力上还可以做哪些努力和改变呢？

行动求索

父母的行为可以大致划分成四种不同的养育方式（见图1）：(1)要求高，回应迟缓的专断型（authoritarian）；(2)要求低/没有要求，有求必应的放纵型（permissive）；(3)不要求，不回应，装聋作哑的忽视型（uninvolved）；(4)有要求，有回应的权威型（authoritative）。

结合自己多年接触的儿童、青少年案例所摸索出的经验，我提出一个新的养育方式，姑且称之为"情感型"，它是如何撬动孩子的内在驱动力的呢？

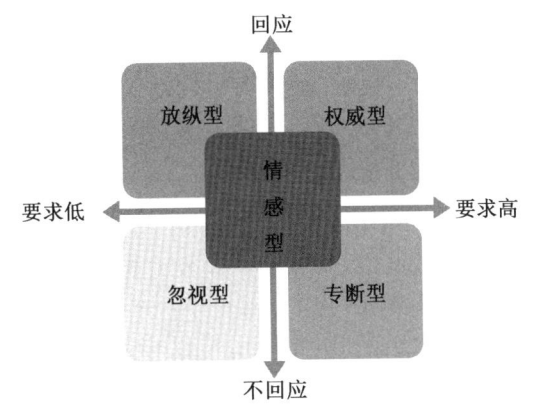

图1 四种不同的养育方式

从磨蹭拖拉到自动自发,从"要我做"到"我要做",当孩子拥有了内在动力,便拥有了属于自己的人生发动机。"感觉"是寻找动力的第一线索,因为好的感觉产生动力,坏的感觉产生阻力。因此,为孩子提供温度和保持适宜的成长环境来滋养孩子的基础感觉,用信任、自由和尊重来帮助孩子创造对事的感觉,这就是撬动孩子内在动力的金刚钻。

在我看来,"情感型"父母不过就是在跟孩子一起成长的过程中,与孩子同情共感,在权威、专断、放纵和忽视上都能适时适宜地"涉猎"一点点。

一、拒绝否定,拒绝精神电击

让我们快速回顾自己平日里跟孩子的相处模式,看看是不是都做过抹杀孩子动力的事情?

比如:否定。

我曾经对一位妈妈说,你日常对孩子的否定应该不少吧,至少比你意识到的要多得多。这位妈妈说:"我就偶尔说他几句而已。"

于是,我跟妈妈一起梳理了她一天的观察日志:早起磨蹭、丢三落四、吵醒妹妹、爱吃零食、嫌弃家里饭菜、抢妹妹玩具、玩手机、写作业开小差、字迹潦草、不肯订正、脾气暴躁。

是的,她一直在用负面的视角看待孩子,每件事情的描述,都隐藏着对孩子的否定和不满。一直在用"对错""应不应该"来衡量孩子,孩子每天都被数落很多次、否定很多次,每天至少每隔几十分钟被批评、被否定、被无情地敲打,而且这样的日子每天都在滚动上演。

事实上,这位妈妈代表了家长的一种普遍心理,很多家长认为,发现孩子身上的问题,帮他纠正,这是天经地义的事情,太正常不过了。其实,这种所谓的纠正本身,反而是放大了这些问题,是在进行着负向强调。母子二人,生活在同一个屋檐下,却分属两个心灵世界。

一点儿不夸张地说,"否定"是对孩子精神世界的电击。

孩子的大脑是根据他们周围的环境来发展的。如果一个正在发育的大脑暴露在紧张、危险和恐惧的经历中,它将更多地为自我保护和安全着想。如果经历的是爱、养育和强大的关系,处理长期思考和调节情绪的区域的线路会得到促进。

下面这两张图就给到了很好的佐证(见图2)。左图是典型发育儿童的大脑扫描显示,颞叶活动频繁,可以调节情绪和其他功能;右图是一个来自罗马尼亚孤儿院的儿童的大脑扫描,他的情感需求长期被忽视,与一个典型发育的儿童相比,颞叶的活跃程度较低,看了让人心疼。

还有一项科学研究显示:遭受过肉体和精神虐待,或缺失关爱的孩子,他们的注意力、记忆力、学习能力都会受到影响。

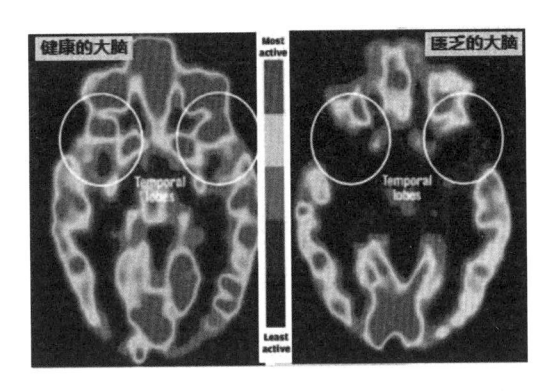

图 2　大脑扫描图

无论多么强大的力量,都禁不住这种密集的、长期的打击,让孩子陷入深深的无力感。父母的本意自然是想让孩子变得更好,殊不知却用自认为"干得不错"的教育方法让孩子陷入了习得性无助,即一个人经历了连续的失败和挫折,面对问题时产生的无能为力的心理状态和行为。

所以,请停止否定孩子。

二、给内驱力做加法

家长们似乎在对内驱力做减法这件事上总是不遗余力且方法多多,除了否定,最常见的还有担心、控制和代劳,几乎无视孩子。

连续的否定,是对孩子的精神电击,会让孩子彻底丧失动力;怕孩子做不好,是担心,会导致不信任和防御;让孩子按照我们的意愿做是控制;直接替孩子做是代劳,就是把孩子的内在动力连根拔起。由此可见,对孩子批评、焦虑、防御、期望,都是在给孩子的内在动力做减法。

那么,如何给孩子的内驱力做加法呢?

我们说内驱力的核心是感觉,即基础感觉和对事的感觉。如果想让内驱力充沛于孩子心间,就需要做到两个感觉同时好。所以,做加法就是同时成就这两个感觉,也就是为孩子提供安全的心理氛围,不断地给孩子支持和肯定,让他们的基础感觉好;同时,培养孩子的探索精神、创造力和感知力,让他对事的感觉也好。

(一)6秒钟——重复积极行为,准确回应

重复孩子的话并简单描述孩子的积极行为,为自己多腾出 6 秒钟的反应时间,进而快速抓住要点,深入感知后精准回应。

7 岁的小男孩小智,在过去一年多的时间里一直被一件事情困扰着,就是怎么也学不会连续跳绳,甚至因此讨厌上体育课。有一天,他特兴奋地跟妈妈说:"妈妈,我能连续跳三下绳啦。"妈妈在那个当下并没想好怎么跟孩子说,于是,就用了这个小窍门,很欣喜地拖着长腔回应:"哇,你能连续跳三个了呀?"孩子说:"对呀,不信我跳给你看。"于是,还现

场给妈妈演示上了。这样的话,就又给妈妈空出了好几分钟的反应时间。

那么,面对孩子的积极行为,我们怎样快速准确地回应呢?概括地说,要就事论事地找到聚焦点。

以跳绳为例,孩子给了我们两个信息,一个是他口头说会跳绳了,很兴奋;另一个是当他当场跳给妈妈看,能观察到前后差异。这件事情的聚焦点就在于,一年多都没学会的事情,为什么会在一瞬间有了质的突破?这其中最大的变化是什么?接下来所有的观察和呼应,都围绕这个焦点展开。

我们可以直接观察孩子的动作,比如,以前孩子跳绳的时候,手臂是弯的,用不上力,没法借助惯性连续摇绳,而这一次,他的手臂是舒展的,借助于手腕的连续用力,就成功地实现了连跳。

我们还可以参照作为成年人过往的成功经验和体验,对孩子学会跳绳这件事情进行深入感知,自由联想。假设这个孩子一直没有学会跳绳,体育课对他来说既难堪又煎熬,他会陷入自我攻击,觉得自己很愚笨。历时一年跨越了这个难题,对于孩子而言,是一个非常励志的事情。

我们可以深入浅出地告诉孩子:"呀,你一下子就学会了,还跳得很连贯,太出乎意料了,你自己也特别高兴吧?你们体育老师肯定也没想到,他肯定会夸奖你并且让你跟同学一起上体育课。妈妈观察到,你的手臂伸直了,而且手腕会用力,你看,做事情找到诀窍,不断尝试,不管多难都能学会。"

通过这样的回应,我们不光改变了孩子对跳绳的具体感觉,而且告诉他,找到窍门,不断尝试,不管多难都能学会,这句话看上去像是讲道理,但因为深深地契合了孩子当下最浓烈的感受,让孩子看到了坚持和尝试的巨大价值,能直接改变孩子的基础感觉。

培养内在动力完全不必另起炉灶、舍近求远,日常的回应准确到位,捕捉到一个点,就能给孩子加满一箱油。

(二)"一念之转"——客观看待,适度干预

拜伦·凯蒂,"功课"(The Work)的创始人,她把教大家如何从自己的痛苦中解脱,作为自己一生的工作。她曾经被严重的忧虑症困扰数十年,甚至有自杀倾向,这个一念之转是她在极度痛苦中的忽然顿悟,方法其实很简单,只有四句话——那是真的吗?你能百分百肯定那是真的吗?当你持有这个想法时,你会如何反应?你没有那个想法,你会是怎样的状态?

9岁的小海是这样被妈妈描述的:我的孩子成天就想着玩游戏,在家什么家务也不帮着做,写作业还不上心,成绩也不理想,做什么事情都一副没精打采的样子,这么下去,我真担心他会成为啃老族。

怎么用上"一念之转"帮助小海妈妈一起来完成转变呢?

一问：看到孩子写作业不上心，老想着玩游戏，好吃懒做，担心他成为啃老族这件事，这是真的吗？事实上，孩子才刚刚 9 岁，难道 9 岁就要给孩子定终生了吗？这肯定不是真的，但从概率上来说，也不是没有可能的。

二问：你能百分百肯定那是真的吗？这个问题加上了百分百，从绝对的角度来说，那肯定不是真的了。到此为止，这个问题已经刺破了主观营造的幻象，孩子当下的负面表现和成为啃老族已经不构成必然的联系。

三问：当你持有这个想法时，你会如何反应？其实，这个反应我们大致能推测出来：自己辛苦养大的孩子成为啃老族，首先会想到是自己教育的失败，也是孩子人生的失败，这样的话，孩子未来的生活、婚姻家庭、身心健康全都没了着落，这样的想法让人绝望。于是，回过头来坚决要把这种可能性扼杀于萌芽状态，于是拼命地盯着孩子学习，强力控制孩子玩游戏，对孩子每天谆谆教诲，抓住一切机会培养孩子的生活技能。

四问：你没有那个想法，你会是怎样的状态？如果心中没有啃老族这个担忧，那么，孩子的这些问题也不过是一些小毛病而已，大部分孩子身上或多或少都有，这样的妈妈就是放松的、客观的。

由此可见，父母不客观地起心动念，会产生很多匪夷所思的教育行为。孩子的有些所谓的负面行为，是因为家长在心中定义的标准过高，甚至把满分当成了及格线，就这样原本没有问题的地方，硬生生地被制造出了问题。

当然，孩子的有些负面行为，的确不能放任，需要直面问题。但是，要客观地看待孩子的负面行为，才能做到适度地干预。

三、重建双边政策修复内驱力

中国家长使用单边政策的人特别多。上一代家长的教育方式，基本以讲道理为主，而讲道理就是最典型的单边政策。因为讲道理，不需要清楚感受和客观分析事实，不需要接收孩子的信号，家长根据自己的主观视角做出对错的判断，就可以滔滔不绝地讲上半天。他们善于嘱咐，却不去探究孩子的感受是怎样的，是什么阻碍了孩子。

比如，妈妈看不惯自己孩子吃饭的时候挑三拣四，于是，每天吃饭的时候都要批评孩子，一堂饭桌上的思想教育课开始上演。从诉说今天的物质生活是多么来之不易，到贫困山区的孩子吃不上一顿像样的红烧肉，最后以非洲难民的处境收尾。当然，结果大家自然也能想象得到，孩子因为不服气用各种"歪理"进行狡辩，说自己宁愿生活在贫困山区、生活在非洲，也不要受到这样的噪声污染，气得妈妈火冒三丈。

可以看出，两个人将最宝贵的能量浪费在了彼此的冲突当中，既扭曲了孩子的愿望，也打破了孩子做事的节奏，把孩子对事的感觉也破坏得七零八落。最终，父母的单边政策，彻底破坏了孩子的内驱力。

所以，如果我们要培养孩子的内在动力，或者是想要重新修复已经被破坏的内在动力,家长要做的第一件事就是戒除单边政策,重建双边政策,也就是看到自己的感受,也要看见孩子的感受,了解自己的主张,也能理解孩子的决定,和孩子同频同感。

所以,不妨从切入对方感受开始,沿着孩子的行为路线去体会孩子做了什么、看见了什么、感受到了什么。

拿上文的例子来说,如果我们从孩子放学开始感受,回家的路上已经有一些饥饿感,坐在妈妈的车上,随意地看向车窗外面,路边有各种大大小小的餐厅,麦当劳、肉夹馍、火锅、肯德基,口水都快流出来了,就盼着回家吃点好吃的,满怀期待地坐在餐桌前:"唉,好失望!"我们沿着行为路线跟随孩子,看他所看,听他所听,想他所想,感受自然就浮现出来了。有了这样的感受,后面的回应就会有温度了,这位妈妈后来感慨地说,觉得很心疼自己的孩子,自己一直不能去看到他的感受,明明很值得理解的情绪,却常常把孩子臭骂一顿。

所以,当我们着手培养孩子的内驱力,家长首先要调整自己的基础状态,由单边政策转换到双边政策,切换到孩子的感受。这种从主观到客观的转变,最大程度地保护了孩子的基础感受,同时,也成全了孩子对事的感受,家长们不妨借鉴以下三个原则。

1.没有好的办法,不要急于出手,避免任性而为。家长陷入焦虑状态,就会觉得自己必须做点什么,有办法就管,没办法就乱管,总之,对自己是一个安慰。但对孩子来说,绝对是不折不扣的破坏力。

2.回应的方法尽可能简洁、利落和克制。很多家长 70% 以上的精力都在回应孩子的负面行为,而非回应事情本身,每天跟孩子吵架好几次,对孩子的回应很拖沓,互相指责,没有聚焦主要问题,最终,也没什么结果。其实,只需要两句话就解决了,比如把漏掉的作业补上,不许用红笔。不去指责数落孩子,孩子纠缠的时候,有聚焦、有监督即可。

3.允许重犯。通常,家长特别痛恨孩子重复犯错误,因为潜台词是:我不都教你了吗?你怎么还犯?还因为你的能力差,而变成我没教好。其实,这些观念是不可取的,家长应允许孩子重犯错误。

四、稳定的父母情绪为内驱力保驾护航

如果要为父母的情绪画一条曲线,通常在孩子刚刚出生的时候,稳定性是最高的。可很快,这个稳定就会因为外界的扰动而开始出现波动,从身高体重不达标或者超标,不爱说话或者太爱说话,被优秀的父母碾压……

这些所有的外界信息不仅扰动了家长的心弦,同时还提高了家长对孩子的期待。不知不觉中这些信息渐渐勾勒出一个"完美"小孩的画像:心态阳光、行为积极、学习优秀、才艺出众……为了避免在内卷的对比中出现灰心丧气和心有不甘,于是家长就会在心中预设"我的孩子应该怎样,我的孩子应该表现成那样"。

如何成为一个不焦虑、心如止水的家长呢?不妨试试以下这几个方法。

（一）合理地预测孩子的表现范围和呈现的结果

家长对孩子的完美期待，再加上外界信息的干扰，会让家长的心不够安稳，开始变得不客观。家长需要有针对性地预测出孩子在事件中的正常表现范围，这就好比建立了一道防火墙，不让无谓的外界信息冲垮自己的稳定性。

（二）及时记录自己的情绪日志

一个人处于情绪激动的状态，既不适合做判断，更不适合做决定。这时候需要做的是处理自己的情绪，让自己慢下来，用笔去记录当下的情绪，因为书写的速度会帮助你慢慢进入平静的状态，进行思考和判断。

（三）跟孩子同频共感

孩子从早上起来到晚上睡觉，这一整天的时间里，他需要经历多少细微的艰难、烦躁、选择、挣扎，这是我们看不见的体验和情绪。我们不妨参照孩子的日常难度系数，给自己一个有挑战的任务，比如录制一本有声书，每天都需要定量完成，很可能这个任务就会在每天的琐事中滑铁卢。

（四）形成教育联盟、友军

在许多家庭里，妈妈是教育的主力军，且常会陷入孤军奋战的窘境，进而容易导致情绪崩溃。建议适度地依靠伴侣和老人，彼此分工，对外与自己教育理念相近的朋友形成友军，既能相互分享经验又能倾吐心声。

所以，撬动内驱力的好处就是过程和结果兼得、幸福和成功兼得，过程幸福，结果成功，一个生命的极致追求也不过如此吧！

身为父母，我们对孩子最深切的祝福，就是希望他拥有内在动力，进而幸福和成功兼得，这样，我们才能比较安心地目送孩子展翅高飞，并能大声宣告"The one I know."。

09

"Leader in Me 自我领导力"助力 up，up，up
——我的"4M"理论

厦门第二实验小学　2016级2班　林廷润

大家都在说

我们是未来的领导者

但是如果我们等着未来

那就太迟了

所以不要等到明天

我们就从眼前做起

从自我开始

从自我领导力开始

每当我跟小伙伴们谈及"领导力"，他们常常报以我不解的眼神，有的直接回答道："廷润，咱们还只是小学生，谈领导力太为时过早了吧！"也有同学说："廷润，你能不能跟我们分享一些关于'领导力'的方法？"

领导力在维基百科里是这样被描述的：可以被形容为一系列行为的组合，而这些行为将会激励人们跟随领导去要去的地方，它存在于公司、课堂、球场、军队，甚至每个家庭，可以说是随处可见，它是我们做好每一件事的核心。

在我征战各种社会实践、学科技能比赛和各式夏、冬令营的亲身体验中，我体会到领导力不是一个独立的能力，它更是一种学习力，一种影响力，一种生活技能，一种生活方式。纵观我的成长经历，它还包括了创造力、想象力、团队合作和人际交往能力，甚至还包括了社会责任心和公民意识。这样的领导力被我称之为自我领导力（Leader in Me）。我觉得这样的领导力是每个学生都应该具备的，也是可以锻炼和掌握的，它需要学生发掘自己的兴趣点,并持之以恒地加以实践,最终才可能成为一个有主见、有影响力的领导者。我在 Leader in Me 框架下搭建的 4M 理论如图 1 所示,现在就请大家跟我一起回顾它是如何很好地助力了我和小伙伴在环球自然日比赛中披荆斩棘,连续两年在厦门赛区斩获头把交椅,成功闯入全国总决赛并最终斩获全球总决赛一等奖的。

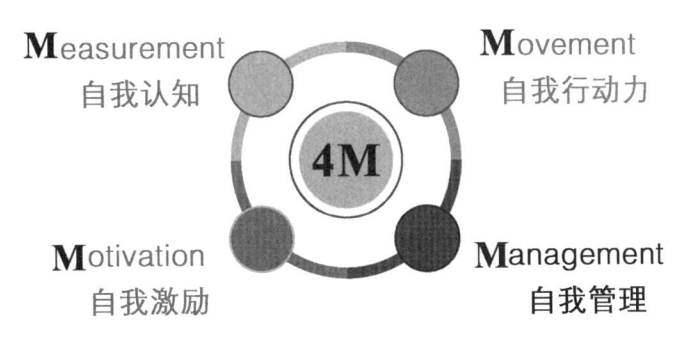

图 1　4M 理论

第一个 M:Measurement"自我认知"(见图 2)

图 2　自我认知

自我认知,在心理学上也叫自我意识或叫自我,是个体对自己存在的觉察,包括对自己的行为和心理状态的认知。用大白话说就是知道自己喜欢什么、擅长什么、什么时候高兴、什么时候着急,从各方面了解自己。

从小我就对自然科学、宇宙天文相关领域的兴趣颇高,所以当环球自然日在厦门设立赛区的第一时间,我就毫不犹豫地选择了参赛;又因为我喜欢与人交往和参加团队活动,所以在形式上果断选择了展览这种团队比赛形式,接着我又果断地确定小郑同学作为团队成员,因为我跟他是老搭档了,相互之间有信任更有默契,省去了磨合的时间,这在紧凑的赛程中显得尤其重要。

除了了解性格、兴趣爱好和长短板,"发现自己的情绪"也很重要,但却常常被大家忽视。

第一次准备环球自然日的比赛时,我在主题的确认上就差点放弃了。"预测性和不可预测性"是 2019 年大赛的主题,刚看到这个大赛主题时,我们就开始摩拳擦掌、各抒己见,兴致高涨。但当我们把各自罗列的主题摆上桌面要开始筛选时,却发现要想在纷繁的知识点中选取一个契合度高的主题的确不容易,我们迟迟没有进展,眼瞅着提交确认资料的日子越来越近,我们在讨论的过程中出现了不愉快和小冲突。

这个时候,我去求助了妈妈,在妈妈的引导下,我看到了我们冲突的背后是焦虑和紧张情绪在作祟。面对这样全球性的比赛,焦虑和紧张是正常的,也是被允许的,我们需要看到、正视和接纳这样的情绪,并去照顾这样的情绪,才能不被情绪左右,将专注力拉回到如何解决困扰上来,并积极寻找资源解决问题。于是,我们带着各自罗列出的主题找到了科学老师,老师帮助我们逐一分析了各个主题与大赛主题的契合度,很快,我们的主题选择从五个选项缩小为三个,再到两个,最终确定在"小流星、大奥秘"上,不仅紧贴可预测性,也符合了不可预测性,真是太完美了!所以我觉得"发现自己情绪"非常重要!

第二个 M:Movement"自我行动力"(见图 3)

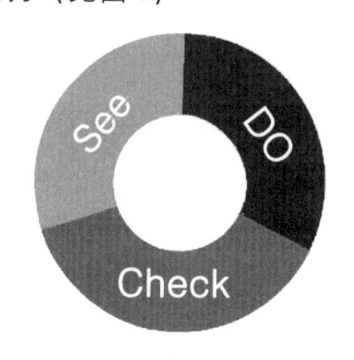

图 3　自我行动力

2021 年,一年一度的环球自然日比赛如约而至,我和小伙伴在报名之后就进行了有计划的分工:我们计划用一周时间查找和整合资料,用两天进行主题的确认,用三天制作展板,用两天进行综合演练。我们分头分工到科技馆、图书馆进行资料的搜集,并一起碰头将各自的资料进行筛选和整合,展板需要的材料也在妈妈们的帮助下完成了采购,这开始的第一周看起来很是顺利。

可我们在确认主题时却被卡住了,时间就这样在我们提出主题、推翻、再提出新主题、再推翻中过去了一天半,原计划用两天完成主题确认的目标眼瞅着要完不成了,而比赛的日子却越来越近,容不得我们再继续延长主题确认的时间,会影响到展板制作和演练时间。为此,我们索性将主题的确认调整为三天,同时分别在展板制作和演练上各缩短了半天,这样一来,保证了准备的总时长和工作量基本不变。

之所以能在有限的时间内很好地完成准备工作,是因为我们运用了一个被我称为"see－do－check"循环周期的小妙招。

我们根据目标分解了任务、进行了分工,并计划好每个阶段的时间表,这是 See;资料的筛选、整合、主题的确认、展板的制作和演练是 Do;在准备的过程中我们发现遇到主题确认的困难可能影响整个准备工作时这是 Check。

当我们重新调整了计划、分配了时间又是回到了 See,我们根据重新调整的时间表继续往下执行又来到了 Do,而当我们再次确认来到 check 部分的时候,就看到我们在计划的时间内完成了比赛的准备工作。

所以,See、Do、Check 三个环节相互影响,并形成一个回路和闭环,有效地助力任务和目标的达成,大家在完成任务和目标时也不妨试试。

第三个 M:Management"自我管理"(见图 4)

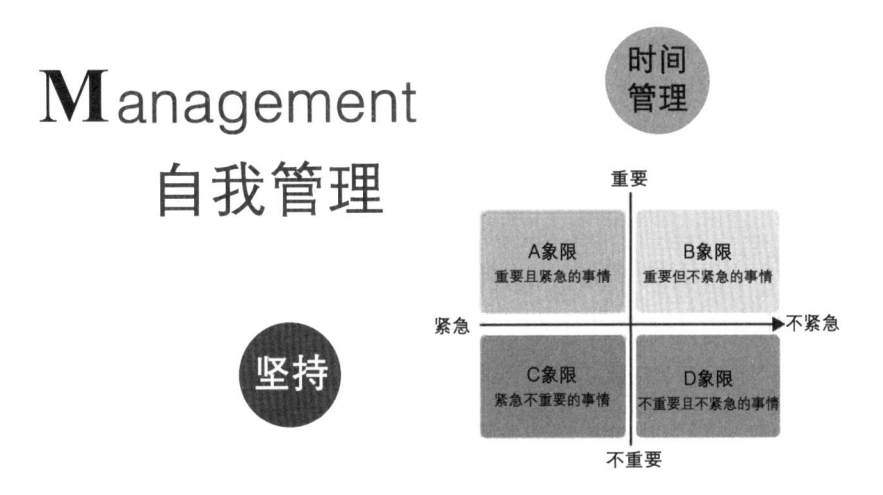

图 4　自我管理

面对仅有两周的准备时间,我们每天能用来准备比赛的时间只有不到 1 个小时、每个周末也不会超过 3 个小时,可是整个准备工作的步骤还真不少:搜集材料、筛选材料、整合材料、主题确认、材料置办、制作展板、演练、差旅安排等,所以时间的合理和充分利用就显得尤为重要。

为征战全球总决赛,我几乎将所有需要准备的环节都纳入了时间管理矩阵的"重要且紧急"这个象限,因为比赛的准备必须在有限的时间里尽可能地做好最充分的准备,所以自然不能耽搁,无论从选材、准备辅材、动手制作展板再到最后的演练都是不可或缺的重要环节,而这每一个环节都需要被安排在规定的时间内完成,所以,自然也是紧急的。

上海总决赛的差旅安排也重要,但对我们来说却没那么紧急,因为这个部分我们可以放心地交给妈妈们来处理,所以被划入重要不紧急象限。

那么哪些事情可以算是紧急却不重要呢？让我来举个例子，比如我们在做展板的时候突然有同学打来电话，没有接电话之前我并不知道同学找我什么事儿，所以这个电话得接，但当同学在电话里告诉我让我一起去踢球，我就婉拒了他的邀请，因为这个时候踢球远没有比准备比赛来得重要。

最后就是既不重要也不紧急象限，其实这个象限很好理解，只要是对学习和完成目标无效能的举动都扫进这个象限，比如打游戏、看电视、看漫画等。

就这样，有了时间矩阵图的助力，让我在繁杂的准备工作中有条不紊、稳扎稳打。

第四个 M：Motivation 自我激励（见图 5）

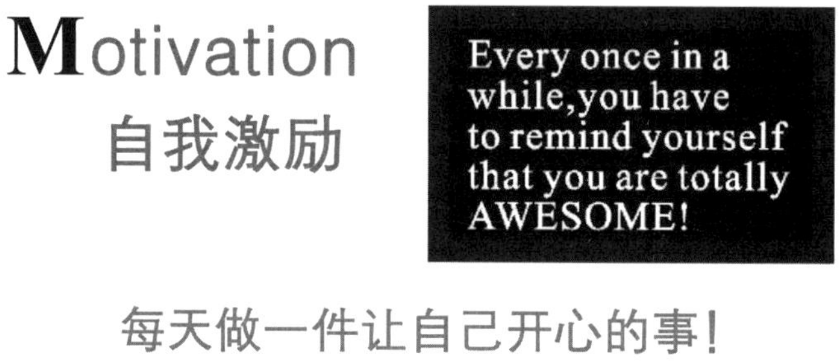

Motivation
自我激励

Every once in a while, you have to remind yourself that you are totally AWESOME!

每天做一件让自己开心的事！

图 5　自我激励

"人要有鼓励才能有动力，汽车要有汽油才能发动。"所以，我平时也特别重视自我激励。

当我们在遇到确认主题的难题时，我们是焦虑、挫败和无从下手的，这时候妈妈把我们之前筛选和整合出的一堆堆厚厚的资料摆放到我们面前，让我们看到自己为了比赛是下了多大的决心和努力，这些我们花费了将近一周时间搜集的资料、讨论和整合的材料，都是我们的劳动成果，不正是值得为自己点赞吗？很快我们的能量和自信心就拾回来了，主题确认不再是难事了！

最后，再来分享一个平日里我的自我激励的方式给大家，就是"每天做一件让自己快乐的事"，比如：

清晨起来对着镜子给自己一个微笑；

在收获成绩时分享到朋友圈；

每个月我都会为"西部学子读书梦"公益项目捐出 100 元；

组织同学们通过拍卖自己绘画作品的方式募捐善款给"星星儿童"；

着手计划"一只手"降塑项目并呼吁更多的人参与其中；

……

我想说，寻找快乐的方式没有标准答案，只要你能从中获取前进的能量就是适合的！

最后用美国前第一夫人 Michelle Obama 的一句话来结束我的分享,"Don't ever make decisions based on fear. Make decisions based on hope and possibility . Make decisions based on what should happen,not what shouldn't.(永远不要在恐惧的基础上做决定。在希望和可能性的基础上做决定。根据应该发生的事情做决定,而不是根据不应该发生的事情)"。

相信并期待大家都可以找到适合自己的自我领导力模式,在人生旅途中披荆斩棘、一往无前!

10

打破"高原现象",突破学习"瓶颈"

厦门第二实验小学　2016级5班　尹俊溟

痛苦——山穷水尽,路在何方?

抬头望向墙上的时钟,时针已经指向十二点的位置,我揉了揉疲惫的双眼,喝了一口早已放凉的开水。"该睡觉了!"妈妈催促的声音在耳边响起。可是这让我更加心烦意乱。两个小时了,居然还没有搞定这道算法题,20个测试点总有3个始终过不去,怎么办?怎么办?我在心中一遍遍地问自己。这时,爸爸走了过来,摸了摸我的脑袋说:"孩子,先睡觉吧,有些事情不是花时间就能解决的,保持一个清醒的头脑才能事半功倍。"

是啊,此刻我的脑袋就像装满了浆糊,睡意也是一阵一阵地袭来。不得不承认,在编程的学习上我遇到了瓶颈。

反思——痛定思痛,寻根溯源

所谓"瓶颈",就是一个人在学习、工作中遇到的停滞不前的状态,这个阶段就像瓶子的颈部一样是一个关口,如果没有找到正确的方向,有可能一直被困在瓶颈处。跨过它,就能更上一层楼;反之,可能停滞不前,出现暂时的停顿,出现"高原现象"。

如何度过"瓶颈期",解决"高原现象"呢?我对自己的情况进行了深入的反思,仔细分析造成眼前困境的原因。

首先,当我遇到困难时,不可避免地出现了畏难情绪,有的时候会避重就轻,得过且过。题库里有很多题目,这其中包含很多"水题"(很简单的题目),有一段时间自己非常热衷于去刷这种"水题",享受着短时间大幅提升排名带来的满足感,遇到真正的难题总是想着明天再做、下次再做,就这样难题越攒越多。

其次,刷题虽多,但更多的是在走马观花,貌似走了很多的路,但却一直没有好好地领略沿途的美丽风景。具体体现在,自己题目做完后,并没有好好地去回顾、去总结,没有把知识点由点到线、再由线到面串联起来,造成一直以来并没有形成成熟的知识体系。所以经常会遇到做过的题目又不会做了,相同类型的题目也意识不到之间的共同点。

最后,之前的学习更多的都是在闭门造车,一直在按照自己的思维方式解决问题,总是满足于问题解决与否,却很少考虑为什么这样做,怎样才能做得更好。导致自己被困在一个思维定式里面,故步自封,没有创新,没有提高。

行动——对症下药,付诸实施

找到了问题的症结,接下来就要付诸行动了。为了突破"瓶颈",我为自己量身定制了一个行动"4+3+3"公式——"4"代表 4 个目标,由"普通目标+提高目标+结合目标+累积目标"组成;第一个"3"代表 3 个通过,分为"通过书籍、通过他人和通过练习";最后的"3"代表 3 个总结,需要做到"总结语法、总结提醒和总结思路"(见图1)。

图1 "4+3+3"公式

一、设定目标,坚定信念

我常常在心底问自己这样几个问题:为什么要学?要学些什么?怎么学?我能学好吗?我给自己排出了有层次的 4 个目标:普通目标、提升目标、结合目标、累积目标。以我最近学习的二叉堆为例:先刷只需单纯使用这个数据结构的题目,接着可以刷高级的与其他知识(如前缀和)结合的题目。题目刷够了之后,组织一个二叉堆专题,结合专题的各种类型,我们可以把很多如上的知识点目标累积起来,最终就可以去考类似 CSP-J(普及组)、CSP-S(提高组)、NOIP(信息学奥赛)的比赛了。

二、开拓思维，勇于创新

针对闭门造车、思维狭隘的问题，我勇于改变自己的思维习惯，尝试让自己走出去，运用3个通过，即"通过书籍＋通过他人＋通过练习"。再次以二叉堆为例：我查询了《算法竞赛进阶指南》的目录，找到二叉堆在P80，自己看各种例题，会做的先做，不会做的看题解。还可以询问老师和神犇（指编程特别厉害的同学），让他们帮助我理解这个算法。会了之后，要尝试再把思路讲给不会的人听。既训练表达能力，又帮助我理解、加深记忆。

三、归纳总结，入脑入心

磨刀不误砍柴工，是时候停下脚步回头总结一下了。我运用3个总结，即"总结语法＋总结题型＋总结思路"，梳理了自己做过的所有题目，按算法类别进行分类，合并同类项、分析不同算法间的内在联系。还是以二叉堆为例：首先，总结定义这个数据结构的语法（priority_queue<int> q）；接着，回顾一下有哪些类别能一眼看出特点；最后，选取一道题把思路写下来。以上这些，都可以用一个自己喜欢的方式（我偏爱思维导图）记录。后来再遇到类似题目的时候，我都能做到快速分析问题要点，并给出最佳解决方案。

进步——柳暗花明，奋勇向前！

遇到瓶颈并不可怕，曾经怀抱梦想的我们一定也曾尝试跨越，不论结果如何，至少经历过这个不认输的过程。不乱于心，不困于情，不畏将来，不念过往。通过以上的举措，我成功突破了在编程学习方面的"瓶颈"，通过自己不懈的努力获得了厦门市中小学编程创客一等奖（见图2），并以"良好"的成绩通过了全国计算机等级考试二级python。实现了自己的短期目标和中期目标。

图2 获奖证书

通过这一次经历，我总结了一个突破瓶颈的秘诀——痛苦＋反思＋行动＝进步。

当我的思想线路受到限制的时候，我就会去找到破解瓶颈的关键点，然后把问题拆解成可以被处理的小问题。如果无法明确界定自己的瓶颈是什么，那就搜索造成你瓶颈期的关键词，然后，针对这些关键词进行合理的解读，再实施解决方案。最后，最重要的一点，就是在日常生活中，要不断地学习新的内容，保持对未知领域的好奇心，勇于探索，善于发现。

有压力才会有动力，有磨炼才会有成长。面对困难、突破瓶颈，一定要坚定信心，不能轻易放弃，只有努力过了才能做到无愧于心；一定要保持清醒的头脑，不如先让自己的脚步慢下来，好好地回头总结一下自己走过的路，收回拳头是为了让下次的出拳更有力；一定把行动落到实处，有始有终，坚持不懈。

想要成蝶的蛹就要破茧，想要重生的凤凰就要涅槃，纵使不会事事如意，我曾用尽全力！

理解学生，探寻教育的方向

11

巧用"运镜"手法，提升红色共情力

厦门第二实验小学　刘丹鸿

现场问索

笔者在低年级语文教学的过程中，发现孩子在学习涉及革命传统教育类课文的时候流于形式，较难深入文本。在学习《朱德的扁担》这一课时，为了让学生感受在挑粮路远难走、困难重重的情况下，公务繁忙的朱德还坚持与战士们挑粮的同甘共苦精神，我请了学生上台演绎朱德挑着粮在又高又陡的山路上躲避敌军侦查的情节。三名学生扮演埋伏在山下的敌军，另三名学生分别扮演朱德和战士们。当旁白读到"红军在山上，山下不远处就是敌人"时，三名扮演敌军的学生本该隐蔽地狙击朱德的挑粮小分队，可他们却"拿着枪"站起来如同打游戏一般笑着扫射，发出"biu……biu……biu"的声音，表情十分滑稽。扮演朱德和战士的学生被"敌军"逗乐了，挑着粮笑着跑上了山，台下的学生们哄堂大笑，课堂表演变成了一场闹剧。

为什么课堂会出现这样的"闹剧"？学习革命传统教育类课文时，怎么让学生走进时代背景深入情景，从字里行间体会革命先辈的崇高品质，提升学生的红色共情力？

正本洄索

"共情能力"包含认知层面共情、情感层面共情，是指站在他人的立场，设身处地地去理解他人的情绪感受、想法，并且能对他人的感受产生共鸣的能力。

"红色共情力缺乏"是指学生在学习革命传统教育题材类课文后较难贴近革命历史，对于文本的理解仅停留于认知层面，较难从文本中感受丰富的革命精神，学习完课文未能形成民族文化自觉与文化自信，情感层面的共情严重缺失。

远溯博索

一、革命传统教育题材课文编排分析

统编版小学语文教材中收录的革命传统教育类课文有 40 篇,约占小学语文教材全部课文的 14%。相较于以往的版本(见图 1),我们可以看到统编版教材中收录了更多的革命传统教育类文章,比人教版、苏教版教材更加突出和重视革命传统教育。

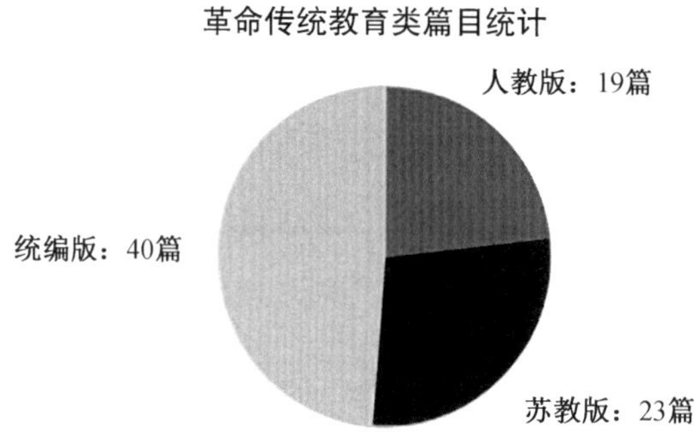

革命传统教育类篇目统计

统编版：40篇
人教版：19篇
苏教版：23篇

图 1 统编版、人教版、苏教版教材革命传统教育类课文统计

统编版革命传统教育题材课文在编排时特别关注了学生的已有知识背景,为了拉近学生与课文的距离,统编版教材在大多数革命传统教育类课文后以"阅读链接"的形式进行了有效补充(见表 1)。我们可以看到涵盖资料补充的课文都集中在中高年级,那么作为低年级的学生如何获得更多的背景信息从而贴近教材、理解课文呢?

表 1 统编版教材革命传统教育类课文阅读链接汇总

年级	课文	阅读链接
四年级	《梅兰芳蓄须》	《难忘的一课》
	《黄继光》	《祖国,我终于回来了》
五年级	《圆明园的毁灭》	《七子之歌(节选)》
		《和平宣言(节选)》
	《军神》	《丰碑》
六年级	《七律·长征》	《菩萨蛮·大柏地》
	《灯光》	《毛主席在花山》
		《狱中联欢(节选)》
		《伟大的友谊(节选)》
		《春天的故事(节选)》
	《十六年前的回忆》	《囚歌》
	《为人民服务》	《十里长街送总理》

二、革命传统教育类课文学习要点分析

统编教材执行主编陈先云在《谈谈部编小学语文教科书革命传统教育题材类课文的编排及应注意的问题》中提及统编版教材中收录的革命传统教育类课文主要分为三大类（见表2）。

表2 统编版教材革命传统教育类课文分类

类别	经典革命传统教育篇	适应时代需求篇	新时代继承发展篇
编排目的	直接描写革命年代经典的人或事，让学生在历史场景中了解革命先烈的品格	引导学生应该将热爱祖国、热爱军队、热爱中国共产党的情感化为日常生活中的点滴行为	引导学生在和平年代和科学技术高度发展的当下，树立起坚持不懈、努力奋斗的新时代革命精神
例文	《吃水不忘挖井人》《朱德的扁担》……	《升国旗》《七子之歌》……	《千年梦圆在今朝》……

根据上表，笔者把低年级的课文进行分类，《八角楼上》《朱德的扁担》《刘胡兰》《难忘的泼水节》《吃水不忘挖井人》《邓小平爷爷植树》《雷锋叔叔，你在哪里》都属于"经典革命传统教育"类课文，学生在学习过程中不仅要学习语言文字的理解运用，还要通过文字品读感受革命先烈的崇高品质，并在生活中继承和发扬革命传统精神。

三、革命传统教育类课文教学研究现状

截至2021年11月，以"革命传统教育类课文"以及"红色经典课文"为关键词在中国知网（CNKI）数据库以主题进行精确查找，共检索105篇文献，其中特色期刊文献77篇、硕博论文14篇、学术期刊文献12篇以及报纸文献2篇，论文发表趋势如图2所示。

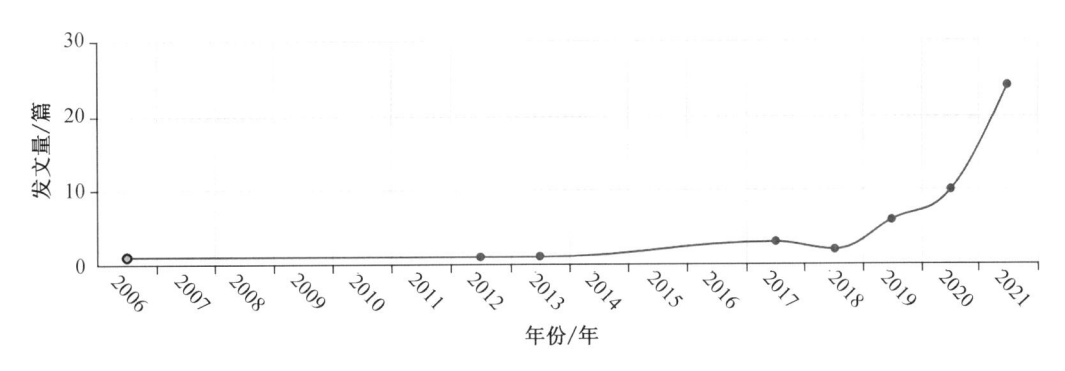

图2 2006—2021年CNKI"革命传统教育类"研究文献统计图

自 2006 年起,学者们开始对"革命传统教育类课文"进行研究探索,2018—2021 年出现了激增的情况,可见近年来革命传统教育类课文的教学研究引起了教育学者越来越多的关注。

如图 3 所示,结合学科分布饼状图我们可以看到,"革命传统教育类课文"以及"红色经典课文"的研究在"初等教育"领域居多,纵观初等教育的研究文献,可大致分为以下几类。

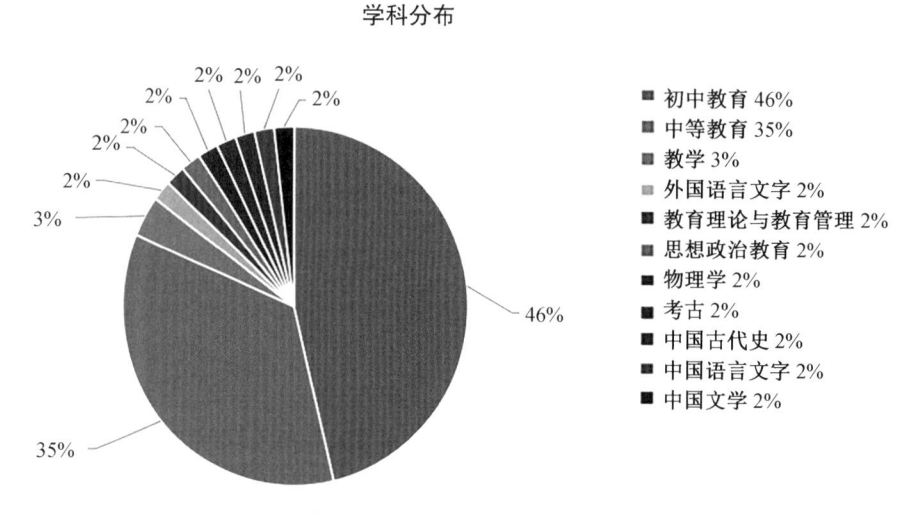

学科分布

- 初中教育 46%
- 中等教育 35%
- 教学 3%
- 外国语言文字 2%
- 教育理论与教育管理 2%
- 思想政治教育 2%
- 物理学 2%
- 考古 2%
- 中国古代史 2%
- 中国语言文字 2%
- 中国文学 2%

图 3 革命传统教育类研究文献主题占比饼状图

(一)革命传统教育类课文教学偏差研究

2008 年周一贯首次将小学语文教材内的红色经典课文进行归纳整合,撰写了《"红色经典"课文教学谈》,指出了"机械说教""课堂表演""戏说搞笑""性质错位""言语架空"几方面教学实践的问题。

2017 年学者陈先云在《谈谈部编小学语文教科书革命传统教育题材类课文的编排及应注意的问题》中提出了"坚持'文道统一',体现语文学科的特点和规律""抓住课文中的关键词语或句段,提高思想教育的实效性""尊重文本的基本价值取向,不鼓励作多元解读"三方面注意事项。

2019 年学者陈小平针对"统编教材一年级至三年级革命传统教育类课文"分析了其编排特点并给出了"切忌放大教育功能,突出语文学科的特质""依据课文所赋予的价值,精准实施教学"的教学建议。

(二)革命传统教育类课文教学策略研究

韩春萌、洪爱娟、史峰、钟海芳、黄明芳、周安妮、林敏、张淑琴、赵文文等学者都针对小学中高段的"革命传统教育题材类课文"教学进行了较为细致的研究,并提出了可行性教学策略。例如：韩春萌、吴龙在《红色经典教育的困惑与对策》中提出了"整合红色经典资源""弥合经典教育代沟""重视经典改编现象""力求教育形式多样"四个策略。

但大部分学者提出的教学策略难以适用于小学低年级，例如"立体阅读，补充历史资料"，阅读大量且远离生活的历史资料的方式对低年级孩子而言是增加了学习负担，无法切实帮助孩子学习课文。

（三）低年级革命传统教育类课文教学实践研究

2018年曹爱卫首次以《吃水不忘挖井人》的低年级革命传统教育类课文为例撰写了《红色经典课文怎么教》。2019年雷雪在《统编低年级教材中红色经典类课文怎么教——以统编教材二年级上册〈朱德的扁担〉的教学为例》一文中首次提出了低年级传统教育类课文的教学策略。2020年朱玲玲在《让那一抹红色成为学生的精神底色——小学低年级统编版语文教材"红色经典"课文的教学策略》一文中进而提出了"资料搭桥、情境牵线、语用守本、生活开新"的教学策略。2021年曹爱卫在《低年级红色经典课文教学的思考与实践》中归纳出了低年级学生学习"革命传统教育类课文"的难点和教学策略。

统编版教材执行主编陈先云也曾撰文指出："革命传统题材类课文，一般都具有很强的思想教育性。教学这类课文时，教师容易把握强烈的思想感情而忽视训练学生对语言文字的理解与运用，往往将讲授革命传统题材类课文的语文课上成思想品德课。教师要注意将此类课文的教学与思想品德课中的革命领袖和革命传统教育区别开来，不能向学生灌输革命的大道理。要做到'文道统一'，把学习、理解、运用语言文字与感受人物形象和美好品德融为一体。"[1]

综上所述，"革命传统教育类课文"的学习是小学阶段的一个难点，特别是对于低年级学生而言，既要兼顾革命传统精神的继承又要兼顾语文素养的学习。而大部分学者的研究停留在中高年级，对于低年级的实例研究屈指可数，低年级的语文课堂如何做到陈先云所说的"文道统一"仍需要每位教育者进行长期深入的探究，笔者也想进行尝试。

工具研索

一、问卷法

笔者采用问卷法研究学生目前学习革命传统课文的现状，从课前预习情况出发，了解学生的预习情况和面临的主要困难（见表3）。共收到836份问卷。

表3　低段学生学习统编版教材革命传统教育类课文调查问卷框架

板块一：孩子在预习时做过的学习准备
1.您的孩子学到《吃水不忘挖井人》《朱德的扁担》这类"经典红色课文"时，会问您课文里的固有名词是什么意思吗？（如"根据地"、反"围剿"）
2.您的孩子学到"经典红色课文"时，在家是否利用网络观看相关影片或图片？
3.您的孩子学到"经典红色课文"时，在家是否能查找文字资料并理解资料内容？
板块二：孩子希望得到的预习资源
教师在预习时应该提供什么资源？

二、访谈法

因低段学生的年龄特征，笔者以访谈的形式深入对学生的调查。调查对象分为"未学习红色经典课文的一上学生"和"已学习红色经典课文的二、三年级学生"两类。访谈旨在了解学生学情以及目前的课堂教学是否能达到课文编排时要求掌握的学习目标，访谈主要问题如表4所示。

表4　低段学生学习统编版教材革命传统教育类课文访谈框架

一上学生（未学习红色经典课文）
1.你听过"毛泽东、朱德、邓小平、周恩来"这些人吗？
2.你知道他们分别是干什么的？
3.你觉得他们分别是怎样的人？
二、三年级学生（已学习红色经典课文）
1.你知道"毛泽东、朱德、邓小平、周恩来"分别是干什么的？
2.在预习课文时，你能查找资料并且弄懂资料讲的意思吗？
3.在预习课文时，你遇到过什么困难？
4.你喜欢用什么方法去了解这些人？

归因追索

一、学生生活实际远离课文背景

笔者的问卷调查结果显示（见图4），73.72%的学生会求助家长解答革命年代生僻的固有名词，83.03%的孩子需要借助影片、图片来理解课文内容。可见孩子仅靠已有的生活实际经验是较难理解文章的，需要家长和网络的支持才能够完成课前预习。

第5题：您的孩子学到《吃水不忘挖井人》《朱德的扁担》这类"经典红色课文"时，会问您课文里的固有名词是什么意思吗?（如"根据地"、反"围剿"）[单选题]

选项	小计	比例
会	617	73.72%
不会	220	26.28%
本题有效填写人次	837	

第6题：您的孩子学到"经典红色课文"时，在家是否利用网络观看相关影片或图片？[单选题]

选项	小计	比例
是	695	83.03%
否	142	16.97%
本题有效填写人次	837	

图 4　革命传统教育类课文学生课前预习情况统计图

笔者在对一年级学生的访谈中了解到，在4篇课文中他们只听过毛泽东，只有一个学生能大致说出"毛泽东是我们以前的主席，他建立了新中国，带大家打仗，很厉害，很伟大"。而其余学生则只能说出"毛泽东"是"毛主席"，对于主席的工作和"为什么大家说主席伟大"都答不上来。由此可见学生对革命先辈的认知较少，而教科书内的课文记叙了许多革命先辈贴近人民群众的事迹，如挖井、植树、挑水、过节等，在学生的已有知识水平的基础上阅读文章是难以理解革命领导人做这些事有什么特别之处，难以明白革命先辈的"平易近人""心系人民"等形象。

二、学生综合性学习能力尚未完备

2011年版《语文课程标准》在第二学段的综合性学习部分的目标首次提出了："能提出学习和生活中的问题，有目的地搜集资料，共同讨论。"也就是在第一学段，学生并未获得查找资料、读懂资料、筛选资料的能力。而在教学革命传统教育类课文前，教师往往习惯性布置学生在预习时要查资料。然而对于查资料能力尚未形成的低年级学生而言，他们如何查资料？看哪些资料有助于课文学习？在课堂分享环节往往出现学生拿着打印的百度资料照本宣科，对学生学习革命传统教育类课文没有起到较好的帮助。

行动求索

一、"推镜"：走进背景，潜浸体验感知

"红色经典文本中的人物形象、英雄事迹带有时代的印记，只有放到宏大的历史背景

中,那样的人和事才更能熠熠生辉。"[2]采用"推镜"能更好地帮助孩子走进背景,"推镜头"是一个从远到近的构图变化,在被拍对象位置不变的情况下,用相机向前缓缓移动或急速推进的镜头。此种镜头的主要作用是突出主体,使观众的视觉注意力相对集中,形成一种审视的状态。符合人们在实际生活中由远而近、从整体到局部、由全貌到细节观察事物的视觉心理。所以,在学生走进传统教育类课文前,可以进行单元导学,导学后学生对背景有了一定的知识架构,促进了其知识层面的共情力发展。

问卷调查中关于"教师在预习时应该提供什么资源?"246条结果提及了"电影""视频",访谈中学生也很希望教师能提供适合观看的影视资源以帮助其理解课文内容。但是在学习单元导学课时,并不能仅仅是观看影片。学者蒋清锋在《"资料助学"在革命传统类课文教学中的应用》谈及"资料的价值"要指向"时空距离、内容的理解、语言能力、情感体验"。笔者尝试将资料价值在单元导学课中实现,帮助学生拉近与文本之间的距离。

背景"推镜",感时代艰辛。纵观红色单元的课文编排并不是无序的,在导学课时教师应设计串联各个时期进行资料补充,学生的脑海里就能搭建一条革命故事的史实线,学生对革命年代的生活就能形成初步的感知。例如二年级上册的第六单元,《八角楼上》《朱德的扁担》都是在井冈山革命根据地的故事,《难忘的泼水节》是周总理在西双版纳与傣族人民过泼水节时发生的故事,《刘胡兰》是国民党反动派搜捕共产党的故事。学生通过导学课的学习,可以搭建一条从"井冈山时期"到"国共内战"史实线情境,学生潜入其中,更好地感受当时革命战士处境之艰辛。

生词"推境",懂生活艰苦。革命专属名词很多是处在学生"认知空白"区域的,这给学生理解课文内容带来了一定的困难,在导学课将这些革命专属名词结合影视、图片就能更好地帮助低年级学生读懂课文。例如《八角楼上》一文中"八角楼""清油灯"等都是孩子陌生的时代环境,导学课时可以借助"镜头"对物品进行的讲解介绍,消除时空隔阂,让学生"零距离"感受当时革命战士生活条件之艰苦。

名片"推镜",知先辈重任。革命传统教育落地的前提是学生对课文、人物有充分的情感体验,这是革命传统类课文的学习难点。所以大单元导学课需要将单元人物进行简要的整体介绍,对于其职位、工作内容有了大致的了解后,学生就更能体会到革命先辈身上的重担,为后续品读课文打下良好的基础。例如,学生通过人物名片"推镜",了解了毛主席当时率领秋收起义的部队,需要一边带领工农们建设根据地,一边计划突破敌军"围剿"、计划革命道路。学生批文入情,就更体会到课文中毛主席的"专注"背后的深意——先辈重任在肩啊!

二、"甩镜":场景换位,产生认知冲突

低年级学生在学习红色经典文章时,认知层面的共情力该如何培养呢?"冲突"就是

开启共情的金钥匙。"甩境"是从一个被摄体甩向另一个被摄体,表现变化,表现出人物视线的快速移动或某种特殊视觉效果,使画面呈现一种突然性和爆发力。学习课文时借用"甩境",学生可以将自己的行为和课文主人公的行为进行对比,由此产生认知冲突,引发学生尝试与主人公建立认知专项情感的共情。以下以学习《八角楼上》为例。

师:毛主席在这寒冬腊月的深夜,是怎么工作的呢?请你自己读一读这一自然段,圈出描写毛主席动作的短语。(引导学生圈出:穿着单军衣、披着薄毯子、坐在竹椅上、握着笔、拨了拨灯芯、凝视着星星之火)

师:读课文的第二自然段,边读边思考,从这些表示动作的短语中,你感受到了什么?(交流句式:我从_____(短语)_____中感受到_____。)

生:我从"穿着单军衣""披着薄毯子"感受到毛主席身上的衣物很少,应该很冷。

师:是啊,我们知道这是一个寒冬腊月,毛主席却在一个透风的八角楼里工作,还穿得这么少。如果是你在这么冷的夜晚,你会怎么做?

生:裹着厚围巾。

生:戴着毛手套。

生:抱着暖手袋。

师:此时此刻你有什么想问的?

生:毛主席为什么不多穿一些?

生:毛主席为什么不去休息?

师:带着你脑海里的问题,结合这段资料,你能读懂毛主席吗?

……

在解决课后思考题"毛主席是怎样工作的?"时,如果仅抓住对主人公的描写,那么学生的阅读只停留在理解层次。笔者尝试切换视角,以短语为抓手,让学生先思考自己在相同场景中会怎么做,再与主人公的行为进行不断比对,强烈的对比下,学生产生了认知冲突。"毛主席为什么穿得这么少?""毛主席为什么这么专注?"等问题出现在学生的脑海里,再利用这一系列的认知冲突推动接下来的学习,促使学生更主动地想要去了解人物内心,开始尝试与之共情。

三、"拉镜":深入情景,引发情感共鸣

"革命传统教育类课文的教育功能不是靠僵化的说教或贴上一些空洞的名词来实现的,而是要在情感的熏陶中、精神的感染中自然达到。"[3]那么在语文课中如何实现"情感熏陶""精神感染"呢?笔者采用"拉镜"的方式。"拉镜头"是摄像机不断地远离被拍摄对象,也可以用变焦距镜头来拍摄。为了表现主体人物或者景物在环境中的位置,拍摄机器向后移动,逐渐扩大视野范围,可以在同一个镜头内反映局部与整体的关系。"拉镜"

帮助学生扩大视野,在对情景的深入中学生的视野逐渐拉到了事件的全貌,将自己置身于故事中,促进情感层面的共情。

影视"拉镜",亲感历史氛围。陈小平撰文分析:"教材中革命传统教育类的课文,其中所涉及的历史事件大都是在特定的历史背景下发生的,与当下小学生的现实生活存在着很大的差距,这就很难激起学生的阅读兴趣和阅读期待,同时也会制约学生对课文内容的理解。"[3]因此,抓住学生难以想象的情节进行影视补充在教学传统教育类课文的过程中十分必要。如,刘胡兰面临即将落下的铡刀是孩子们难以想象的,通过观看影视学生感受到了情境下的紧张氛围。

段落"拉境",亲历先烈心路。将学生的视角通过"拉镜头"的方式,体会整个段落中主人公的心情变化,则能达成更深层次的共情。例如在《刘胡兰》一课中,在品读刘胡兰几次面对敌人的威逼利诱,从"我不知道!"到"不知道,就是不知道!",看似都是拒绝,但学生抓住了情景中敌人的态度变化,就能感受到刘胡兰一次比一次更加坚定的内心,从而对主人公有了更深的共情。

图示"拉镜",亲悟革命品质。"对于语文阅读而言,应该注重发展整体性思维,这样才能细致、全面地把握文章的主要内容,明确文章主题,更好地把握整体与体会细节。"[4]低年级学生仍处于具体形象思维阶段,因此,教师在教学的过程中可以利用图示,帮助学生更直观地阅读整篇课文,并引导观察图示,人物品质则在情节的一次次推进中更加立体。

例如,部编教材语文二年级上册《刘胡兰》一文,教师可以带着学生借助阶梯图梳理出刘胡兰牺牲的过程。先让学生用横线和波浪线分别画出描写敌人和刘胡兰的句子并思考:你觉得这是一位怎样的刘胡兰?通过圈画关键词,可以梳理出阶梯图(见图5)。

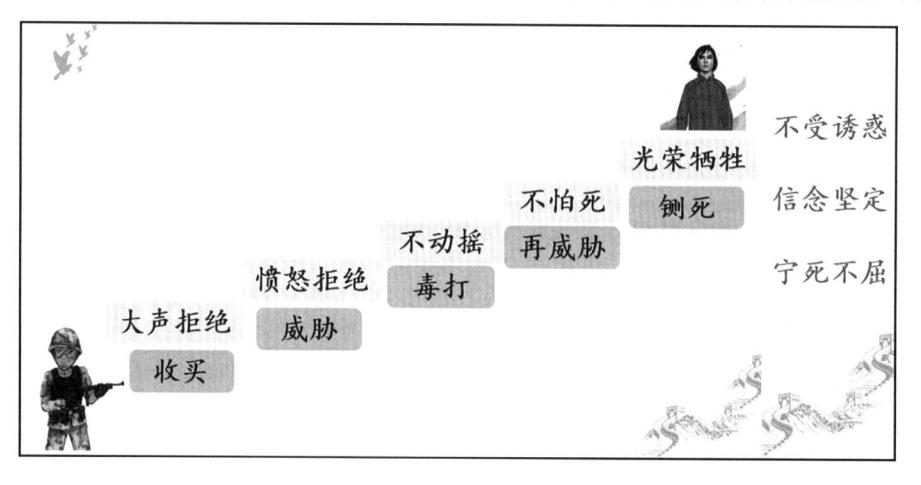

图5 《刘胡兰》教学阶梯图

梳理出阶梯图，让整个故事情节的发展一目了然，学生们从情节的推进中，对于革命先烈的品质有更为全面的认知。

四、"移镜"：回归生活，延续红色精神

"小学语文课文的内容形式多样，内涵丰富，很多课文都蕴含着深刻的哲理，对于培养学生正确的价值观、道德品格等具有非常重要的意义。"[5]"移镜头"拍摄时机位发生变化，边移边拍摄的方法称为移镜头，是一种富有流动感的拍摄方式。移镜头拍摄的画面中不断变化的背景使镜头表现出一种流动感、延伸感，使观众产生一种置身于其中的感觉，增强了艺术感染力。

语文教材中的革命传统教育类课文在渗透革命文化、发扬革命精神上有不可磨灭的作用，为达成这一目标，笔者采用"移镜"的方式，将视角从课本的故事切换到生活，引导孩子思考：生活中是否有这样的革命精神呢？例如，学习《刘胡兰》这一课时设计了拓展环节。

师："宁死不屈"的品质并不是只处于革命年代，像刘胡兰这样的人，我们称为"烈士"。"烈士"是指那些在革命斗争、保卫祖国、社会主义现代化建设事业中以及为争取大多数人的合法正当利益而壮烈牺牲的人。2020年喀喇昆仑山上有四位战士，为了我国边境的安全光荣牺牲，我们一起去看看四位烈士的故事。（播放视频）

师：看完这个视频，你有什么感受？

生：他们用生命保卫了国家，很伟大。

师：是啊，当今生活的和平，正是因为有一批人赓续着刘胡兰这样的革命精神的人在戍边卫国，像刘胡兰这样的革命精神流淌在每一位中国人的血脉里，学完这一课，希望你们也能铭记。

《刘胡兰》这一课主人公的"宁死不屈"精神虽然在生活中不常见，但是通过视频的方式"移镜头"，学生将视角转换为当今的生活，学生在观看切实生活记录的同时，对于革命先辈的精神更有触动，明白那是一代代中国人应该刻在血脉里的精神。

案例探索

一、整体感知

（一）聚焦逼问

反动派到底是怎么逼问刘胡兰直至其牺牲呢？读一读课文的2、3自然段。找一找反动派怎么逼问刘胡兰？用"＿＿＿"画出来。刘胡兰是什么反应？用"～～～"画出来。

(二)汇报四次逼问

二、学习第一次逼问

我们先来看一看第一次,反动派用什么方式逼问刘胡兰?(收买)

(一)理解收买

1.什么是收买?(那么敌人是怎么收买刘胡兰的?联系下文,100块钱)

2.1947年100块钱和现在不同,那可以买下文具店里所有的笔,买下一仓库的本子。

3.而当时,在革命战争年代,生活是非常艰苦的,人们住在茅草和木板搭建的屋子里,孩子们坐在简陋的学校里学习,锅里总是清汤寡水,没有几粒米,吃不上饭的家庭甚至啃树皮充饥。

4.想象一下,在这样的战争年代,刘胡兰有了这100块钱,可以做些什么?

(二)品读形象

1.面对这样的诱惑,刘胡兰是怎么做的?(大声拒绝)

2.请你试着读一读,思考刘胡兰的心里在想什么?你觉得这是一位怎样的刘胡兰?

3.师生配合读对话。

小结:刚刚我们圈画了关键词,品读了反动派和刘胡兰的对话,认识了一位坚定、不受诱惑的刘胡兰。现在请你们四人小组合作,读一读接下来的逼问过程。用上刚刚的方法,先圈一圈关键词,再试着用这个句式说一说。

三、小组合作学习二、三、四次逼问

(一)第二次:威胁

1.汇报关键词。

2.敌人会怎样威胁刘胡兰?(可能会有哪些动作?)

3.那请你试着读一读敌人说的话。

4.但是刘胡兰依旧坚守着秘密,怪不得说这是一位信念坚定的刘胡兰。

5.刘胡兰连续两次拒绝吐露秘密,第一次大声拒绝,第二次愤怒拒绝,你觉得刘胡兰的语气有什么变化?

6.那我们把两次对话连起来读一读,一二组读反动派说的话,三四组读刘胡兰说的话。注意要读出每个角色态度的变化。

(二)第三次:毒打

1.汇报关键词。

2.我们来看一看,反动派如何毒打刘胡兰。(视频)

3.经过这样的毒打,刘胡兰是怎么做的?这是一位怎样的刘胡兰?

（三）第四次：再威胁

1.汇报关键词。

2.面对这样的场景，你觉得刘胡兰会怎么想？

3.此时的刘胡兰，挺起胸膛拒绝泄密，接下来她是怎么做的？你能找出描写刘胡兰的动词短语吗？我们一起来看一看（视频）。回忆刚刚的画面，再读一读这几个动词短语，你有什么感受？

四、拓展延伸

像刘胡兰这样为了国家舍生取义、宁死不屈的人，我们称之为烈士，生活中有像刘胡兰这样的人吗？（出示图片：2020年喀喇昆仑山牺牲的英雄）请学生分享感受。

参考文献

[1]陈先云."文道统一"原则下教材选编特点及教学建议：以统编教材中革命文化题材类文本为例[J].江苏教育,2019(73):6.

[2]曹爱卫.低年级红色经典课文教学的思考与实践[J].小学教学研究,2021(15):9-11.

[3]陈小平.让"红色精神"深植孩子的心田：统编教材一年级至三年级革命传统教育类课文编排特点及教学建议[J].语文教学通讯,2019(18):12-14.

[4]吕珈臻.运用"学习地图"，促进思维发展[J].语文教学通讯,2017(12):53-55.

[5]王连魁.阅读教学在小学语文教学中的有效性分析[J].读写算（教师版）：素质教育论坛,2017(28):223-223.

12

绘本搭桥，让文字不再"失语"

厦门第二实验小学　李艺灵

现场问索

一次课堂写话练习中，选用以下图片（见图1）。

图1　看图写话——善良的小熊

十分钟过去了，我在巡视时发现一个孩子在方格纸中歪歪扭扭地写下了这么两行字（见图2）。

| | 早 | 上 | ， | 小 | 熊 | 在 | 散 | 步 | 的 | 时 | 候 | 看 | 着 | 了 | 小 | 鸟 | 从 | 树 |
| 上 | 摔 | 下 | 来 | 了 | ， | 小 | 鸟 | | | | | | | | | | | |

图2　学生看图写话练写（一）

我暗自心想，这幅图不难观察，按道理说五要素应该能写得清楚才对，抱着再看看的心态往前巡视，看到班级一个写话水平中上的孩子在纸上"胡言乱语"（见图3）。

	秋	天	到	得	好	快	，	一	眨	眼	叶子都落了。	
	小	熊	乃	乃	出	门	去	跑	步	，	乃乃开始跑步啦！	
哇	，	叶	子	有	的	掉	光	了	，	有	的还在树上，对了，	
树	上	还	有	果	子	呢	！	乃	乃	想	要一颗果子，可是它	
够	不	着	，	只	能	继	续	跑	。	乃	乃跑到了三棵果子树	
的	旁	边	，	啪	！	乃	乃	吓	了	一	跳，停止脚步，转过	
身	来	，	乃	乃	这	才	松	了	一	口	气。	

图 3　学生看图写话练写（二）

见此情景，我十分诧异。通过这个日常练笔发现的问题，我产生了疑问，孩子的看图写话观察不仔细、表达空洞不具体，是不是由于孩子的课外阅读量不够导致的？

基于此，我对本校一二年级的学生进行了阅读现状的调查，通过调查，我发现95%以上的孩子平时有坚持课外阅读，其中绘本读物占比最高，孩子们并不缺少阅读的积累，读了那么多的绘本读物，可是在写话中却无法输出？

正本溯源

由此，我概括出来，这是孩子在写话中阅读"文字失语症"。阅读"文字失语症"指的是纵然孩子们阅读了大量的绘本读物，但在写话中却找不到合适的言语诠释，造成了表达困难或逻辑混乱的问题，这是"文字失语症"典型的表现，这也导致了孩子写话时"拔剑四顾心茫然"。

治愈"文字失语症"的关键在于要丰富学生的语言，让学生有话能说、有话敢说、有话会说。绘本读物在表达中经常使用语言反复的句式来讲述故事，孩子在反复的语言学习中，不仅搭建了说话的支架，还能获得较大的心理安全感，轻松地预见下一句应该怎么表达，能够让孩子积累语言素材，并习得语言范式，迁移应用，这样学生在写话时就能从记忆库里提取出相关内容来搭建写话框架了，自然就从敢说、会说进而到了敢写、会写了。

因此，我们可以尝试在写话与绘本之间建构一条有效可操作的策略途径。

远溯博索

在中国知网(CNKI)数据库以主题为"绘本""写话"进行精确查找,共检索到1221篇文献。其中,硕士论文126篇,学术期刊67篇,国内会议27篇,报纸3篇,基教特色期刊998篇(见图4)。

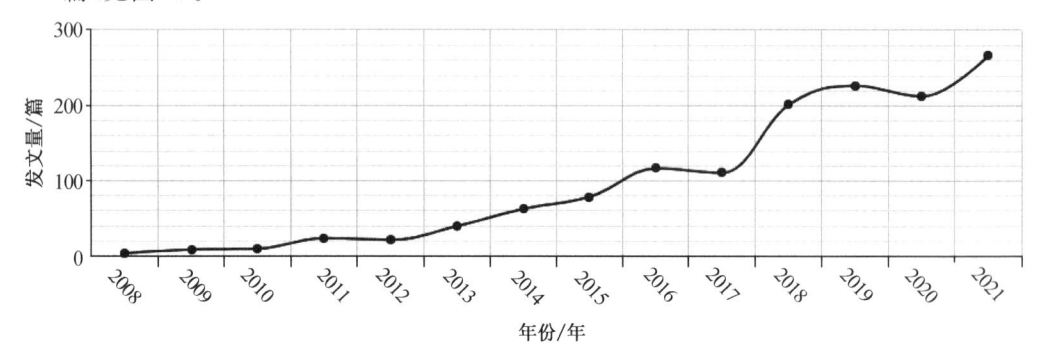

图4 2008—2021年CNKI主题为"绘本""写话"的论文发表趋势

绘本源于西方,诞生于19世纪后半叶的欧美国家,被称为是欧洲最早带插图的儿童书。国际上公认"绘本是最适合幼儿阅读的图书"。绘本最强调的就是它的文学性和艺术性。绘本是用精炼简短的文字、精美的插图构筑一个跌宕起伏的故事。心理专家郝滨老师认为:"如果家长能有意识地选择一些优秀的绘本和孩子们一起阅读,既有助于帮助孩子建构精神世界,促进心智化发展,又有助于培养孩子良好的道德品质和行为习惯。善加使用,可以在人的一生中起着奠基的作用。"

沈敏江在《图画书种类的基本划分》中指出,绘本是启发学生拓展想象的"引子",想象是绘本的特质,想象化是绘本阅读的重要方法。[1]

盖鸾英在《绘本叙事结构对低年级写话教学的参考》中提出,以绘本重复式叙事结构的类型切入论述,说明绘本结构的特点以及给儿童带来的阅读体验,阐述了重复性结构对儿童写话的重要性,为低学段写话教学提供参考。[2]

徐晓雯在《基于绘本的小学语文写话教学策略研究》中指出,针对小学低年级写话教学存在的问题提出研究策略,强调要根据学生的年龄特点选择合适的绘本,从读、写两方面培养学生的写话能力。[3]

李艳芳在《小学语文低年段绘本写话教学研究》中认为,利用绘本进行写话教学有利于增加词汇积累、丰富写话素材、增加写话情境、培养创造能力,以及提高写作兴趣等。[4]

由此可以发现,绘本作为提升孩子写话能力的辅助工具,在提高学生的观察、表达、思考、创造等能力方面有很大的帮助。但在寻求绘本怎么帮助孩子习得写话能力,还需有一定的突破点。因此笔者从这一角度出发,寻求运用绘本让孩子在面对写话时不再"文字失语"。

工具研索

研究中,主要采用了问卷调查法。

低年级学生阅读现状调查问卷

1.你每天坚持多长时间阅读课外读物?

A.没有阅读

B.半个小时

C.一个小时

2.你一般选择哪些课外读物?(多选)

A.科技类读本

B.童话类读本

C.寓言类读本

D.绘本类读本

E.其他_____

3.你认为你目前的看图写话水平如何?(多选)

A.不能理解图片的内容

B.不能完整地从图片中提取时间、地点、人物、事件和心情

C.写话时经常会遗漏要素,语言表达空洞不具体

D.能完整地从图片中提取时间、地点、人物、事件和心情

E.能使用表示动作的词把内容写具体

4.你认为在看图写话中你还存在哪些困难?(多选)

A.识字量太少,不能准确拼读和正确书写

B.不能准确理解图片意思,造成离题

C.经常会遗漏要素,内容表达不完整

D.不能有序描写时间

E.语言表达空洞不具体

5.你觉得所读的课外读物对你的看图写话是否有很大的帮助?

A.是(填写理由)_____

B.否(填写理由)_____

通过发放调查问卷,发现多数孩子能坚持每天阅读课外读物半小时,选择绘本读物的居多,但很多孩子存在语言表达空洞不具体或不能准确理解图片意思,造成离题等问题。由此可见,比较多的学生难以将绘本中的句式、表达方式等迁移到写话中。

归因追索

看图写话是低年级一个重要的学习内容,是小学生写作的开端,是中高年级写作的重要基石。笔者试图通过学生层面分析"失语"现象。

一、存在畏难的情绪

趋利避害是人性的本能,对低年级的学生而言更是如此。"畏难情绪"是指孩子因害怕、畏惧困难,所产生的退缩或烦躁的情绪。这类孩子往往在遇到困难时采取退缩、躲避、迂回的态度,缺乏面对困难的勇气,没有解决困难的信心,不采取积极主动的行为解决问题,甚至无意识地夸大难题。写话看似是只需把想说的话表达出来,但总有学生提笔忘字,再加上写话格式、要素等方面的要求,有些学生甚至形成了一种心理障碍。这种畏难情绪的存在,削弱了学生对写话的兴趣,制约了学生写话水准的提升。而学生的写话水平没有得到提升,其畏难情绪又被继续强化,会形成一种恶性循环。

二、缺乏语言文字的积累

"胸藏万汇凭吞吐,笔有千钧任翕张。"低年级学生语言表达不通顺,语言文字运用不够丰富,描写单调乏味,这是低年级学生写话的普遍现象。究其原因,是年龄小、阅历少、体验少、积累少。平时侃侃而谈的孩子,到了写话时却总是感觉头脑空白、无事可写、无话可说。在面对"写几句话"的要求时,就只是简单地从头脑中提取已有的图式信息,经过简单的语言串联形成故事。

三、忽视写话方法的建模

在教学实践中,会发现很多学生的写话没有顺序,前后内容不连贯,句子之间没有连续性、缺乏前后联系,写话时东拉西扯,干巴巴地将画面上的景物凌乱地堆砌在一起。究其原因是学生没有掌握写话的方法,没能学会有序表达、迁移应用、生动表达。

行动求索

一、体察:精心选之,感受绘本奇妙

小学低年级段的学生以具体形象思维为主,而绘本是用图画与文字共同叙述一个故事,绘声绘色,鲜活生动,能带给学生无尽的遐想。将绘本作为语言表达的载体进行写话教学,引导学生在绘本阅读的基础上进行口语和书面的表达训练,符合学生的思维发展特点,可以提高学生的表达能力、读图能力,促进学生语言思维和想象力的发展,从而提高学生的写话能力。

（一）精选"用件"关联积累

"用件"即用这一篇文章里的东西，或者借鉴选文的内容进行与该选文有关联的语文学习活动。如《大闹天宫》这一绘本，就选取了孙悟空最为光辉灿烂的一段历史，通过这一绘本的阅读，孩子不仅可以通过图文直观了解这一故事的神奇，明白其也为孙悟空保护唐僧西天取经历经九九八十一难埋下伏笔，以此激发孩子们对中国古代神话的兴趣，推荐带动孩子继续读《西游记》和其他神话故事或绘本读物，可以帮助孩子关联起有关的学习内容，由此来帮助孩子积累相关的文学知识。

（二）精选"例文"直观体悟

"例文"，要求从文本的某一方面进行挖掘来进行"相同样式、共通法则"的教学，使学生某一方面的能力在训练中得到有效提升。绘本无论是从选材立意、谋篇布局还是遣词造句等方面，都可以成为低年级学生写话的范本。我们在引导学生选择绘本之时，可以引导学生关注绘本中人物的外貌、语言、动作、神情等，由此让学生来体会人物的心情和形象。让学生在观察和阅读的过程中，发现人物形象的精妙，由此感受绘本的奇妙。如在绘本《我爸爸》中，通过简单朴实的语言和精心设计的排比句，再加上直观的人物表情，向我们展示了一位既强壮又温柔的爸爸。

（三）精选"样本"迁移表达

"样本"即用固定的课文内容来教学。在绘本《逃家小兔》中，不断地出现"如果你……我就……"这样的句式，因此学生在阅读后，我们可以乘胜追击，让学生用上这样的句式来说说生活中的事物。教学中我们引导学生将绘本中的表达方式迁移到看图写话中。通过句式表达的训练，学生认识了绘本教学这样的一种新形式，锻炼了说话和写话的能力。

（四）精选"定篇"情感共鸣

定篇即研究者们对该定篇认可的普遍性结论。绘本是专门设计的符合孩子年龄特点的读物，绘本中所选取的事例大多积极向上、充满爱与童真，在妙趣横生的旁白和色彩丰富的插图中不断地向孩子传递出真诚和美好的情感。如在《爷爷有没有穿西装》中，孩子通过阅读逐渐了解生命的意义，也对日常生活多了一份思考。因此，教师在帮助学生选择绘本读物时，要注重所选绘本所传递出的情感价值，并在阅读中引导学生思考生活中是否有经历过类似的事情，是否能通过阅读绘本故事引发情感共鸣。通过绘本的阅读学习，让学生勾连生活中的事情，体会故事的真挚情感，由此让学生用心感受生活中的美好，保持积极乐观的心态。

二、嫁接：多元践之，强化语言建构

绘本和看图写话素材大多来源于生活，具有较强的生活性和故事性。将绘本引入看图写话中,可以搭建起绘本、写话与生活之间的桥梁,实现三者之间的互惠融通,强化语言建构,提升语文综合素养。

(一)场景类——联结分合,化静为动

场景类的看图写话大多取材于实际生活,比如:运动会,大扫除等。因此要求学生将活动的大场景分解为一个一个小场景来描写。在看图写话中,有时候受限于学生的实际参与情况,学生会较难进行场景的分解。在下面这幅看图写话中(见图5),要求学生写清楚运动会的场景,但低年级的学生生活经验不足,所以无法将活动过程完整、流畅地描写下来。学生初看到这幅图,除了时间、地点、人物能按部就班之外,便无话可说了。

遇到这样的情况,我们不妨挖掘"相同样式、共通法则"的绘本例文,采用"联结—回想"的方式,从选材立意、谋篇布局、遣词造句等方面进行联系和仿写训练,引导学生关注绘本中人物的外貌、语言、动作、神情等,体会人物的心情和形象,让学生有"例"可依,写作水平得到有效的提升。

比如,这时候我们可以引入绘本《小猪佩奇——运动会》(见图6),该绘本将运动会分成了跑步(见图7)、跳远(见图8)、接力赛跑(见图9)、拔河比赛(见图10)四个项目,每个项目按赛前—赛时—赛后的顺序。不仅如此,还对每个项目进行了深层加工,在绘本中,孩子通过观察一幅幅的图画,能不断地自我补给当时人物的表情、对话、动作、心情等。如绘本中写道:

羚羊老师手里拿着小旗子和一个喇叭发号施令,大家一听到声音都冲了出去。

图5 看图写话——学校运动会　　图6 绘本《小猪佩奇——运动会》

这不只是简单地介绍运动会的项目,还通过添加"拿、冲"等动作来描写运动场上的状态。最后,将客观的现实与主观的想象合并起来,整个过程就化静为动了。

图 7　跑步 　　　　　　　　　　　　　　图 8　跳远

图 9　接力赛跑 　　　　　　　　　　　图 10　拔河比赛

因此,在面对场景描写时,可以采用"分—添—合"三步骤来进行。"分"即分镜头。活动琳琅满目,在描写时要聚焦某一个小活动,将活动切分为"前—中—后"三个阶段。"添"即添描写。每个小场景中人物的对话、动作、心理活动等要根据大场景借由想象添加进去。"合"即合内容。将绘本中所学到的表达方式和现实的具体观察合二为一。

这样一来,学生就能用绘本例文中习得的方法,将所看到的静止图画串联成一幅幅动态的画面。

(二)写人类——样本迁移,化单为丰

写人类的看图写话原型取材多来源于生活中最亲近的人,比如:父母、亲友等。因此要求学生写清楚人物外形特征、性格特征、情感要素。但看似每天都在相处的父母亲友,学生的思维有时却会被固化住。从学生的表达中,千篇一律地写到家人的外形特点、职业性质等常见的内容,很难听到一些令人眼前一亮的独特表达。

我们可以采用合适绘本"样本",借助相同反复的句式来仿创写人类的文章,让学生把在绘本中所学到的表达方式迁移到看图写话中。

由此我将《我家是动物园》和《你是我的小宝贝》这两本书结合起来,引导学生借助读图、读文、依图想象等方式进行群文阅读,并在阅读中学习有趣独特的表达。

《我家是动物园》(见图 11)中,小男孩祥泰观察了全家的每一个人,抓住每一个人的特点,借助幽默的想象,把自己变成猴子、爸爸变成狮子、妈妈变成浣熊、爷爷是长颈鹿……于是,祥泰的家就变成了动物园(见图12、图13)。

这是我爸爸,龙太先生。其实呢……他是只大狮子。最爱吃肉,不爱吃蔬菜。早上他脾气不太好,头发乱蓬蓬的,叫起来像狮子吼。

这是我妈妈,明美女士。其实呢……她是只大浣熊,不管看到什么东西,就马上收去洗。有一次,妈妈差点连我也一起洗了。

这是我爷爷,一郎先生。其实呢……他是只长颈鹿,个子高高的。散步的时候,我骑在爷爷的肩膀上,看街上的风景,在不停地变换。

图11 绘本《我家是动物园》　　　　图12 绘本《我家是动物园》插图(一)

图13 绘本《我家是动物园》插图(二)

阅读该绘本,学生能够轻松地发现作者巧妙地将家人的特点与动物的特征串联起来。基于此,我在课堂中出示刺猬、狗、熊猫等动物的图片,让学生先思考这些动物的特点,再以同桌交流的方式用上绘本中反复的语言句式说说这些动物像你的哪个家人,理由是什么。因此,我给学生提供了如下的框架(见表1)。

表1　仿写《我家是动物园》的语言范式

这是我_____,他是(小动物),他(有何具体表现)_____。

果然孩子们的话匣子被打开了。

生1(见图14)：

	这	是	我	的	妹	妹	晨	曦	，	其	实	呢	…	…	她	是	一	只
可	爱	的	小	兔	子	，	因	为	她	总	是	绑	着	两	个	小	辫	子	竖
着	，	我	一	来	到	她	家	她	就	活	蹦	乱	跳	。					

图14　学生仿写《我家是动物园》作品(一)

生2(见图15)：

	这	是	我	的	哥	哥	，	田	野	。	其	实	呢	…	…	他	是	只
长	颈	鹿	，	他	最	喜	欢	吃	蔬	菜	，	个	子	很	高	很	高	，	比
我	爸	爸	还	高	，	而	且	他	的	脾	气	很	温	和	，	从	来	不	会
对	人	大	发	雷	霆	。													

图15　学生仿写《我家是动物园》作品(二)

借由《我家是动物园》这一绘本，学生学会了如何迁移表达人物特点，而要将人物写得更贴近生活实际，生活中通过细节展现家人对我们无微不至的爱更是不可缺少的主题。因此引入《你是我的小宝贝》(见图16)这一绘本，学习如何表达人物的情感。该书语言非常简洁，书中作者把孩子比作了可爱的小动物们(见图17)。

如果你是一只瑟瑟发抖的小兔子，那么我把你紧紧抱住，你就暖和了。

如果你是一只迷路的小袋鼠，我把你轻轻装进口袋，你就安心了。

如果你是一只口渴的小猫咪，我给你喂些牛奶，你就不再饿了。

全书通过"如果你是……我……你就……"的表述将亲情表现得淋漓尽致。学生在串联家人和动物的特点后，我们可以继续迁移这类样本，让情感表达更灵动。因此，我对原先的框架进行了一个补充(见表2)。

表2　仿写《我家是动物园》和《你是我的小宝贝》的语言范式

这是我_____，他是 (小动物) ，他(有何具体表现)_____。
他(情感)_____，(一个情景下)_____，听到_____在我耳边说："_____。"

图 16 绘本《你是我的小宝贝》

图 17 绘本《你是我的小宝贝》插图

这时孩子就在原先的基础之上有了更多的补充。

生 1(见图 18)：

　　这是我的妈妈，春华女士。其实呢，她是一头大懒猪，每次她只吃肉，一吃完她就舒舒服服地躺在沙发上睡觉，她长得很胖，又非常懒惰，连一瓶牛奶都要我帮她去拿。

　　妈妈其实也很爱我，我和她一起看电视的时候，她就在我的耳朵旁轻轻地说："如果你是害怕的小兔子，我就会用我温暖的双手紧紧地抱住你，这样你就不再害怕了。"妈妈虽然很懒，但她其实非常爱我。

图 18 学生仿写作品(一)

生 2(见图 19)：

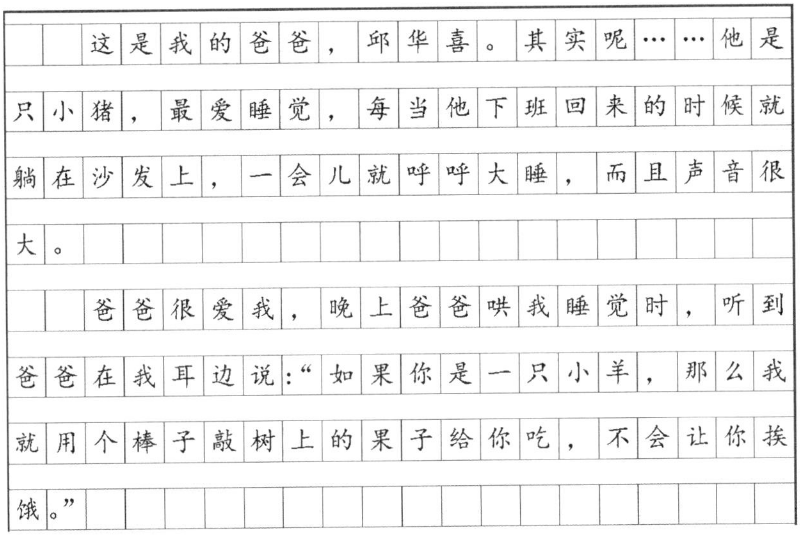

```
        这是我的爸爸，邱华喜。其实呢……他是
只小猪，最爱睡觉，每当他下班回来的时候就
躺在沙发上，一会儿就呼呼大睡，而且声音很
大。
        爸爸很爱我，晚上爸爸哄我睡觉时，听到
爸爸在我耳边说："如果你是一只小羊，那么我
就用个棒子敲树上的果子给你吃，不会让你挨
饿。"
```

图 19 学生仿写作品(二)

通过让学生模仿《我家是动物园》这一绘本，在学生的天马行空之下，还可以写出"我的猫咪爸爸、我的老虎妈妈、我的熊猫爷爷……"基于此，学生就会发现原来是人身上的性格特点和小动物的脾气秉性不谋而合。而灵动的思想情感抒发，更让我们感受到感情的纯真、朴实。思维的螺旋上升之下，学生在理解我的＿＿＿＿＿＿家人（爸爸、妈妈等）这一半命题作文时，就能运用实例将猫咪、老虎、熊猫等动物秉性联结到聪明、严厉、温顺等人物的性格特点，在实例的支撑下，情感就能够自然而然地流露出来。

像这样，充分挖掘绘本的"样本"作用，学生不仅观察了生活，习得了绘本的语言句式，能把写人类的文章中单一的人物形象变得丰满而多面，还能用上绘本句式将自己对家人的情感倾诉出来，可谓一举多得。

（三）故事类——对比转换，化难为易

故事类的看图写话大多是贴近生活的事情，比如解决难题、同伴合作等。因此要求学生善于观察并根据画面进行完整生动的描述。

我们可以引导学生选择合适的绘本，在阅读中思考绘本是如何将事件进行一个完整生动表达的。

如以下这张图要求(见图 20)：图片描绘了一件什么事？小兔子想到什么办法来解决难题？它是怎么想到的？最终结果如何？在这么多要求之下，学生可能会因观察不够具体遗漏某些要素或表达空洞不具体。

图 20　看图写话——小兔过河

这是一个孩子在阅读绘本之前所写下的内容(见图 21)。

	一	天	，	小	兔	妹	妹	和	小	兔	哥	哥	打	的	坐	船	过	了
河	，	上	山	摘	西	瓜	，	大	部	分	时	间	都	花	在	爬	山	上	。
晚	上	，	小	兔	想	要	打	滴	滴	回	家	但	是	它	手	上	的	钱	带
少	了	，	它	就	不	打	的	了	，	但	是	兔	子	不	会	游	泳	。	突
然	，	它	想	到	了	一	个	好	办	法	，	它	就	把	西	瓜	掰	成	两
半	做	成	了	两	艘	小	船	，	两	人	终	于	回	家	了	。			

图 21　学生看图写话练写范例

因此我借助《蚂蚁和西瓜》(见图 22、图 23、图 24)这本绘本作为框架进行指导教学，让学生把内容说具体说生动。

图 22　绘本《蚂蚁和西瓜》

图 23　绘本《蚂蚁和西瓜》插图（一）　　　　图 24　绘本《蚂蚁和西瓜》插图（二）

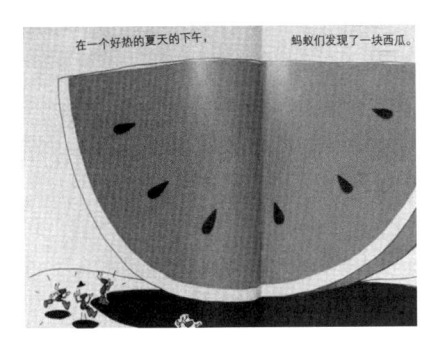

《蚂蚁和西瓜》描写的是一个夏天的下午，四只蚂蚁发现了一块大西瓜，叫来同伴一起搬运，但是西瓜太重，根本搬不动，他们想了很多办法，最终成功地把西瓜搬回了家。在阅读的过程中，引导学生通过图片细节，将故事生动描绘，如：蚂蚁们是怎样想到将西瓜分成小块进行搬运？搬运过程中它们会有怎样的对话和动作等？在搬西瓜的过程中，蚂蚁的心情又经历了什么样的变化等？

因此我将《蚂蚁和西瓜》和《小兔过河》进行了故事简介、动作描写、动物的心情变化三个维度的比较（见图25）。在二者的比较中，学生的思维得到启发，能够思考小兔为什么能想到这样的办法，并且借由绘本的连续图片的力量让学生能够推测想象小兔的动作，起到了事半功倍的效果。

绘本	《蚂蚁和西瓜》		《小兔过河》	
故事简介	起因	有四只蚂蚁发现了大西瓜，想搬回去。	起因	
	经过	遇到的困难：西瓜太重，四只蚂蚁搬不动	经过	遇到的困难：
		想到的解决方法：想到可以叫来同伴分工合作将西瓜分成小块搬回去		想到的解决方法：
	结果	在众人的帮助下，西瓜被成功搬回家	结果	
动作描写	推、分、搬、喊、挖、铲、切、啃、拖、举……			
动物的心情变化	开心—着急—开心			

图 25　《蚂蚁和西瓜》与《小兔过河》的比较

生（见图26）：

绘本		《蚂蚁和西瓜》		《小兔过河》
故事简介	起因	有四只蚂蚁发现了大西瓜，想搬回去。	起因	有两只小白兔要把西瓜搬回家。
	经过	遇到的困难：西瓜太重，四只蚂蚁搬不动	经过	遇到的困难：遇到一条小河，两只小白兔过不去。
		想到的解决方法：想到可以叫来同伴分工合作将西瓜分成小块搬回去		想到的解决方法：切开西瓜，把西瓜吃掉。
	结果	在众人的帮助下，西瓜被成功搬回家。	结果	它们坐着西瓜船回家。
动作描写		推、分、搬、喊、挖、铲、切、啃、拖、举……		搬、走、坐、拿、吃、抱、扶、当、想、切
动物的心情变化		开心—着急—开心		开心—急切—开心

图 26 学生比较补充《蚂蚁和西瓜》与《小兔过河》的范例

借由绘本所习得的观察方法，我让孩子们再次实际练写《小兔过河》（见图 27）。

> 小兔过河
>
> 　　一天，天气晴朗，一望无际的天空上飘着朵朵白云。
> 　　白兔哥哥和白兔妹妹一起到果园里搬了一个大西瓜，准备搬回家。他们喊着"嘿哟，嘿哟"的口号，把西瓜搬到了小河边。那条小河清澈见底，欢快的鱼儿在水里游着，但是对他们来说，水却很深。
> 　　他们把西瓜放下来，坐在小河边，白兔哥哥挠着头想办法。白兔妹妹眨着大眼睛，突然白兔妹妹对白兔哥哥说："我想到办法了，我们可以坐在'西瓜船'上过河。"说着，他们先把西瓜分成两半，然后，他们抱着西瓜开始大口大口地吃起来，还一边说："西瓜好甜呀！真好吃！"
> 　　吃了好一会儿，他们终于吃完了，然后把"西瓜船"推进了小河，飞快地跳进去，白兔哥哥对白兔妹妹说："妹妹，你的办法可真棒！"
> 　　白兔妹妹笑着说："谢谢哥哥一起帮忙。"最后，他们兴高采烈地划着"西瓜船"回家了。

图 27 学生仿写作品（三）

借助绘本的力量,学生不仅学会了如何观察,而且能思考生活中是否有经历过类似的事情,进而把故事讲完整、说生动。

三、增值:以评促之,增值创作素养

心理学家罗森塔尔提出的著名的"皮格马利翁效应"证明:教师的期待和希望会大大地提高学生的学习自信心,促进学生学习的进步,所以又称"期望效应"。特别是在低年级的语文教学中,教师运用语言对学生课堂上的学习态度、方法、效果等进行及时的鼓励点评,更能达到事半功倍的效果,这符合新课程倡导的"立足过程,促进发展"的评价原则。基于这个原则,让学生将《你是我的小宝贝》(表格中简称为 A 绘本)和《我家是动物园》(表格中简称为 B 绘本)这两本绘本中习得的方法迁移到写话练习中,从句式、特点、例子三个方面进行星级综合评价(见表 3),这样我们就能直观地发现学生是否吸收并运用了绘本中所习得的样本、定篇,达到以评促写的目的。

表3 绘本写话星级评价表

是否用上 A 绘本中"如果你是……我……你就……"的句式	是否学习 B 绘本中将人的性格特点与小动物的特征相联系			是否有对应具体的例子或具体表现作支撑
★	特点1	特点2	特点3	★
	★	★	★	
我给这份习作评_____★				

借助绘本,让学生将绘本的缩影放大至实际生活中,在写话时能用上从绘本中习得的样本,用具体的实例让自己的写话变得充实而丰盈,从而让孩子在写话中真正做到有话可说,根治孩子写话时的"失语症"。

参考文献

[1]沈敏江.图画书种类的基本划分[D].上海:上海师范大学,2011.

[2]盖鸾英.绘本叙事结构对低年级写话教学的参考[J].课程教学研究,2013,2(11):65-68.

[3]徐晓雯.基于绘本的小学语文写话教学策略研究[D].上海:上海师范大学,2017:36-50.

[4]李艳芳.小学语文低年段绘本写话教学研究[D].济南:山东师范大学,2018:14-18.

13 "浸润式游戏"，促规则意识升级

厦门第二实验小学　陈婷

现场问索

"课前准备要做好！""桌椅要摆放整齐！""上室外课记得清空桌面，关好灯！""归还图书请摆放好！""排队要做到快静齐！"……班主任每天都跟唐僧念经似的，一遍又一遍地强调着班级的种种规则，可是这群"孙悟空"总是左耳朵进、右耳朵出——上课铃响，桌面还摆着上节课的课本；桌椅歪七扭八；群上又被点名"班级灯没关"；图书角就像个"垃圾场"；排队拖拖拉拉，总有几个"小磨蹭"要让大家等着……班级规则早就被抛到九霄云外去了。"苦口婆心"没有用，那评价措施跟上如何？效果也只是暂时的。当评价机制停下后，规则遵守状况仍旧不理想。

管理教育的效果之有限，评价手段之短效，令班主任疲惫不堪！如何能够让这群"孙悟空"认同规则存在的意义，提升认同感，将规则内化于心、外化于行呢？

正本洄索

由上述情况反映出来的就是学生"规则意识淡薄"，他们往往对一些规则不以为然，老师有强调时才做一下，老师没有强调，就无视规则。或者有外在奖惩时遵守，没有奖惩就难以坚持遵守等。规则意识淡薄的学生在"知、情、意、行"方面有以下几个特点。

1. 知：对规则的认知、理解较弱。
2. 情：对规则的价值认同感不强。
3. 意：对规则的遵守无法从一而终。
4. 行：对规则的践行缺乏主动性。

远溯博索

截至 2021 年 11 月,以"小学生""规则""遵守"为关键词在中国知网进行精确查找,共检索出 1058 篇,其中学术期刊文献 163 篇、学位论文 194 篇、特色期刊文献 701 篇,发展趋势如图 1 所示,可见关于小学生在规则遵守方面的研究也是近几年的热点。

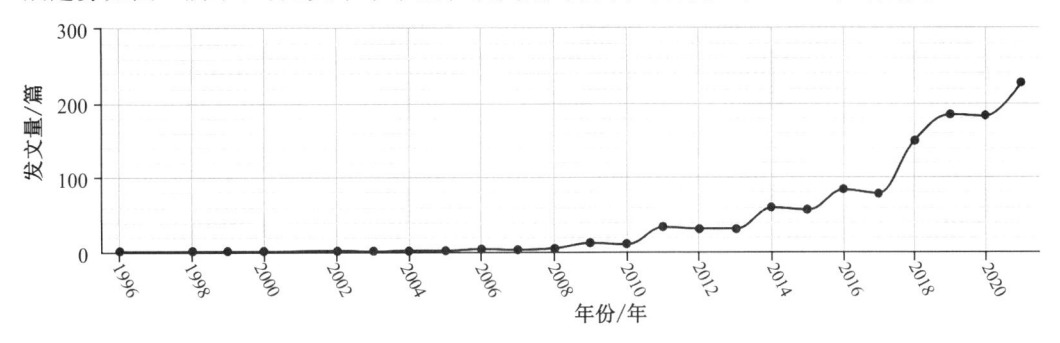

图 1　1996—2021 年 CNKI 论文发表趋势

英国教育家洛克就特别重视规则教育,提出教育学生应趁早及时,通过反复练习规则来养成良好的行为习惯。由此,洛克根据儿童不同的年龄阶段和特征,提出了不同的纪律教育的方法,主要包括:及早管教、说理和规则、惩罚和奖励共同实施以及相互配合的方法。[1]

郑三元也谈及幼儿规则教育中的违规行为,认为幼儿的违规并不是幼儿本身不知道遵守规则,而是因为没有意识到自己的需要,也不知道如何表达自己的需求来让对方接受。所以,对儿童违规教育中的指导,应该重视规则的内化,也就是儿童对规则的主动建构。[2]

梁邦福在《论规则教育》中指出:"养成教育是规则教育的一种很重要的方式,要通过形象化的方法和手段把规则要求具体化,使其具有可操作性,能够落实到人们的行为上。用简洁明了的语言向学生提出行动的规则,并说明为什么,让学生在感知的基础上理解规则,帮助学生建立规则意识。"[3]

童世骏在《论规则》一书中指出:"规则意识所涉及的,不仅是行动者关于规则的知识懂得多少,而是行动者在多大程度上愿意并且能够自觉地遵守规则"。在个体规则意识的形成过程中,最重要的是规则意志的形成,需要个体将规则知识内化为规则意志,从而自觉自愿地指导个体正确的规则行为。[4]

综上,学生规则意识的形成与规则行为习惯的养成不仅要靠外在的约束,更重要的是要让学生理解规则后,在内心产生认同,并能形成规则意志,从而指导自己的行为,实现由他律到自律。

工具研索

为了了解学生在学校或班级"知、情、意、行"四个方面的规则意识情况,笔者设置了如下问卷。

"规则意识"大调查

1.你知道学校或班级有哪些规则吗?

_____

_____

_____

2.你知道我们为什么要遵守班级或学校规则吗?

_____

_____

_____

3.我们班级或者学校的规则有哪些是你平时没法做到的呢?(　　　)

A.清空桌面　B.摆好桌椅　C.不乱扔纸屑　D.上课不讲话　E.垃圾能分类

F.课间不冲跑　G.排队快静齐　H.其他_____

4.你每周不遵守规则的次数是(　　　)

A.0次　B.1~2次　C.3~5次　D.5次以上

5.你设法坚持遵守规则的原因是什么呢?

_____

_____

6.你觉得有什么方法可以帮助你更好地遵守规则?

_____

_____

7.设置奖惩机制可以帮助你更好地遵守规则吗?(　　　)

A.可以　B.没有影响　C.不可以

8.当奖惩机制消失后,你还能做到继续遵守规则吗?(　　　)

A.会　B.比较不会　C.不会

通过问卷调查,得出以下结论。

1.学生对班级或者学校有哪些规则大都还是知道的,就是认知不全。

2.学生对规则的重要性体会不深,其中25人用"乱"来概括不遵守规则的后果,15人用"安全"来概括遵守规则的作用,仅有2人写得比较全面。

3.学生不遵守规则的频率还是比较高的,每周1~2次不遵守规则的人数是30人,3~5次不遵守规则的有17人,都能做到遵守的仅有4人。

4.学生不遵守规则的原因主要在于自身,其中43人认为是由于自己控制不住自己、忘记了造成不遵守规则,6人认为是外在因素造成的(3人认为是规则较难操作造成,3人认为是他人干扰造成)。

5.学生认为能帮助他们遵守规则的好办法有:一是自律(20人),二是奖罚(15人),三是外在监督(13人)。

6.学生大都肯定奖惩可以帮助他们更好地遵守规则,但是有一半以上(27人)的人认为当撤掉奖惩时,他们就不太会去遵守规则。

归因追索

一、学生自身生理特点制约

皮亚杰在道德认知发展理论中描述了儿童规则意识的三个发展阶段,即前道德、道德他律和道德自律三阶段模式。小学时期儿童处于道德他律阶段,他们无法主动地内化和理解这些规则。所以一旦离开权威的监督,规则意识就降低。

二、学生对规则的价值认知不深

规则价值认知不深,对规则的情感认同度自然就不会高,而情感认同直接决定学生是否真心想要遵守规则,这是培养自觉守规行为的重要一步。小学生对于规则的认同度不高,这是导致"知行不一"问题的主要原因。

行动求索

"规则教育"天天在做,可是都无法入心。老师的说教,往往停留在冷冰冰的"规则条文",忽略了与学生的情感连接,难以打动学生。外在的奖惩刺激,效果也是短暂。那么,是否可以借助学生喜闻乐见的活动的开展来提升他们的规则意识呢?为此,笔者尝试以"浸润式游戏"的开展,来促进学生规则意识的升级。

"浸润式教学法是指在教学情境中采用逐渐渗透的方式提高学生学习能力的一种教学模式。"规则教育也不是一蹴而就的,而"浸润式游戏"旨在在一系列关于游戏的活动中,螺旋上升式地从"知、情、意、行"四个方面逐步渗透规则教育,进而达到相对持久而理想的教育效果。规则意识是指发自内心的、以规则为自己行动准绳的意识,笔者认为主要包括四个层次:一是了解规则相关知识;二是情感上认同规则;三是具备遵守规则的意志;四是养成遵守规则的习惯,并内化为一种素养。接下来笔者将以课间游戏为载体,谈谈如何在"知、情、意、行"四个方面逐步渗透游戏规则,从而提高学生的规则意识。

一、"浸润式游戏"之"biàn 化于知"

知是行之始,是规则教育的起点。对规则的理解是个体守则行为的前提条件,只有具备深刻的规则认知,才能在情感上产生认同,才能生发出强烈的规则意识,才能有效地外化为守则行为。

(一)"大规则"下"辨一辨"

在"游戏策划会"活动中,学生首先要先分辨一下哪些游戏是适合在"课间十分钟"进行的,例如,有冲跑的游戏不适合,因为既不安全又会被导护师扣分;下到操场的游戏不可取,因为场地无人监管,存在安全隐患;过于复杂的游戏不可行,因为课间只有十分钟,太复杂可能铃响了还未结束,容易影响到下一节课的学习;等等。而这些其实都是学校规则下的要求,通过这样一"辨",学生对学校的"大规则"也就有了更深的认识。同时也更加清楚"小规则"要在"大规则"的框架下制订。

(二)"小规则"中"辩一辩"

游戏规则起着组织与指导儿童在游戏中的动作、行为和相互关系的作用,使游戏具有稳定性和组织性,它能固定游戏的内容,提高儿童游戏的兴趣,促使儿童在游戏中付出应有的努力。[5]可见游戏规则在游戏过程中是至关重要的,可是很多学生对于什么是"游戏规则"并不清楚,通过前期对学生的访谈,发现他们认为的游戏规则就是"玩法",可见,他们对"游戏规则"缺乏认知。在"游戏策划会"活动中,学生就能去辩一辩规则还包含哪些方面,比如场地、人数、时间、奖惩等。学生能考虑到将"场地"要求纳入规则中,说明他们已经开始关注安全问题,这也正是制订规则背后的原因。制订游戏规则的过程中,他们需要了解游戏规则包含哪些方面?制订每条游戏规则背后的原因是什么?"小规则"的概念就这样从单一走向多维。

游戏参与者明白了"规则"为什么这么设计后,在游戏中也更易于遵守。而游戏设计者明晰了"规则"后,设计出来的游戏规则就更具合理性和可操作性,游戏参与者也就更乐于遵守。

二、"浸润式游戏"之"感化于情"

(一)达成共识

从本质上说,"规则"是在生活、学习或工作等不同情境中通行、通用的行为规范,理应含有一种共识性。所以,在游戏规则的制订上,我们应发动全班的学生共同参与。在

"游戏发布会"活动中,首先,由全班的小朋友归纳出制订课间游戏规则的标准,安全、有益、简单、有趣等;其次,让小队根据归纳出来的标准完善游戏规则。可能有些学生提出的规则最后没有被采纳,但在交流碰撞的过程中,他们也认同了别人的想法。在"试玩游戏"活动中,还可能发现游戏规则制订不合理的地方,学生再次网罗问题,聚焦规则漏洞,全班大讨论,完善游戏规则,变"小队的游戏"为"全班的游戏"。全班共同参与制订的规则,一方面,尊重了所有学生,让他们都有"修改权",尊重是相对的,相信玩游戏时他们也能更尊重游戏规则;另一方面,游戏在经历过全班不同的意见完善后,更具合理性和可操作性,大家在情感上也就更能认同了。反之,如果缺乏这种共识性,学生有不同意见、不同声音等,就会弱化规则的权威性,规则自然无法成为被充分认可、广泛遵守的行为准则。

(二)认同价值

游戏规则教育,不是简单地告诉学生你要这样玩,它强调要成为学生的内在认识,只有让学生内心认同规则的价值,才能自觉遵守。我们可以让学生们反思不遵守游戏规则带来的后果,例如,排队时插队会造成什么后果?玩"你比我猜"时,随意将答案大声告知猜测者,这样可以吗?有的人比赛输了,却不愿意接受惩罚,会引发什么呢?帮助他们感受规则对游戏的影响,更深入地感知游戏规则的价值,并促其转化为学生的自觉行为。

在"试玩游戏"活动中,就会出现学生不遵守游戏规则的情况,从而导致游戏难以进行,大家也玩得不开心。而不遵守规则的小朋友也会受到谴责或者排挤,以后大家都不爱跟他玩游戏了。这时候,试玩后的反思就尤为重要了。在反思的过程中,遵守规则的小朋友能够看到不遵守规则带来的不良后果,也能强化他们继续遵守规则。而不遵守规则的小朋友,深刻意识到不遵守规则带来的不良后果,在同伴的善意提醒中,自我反思,这样的教育效果是直击心灵的。

在"游戏发布会"活动中,首先,当小队展示想推荐的游戏后,其他小队会对推荐的游戏进行点评。当学生能够发现规则的不合理,并提出自己认为可行的规则,说明他们已经考量过每一条规则制订的出发点,可能这样的规则能让游戏更加安全、有序、有趣地进行等,了解了规则制订背后的原因,情感上就更能认同规则。

三、"浸润式游戏"之"内化于心"

学生在情感上虽然认同了"游戏规则",但落到实践上,有些学生则无法做到"从一而终"地遵守规则。这时就需要"内外兼修"来助他们一臂之力。

内在层面,我们可以通过分享遵守游戏规则带来的愉悦体验,让学生内心产生共鸣,强化意识认同,感受游戏规则的重要性,从而自觉遵守。开展"游戏达人排行榜"活动的目的之一,就在于让学生登榜后,来发表"获奖感言",例如,分享他们遵守游戏规则进行公平竞争竞赛带来的成功体验;畅谈他们和同伴间在和谐游戏过程中的快乐;聊聊他们认可的游戏模式是遵守规则,而非"不择手段"地赢……正所谓"知之愈明,则行之愈笃;行之愈笃,则知之愈益明",学生对"游戏规则"越认同,他们必然会越遵守;遵守规则后带来的愉悦体验,又会让他们更加认同游戏规则的价值。在这样良性的循环往复中,学生的规则意识会越来越强。

外在层面,初级阶段我们可以建立奖惩机制来助力学生坚守规则。奖励是学生的动力源,奖励激励学生,惩戒约束学生。仅靠奖励无法达到教育目的,只有双管齐下,教育才能发挥最大功效。因此,在游戏过程中,如果我们能设置适宜的奖励机制,则可以引导、促进学生遵守游戏规则的发生或巩固,可以增强学生的认知能力与辨别是非的能力,明白什么是好的、值得赞赏的游戏行为。而惩罚机制则能使学生意识到自己错误的游戏行为,引导学生自我反思反省,将遵守游戏规则观念同化到自己的认知结构中。在"游戏达人排行榜"活动中,学生要想成为"达人",最基本的要求一定是"遵守规则",当学生知道了什么是规则,也明白了规则的重要性,就一定能够坚持遵守规则吗?答案还真不一定。通过这个活动的开展,可以培养学生遵守规则的意志力。

而到了后期,当"游戏达人排行榜"活动开展一段时间后,学生坚持遵守着游戏规则,使其在公平公正的人际关系中获得口碑,得到同伴的认同,这种精神奖励将成为他遵守规则的源动力。

四、"浸润式游戏"之"外化于行"

规则教育应是知、情、意、行统一的过程,儿童践行规则,自觉养成良好的遵守规则的习惯,才是真正落实了规则教育。为了让学生养成自觉遵守规则的习惯,还需在其他方面继续引导学生践行规则,强化规则的意识。"缤纷课间我做主"系列活动的续集,就是"班级生活规则"的主题活动。学生再来讨论规则的重要性,就有一致的认同和明显的提升。回到现场问索的那几个镜头,学生的想法已发生了转变:如果大家上课坐端正认真听,老师心情就会很好,我们的课堂效率也会更高;当同学们都摆好桌椅,捡起纸屑,作为值日生的我就更轻松啦;当大家归还图书时,能够分类整齐摆放好,后面借书的人就能比较快地找到自己想要的那一本;上室外课时,大家都清空桌面关好灯,不仅能节约能源,还能为和美班级加分呢!把学生在班级生活中的经验和感受带进课堂,体会到正是他人遵守规则让我们的生活更美好。同时,又引导学生发现,自己遵守规则同样也会温暖他人,规则让班级气氛更和谐。让学生有温度地感知班级生活中的规则,感知班级规则中的温度,丰富了学生对规则的认识,从而养成遵守规则的好习惯。[6]当规则意识由他律转为自律时,个人素质就会大大提高。当人人都能将外在的约束变成内在的行为准则后,就会真正构建起一个和谐有序的社会。

案例探索

以"缤纷课间——旋风游戏发布会"课题为例,班队活动设计方案如表1所示。

表1 班队活动设计方案

学校	厦门第二实验小学	班级	二(4)	人数	46
课题	缤纷课间——旋风游戏发布会	执教	陈婷	日期	2018.3.27
活动目标	进一步明白课间要选择合适的课间游戏,提升"大规则"意识。 学会归纳课间游戏标准,形成"小规则"的概念。 对规则达成共识,提升规则认同感。					
制订依据	一、学生分析 　　本中队有46名队员,男27人,女19人,我们一起组成了"彩色旋风"中队。因为男女比例失调,加上男生相对活跃,整个班风是比较活泼的。在过去一年多的时间里,班级的学生参加了学校开展的各项活动,如"雏鹰假日小队""红红火火过大年""草根才艺秀"等活动,学生们从一个个懵懂无知的学生到现在已经能够和同学合作完成各种任务的小队员。二年级开始,我们班级进行了小队的建设,总共建立了红旋风、黄旋风、绿旋风、青旋风、蓝旋风、紫旋风六支小队。在小队活动的过程中,学生们迅速成长。 　　在经过一次又一次的活动策划、开展和反思之后,小队成员变得更有默契了,他们能够各骋所长,取长补短。学生们的组织能力、沟通协调能力等得到了不同程度的成长。但是,在活动过程中也发现,学生们有些共同的问题,如:规则意识薄弱,制定好的规则常有小队成员无法认真遵守。 二、背景分析 　　课间十分钟是按教育部规定而制定的,课间十分钟的利用对于小学生来说十分重要,它具有承上启下的作用。课间活动能够增强学生体质,培养学生集体主义精神,对学生养成遵纪守法的良好习惯等具有积极的推动作用。 　　小学时期儿童处于道德他律阶段,他们无法主动地内化和理解这些规则。所以一旦离开权威的监督,规则意识就降低。 　　经过前一阶段对学生课间活动的调查,我们发现二年级的学生在课间最经常做的一件事就是"冲跑"。冲跑既危险又容易影响学生下一节课的上课状态。究其根本原因,就是学生的规则意识淡薄。 三、缤纷课间high起来活动系列设计 活动一:缤纷课间之课间大调查 小队调查课间存在的问题。					

	续表
制订依据	活动二：缤纷课间之头脑大风暴 　　小队汇报调查结果：发现课间存在最大的问题是冲跑。紧接着去了解、畅谈冲跑带来的危害。最后让学生思考改变现状的方法，学生谈到要设置奖惩、增设岗位、开展游戏等。 活动三：缤纷课间之课间游戏策划会 　　小队学习游戏策划，在你一言我一语的头脑风暴中学会判断哪一些游戏更适合课间，并且思考游戏规则如何制订等。 活动四：缤纷课间之游戏发布会 　　游戏发布会中，小队展示想推荐的游戏，其他小队进行点评，归纳游戏规则的标准。最后小队再次根据归纳出来的标准完善游戏规则。 活动五：缤纷课间之试玩游戏 　　试玩发布会推荐的游戏，游戏策划组观察学生的试玩情况，根据试玩情况进行反思或者调整。 活动六：缤纷课间之游戏达人排行榜 　　颁发给在游戏过程中，游戏玩得特别棒的小达人。

活动四：缤纷课间之游戏发布会
活动过程设计

活动环节		教师活动	学生活动	设计意图和活动目标
谈话导入		1.播放MV《哦，课间十分钟》。 2.谈话导入，引出课间游戏发布会。	学生边看视频边跟唱。	因为本次活动跟课间十分钟有关，所以播放跟活动有关的视频，不仅可以轻松、愉快地引出活动主题，还能够让学生发现大家遵守规则就能让游戏顺利进行，大家也会玩得很开心。这对学生认识规则的重要性作了铺垫。
核心内容推进	活动一：汇报交流	1.请小队上台展示介绍所设计的游戏。 2.引导学生认真倾听活动汇报。 3.引导学生思考如何评价该游戏设计。	1.小队上台展示介绍所设计的游戏。 2.学生认真倾听，思考如何评价该游戏设计。	小队在展示介绍游戏时，就是对游戏规则的再次内化。其他小队认真倾听，针对规则不合理的地方提出修改意见，正是对制定规则背后的原因进行了深入思考。

续表

活动环节		教师活动	学生活动	设计意图和活动目标
核心内容推进	活动二：归纳标准	1.让学生进行交流，引导学生将想法表达出来。 2.让小队进行交流讨论，引导小队应对提问、建议。 3.归纳课间游戏标准：容易、好玩、安全、有益。	1.学生评价展示的游戏。 2.交流想法，小队回应。	学生能够发现规则的不合理性，并提出自己认为可行性的规则，说明他们已经考量过每一条规则制定的出发点，了解了规则制定背后的原因，情感上就更能认同规则。 　　这些规则标准是全班共同讨论出来的，学生会更认同，更乐于遵守了。
	活动三：完善游戏	1.引导小队结合标准完善游戏。 2.请小队上来介绍自己游戏修改的地方。	1.小队讨论，结合标准来修改游戏。 2.小队上台展示介绍修改后的游戏。	本环节旨在运用教结构用结构的方法，让小队结合标准修改自己的游戏规则，再次内化规则，提升规则意识。
全课小结		肯定学生在游戏设计过程中的努力，对其规则意识的提升进行表扬，并布置后续活动安排。	认可自我，展望未来。明确后续活动安排。	肯定学生在活动中的合作能力、创造能力。也对他们游戏规则设计越来越合理提出表扬，这种成就感也能帮助学生更加认同规则，驱使学生养成遵守规则的好习惯。让他们能够在玩乐中有所收获，在玩乐中成长。

参考文献

[1]洛克.教育漫话[M].傅仁敢,译.北京:教育科学出版社,1999.

[2]郑三元.规则的意义与儿童规则教育新思维[J].湖南师范大学教育科学学报，2006(5):45-47.

[3]梁邦福.论规则教育[J].景德镇高专学报,2007,22(1):93-94.

[4]童世俊.论规则[M].上海:上海人民出版社,2015.

[5]卢乐山.中国学前教育百科全书:教育理论卷[M].沈阳:沈阳出版社,1995.

[6]李月凤.活动让刚性规则柔性落地:基于儿童生活的规则学习策略例谈[J].中小学德育,2018(10):22-24.

14

埋下情感种子，化育"失落"的道德感

厦门第二实验小学　黄思如

现场问索

一次放学后，我偶然经过教室，看到桌椅歪歪扭扭，地上到处是碎纸屑，脏兮兮的一片狼藉，仿佛战后的"灾难现场"。看到这一幕，我的气不打一处来，想起上周的道德与法治课才围绕"爱护环境卫生"的主题进行学习，学生在课堂上讨论得热火朝天，说得头头是道：有的表示要爱护卫生，不乱丢垃圾，保持座位整洁；有的提出看到垃圾要捡起来；有的说如果有人乱丢垃圾，要主动制止他……可是才没过多久就给"打回原形"了。为什么孩子有了清晰的道德认知却无法将行动落地？这件事也引发了我的思考：如何帮助孩子将道德认知转化为道德行动，并坚持去做，真正实现知行合一呢？

正本洄索

道德的养成需经历道德认知、道德情感、道德意志和道德行为等环节。学生在课堂上形成了一定的道德认知，但要真正转化成道德行为，还需要培养道德情感。"道德情感"是一种情感体验，是指人们依据一定的道德标准，对现实的道德关系和自己或他人的道德行为所产生的爱憎好恶等持久而稳定的内心体验。

道德感的"失落"会导致学生从道德认知到道德行为之间的转化存在困难，导致道德行动无法落地。"失落"的道德感会导致学生出现以下情况：一是缺乏情绪状态，漠视道德，对道德行为是否正当表现出无所谓的态度；二是难以持续性地完成道德行为或出现行为反复的情况；三是无法用正向的道德力量去影响别人，发现不文明行为不予以制止。

道德感的失落让道德之树营养不良、萎靡不振，没有激发道德情感，就无法维持道德行为。人一旦对某种行为形成道德情感,就会积极地影响其道德选择,只有内心有了认可的标准,有了蓬勃流动的道德情感,才能稳定自发地实现道德行动。要让道德行为真正落地,需要埋下情感的种子,化育"失落"的道德感,才能让道德之树生生不息、茂盛长青。

远溯博索

截至2021年,在中国知网(CNKI)数据库以"道德情感"和"道德与法治"为关键词进行检索,共检索到72篇文献(见图1),其中期刊文章54篇、博士论文2篇、硕士学位论文12篇、会议4篇。纵观相关文献研究,许多研究者都关注到了道德情感培养和道德与法治学科的紧密关系。

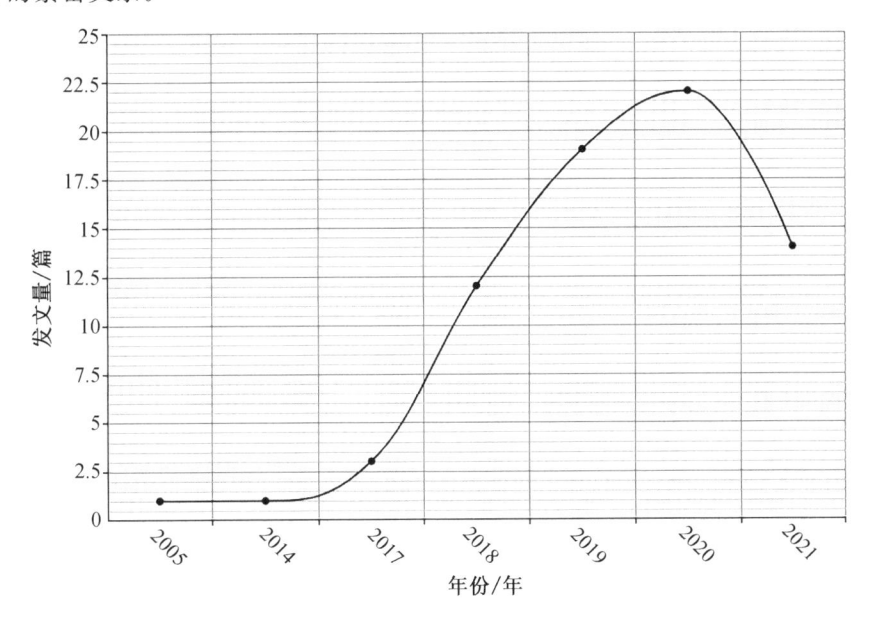

图1 2005—2021年CNKI论文发表趋势

有的针对道德情感培养存在不足进行分析。韩义丹在硕士论文《道德情感教育在道德与法治课中的实践应用研究》中提到道德情感教育在课程开展过程中存在不足:教学理念缺乏价值引领、教学内容难以引发共鸣、教学方式缺少情感体验、教师素养影响教育实效,究其原因是自我认知的能力欠缺、家庭教养的方式不当、学校教育的重理轻情、社会环境的多元冲击。

有的对道德情感培养的策略提出见解。刘素琴在《道德情感培养的教学策略研究》中指出,青少年道德情感的培养策略主要有叙事法、体验法、情境教学法、典型示范法、因材施教法等。曹可玲对道德情感教育提出了四个策略,即以理育情、以情育情、以境育情和以意育情。

有的对道德与法治学科的价值变革进行溯源。张琳琳在《建国以来小学"品德课"改革的价值取向分析——基于生活教育的视角》一文中对小学"品德课"改革价值取向的历史变迁进行梳理,总结了改革价值取向嬗变的四个基本特征,即由工具性价值回归到本体价值;由社会本位走向个人本位;由单纯被动适应逐渐向主动创生的方向转变;由封闭逐步走向开放,融入世界的主流价值渠道。

从已有文献研究资料看,教师逐渐关注到了道德情感培养在道德与法治课堂中的地位,但仍然存在着"重理轻情"现象,教师过于追求理论知识的学习,忽视了对学生的道德情感的培养,造成学生"知"与"行"的相互分离,很难帮助学生形成持续性的道德行为,可见道德情感的培养还有一定的研究空间。

工具研索

采用问卷法、调查法和行为观察法进行调查分析。对三到六年级学生进行抽样调查,了解学生在面对道德情境时的真实内心想法和做法。问卷从学习方面、公共秩序和相处沟通三个方面进行调查,本次调查收回有效问卷206份。结合问卷数据可以分析如下。

一、学生具备较高的道德认知

学生对于道德的是非对错有着明确的判断,思想意识中有正确的价值导向。有98%以上的学生认可考试讲诚信、扎实学习、独立思考等学习习惯(见图2);约有94%的学生认为爱护卫生是文明习惯、上下楼梯要靠右行;96.6%的学生认为在有急事的情况下也要遵守交通规则(见图3)。

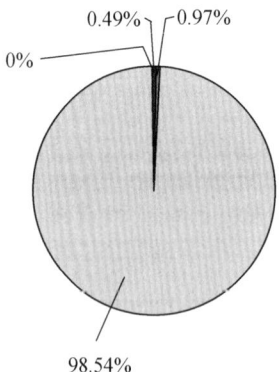

■A. 太老实了,以后会吃亏的 0.97%　■B. 能为自己的不道德行为感到羞耻,是自尊的表现 98.54%
□C. 为了博得老师的好感,不择手段 0%　■D. 小题大做,能多得分更好 0.49%

图2　问卷调查情况(一)

2.91% 0%
0.49%

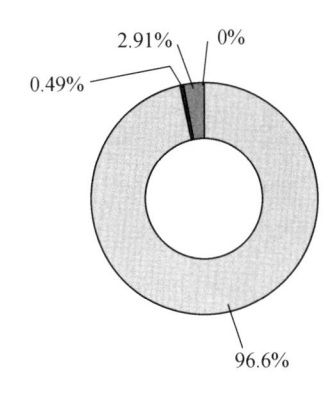

96.6%

☐ A. 看到没有警察快速通过，反正没人看到 0%　　■ B. 等待绿灯亮时再通过，要遵守交通秩序 96.6%
■ C. 看到有人走过去，我就跟着走过去 0.49%　　■ D. 左右观看后快速通过，不能迟到让班级扣分 2.91%

图 3　问卷调查情况（二）

二、学生的道德行为存在不稳定性

因为问卷不记名，也有些孩子表达了自己的真实想法，在无人监管的情况下会闯红灯、随意上下楼梯等，道德行为还未内化为道德习惯，存在一定的随意性和不稳定性。有8.74%的学生在进行道德行动时无法坚持（见图4）；2.91%的学生在排路队上下楼梯时会靠右走，自己一个人就随机走（见图5）。当然因为是问卷，不排除学生因为顾虑自身行为的规范性而未能全部如实回答，以及对自身日常道德行为的不自知而导致答案与实践有所偏差。

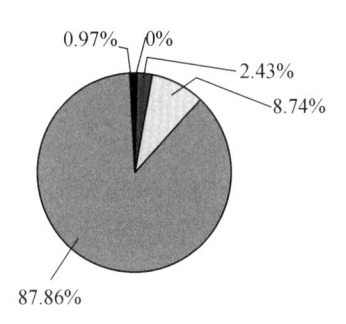

0.97% 0%
2.43%
8.74%

87.86%

☐ A. 不知道怎么做，没有方法 0%　　■ B. 怕做错，不好意思去做 2.43%
☐ C. 有时能做到，有时没法做到，很难坚持下去 8.74%
■ D. 虽鱼龙混杂有时存在困难，但努力践行道德行动 87.86%
■ E. 其他 0.97%

图 4　问卷调查情况（三）

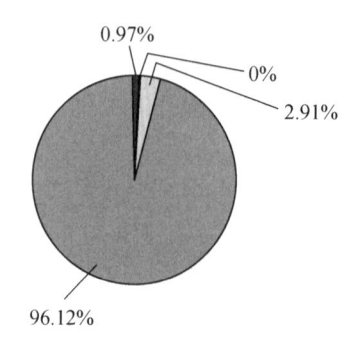

- A. 找空的楼梯位置走，这样比较方便 0.97%
- B. 为了省时，经常小跑着上下楼梯 0%
- C. 排路队时靠右走，自己一个人就随机走 2.91%
- D. 上下楼梯靠右走，这样才能更有序更快速 96.12%

图 5　问卷调查情况（四）

三、家庭管教方式影响学生的道德感

家庭管教对学生习惯和道德行为均能产生影响，总体情况较好，仅 7.28% 的学生在犯错误时对父母的教育存在抵触心理（见图 6）。16.02% 的孩子因父母反对，平时没有机会看喜欢的电视；56.8% 的学生希望跟父母协商看电视的时段。

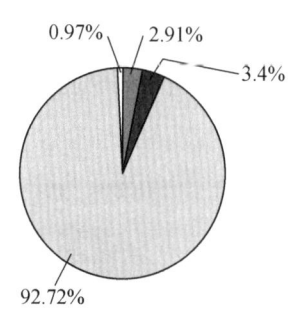

- A. 应付父母说下次改正，这样就能早点结束批评指责 2.91%
- B. 只知道发火批评我，都没耐心教我怎么做 3.4%
- C. 做错事心里很难受，要认真听父母的说教，下次改正 92.72%
- D. 父母自己也没做好，凭什么批评我 0.97%

图 6　问卷调查情况（五）

综合问卷中的数据可以发现，很多孩子会倾向于选择高道德感的选项，对道德认知程度较高，证明学校平时的道德认知教育是比较到位的。但在随机的道德行为观察统计中，我们发现学生的道德行为并没有像道德认知这么高。笔者在下课期间的走廊进行观察统计，在 1 分钟内有 21 个孩子经过有纸屑的地板，没有人将垃圾捡起来，实际的道德行为统计与道德认知的数据差异较大，可见孩子在道德认知走向道德行为之间缺失了桥梁，导致道德行为无法真正落地。

归因追索

一、学生缺乏直接的情感体验

在生活中,学生尽管有许多生活经验,但由于学生缺乏对生活事件进行整理的思维图式,事与事之间是处于混沌的状态,没有自觉整理成道德意识,这导致儿童的生活具有"无事性",较难形成"事件感"。此外,儿童受限于语言水平,没有语言工具的帮助,也很难使其言说生活。儿童生活的"无事性"让学生缺乏具体的反思对象,学生在课堂上所学的道德知识与道德情感脱钩,缺乏情感体验,较难搭建情感的桥梁,导致持续性的道德行为输出存在阻碍。

二、学生的思维条理性不足

学生的思维处于萌芽阶段,认识事物比较跳跃零散,对于不在一个维度上的知识较难理解吸收,自身的感悟逻辑尚未完善,若教师对事件分析或问题解决缺乏条理和逻辑,学生较难自发有效地进行体验感悟,使得道德情感无法得到真正的触动。

三、学生自我调整能力尚浅

小学是成长的关键阶段,学生自身的心智不够成熟,虽有一定的自主性和自控性,但自我调整的能力尚处于初步发展阶段,自主管理能力较弱。这个阶段学生的经验通常零散碎片化,由于缺乏经验结构意识和能力,难以对自身生活经验进行总结、提炼。若没有引导学生学习梳理提炼,往往上完课留在脑海中的只有书上的案例和文字,面对生活中的真实问题,却不懂得以什么导向、用什么方法处理。因此道德情感的化育若缺乏体验经验结构的生成过程,道德情感的培养就缺失了时间和空间。

四、学生学习难以深度建构

学生虽然有着丰富的生活经验,但对于生活经验缺少自主深度加工的意识和路径,难以主动聚拢起自身的生活经验,有针对性地进行概括性的、抽象化的知识和方法的建构,导致其停留在浅层次的学习。如果教师缺乏对学生道德价值取向的关注,缺乏赋予道德行为的情感意义,道德学习过程、学习方式、学习手段一定程度上难以贴近学生的真情实感,无法实现"生活化",那么持续改变认知和完善自身行为的内驱力必定不足。

五、学生对家人存在"镜子效应"

小学阶段的孩子倾向模仿身边家人的言行举止,亲子关系影响着学生的道德感发展,家人的道德素养高低会对学生产生潜移默化的影响。学生无法一次就顺利完成道德情感意义的领会,在缺乏家庭实践评价的环境中,学生持续保持高道德感并落地行动也会大打折扣。

行动求索

化育"失落"的道德感是育心的过程,是将道德知识内化到学生心中、外化到学生行动之中的过程。要育心就必须懂心,要巧妙适时地在关键时刻埋下情感种子。以阳光雨露呵护,给足时间空间生长,才能让情感的种子慢慢生根发芽。埋下情感之种,才能发展孩子健全的人格和丰富的个性,让孩子更好地过当下的生活,面向未来的生活。

一、唤醒生活"事件感",激活情感源

生活无时不含有教育的意义,可现阶段学生的感知有"无事性"。因此,教师要帮助学生制造"有事感"。在课前进行相关主题的生活调查和采访,学生的生活记忆可被唤醒,熟悉的事物更易触发学生的情感认知,深化"有事感"。当学生开始回忆、捕捉、观察生活,把生活中不起眼的点点经历和心得化为可以学习的资源,借助一个个生活点触发自身的感官点,便能调动感官知觉。在经验的调动、回忆和整理的过程中,便为学习打下基础,从而深入地反思感悟,自然生发直接的情感体验。学生准备课前材料,可以将生活经验意义化,增强事件感,加深自己心理体验,在互动交流中形成个体独特的心路历程。

"网络新世界"教学活动中,学生结合新冠肺炎疫情的社会背景完成了课前调查单"疫情之下的网络生活",通过课前材料准备,学生从各个方面回忆疫情时借助网络做了哪些事,如购物、出行、学习、娱乐等,生活经验就被唤醒了。在课堂回忆与交流的过程中,学生有话可说,有感而发,交流互动性强,呈现良好的直接体验和间接体验效果。学生独特的生活记忆逐渐清晰,拉近了与教材内容的情感距离,道德情感自然激活了。

二、追随问题"逻辑性",推进情感线

道德情感的化育并非一蹴而就,学生在问题设计逻辑清晰的课堂中可以更好推进自身的情感线,有助于情感体验的自然生发。首先,学生在贴合自身学习逻辑的问题设计中,能对所学内容产生较为清晰的认知,在由易到难、由浅入深的设计中,其认知规律得到了尊重。其次,在结合了不同领域的"生活体验线"的问题设计中,更容易使学生结合自身生活沿着问题逻辑进行深度探究、感悟,促使情感油然而生。最后,问题设计结合学科特点,对教材进行创造性使用,更容易使学生产生兴趣。教学内容结合当下热点对教材内容进行适当的删减或补充,而不是生搬硬套走教材内容流程,学生的情感线可以更有效推进。设计时要明确每个环节引导学生解决什么问题,各个环节之间如何让学生感到自然的过渡衔接。道德与法治是一门重视体验和互动的学科,问题设计"逻辑性"基于学习主题指向思辨、合作、实践、体验等活动,更有助于学生情感的生成。在互动交流中,学生切磋对话,借鉴与合作,用同学之间的资源丰富原有经验,深化对事物的理解,建立

知识之间的网络。在"问题逻辑线"的引领下,学生沿着清晰的路径进行学习、体验、感悟,自然而然地形成道德情感。横向勾连互动,纵向深度研习,社会、生活各个横向领域的"生活线"和纵向探究的"问题线"串联起来,共同促进自身的情感生成,从而促成学生在政治认同、道德修养、法治观念、健全人格、责任意识等方面的素养发展,逐步形成学生的学科核心素养。

《公共生活需要秩序》一课的问题"逻辑线"有效推进情感线的生成。首先,学生在"生活中哪些公共场合对秩序有要求?"的问题中引入生活经验,在回忆和重现的分享中,理解公共秩序的概念;其次,学生聚焦生活中常见公共场所不讲秩序的画面,围绕"这些不文明的行为,是因为这些人不懂还是有别的原因"进行讨论,探究"人人为了自己方便,最后自由能够真正实现吗",学生在辨析中感受公共秩序的重要性;最后,学生进行小组合作,选择一个场景,为公共场所问题开出有思考有创意的"公共生活秩序单"。本活动的问题逻辑线是从"是什么""为什么""怎么做"进行设计,符合学生的认知逻辑和情感生发的规律。结合"生活线"学生能较为充分地调动生活经验,循序渐进地理解"公共生活秩序"的外延和内涵。在逻辑清晰的问题线引领下,学生逐层深入,内化理解公共秩序的重要性,将模糊的生活碎片串联成情感线。最后在这些铺垫的基础上,学生通过小组合作交流,明确如何遵守公共秩序。逻辑清晰的问题线让情感逐步推进、生发,有助于道德感的化育。

三、探索经验结构化,积蓄情感力

道德行动的落地需要有经验结构作为其行动的支持,经验结构是在经验之上归纳总结生成的核心要点,可以帮助学生清晰认知事物,对于生活中的问题和事件有解决的方法,对于道德有价值判断的标准,它能够指导学生如何做事,如何践行道德行动。它包括知识结构、方法结构、价值导向等。知识结构类指的是对某个事物的认知,比如《法律作用大》中法律有保障作用、尺子作用、指引作用。方法结构类指的是解决问题的途径、方法、策略,如《不要上当受骗》中面对陌生人具体问题该如何做,方法有时刻警惕、多方求证、适时求助、礼貌拒绝等。价值导向类指的是成人成事的精神品质和价值取向,有什么样的价值取向指引我们去认知世界、解决问题,比如:和谐、关爱、不畏艰险、不怕牺牲、勇往直前、团结协作等。

学生通过对生活进行体悟、梳理、提炼以达成经验结构的生成。学生通过捕捉生活的体验点和生活知识点,将它们连点成线,形成生活经验链条,加深生活化气息,触发自身的道德情感,生成指导自身生活、解决问题的经验结构和方法结构。道德教育不同的主题课有不同的经验结构,这需要对教材进行深入的解读,思考本课主题基于什么生活经验,学生要生成怎样的知识结构或方法结构。学生在学习体验、感知理解、情感体验中生成一定的结构,带着较为深刻认同感和较强的情感力,走向现实生活,直面关系,坚持核心价值观,持续落实道德行为。

网络世界很精彩,但也藏着危险,需要用规则来保驾护航。"网络新世界"这一主题中,学生存在的难点是如何更深入地掌握网络生活的规则,学会在日常生活中保护隐私。学生在这一课中要领会的网络生活经验结构是"保护隐私、谨防诈骗、慎交网友、远离糟粕"。学生内化理解经验结构需要进行情境铺垫、经验复盘、点拨提升。以学生理解"保护隐私"这一方法结构为例,首先,学生在"嘉年华抽奖活动"的模拟情景中填写抽奖单上的个人信息,学生填写的信息五花八门,形成了差异化的课堂资源。其次,学生以开放性的思维从"不重要、较重要、很重要"这三个方面对个人信息进行分类,如:姓名、电话、住址、身份证、照片等。最后,学生深入探究,思考为何个人信息要这么分类,辨析不同信息的不同保护层级,提炼出个人信息的关联性和重要性。在合作交流中,学生纷纷提出自己的想法,相互进行补充完善,逐渐将课堂的资源进行整合,达成一定的共识。课堂上丰富多元的个人经验产生碰撞,信息巨量,资源共享,互相"说服",学生从中感受到保护隐私的重要性,明白如何保护自己的信息。理解经验结构,道德情感才能深入人心,日常道德行为才能在情感认同的力量下自然而持续发生。

四、深化学习体验性,建构道德感

建构主义认为,学习是学习者主动建构的过程。要让学习真正入心入脑,需要引导学习者进行深度学习。深度学习指的是在教师引领下,学生围绕着具有挑战性的学习主题,全身心积极参与、体验成功、获得发展的有意义的学习过程。学生推进自身的学习深层化、意义化,首先要在情境中学习,情境创设可以通过图片场景、语言故事、视频情境,设置生活情境使得学生的心理距离拉近了,能够在情境中了解和思考。其次,学生要有充足的时间进行情境体验,在深度的分析和碰撞中思考。学生在两难的生活情境和不同的生活情境空间中,进行充分的思考辨析,在情和理的交锋中直面生活难题,在问题情境中暴露盲点和误区,懂得去判断、平衡和抉择,学会创造性地解决问题。在深层化的交互中触动内心,在深度交锋碰撞中越辩越明,学生主动寻找价值引导,主动建构道德感。被深度认同的道德感将在现实生活中持续发酵、发力,在践行中指引行动方向。

五年级的学生已经有了一定的生活经验,更多地关注公共生活,对待事情有自己的观点和看法,但很少理性地思考有序的公共生活对个人及社会的意义,看待问题角度单一。《公共安全需要秩序》一课中学生对于"自身利益与秩序要求间的矛盾",以及"公共秩序的灵活性与原则性的边界在哪里"较难把握。在学习的过程中,学生在情境中深度体验,置身人们因各种原因而不守秩序的情境中进行思辨,如"动车上有急事要接电话""地震演练时能否踩草坪""值日快迟到了测体温可以插队吗"等生活场景,这些源于学生真实的体验,学生站在不同立场发表看法,各执己见。有的表示要重视人情味,有的坚持要遵守秩序,学生在这个过程真实地展现自己的认知和价值观的不同。学生在两难情境中思辨,在情理交融中逐渐把握情和理的分寸,建构自己的认知,将学习推向深度,推向意义化,在深度理解与认同中形成道德感,埋下道德情感的种子将在现实生活中发挥"核心动力"。

五、汲取评价正能量,产生道德力

道德与法治的教育不只局限在课堂中,而要在学生的生活中延伸实践才有真正的教育价值。学生在课堂上通过深度学习习得了经验结构后,便要尝试将其运用到生活中,这个过程需要家庭和社会提供平台,利用外界力量进行评价,才能"肯定先进""鼓励后进",克服道德实行的反复性。家长、社会和学校一起营造良好的环境,进行持续的评价,学生的道德行为能得到反馈,践行得到及时鼓励,学生便能保持饱满的道德情感,汲取正反馈的能量,逐渐成为一种倾向,转化为价值观,最后逐步形成有道德的行为,让形成的道德感得以在生活中延展,养成持久的道德习惯。

生活践行不等于完全放手,学生将自身的实践经历故事和感受带回到课堂中进行反馈可以有效强化道德行为。在课堂上,学生对自己践行道德的过程进行反思和总结,提出实践过程的困惑和难点。学生通过分享成长中的困惑和需求,交流实践中的欢喜忧愁,提出实践活动的苦衷,对自身的实践经历进行评价,深度进行挖掘,集思广益,优化方法结构后,再次回到生活中实践,这样也能让方法行之有效,得到更为广泛的接受和支持,形成道德合力。

从生活细微之处发现育人点,在自主空间中深度学习,在生活情境中深入辨析,共同呵护道德情感的种子,以阳光雨露慢慢化育,让"失落"的道德感重新回归学生的内心,成为一个温暖善良有道德行动的全面发展的人。

案例探索

部编版道德与法治四年级上册《网络新世界》教学实录

一、课前调查感受网络之"新"

策略:唤醒生活"事件感",激活情感源。

师:孩子们,你们平时一般上网做什么呢?

生1:我一般上网课。

生2:我一般上网查资料。

生3：我有时上网打游戏放松。

师：是啊，网络可以说是无处不在。就在去年，因为新冠肺炎疫情，我们在家待了很长一段时间。在这期间，你用网络做了些什么呢？课前让大家完成了一份"网络生活调查单"，拿出来在小队里交流一下吧！（学生交流）

师：大家讨论得很热烈啊，谁来说一说？你要分享的主要是哪方面的内容呢？

生1：我要分享的是购物方面的调查。现在淘宝、京东和朴朴都是送货上门，足不出户就能购物，特别便捷。

师：购物方面还有人有补充的吗？

生2：网购实现"零接触"送货上门，放在小区的门口，非常安全，不用再自己大包小包提一路。

生3：我觉得有了网络购物更方便了，而且种类很多，疫情防控期间出门去买一次东西太不容易了，口罩、护目镜、健康码、测体温，要全副武装，实在很不方便。

师：大家看（出示对比图），以前没有网络时，人们只能到超市买东西，而现在可以网购，不仅物美价廉，种类还特别丰富。（板书：更丰富）

师：网络不仅在购物上给人们带来了方便，它在其他方面也发挥着作用，谁来继续分享你的调查单（见表1）。

表1　网络生活调查单

网络下的疫情生活调查单　　姓名：_____	
侧重调查：购物（　　）通讯交流（　　）学习娱乐（　　）其他_____	
问题	去年疫情宅家期间，利用网络做了什么呢？	假如没有网络，几个月的宅家生活将会如何呢？
调查记录		
感受		

二、理解网络规则——保护隐私

策略：探索经验结构化，积蓄情感力。

（一）填写注册单抽奖

师：网络确实很神奇，它也经常给我们带来惊喜，我前阵子在网上看到了嘉年华抽奖活动，最大的奖品竟然是平板！想试试看吗？不过今天条件有限，所以我给大家发了一张注册表，你们在上面填写个人信息注册，就有机会抽到奖品哦！（见图7）

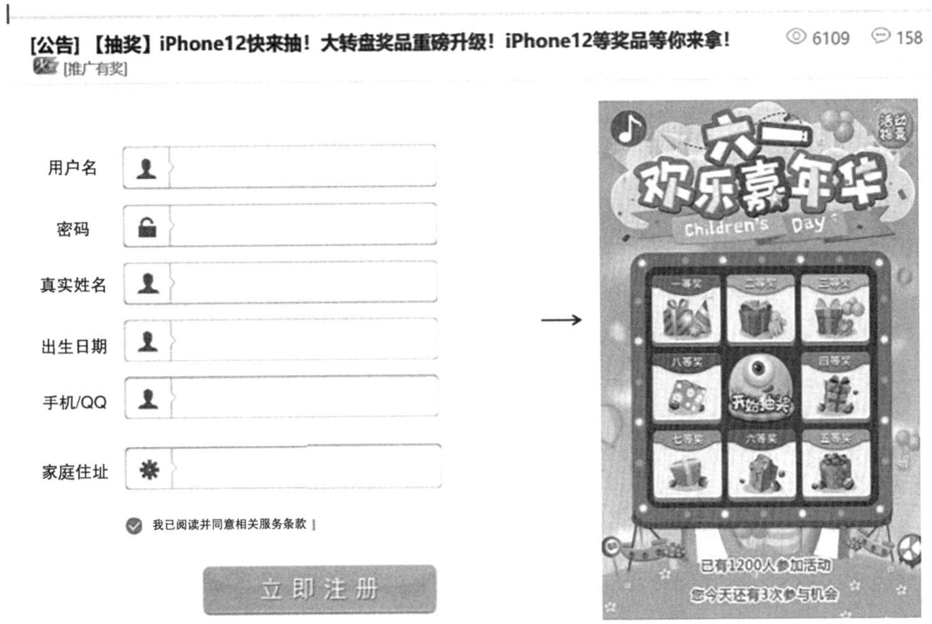

图 7　抽奖单

资料来源：https://mr.baidu.com/r/QVBkCv7ygw？f=cp&u=c5a693253bf25b42

（二）拍照投屏

师：大家看，我选了几个孩子的注册表，你们有什么发现吗？

生1：我发现有的同学把所有的信息填进去了，有同学把手机号或地址这一栏空着。

师：是啊，大家填的不太一样，老师想采访一下填写这张表格的同学，你当时为什么住址这项没有填呢？

生2：因为身份证号有很多信息，如果被不法分子利用就危险了，在非官方的网站不能随便填写。

师：哇，你很有防范意识呢！

（三）观看视频

师：假如有不法分子收集到这些隐私，可能会发生什么事？请看一段视频。

（四）辩证思考

师：看完你有什么感觉？

生1：我感觉隐私泄露真是太可怕了。

生2：我觉得很危险。

师：既然这么可怕，隐私会被泄露，那我们什么信息都不能给吗？

生3：不是，有的时候可以给一些信息。

生4：要区分不同网站，不正规的网站要特别注意。

师:到底哪些能给,哪些不能给呢?请你给这些信息分分等级吧!(见图8)

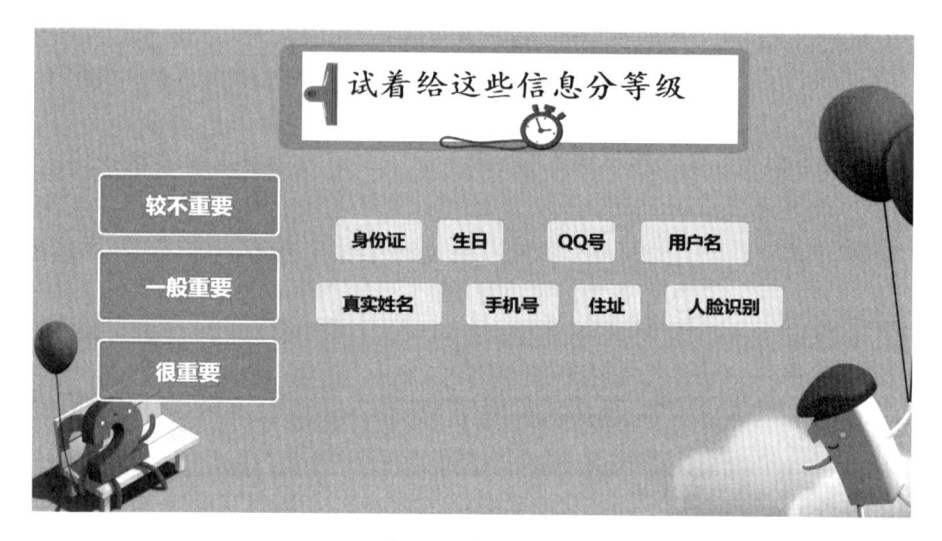

图8 信息分级图

(五)交流反馈

师:谁到台上来分一分?(学生上台拖拽词块给信息分级)

师:为什么你这样分呢?

生1:用户名和生日这些有很多人都是一样的,所以比较不重要;身份证和住址涉及真实的身份和信息,比较重要。

师:为什么你把这些信息都归为三星级的重要信息呢?

生2:因为现在很多采用人脸识别进行支付,万一被破解,财产受到威胁。

生3:我们可以一分为二地看问题,手机号是各种网站注册账户的必填信息。如果是正规的网站,比如说各种官网平台,手机号可以比较放心地填;如果是陌生的网站,就得更谨慎!

(六)总结妙招

师:通过刚刚的讨论,大部分同学认为身份证、住址、人脸识别这些属于三星级别的重要隐私,面对这些隐私,我们该怎么做呢?

生1:要特别小心,懂得保护隐私。

生2:保护隐私特别重要,平时要多留意。

师(板书):保护隐私。

师:除了隐私被泄露,在上网时,你还遇到哪些困惑呢?请大家在小队里面说一说吧。

三、新世界有规则——不伤害他人

策略:深化学习体验性,建构道德感。

师:也有人觉得,网络是虚拟世界,可以自由发言表达情绪,对此你怎么看?

生1:他说得有道理,反正没人认识,也没人发现,我在网络上想说什么都行,也不会怎么样。

生2:我不同意,有时候在不知道真相的情况下转发,可能会对别人造成伤害。说说看。

生3:我觉得可以随便说,平时没地方发泄情绪,网络可以让我随意表达自己的情绪,不然太沉闷了。

生4:我认为不能随便发言,我之前听说有的人因为在网络上造谣、传播虚假信息,造成了严重影响,最后被判刑了。

师:是的,法律可以保护我们,但同时约束着我们的言行。有的人就受到了网络暴力的伤害,我们一起看个视频。

师:看完以后,你有什么感受?

生1:生命就是在谩骂中消逝的。

生2:我们的话可能会给别人带来伤害。

生3:我们要多参与积极信息的传播,但是负面的信息我们要谨慎,学会控制自己的情绪,冷静判断,不轻信不谣传。

师:是呀,我们要用道德的力量践行网络文明。法律告诉我们做事的底线,而道德是没有上限的,它也是我们在这一生都需要不断完善的品质。

[案例分析]

在这几个教学片段中,问题设置立足生活案例,层层递进,有清晰的"问题线",学生思考有广度、有深度,串联起道德"情感线",做到课堂内外的勾连和延伸。教师巧妙设计网络生活调查单和抽奖环节,极大激发起学生参与活动的热情,触发学生生活体验点,拉近他们与课本内容的情感距离。在课堂上,教师以多种方式加工整合生活素材,除了填写表格,采用了丰富的课堂活动,比如:交流讨论后对信息进行分类,还将白板引入课堂,让学生更加直观地分享自己的想法。同时,情境设置生活化,走近学生内心,由浅入深地进入课堂,将课堂资源逐渐整合。在情境中进行多维思辨,进行深度学习,在互动中生发道德感,实现了情境教学有效,帮助孩子辩证地看待网络世界,有效回归真实生活。

参考文献

[1]韩义丹.道德情感教育在初中《道德与法治》课中的实践应用研究[D].新乡:河南师范大学,2019.

[2]刘素琴.初中生道德情感培养的教学策略研究:基于初中思想品德课[D].广州:广州大学,2016.

[3]刘芳.情感教育在小学道德与法治中的应用[J].新课程(上),2018(10):231.

[4]宋如伟.小学品德课教学"回归生活"研究[D].成都:四川师范大学,2019.

[5]余美兰.两难问题在小学道德与法治教学中的价值归依与应用策略[J].福建基础教育研究,2020(9):112-114.

[6]方晓波.道德情感教育原则述略:基于德育课程的视角[J].中小学德育,2018(4):58-60.

15

From Word to World：词汇学习赋能量

厦门第二实验小学　蔡斯琪

现场问索

　　去年的教师节，我收到了一个普通而又特别的贺卡。"谢谢您在一年后给了我光，也谢谢您，带领我坚持记笔记。如今我的学习成绩虽不是最好，却有了巨大的进步。"文字的背后是一位六年级的女孩走过的辛酸背单词之路。女孩五年级时因为单词不会背，放学后被我留了下来，当我询问她为什么单词不会背时，她的泪水决堤了，哭着说："老师，我觉得英语学习就是我的耻辱。我昨晚真的背了单词，可是早上又忘记了。我大声开口地朗读，把每一个词拼读了二十遍，我幼儿园的弟弟听我读得都背下来了，可是我还没背下来。"泪水承载着的是女孩多次尝试背单词后的失败沮丧感，日益消减的是她对英语学习的兴趣，逐渐流逝的是她对英语学习的信心。她的这段话也诉说出许多孩子的心声。

　　对很多学生来说，学英语难，难在背单词。如何帮助学生扫清学习单词的障碍，让学生在英语单词的学习过程中感受到成功的喜悦，通过英语学习，遇见多面的自我，感受多元的世界，创造多彩的生活，成就多样的人生。对英语单词说"Hello, English words. I'm coming to a new world!"，带着疑惑，我开始探索小小单词里大大的世界。

正本洄索

　　4L小学英语词汇学习法指的是学生在英语学习中，通过4linking，即链方法、联生活、连群文、炼自我，学习由被动转向主动，在学习与运用英语词汇中，见世界、感世界、立世界、悟世界，逐步深化对世界的认知，形成正确的世界观、人生观和价值观。

远溯博索

以小学英语词汇教学为关键词在知网进行搜索。从2002年至2020年9月,有关小学英语词汇教学的文献有6687篇。大部分的文献集中于词汇教学的工具性,即通过思维导图、自然拼读教学法等工具帮助学生记忆单词。

一、词汇学习循环往复

Nagy对小学生通过阅读学习第一语言词汇的过程进行了研究,发现受试者对初次呈现的词汇的识记率只有5%到14%。这说明了一个普遍的问题:在词汇教学中,要通过一次性的教学让学生学会单词是不现实的。要解决这个问题,大体上有两条途径,一是想办法让记忆材料变得更加富有意义,如利用词汇学知识和记忆术帮助学生学习单词;二是要让学过一遍的词在以后的学习中反复出现,不断通过不同的语境加深学生对所学词汇的印象。

二、词汇教学三个原则

在《英语词汇教学》一书中指出,对于在具体的词汇教学时选择教学方法,我们应该注意三个原则:因词而异,因人而异,兼容并包。因词而异,是因为不同的词性质和特点有所不同,用同一种方法教所有的词汇,效果不见得都一样好。因人而异,是因为不同的学生学习风格不一样,对于他们更有效的词汇学习方法和策略也不一样。兼容并包,指的是在词汇教学过程中既要明确地让学生有意识地学习词汇,也要通过泛读等手段让他们不知不觉地学习词汇。

由以上的研究资料可见,小学英语词汇教学依旧停留在工具性的层面,而在人文性的层面,有关学生学习词汇及其最终实现的育人目标之间的关联有待挖掘。为此,从全人教育出发,我提出了4L词汇教学,让学生在小小的单词里见识大大的世界,通过词汇学习,增强学习自信,树立正确的世界观、人生观与价值观。

工具研索

通过访谈法了解班级里学生的英语词汇学习情况。一共对100名五、六年级的学生进行访谈,访谈内容主要关于单词学习困难程度、困难点以及单词学习困难造成的影响三个方面。访谈情况如表1、表2、表3所示。

表1　学习词汇困难程度情况

单位：名

完全不困难	有困难	很困难
23	64	13

表2　词汇的学习困难点情况

单位：名

不明白词汇的意思	词汇记忆困难	词汇拼写困难
55	25	20

表3　词汇学习困难造成的影响情况

单位：名

英语学习没有兴趣	自我否定	不愿进行新尝试
64	11	25

从访谈数据中可以发现，学生由于在单词学习过程中产生的挫败感，让学生逐渐对英语学习产生厌倦，对自我产生否定的情绪，甚至是对生活与世界的怀疑与厌恶。最根本的原因是学生没有掌握有效的外语学习方法和学习策略（程晓堂、郑敏，2002）。

归因追索

学生出现单词记忆的负能量，容易导致对学习兴趣的消除化、对自我认知的狭隘化、对世界认知的单一化，不利于学生对多彩世界的认知、树立正确的世界观。学生单词学习障碍主要有以下四方面。

一、记忆难，缺少记忆方法

学生对单词死记硬背，机械性地朗读、拼读单词，缺少适合自己的记忆方法，常常导致花了大量的时间，但单词记忆量少，容易遗忘，收获甚微，陷入背了忘、忘了背的无限循环，渐渐地产生对背单词的厌恶。

二、遗忘快，缺乏生活复现

单词对学生而言仅存在于书本中。学生能读、能背单词，但单词于他们而言与实际生活毫无联系。于是出现了学生背起书来溜溜的，要说英文赶紧溜的局面，令教师哭笑不得。

三、求速成,未能循序渐进

为考试背单词,以功利心态背单词,想一口气吃成胖子,深信一周就能搞定几百上千个单词,这样的尝试往往以失败而告终。也许有的学生真能在短短几天内机械记忆几百个单词,但说起来支支吾吾,用起来词不达意的现象屡见不鲜。

四、少决断,难以延迟满足

世界之大,我想去看看。因为对世界的好奇、对生活的憧憬,学生未能坚持在一定周期内复习单词,缺少恒心与毅力。学生为了满足当下的欲望,如游戏、玩耍等,挤占了更长远的增长词汇量这一目标实现的时间,难以延迟满足。

行动求索

一、WAY 链方法,巧记词汇见世界

根据艾宾浩斯遗忘曲线,学生通过合理安排复习周期,比较适合在较短的时间内提高词汇的广度,但无法顾及词汇深度,且过程较为枯燥。在教学中,教师向学生展示科学、有趣的单词记忆方法,有助于激发学生英语学习的兴趣,发现世界的奇妙,掌握构词法,实现高效记忆单词,更加有利于学生选择适合自己的学习策略,提升学习能力。

(一)故事法——单词有趣好玩

小学生充满好奇心与求知欲,对听故事总是充满着无限的兴趣。教师根据学生的心理发展规律,讲述单词背后的故事,不仅能帮助他们快速记忆单词,还能拓宽他们对世界的认知。例如我在教中国的城市时,问学生"What Chinese city do you know?",有学生回答 Macao。说起澳门,我不得不问学生"What is very famous in Macao?",学生不约而同地说赌场。于是我追问 How to say "赌场" in English? 学生一脸困惑地看着我。于是,我开始叙述起关于 casino 的故事。很久以前,有许多福建人去美国打工,在繁重的工作后他们唯一的消遣娱乐方式就是打牌。工作后,许多福建人常常聚在一起,围成一个圈,吆喝道"开始咯"(闽南语)。美国人每次听到这个声音,就见他们开始打牌赌博。因此,美国人以为 kaishilo 就是赌博的意思,于是产生了 casino 这个词,译为赌场。顿时,全班学生哄堂大笑,在笑声中学生对 casino 这个词形成了较为深刻的记忆,对这个单词的由来觉得格外神奇,对所谓"美国梦"亦有了更为全面的认知。

(二)构词法——单词有规可循

据 Pyles 和 Algeo(1982)的统计,由派生、复合和转类诞生的当代英语新词占全部新词的八到九成,并且这三种方法都是通过英语词汇内部构造的规律实现的。可见,英语词汇数量虽大,但词的内部构造使其具有规律性(见表4),掌握这些规律可以为英语词汇

的学习提供很大的便利。构词法是扩大学生词汇量的一种较为有效的词汇学习策略,教师在日常教学中应有意识地进行培养。让学生在单词的学习过程中发现规律、掌握规律。运用规律,在活动中逐步发现单词的神奇,体会蕴藏在世界中的奇妙规律。

表4 英语词汇构造规律

项目	职业类单词	合成词
呈现	呈现词形,读一读:teacher,worker,writer	呈现图片,猜一猜:sunflower,newspaper,football
发现	-er结尾的单词表示职业类	两个单词组合成一个意义与其相关联的新词
运用	猜一猜以下单词的意思:cleaner,driver,carpenter	根据自己还知道的合成词,一组比画,一组猜

(三)碎片法——单词有本可忆

打造自己独一无二的单词本,是我给新带班的学生上的第一课。第一节课我会向学生展示自己学生时代记录的单词本,各种各样的本子,里面是我用各种颜色记录的单词,代表着不同的含义。与学生分享单词本代表着我与孩子成为同盟军,一起对抗"遗忘"这一强大的敌人,让单词记忆"汇入"生活、"渗入"人心、"进入"日常、"走入"自觉。

二、OBSERVATION联生活,运用词汇感世界

英语的学习源于生活,最终走向生活。在生活中学习单词,在生活中运用单词,学生单词的学习不再索然无味,而是充满生活味,在学习中品生活味,感受生活的美好。

(一)观于生活——项目学习重体验

二年级的小朋友学习完字母后,我们会让孩子进行字母万花筒的海报制作,让他们选取自己喜欢的一个或多个字母,寻找生活中有关这个字母的单词,配上图画,做成一张独一无二的字母海报。

学习完有关主题类的单词后,让学生制作Chinese Food的英文书签。充满童趣的中国食物书签,蕴藏着学生对中华饮食文化的欣赏与认同,有利于学生对中国文化的传承。

(二)问于生活——智慧设问重勾连

在课堂教学中,教师的智慧设问能促进学生从语言输入走到语言输出,从单词的理解走向实践与运用。例如,我在执教五年级上册Module10 Unit2 "You shouldn't be late."一课时,该课的主题为class rules(班规),教材文本呈现的语言是"You should/shouldn't …"在教授新词kind时,采用英英释义"Kind means nice.",学生理解词意后进行勾连生活的设问"What do we need to do to be kind in our class?",学生经过思考,表达了自己的想法:

S1:To be kind, we need to help others.

S2：To be kind, we need to say thank you when others' help us.

S3：To be kind, we need to smile.

学生在回答中实现了对单词 kind 的意义操练，通过与生活实际的勾连，不仅明白了什么是 kind，更加明白 how to be kind。借助生活的桥梁，词汇的学习走出文本，单词被赋予了其独特的价值，学习单词不仅仅停留于音、形、意，更是走向更为文明和谐世界的一把密钥。

三、READING 连群文，丰富词汇立世界

围绕一定主题进行多模态多语篇的阅读，不仅有利于学生积累该话题、主题的词汇，将零散的单词逐步构建成有意义的网，而且有利于学生构建、丰富对该主题的认识，构建对世界的认知。

（一）融通教材

教材是教师教学内容的主要载体，教师要创造性地使用教材。为此，教师要基于主题与话题，横向与纵向梳理教材文本，做到胸中有材、心中有才。即通过纵向梳理教材文本，了解学生的已知；通过横向梳理教材，打破教学框架，重组教学内容，调整教学顺序，科学合理设置教学目标。例如在教授五年级上册 Module7 时，基于 animal 的主题，梳理出全册教材中有关动物的课题与内容，将教材中 reading for pleasure 部分的 a special pet 作为该模块的第三课时阅读课内容，补充课外阅读的绘本 special dog，丰富学生对宠物世界的见识。以梳理—重组—拓展—重构的模式重新建构教学内容，拓展了学生对主题世界认识的深度与广度。

（二）融合绘本

英语绘本作为一种包含文字、图片、色彩等元素的多模态语篇，在小学英语阅读教学中运用得越来越广泛。其蕴含认知、美育、德育、哲理等育人价值，有利于学生的全面发展。小学英语教学中补充符合学生学情与认知的绘本，丰富学生对主题的认知。在五年级上册 Module7 Unit2 "This dog can help him."中，文本主要介绍 fire dog，是 service dog 的一种。因此，在课堂上教师补充绘本 *Animals Helping People*，让学生了解 guide dog 即导盲犬的历史、作用、训练等，在阅读的体验中丰富对 dog 的认知，从而感受狗不仅仅是给我们带来快乐的宠物，也为人们带来许多的帮助，建立人与动物和谐相处的世界。

四、DILIGENCE 炼自我，自学词汇悟世界

英语词汇的学习与积累具有长期性，教师要通过学习策略的指导激发学生学习的内驱力，促进学生的终身学习。学生在词汇学习的路上自我修炼，逐步学会努力与坚持，将坚韧的精神用于生活、感悟世界，用积极的心态迎接人生的挑战，这是英语词汇学习的育人价值之所在。

（一）搭建平台，拓展学习空间

学生是学习的主体，学习的对象与渠道不仅是教师，还可以是伙伴、书本、媒体、网络等。教师要引导学生科学充分地利用互联网、App 等方式拓宽自己词汇学习的时间与空间，为学生的自主学习提供可能性。

（二）制定目标，运用多维评价

英语词汇的学习是个循序渐进的过程，教师要指导学生制定自己词汇学习的目标，建立学生学习档案，关注过程性评价，注重增值性评价，以学生进步为核心，不断鼓励、激励学生自我目标的实现，让学生体验目标实现的快乐，建立英语学习的自信。

4L 词汇学习法，即链而有法、联而有感、连而有识、炼而有悟，这是学生 from word to world，从单词走向世界，从感受生活到体悟生命的成长与蜕变。学生从英语负能量转向英语赋能量，学生用记忆之法，见世界之奇；创生活之境，感世界之美；读主题之文，立世界之识；凝自我之力，悟世界之道。这是学生与词汇的不解之缘。

案例探索

教学内容：外研社新标准《英语》（一年级起点）五年级下册 A Special Pet

片段一：联生活，感世界

在上课伊始，教师呈现了许多宠物的图片，教授新词 pet。学生借助图片，理解了 pet 的含义。

T：Children, what pet do you like? Why?

S1：I like the pet dog because it's clever.

S2：I like the pet cat because it's cute.

S3：I like the rabbit because it's lovely.

T：Wow, you like many pets. Many animals can be our pets. But can all the animals be your pets? Why?

S4：No, tigers can not be my pet. Because tigers are dangerous.

S5：No, lions can not be my pet. Because they're scary.

［案例分析］

教师通过联系学生的生活，提出设问"What pet do you like? Why?"，让学生基于自己的实际操练新词 pet，再通过追问"Can all the animals be your pets?"，检测学生对 pet 的词意是否准确理解，学生在回答的过程中不仅学会了 pet 的表达，还体现了对动物世界的认知。

片段二:连群文,立世界

学生学习完教材文本后,教师通过电子书包,向学生推送五本有关 pet 的英文绘本,标注了三种不同的难度,让学生自主选择进行学习,促进学生个性化学习。指导学生在学习过程中记录下自己的所得,再进行分享与交流。

T：What do you know from your reading?

Sn：…

[案例分析]

借助电子书包,在英语课堂上学生围绕宠物进行了不同方面的学习,在阅读过程中学习了有关宠物的词汇,对宠物的种类、外形、习性、与人类的故事等方面有了更为深入的认知,从而建立人与动物和谐相处的世界观。

参考文献

[1]徐浩,孙桐,蒋炎富.英语词汇教学[M].北京:外语教学与研究出版社,2018.

[2]程晓堂,郑敏.英语学习策略[M].北京:外语教学与研究出版社,2002.

[3]NAGY W E. On the role of context in first-and second-language vocabulary learning[M].Cambridge：Cambridge University Press，1997：64-83.

16

知识"悟"化，辟路"求知窘境"

厦门第二实验小学　余雅清

现场问索

学习概念时，对于概念的表述总是漏东漏西，做不到具体完整，但只要给予充分表达的时间，多种形式组织言说，这个问题就会减少；做练习时，反复让学生读题，帮学生分析，一遍两遍三遍，还是没能解答出来，花很长时间没解决的问题往往画出图形，结合题意分析，就可以迎刃而解。哪些方法可以真正帮助学生高效地掌握知识和应用知识？在这个基础上，能否再做到思维的拔高？这些成为我经常思索的一部分。

正本洄索

这其实是学生遭遇"求知窘境"的表现。

"求知窘境"是学生在抽象的数学学科领域中，思维内隐模糊，思考浅薄片面，导致在理解新知上不全面、巩固知识时没效果，进而在应用领域手足无措、错误率极高的现象。

其中，内隐思维是游走于脑袋里的想法，经常是一闪而过、不具体、不全面的思考，这种思考往往是不经过完整清晰的表达、记录和动态生成的。

具体说来，"窘"在以下三方面。

一、"完全不懂"

所有知识混乱混沌，大部分的知识不理解，无法内化。

二、"似懂非懂"

能理解部分知识点，好像听得懂，但又说不清道不明。难以与本身的已有知识网络勾连，新知识未能纳入已掌握的知识系统，已有知识未获得扩大和更新。

三、"懂而不会"

能理解知识点,但在变式训练和应用练习上,表现手足无措,错误率极高。

本文旨在利用"思维可视化"的方法介入学生的"求知窘境"过程,借直观辅助理解抽象,弱化思维内隐的弊端,在理解、巩固保持的环节中加以监控和干预,帮助学生形成良好的思维习惯、提高知识掌握水平,以达到最大限度应用知识、拔高思维、发展能力的目标。

远溯博索

在中国知网(CNKI)数据库以主题为"小学数学思维可视"进行精确查找,共检索到136篇文献,其中博士论文1篇、硕士学位论文10篇、期刊文献119篇、国内会议文献6篇,论文发表趋势如图1所示。

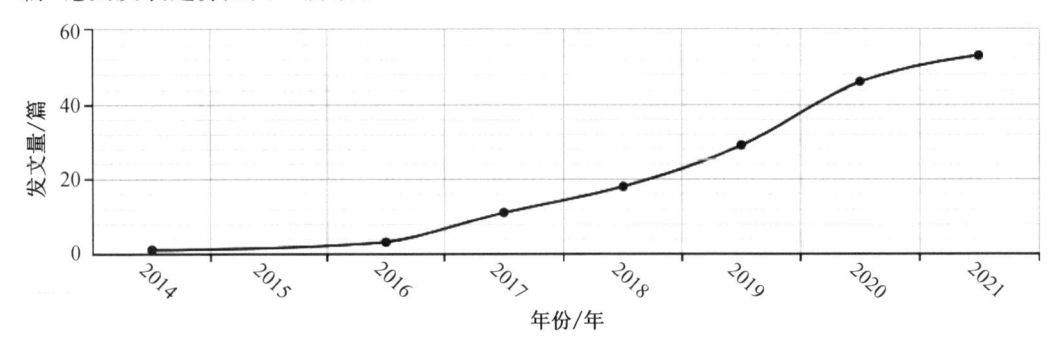

图1 2014—2021年CNKI"小学数学思维可视"论文发表趋势

刘坤在《思维可视化导学案在小学数学教学中的应用实践》一文中提出:让学生掌握思维可视化这个学习方法,要有"识图—制图—用图"三个阶段。此外,还提出了运用思维可视化需要注意的事项。

季容臻在《小学科学探究教学策略》一文中提出,"思维可视化"是一种认知策略,根据儿童思维发展的局限性而提出。"思维可视化"包含两种表达形式:"可视思维""有声思维",其中的"可视思维",即将抽象知识或事物通过一定手段的转化,使之变得具体、直观。

张齐华提出要善于调动学生的多重感官,创新教学路径,用直观的图形表征抽象的思维,在动手操作与实践中展现思维的过程,在语言表达中外化学生的思维,通过"画""做""说"参与思维的发生、发展和过程表达。

从有关研究可以看出,思维可视化的教学能够促进学生的思维发展,促进学生的学习,提高教学有效性,因此思维可视化受到广大研究者的广泛关注。但思维可视化研究应用到小学数学学科的研究较少。小学阶段是学生思维能力培养和发展的关键时期,且数学是一门依靠思维的学科。因此,小学数学思维可视化教学有待进一步的研究。基于前人研究成果,我提出,本文所研究的思维可视化主要涵盖:直观的图形表征、探究式的动手操作和精准的数学语言,而数学语言又通过文字和口头两种方式进行表达和传递。

工具研索

课堂笔记:通过追踪学生课堂笔记的情况,将思维外显可视,进一步发现学生的思维特点,暴露学生的思维缺陷。短时间来看,还能据此观察学生学习的结果,了解学生知识掌握情况。长时间的追踪跟进,又可以与之前的笔记作比较,洞悉学生思维的成长发展变化。

从四年级数学广角《优化》一课笔记里看出,学生在呈现的图上没有思路和方法,混乱无序,不能体现前后顺序和同时完成的项目(见图2a)。五年级《三角形的面积》中三角形的剪拼操作受平行四边形影响,也从垂直线剪下割补,显然只是为了操作而操作,没有目的胡乱动手,不知道转化成什么图形,更别说找联系和推导公式(见图2b)。四年级加法运算定律验证过程流于形式,直接写出左右两边的算式和等号,即 $40+20+60=40+(20+60)$,而没有具体计算和推导过程(如图2c)。三年级在倍的表达上,当一倍量与多倍量相等时,倾向于将后者的量与前者的量作比较,出现单向的思维,如:这样的两组量,倾向于说第二行的小棒是第一行的一倍,而忽视第一行的小棒也是第二行小棒的一倍这一重关系。

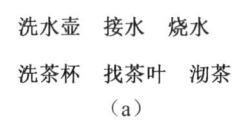

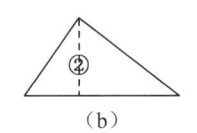

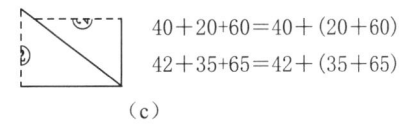

图 2 课堂笔记观察图

总体说来,现阶段在知识学习中学生能将思维物化为"画""做""写""说"等方式展开研究,但呈现过程简单、不全面、不具逻辑性,出现流于形式、不为探究服务的情况。此外,这些方式主要出现在典型课上,在较少研究的课题、练习课、复习课上体现不突出。

归因追索

基于存在的问题,笔者结合课堂笔记进行充分的分析讨论,力求抓住问题的核心,探求其本质原因。

一、形象向抽象过渡期,思维特点受限

小学阶段是学生具体形象思维向抽象逻辑思维过渡的关键期,尽管发展逻辑思维成为主要任务,但小学生始终离不开直观的支撑和直接的经验。特别是面对抽象的问题常常表现得迷茫困惑,只有以具体形象的事物作切入,问题才能有所突破。

二、留痕习惯规范欠缺,心有余力不足

实际教学中,很多老师会忽略留痕习惯的培养,在画图、操作、言说、记录方面的指导不够细致到位,未能及时发现和反馈学生的问题,学生只是为了做而做,不知道这些工具是为思维发展服务的。等到学生独立思考问题时,就会无从下手,不知道借助什么工具分析,如何开始分析,怎么进行严谨的分析。

三、受到学习材料牵制,重结果略过程

在小部分学习材料的编拟中,体现出精简的过程,更重视结果的达成,而忽略了过程的产生,会给学生错误导向。而大部分学习材料考虑到学生的思维特点,能契合学生年龄特点来编制,但是在呈现方式上,无法多元呈现,例如对话、图像、动态图,甚至动画、视频等,学生感受不深,无法深刻体会知识内容的本质,往往只见树木不见森林,只记结论不学方法。在大部分练习材料中,考察的方向则偏向了应用知识的结论方面,而非知识过程方法的考察,学生也顺势代用公式,生搬硬套,不考虑思维方法。

行动求索

要做到清晰表达思维,对浅层、单一的思维及时跟进并调整为深层、多维的思维,要做到知识深层次的领悟理解和运用,就要通过一定的策略使得学生思维输出物化,而且能将知识"悟"化。心理学上认为:思维是人脑对客观现实间接概括的反映,是借助语言、表象、动作实现的,是理性认识阶段,它揭示事物的内在联系和本质特征。据此我提出思维离不开直观的图形表征、探究式的动手操作和精准的数学语言(见图3)。知识类型的不同决定了教学方法的差异,但使思维可见、让教学有所依,一定能提高教学效率,能促进学生思维品质的发展和综合能力的提升。

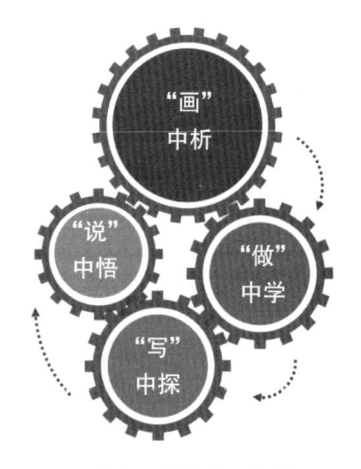

图 3 思维发生过程

一、"画"中析,用形象解释抽象

美国数学家斯蒂恩说"如果一个特定的问题可以被转化为一个图形,那么,思想就整体地把握了问题,并且能创造性地思索问题的解法"。图示法的使用,无形中渗透着数形结合、几何直观、数学模型等数学思想方法,对于数学学科核心素养的培养有重要意义。

(一)示意图——演绎生活情境

示意图能大体上描述或表示物体的形状、相对大小、物体与物体之间的联系(关系),低年级的学生以具体形象思维为主,将抽象的文字信息转化成他们便于理解把握的示意图,有利于化解抽象问题与学生思维本身固有的特点之间的矛盾。正如心理学家刘范所言,"即使是只要求儿童对抽象的数进行运算的项目,儿童往往会借助直观的图像来求解答;当解题遇到困难时,这种现象更为常见"。

执教有关"归一"解决问题,面对"老师买了3枝百合花,付了18元,老师的朋友,也想买8枝同样的百合花,老师的朋友要付多少钱?"这个问题引导学生用画图的方式表示已知条件和问题。学生经历了画图过程,从具体的情境图到实物图,再到示意图,老师带领学生在对比中优化简明的画图方法(见图4)。更重要的是,要求人人能解释算式的道理,18÷3算的是一枝花的价格,在图里可用一个○表示,要求8枝花的价格,就是8个○的总价格。

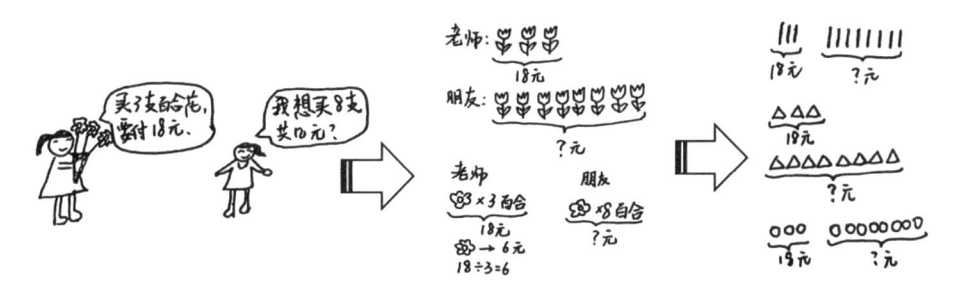

图4 情境图、实物图、示意图的表示方法

学生通过亲身试水画图,感受画图的优越性和必要性,自然而然地演绎了稍复杂的情境,再通过问题导向,增强"读图"的意识和能力,分析数学信息,明晰数量关系,勾连图与式,在归纳总结中建立归一的数学模型,一系列的思维活动悄然发生,学生也能在一幅幅图中互相评价,启发思考。

(二)线段图——辨清不同情境

线段图是由几条线段组合在一起,用来表示应用题中的数量关系,帮助学生分析题意,解答问题的一种平面图形。线段图在中年级开始引入使用,其直观形象的特点,能将抽象信息进行再创造,从而达到问题解决的目的。

《画线段图解决问题》一课中,"红花是黄花的2倍,白花是黄花的3倍,三种花一共有36朵,黄花有几朵?"和"一根绳子剪掉了全长的一半多10米,还剩30米,这根绳子长多少米?"这两个例子,刚出示时学生感受并不深,甚至都习惯用以往一条线段表示,但是通过对比,就能进一步提炼出:部分和总体的关系,通常画成一条线段,而不同量的关系通常需要画成多条线段,便于比较(见图5)。

图 5　线段图

线段图呈现思考过程,可能是不完整或是不清晰的,但是,线段图这样可视化的思维输出,老师看得见,一次次把握重要节点,适当点拨,及时归纳,学生对于问题的把握越来越清晰,后续学生在运用图形解决问题上不仅有方向了,而且有方法了。

(三)矩形图——解开复杂情境

到高年级,用矩形图解决问题的需求开始产生。根据题意画出矩形,可用矩形的长表示一种量,用矩形的宽表示另一种量,面积表示这两种量的积的关系,这样可以把抽象的数量关系变得具体形象,便于寻找解题线索。

执教《画矩形图解决问题》,面对较直接的面积问题,长宽的对应关系很明显,但是对于不显著的问题情景,则需要重点明确长表示什么、宽表示什么,在图与式之间建立勾连,打破学生原有的不熟悉和不习惯。继续丰富矩形图的内涵,并非只能适用于"长×宽＝长方形面积"类型,也能作用于"每份数×份数＝总数",甚至是"单价×数量＝总价","速度×时间＝路程"等等一系列关于两个数的积的数量关系的模型中。将各种相关数量关系整合在一起,理解长宽所表示的含义,逐渐会发现图示法的优点——利用图示法可以解决一系列的数学问题(见图6)。

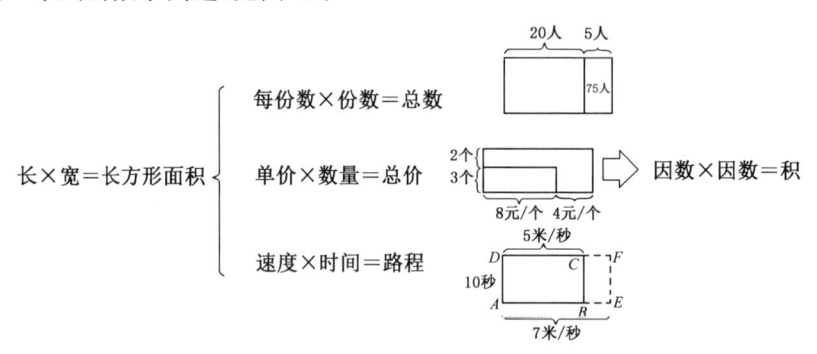

图 6　矩形图表示的模型

这样的过程就是重要的数学建模,再延伸到复杂的数学问题也能迎刃而解了。通过绘制矩形图,学生的思维拓宽、层次拔高,而且提高解决问题的能力,增加学习的自信。

执教过程中,应结合学生的年龄特点,将各种画图方法融入日常教学中。当学生遇到困难时,能根据问题情境灵活选择画图的策略,在"画"中分析信息和问题之间的关联,用形象易感知的手段辅助解释抽象的问题情境,就能有效突破思维瓶颈,有利于问题的解决。

二、"做"中学,借操作诠释方法

美国教育家杜威提倡"从做中学",或者说,"从经验中学习"。在他看来,教学应从学生的经验和活动出发,使学生在游戏和活动中获得知识和能力。学生个人的操作经验是最有说服力的,比起直接地教,学生显然理解得更深刻和全面。

(一)借"做"明理

低年级学习计算时,小棒、圆片等实体工具起到形象支撑的作用,能有效沟通计算道理和计算方法,让学生学起来更直接有效。在 9 加几的学习中,能借助圆片把凑十法、假设法等方法深刻领会,还能进一步发现规律得出 9 加几的计算方法(见图 7)。借助圆片学生能进行摆和移,有了形象的支撑,老师就能顺水推舟,引发学生进一步思考以及观察,学生就能在直观具体的世界里,将算理与算法进行有效融合,达成学习目标。

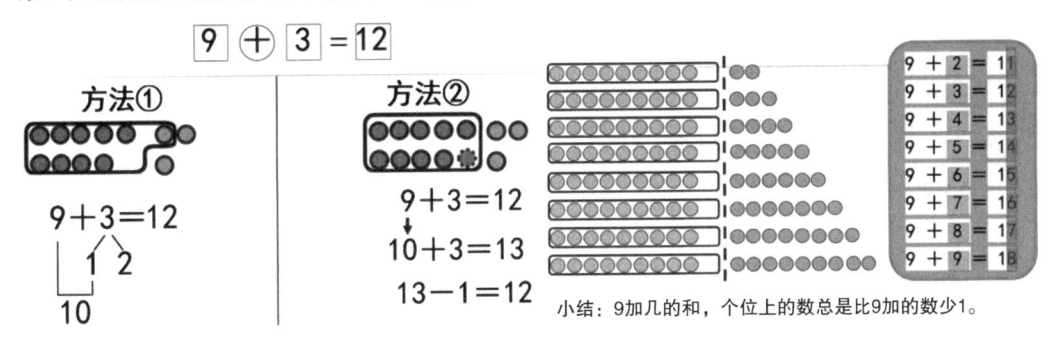

图 7 图片在 9 加几中凑十法、假设法的运用

(二)以"做"验真

在研究平行四边形的面积前,学生提出的最多是猜想,学生要参与验证的全过程,才能完整完成本课内容的学习。探究过程中,引导学生注意整体的全局意识,推导公式是一个过程,不是为了转化而操作,而是为后续的找联系和推导进行铺垫。清晰的思路,便于指引学生进行有向操作,所有的操作活动变得主动积极、有指向、有目标,"动"中会思考着怎么实现转化,"动"后还会想着如何找联系、推公式。因为看得到学生的动态操作过程,就能发现学生活跃的思维贯穿活动中和活动后,避免了操作活动与主动思考的割裂,实现了操作的高效性,学生的思维也跟着推进和发展。

三、"写"中探,依留痕外显思路

"写"这种简单易操作的手段,也是思维留痕的重要手段,如何有效地写、写到什么程度就显得尤为重要。有效写出,就有发展思维的可能;完整写出,就是发展全面思维的基石。

(一)写得清晰,形成逻辑思维

加法运算定律的探究,不是只写到"20+40+60=20+(40+60)"就点到为止,因为学生的思路含糊不清,一定会影响知识点的掌握。学生应当学习一种逻辑语言,因为"20+40+60=60+60=120",又因为"20+(40+60)=20+100=120",所以"20+40+60=20+(40+60)",只有这样才是深入有效的推导,能将具有逻辑的思路完全外显。

(二)写得多样,助力全面思维

《分数除法(除数是整数)》中提到"是不是所有的分数除以整数都可以转化成乘整数的倒数。请你们以 $\frac{6}{7} \div 4$ 为例进行说明"。用画图的方法学生已经觉得麻烦,不适用,所以有用说理解释的,"$\frac{6}{7} \div 4$ 相当于求 $\frac{6}{7}$ 的 $\frac{1}{4}$,就是把 $\frac{6}{7}$ 平均分成 4 份,取其中的 1 份",还有利用商不变的性质来转化(见图 8)。思维多样化、全面化全在可视中追踪和引导,课堂得以呈现丰富、有层次的形态。

$$\frac{6}{7} \div 4$$
$$=\left(\frac{6}{7} \times \frac{1}{4}\right) \div \left(4 \times \frac{1}{4}\right)$$
$$=\frac{6}{7} \times \frac{1}{4} \div 1$$
$$=\frac{6}{7} \times \frac{1}{4}$$

(a)

$$\frac{6}{7} \div 4$$
$$=\left(\frac{6}{7} \times 7\right) \div (4 \times 7)$$

(b)

$$\frac{6}{7} \div 4$$
$$=\left(\frac{6}{7} \times \frac{7}{6}\right) \div \left(4 \times \frac{7}{6}\right)$$

(c)

图 8 推导过程

四、"说"中悟,靠逻辑外化思维

说是有声思维,也是容易被捕捉和了解的主要跟踪形式之一。只有学生有效地进行有声思维,将知识内容经由"说"这个手段传达出自身的见解,领悟其中的知识道理,逻辑思维才能得到提升。

(一)说过程,服务抽象

三年级学习《倍的认识》一课中,需要学生多次多情景表达一倍量与多倍量之间的关系,只有把"红花和黄花比,以黄花 2 朵为一份,红花有 3 个 2 朵,我们就说红花的朵数是黄花的 3 倍",特别,当一倍量和多倍量相等时,如"⫼"也要辅助学生变化不同角度,打开思维,能从一倍量做标准和多倍量做标准两个角度分别说清两者的关系。这样的"说"能外化凸显思维过程,经历一次次的言说,多角度表达,才能帮助学生进一步发现两个量之间几个几的关系里可以抽象提炼出倍的关系。

(二)说逻辑,培养推理

在学习比的基本性质的时候,学生看似很自然能将商不变的性质和分数的基本性质迁移学习,但实际上为什么能如此迁移是学生含糊不清的地方。所以应该引导学生说得更细致、分析得更到位。把各部分之间的联系以及比与分数、除法之间的关联,通过一系列合理的分析、类比,才能顺利完成迁移。只有将里面的数学逻辑通过"说"呈现清晰,才能内化推理的能力。

(三)说关联,促成建模

鸡兔同笼问题的抛出,学生利用表格呈现鸡与兔数量以及鸡脚与兔脚数量的变化,但最主要的是要发现随着鸡数量依次增加一只、总脚数就依次少两只的规律,这样两者的联系学生要能清晰说出,以及这其中每次少的两只脚与多一只鸡少一只兔,也就是兔脚与鸡脚之差有关。理清关系,学生进一步探究假设法,再进一步言说,假设全是鸡,则总脚扣减鸡脚剩下的脚数,对应的是每只兔的兔脚与每只兔的鸡脚之差,这里通过除法算出来的应是兔。鸡兔同笼相关知识的关联较复杂,但很重要,在两个层次的言说中,教师都要有效把握,整体培养表达习惯,在个别说、同桌说、集体说中反复训练言说习惯,并在几次的"说"中递进促成鸡兔同笼问题的模型方法。

学生善用以上"画""做""写""说"的手段,将内隐逻辑具象化,思维过程物化为图形、操作、文字和声音后,使得学生自身也能及时地跟踪,有效地把握自身学习情况,学生能促进自己的知识掌握更深入全面,也能评价其他人的学习情况,在调整中完善学习过程,"悟"化知识,深层次有效掌握知识,达到思维的提升,最终实现核心素养的达成。

案例探索

一、指导转化方法

师:想把平行四边形转化成长方形,得先观察平行四边形和长方形最大的不同是什么?

生:长方形有四个直角。

学生思考:那就要尽可能创造出直角,动手尝试操作。

追问:为什么要沿着高剪?(见图9)

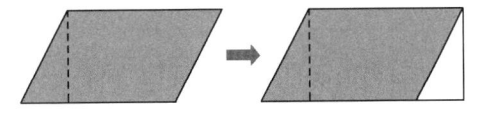

图9 图形转化(一)

[设计意图一]

促进学生关于转化方法的理解与掌握。通过提问"平行四边形和长方形最大的不同是什么"引发思考,平行四边形和长方形最大的不同在于长方形有四个直角,给定一个思考方向后,学生尽可能创造出直角,而他们的方法大多是沿着高剪,继续追问"为什么要沿着高剪",使学生明晰,沿着高剪能保证创造出直角,实现转化。

二、拓展转化方法

师:平行四边形只有这条高吗?是不是只能沿着这一条高剪?还可以怎么剪?如果能转化成功,请你也试着用刚才的方法推导,看是否还是这个公式?

其间提醒学生,研究时要经历全过程才算推导成功。

学生展示汇报(见图 10a)

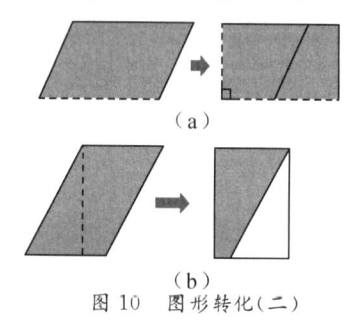

沿着同样的底的另一条高剪出,平移后转化成长方形。

过程打开:

(1)只能沿着这条底上的高吗?

学生展示汇报(见图 10b)

沿着另一条底的高剪,平移后转化成长方形。

图 10 图形转化(二)

[设计意图二]

促进学生类比联想并产生积极探究。实现转化的方案并不止一个,学生探索热情刚被点燃,需要类比联想得出更多的方案,思维才能得到进一步的提升。"是不是只能沿着这一条高剪?"打开了学生思路,高不仅可以从顶点出发,也可以从中间的任意一点做垂线。"只能沿着这条底上的高吗?"再次打破界定,可以从另外一组对边找高。

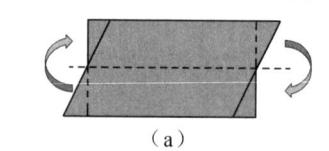

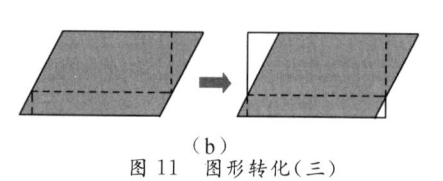

(2)如果没有沿着高,是否也可以剪出?

通过平行四边形斜边中点的连线,从平行四边形的任意一条高出发经过翻转转化为长方形(见图11a)。

(3)不从中点出发剪可以吗?

沿着斜边上找垂线,从一个直角出发"平移"直角,转化为长方形。(见图11b)

图 11 图形转化(三)

[设计意图三]

进一步放大思考的空间。"如果没有沿着高,是否也可以剪出?""不从中点出发剪可以吗?"问题的提出,有利于学生进行反思和探索,更能促进思维的拓展。同时,在一次次思维打开的过程中,学生得到了更多次的类比思考、模仿创造的践行机会。

参考文献

[1]史宁中.数学课程标注(2011年版)解读[M].北京:北京师范大学出版社,2012:28,120.

[2]季荣臻.基于"思维可视化"的小学科学探究教学策略[J].江苏教育研究,2018,362(2):47-50.

[3]刘坤.思维可视化导学案在小学数学教学中的运用实践[C]//《教师教学能力发展研究》总课题组秘书处.《教师教学能力发展研究》科研成果集(第十一卷).[出版者不详],2017:4.

[4]曹小兰."可视化"教学,让学生的数学思维看得见[J].小学教学参考,2017,839(26):47.

[5]张齐华."思维可视化"视域下小学数学课堂之重建[J].江苏教育,2017(25):48-50.

17

xin 动力，化解乐团排练"笃新怠旧"症结

厦门第二实验小学　逯瑶

现场问索

我校 Harmonic 打击乐团是一支由一年级至六年级的小学生组成的小学打击乐团，现成立已近五年。又到了排练时间，今天的学生状态明显不佳，大家都"懒洋洋"的。在我说出今天要排练《钢铁洪流进行曲》时，课堂上出现了很多"特殊"的声音。

"老师，为什么还要排这首，我们已经练习过很多遍了啊？"

"我们不想再练这首了，我想学新的曲目。"

于是有学生开始附和："对呀对呀，感觉这样是在浪费时间。"

听到学生的声音，我开始产生了疑问：在这几年中我发现，每到学期的中后期，经常会遇到一些学生不爱参与合奏排练，甚至有些时候会对排练产生抵触情绪。他们的演奏水平都不错，会经常作为演出或比赛的主力选手，当初参与社团也是因为个人喜好，但却时常发生不爱听课、课后不练习的情况。这些现象引发了我的思考：为什么学生喜爱打击乐团，却不爱参与排练？是什么原因导致学生出现这样的问题？我该如何去解决呢？

正本洄索

由此反映出，学生对乐团排练会有"笃新怠旧"的症结：他们对打击乐团的合奏训练即"喜爱"又"懈怠"，他们热爱打击乐团，却又不喜欢合奏排练；学生主动参与社团，却不能维持注意力。

这种症结会导致学生出现以下现象：学生喜爱打击乐团，每学期初都会积极报名社团，向往新乐谱的分发，努力练习。但随着时间的推移，一旦进入合奏排练的阶段，学生

就会出现各种各样的状况,有些学生出勤会不积极,不能按时参加乐团排练。或是在排练过程中好动,无法保持注意力,无法认真完成课后练习等。

远溯博索

目前,在中国知网(CNKI)能够搜索到以"合奏训练""合奏排练"为主题的文献有203篇,但是以"乐团排练兴趣激发""小学乐团常规养成"等为主要内容进行检索时,暂时搜不到相关文献,由此可见,目前大家对于小学生乐团排练如何激发兴趣的关注度较少。

李佩在《浅析小学音乐社团活动开展中存在问题及改善建议》一文中提出小学音乐社会活动还处于初步建设中,在开展过程中还存在问题。教师可以明确管理制度,践行新课标理念;创新教学活动形式,立足核心素养的培养;融入问题引导,提升教学理念等教学手段来实现小学音乐教学质量的提高。但缺少了对学生心理问题的研究和解决策略。

王舒在《儿童钢琴学习中的消极心理及改善方法研究》一文中,专门研究了学生作为个体学习器乐所产生的消极心理,作者提出儿童在学习乐器一段时间后,会产生缺乏学习兴趣、缺乏学习信心和意志力薄弱等问题,并针对性地提出了改善建议。

以上研究对笔者有一定的启发和借鉴意义。

马中华在《敦煌中学学生社团发展现状调研》一文中研究了中学生合奏出现的一系列问题:学生参与度不强,对社团没有正确认识;班主任不能给学生提供社团方向的支持;社团管理制度不完善等。但由于学生年纪小的原因,教师可以对文献中的策略进行参考和借鉴,但不能对小学乐团的问题进行指导。

基于此,笔者通过日常上课的观察和积累,对小学生在打击乐团排练产生的矛盾心理展开研究。

工具研索

为小学生建立的乐团较少,并且很多乐团都是由专业老师承担,对学生的研究投入较少。因此笔者下决心来解决学生的"矛盾心理",笔者期待从学生的课堂表现入手,寻求帮助。通过对学生的日常观察摸清规律,了解学生的真实想法。

一、追踪观察记录法

合奏排练课是一种适合实时观察的科目,通过一段时间在不同的课上对学生进行观察,他们的动作和状态可以直接折射出学生排练状态的变化。笔者将部分表现比较典型的学生作为追踪对象,并在每节课上记录学生的活动状态(见表1)。

表1 打击乐团合奏排练日常记录表

姓名	出勤	参与程度/%	学习成效	课后练习	备注
A同学	准时	90	良好	优秀	
B同学	迟到	70	优秀	良好	因学业问题迟到
C同学	准时	60	良好	良好	

以上记录表记录的是学期中的一天,这一天的学习任务是细化旋律合奏排练。以三名同学为例:A同学准时参与社团,参与度很高,因当天排练形式较单一导致学生学习成效不太好。B同学因学业问题迟到,排练时的参与度不高,因课余时间较少所以课后练习较长时间没有完成。C同学准时参与社团,因其认为个人声部过于简单所以课堂参与度一般。

笔者再根据一段时间的记录表数据,将学生的参与度和时间列成图示,以A同学这学期的课堂参与度为例(见图1)。

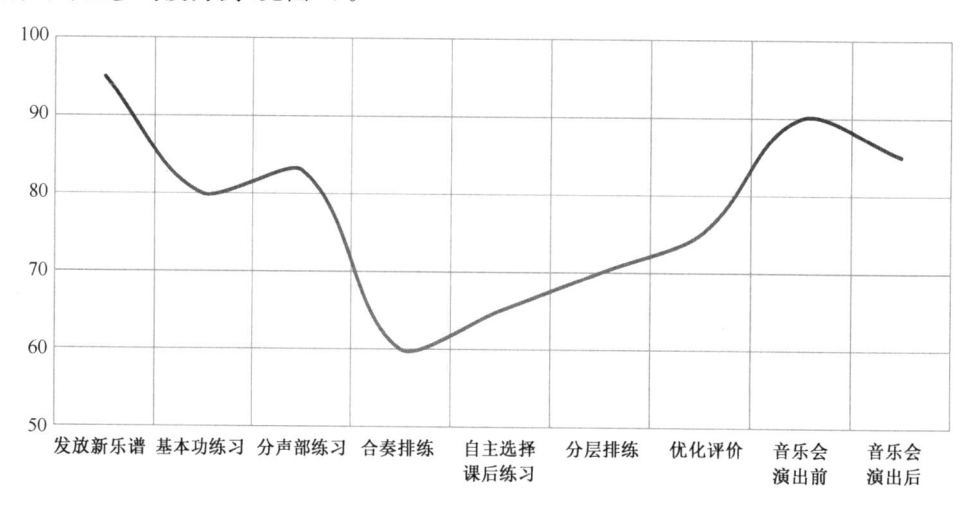

图1 A同学课堂参与度曲线图

通过阶段性的比对,我发现在学期初,A同学排练充满激情,状态良好。但是进入学期中,学业负担变重,排练进入细节处理和磨合阶段,学生开始产生"矛盾心理",对排练提不起兴趣。再进入教师渗透策略的阶段,学生的课堂参与度慢慢回升。

二、访谈法

了解学生,要从真诚的"对话"开始。为了更深入地了解学生,我采取了访谈法进行调查,在学期初和学期中,进行多次访谈交流,对学生现状和变化有正确且清晰的认识,便于下一步更深入分析。笔者从学生的课堂参与度入手,向学生提问:你参加打击乐团的原因是什么？最近几次课的课堂参与度不太好可以告诉老师原因吗？

以下是表格中三位同学的情况及访谈。

A同学是一名高年级的女生，学习和器乐演奏水平都还不错。

师：你参加打击乐团是因为什么？

A：因为喜欢，并且从二年级就一直在乐团里了。

师：老师有时候会发现你比较不想来排练，可以请你告诉我原因吗？

A：我还是喜欢排练的，但是有些同学的水平不太好，去排练的时候会一直等他们单独练习。所以我有时候会不想参加排练。

B同学是一名高年级的男生，器乐演奏有在外学习，水平较高，但文化课学习会较为落后。

师：你参加打击乐团是因为什么？

B：我自己在外面有学习马林巴琴和小军鼓，低年级的时候看到同学在乐团的表演，所以当时的我也很想来参加。

师：你的演奏水平很好，但老师有时候会发现你来得比较晚，并且课后练习也很少完成，可以请你告诉我原因吗？

B：我的学习不太好，科任老师对我很好，经常下课会给我辅导，有时候题目比较难就晚来了一会儿。课后练习是因为我完成作业的速度比较慢，而且妈妈不常在家，所以经常不能完成练习。

C同学是一名中年级的女生，在外学习钢琴，学习很好，但器乐演奏水平不佳。

师：你参加打击乐团的原因是什么？

C：我是学钢琴的，以前看到乐团的演出我很喜欢，而且马林巴琴和钢琴非常像，我觉得自己也能学会。

师：你识谱非常快，老师也知道你在钢琴和学习方面都很突出。但老师发现，有时候乐团排练你会不太专心，可以告诉我原因吗？

C：我接触打击乐比较晚，所以我分到的声部都很简单，我看到老师总是在抓演奏比较复杂的同学，我觉得自己不太重要所以会不太专心。

以上是回答比较典型的记录，在访谈了乐团一部分成员后，我了解到学生在训练过程中出现"笃新怠旧"症结的原因众多，需要进一步分析以找到解决方法。

归因追索

经过文献研究与对学生的一系列调查,笔者意识到学生对乐团合奏排练"笃新怠旧"有诸多原因。

一、学生对艺术形式的喜爱与传统被动训练的抗拒之间的矛盾

教师在乐团中安排的课堂内容不够丰富,以合奏排练为主的课堂往往不能关注到每一个学生。在学期初,学生对乐团有着新的期待和向往,进入合奏排练的阶段后,有些时候学生因自己的声部过于简单,在乐曲中不重要,或是会认为自己已经把旋律练熟了,不懂得与其他学生配合,当有某位同学进度跟不上时会对合奏排练产生抗拒。教师课上的评价方式会以演技技术为主,较为单一,这种授课方式会让学生对合奏排练失去兴趣,产生懈怠心理。

二、学生课后训练时间投入与学业成绩要求之间的矛盾

合奏的完成度和学生课后练习相关,在学期初,学生空闲时间较多,可以很好地完成合奏排练的课后练习。但在进入每学期的中后期,学业的繁重导致学生不能克服困难坚持器乐练习、专业技能训练,从而产生畏难情绪。即使在学业顺利时,能够坚持练琴的时间也比别人短。若遇到器乐技能训练、音乐知识学习不顺利,则会干脆放弃器乐学习的课后练习。

三、学生维持兴趣所需要的激励与展示交流平台缺失的矛盾

打击乐器是较为小众的一类乐器,由于乐器体型庞大,搬运不便利,学生平时演出和比赛的机会就比较少。学生合奏排练的成果缺乏展示平台,长时间的排练无法找到成就感。在学期初,学生对新乐曲充满期待,但进入合奏排练阶段,学生一直处于长时间的练习却无法展示的状态,本就对合奏细节排练兴趣不高的他们,便不会主动积极地参与课堂的学习活动。

四、学生学习过程所需要的认同与家长支持力度不足之间的矛盾

家长对学生没有正确引导,对器乐教学的认识存在一定的误区,有些家长认为器乐练习会与文化课学习产生冲突,导致他们不但不鼓励孩子学习音乐,甚至还会阻止学生利用课余时间进行器乐练习。

同时,大多数时候课后练习需要家长的配合,但家长也有自己的工作和事情,无法坚持帮助学生完成练习任务,有畏难心理。在精力上,家长在工作和家庭负担的压力下很难争取时间参与到学生的练习中,而且学生课余课程的繁多也让家长力不从心。

行动求索

针对以上各方面体现出的矛盾,笔者会从以下几个角度出发进行解决。

一、从被动走向自主,唤醒"新"动力

(一)发现式学习,激出吸引力

学生对合奏训练的兴趣会随着时间慢慢流逝,因此从学期初的选曲就要慎重,教师要选择合适的乐曲,要将学生的整体水平作为参考,然后尽可能地使所选择的乐器与乐队现有的编制相适应。教师可以尽可能地寻找较为大众的或者经典的乐曲,同时也给学生一定的选择权,学生喜爱这首乐曲,后期的排练也会有动力。

在排练过程中,可以让学生自己发现乐曲中乐器的编配,乐曲中含有什么样特点的节奏,提供给学生"发现式学习"的空间,维持学生的学习兴趣。

(二)自主性选择,激出内生力

以学生为主体,教师可以提供给学生丰富的学习材料进行基本功的练习,如手脚并用的协调性练习、节奏变化较多的鼓面练习等,由学生在教师的指导下进行学习内容选择和学习方式、学习进度甚至学习场所的规划设计,使学生充分意识到自己是社团活动中的主体。

打击乐是一种乐器类别众多的器乐分类,在教学过程中可以让学生掌握多种乐器的演奏技能和方法,改变其盲目学习的状况,让学生自己挑选喜爱的乐器和声部,再根据个人能力进行改动,实现学生自主学习能力的发展。同时使器乐教学从"以教师为中心"转变到"以学生为中心",甚至可使教学过程成为生生之间或师生之间进行协商、讨论、合作的过程,提高学生合奏排练的积极性。

(三)多方面合作,激出原动力

在学生的学习生活中,家长和科任老师是非常重要的。学生的学习成绩不好会直接或间接影响学生对合奏排练的兴趣,导致学生产生课后训练时间投入与学业成绩要求之间的矛盾。

笔者认为可以把这些学生分为两类,一类是学习有进步空间,但成绩一直处于中游的学生,教师可以跟科任老师进行合作,用合奏的进步来促进他们的学习,争取做到兴趣学业共同发展。另一类是在乐器方面的天赋要远高于学习的学生,教师可以利用"学习的正向迁移",用乐团排练、演出所带来的成就感来弥补他们在学习中缺乏的自信。

学生课后训练时间的保证也需要家长的帮助,学生对合奏排练的兴趣少不了家长的激励与支持,家长不仅是乐器学习的监督者,更应该是乐器学习过程中的教育者和引导者。要鼓励学生对自己的兴趣、爱好发展及个性特长发展的需求,增强他们实现自我发

展的坚定信念。同时也要帮助学生认识全面发展对个性特长的重要意义,与家长和各科老师协作,激出学生原动力。

二、从统一走向花式,激活"心"动力

(一)分层联动,激出行动力

在合奏排练的初期,在学生们对新曲目充满期待的时期,可以让全体同学一起练习基本功和乐曲的基本节奏型。对于一首完整的曲目来讲,学生的基本功和齐奏能力是至关重要的,学生在学期初对乐曲充满期待的同时,可以鼓励他们一起练习基本功。

进入合奏排练阶段后,分级设置课堂,对不同层次的学生分层教学,让课程发挥最优作用。水平较好的学生和较落后的学生可以分开排练,水平较好的学生着重于情感、技巧、状态等方面,较落后的学生可以着重于基本功。同时在相似声部的同伴间设置小老师,以强带弱。以合奏、分练交替进行的方式解决学生水平不均衡导致的消极情绪,多样化的合奏训练方式也要遵循教育规律和小学生身心发展的特点,寓教于乐,寓练于乐。

以打击乐合奏《oye como va》为例,这是首具有非洲乐曲特点的合奏曲,这首曲目在分为旋律和打击乐两个大声部之后,又以乐器种类划分为众多小声部,由于声部较多,对合奏能力的要求就更高。开始时学生对这首曲目都非常感兴趣,但学生熟悉曲目后,需要"抠细节"的时候,学生开始对排练产生抵触的情绪。对此,我将这首曲目以分练再合奏的形式,将旋律声部单独排练,同时也对伴奏声部进行小组"师带徒"的训练。在多维度的训练里,学生每一节课都是万分认真,小老师和小徒弟也能做到互帮互助,进步飞快。

(二)跨界共鸣,激出感染力

在合奏排练的过程中,教师可以在必要的时候多渠道带学生欣赏合奏之美,而不仅仅局限于合奏排练,例如通过视频欣赏以及聆听网络音响等形式,让学生得到对于乐曲表达更加直观的感受,让学生理解什么是合奏,感受音乐的美感,明白合奏排练是一种享受,不是一种任务,用合奏的美感带动他们的积极性。

以今年的器乐比赛选曲为例,因为2021年是建党100周年,学生们也想选择一首"红歌"来抒发爱国爱党之情。在师生共同寻找之下,选择了《钢铁洪流进行曲》,学生通过欣赏阅兵仪式现场视频和乐队演奏的视频,对这首乐曲产生了浓厚的兴趣,学习得也更快了。

三、从诊断走向评价,焕发"欣"动力

评价在学生的成长中无比重要,老师和家长的积极评价可给孩子心理上带来愉悦,使孩子的心理健康成长。在社团排练的课堂中,教师可以采用过程性评价、展示性评价和终结性评价相结合的方式,其中过程性评价多关注学生对整个学习过程的投入程度,

多关注学生参与课堂、实践交流的效果,多关注学生之间的合作态度。

(一)完善过程性评价,激发原动力

过程性评价是针对学生课堂的表现而采用的一种评价方式。在每个学期初,教师可以分发给学生每人一张"集章卡"(见图2、图3),根据学生的课堂表现和排练态度等,可分为优、良两个等级。优者可以获得一枚印章,良者视情况而定。可根据课堂情况适当调整,可以出现全班为优的情况。

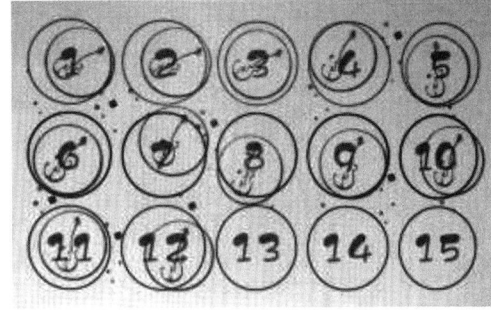

图2 "集章卡"正面   图3 "集章卡"背面

(二)丰富展示性评价,激发战斗力

教师可以在每周合奏排练结束后提供给学生丰富的学习材料进行基本功练习,尽量保证每天练习,每天练习总时长控制在20分钟以内。这项评价需要家长们的配合,监督学生每天练习作业并录制视频,在微信群中打卡,教师进行即时的评价,保证学生每天的练习精准有效。

(三)优化终结性评价,激发向心力

终结性评价在学期结束阶段进行,以实践操作、竞赛或汇报演出等形式进行。将本学期学习的内容,通过一场综合性的活动来展示,并通过多角度的评价,可以为学生对合奏排练的兴趣蓄力。

四、从制度到文化,培植"芯"动力

(一)形成组织文化,激响凝聚力

一个社团想要给学生家的感觉,组织文化必不可少。我将建设社团文化的权利交给学生,用他们的思维为我们的打击乐团建立了独特的社团文化。其中,我们Harmonic打击乐团的名称由学生和家长们共同联想,Harmonic在英语中的含义是和声的、和谐的,跟我校的教学理念"和美"相关。而社团的logo,则是由学生们自主设计,最后投票选出的。笔者用这种方式,让每个学生都有成为乐团小主人的机会,他们对乐团的热爱增加了,自然而然就会带动学习、排练的兴趣,和乐团一起共同进步。

而打击乐团是以学生对艺术"共同的爱好兴趣"为主体组成的学生社团。因此笔者和学生一起结合我校校训制定规则,在合奏排练的同时给学生树立正确的价值观,学生要有"群体规范",建立在规则上的自由才是真正的自由。规章制度是社团的基础,学生的兴趣需要由制度来维持,有些时候学生对待乐团排练的懈怠只是一时的犯懒。

（二）增加展示平台,形成影响力

打击乐器原就是小众乐器,打击乐合奏就更为小众了。学生在课内外没有实践活动的机会,能够展示、表演的机会太少就会导致学生对合奏排练的懈怠。

音乐实践活动包括登台进行乐器表演,参与学校课外音乐活动,参加音乐冬令营或夏令营。丰富的音乐实践活动将为学生提供实践的舞台,在实践过程中获得成就感与能力感,并在多样的活动中与志同道合的伙伴们进行乐器知识学习与技能上的沟通合作。将合奏视为一种交流的方式、沟通的途径,通过多样的实践活动表达自我、认识自我。

为了给学生增加表演的机会,我校打击乐团积极争取各项校内外活动,为各大活动进行开场的表演,还有夏令营及结业演出。在2021年6月,乐团举办了第一场器乐专场演出,并建立了视频号展示他们的表演,学生们为了这场演出无比认真地排练。这场演出得到了全校师生、家长的一致好评,乐团的学生们也因其变得更加努力,拥有了更多的自信。

案例探索

以我校乐团排练《龙腾虎跃》为例,《龙腾虎跃》是很有代表性的一首乐曲,创作于1980年。作者李民雄老师是我国著名打击乐演奏家、作曲家。这首乐曲运用中国大鼓及排鼓音色和节奏的多样组合,再加上演奏者器宇轩昂的演奏,衬托了宏伟气势的欢腾场面。由于声部较少,节奏变化较多,因此对齐奏能力的要求就更高。

因为学生们比较少接触中国民族打击乐合奏,所以一开始学生对这首曲目充满兴趣,但后期需要着重于节奏型的多样组合时,学生开始对排练产生懈怠的心理。

焦虑情绪——以兴趣促学习

D同学当时是我校六年级的一名男同学,他进入打击乐团在当时已经有三年时间了。这名同学有在外学习架子鼓,专业技能很好,但课业成绩一直处于中游。

排练《龙腾虎跃》(见图4)的最开始,因为乐曲的第一部分是所有人的齐奏,所以学生们都要进行中国大鼓的齐奏排练,通过一段时间的练习,再找出更优秀的学生来演奏排鼓。

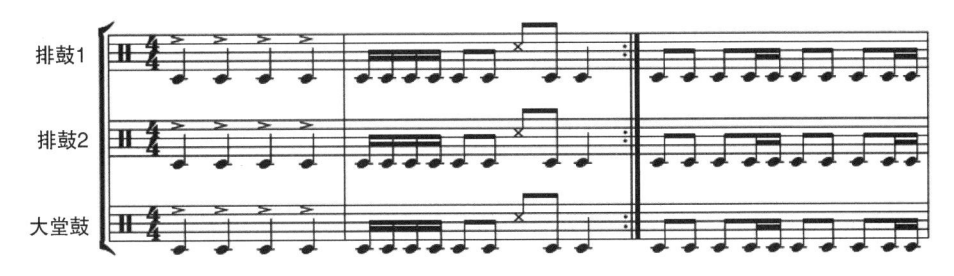

图 4 《龙腾虎跃》引子

在学习中国大鼓的演奏时,D 同学由于学习成绩时好时坏,排练时比较焦虑,无法在乐团排练课上集中注意力。但由于 D 同学在校外有学习打击乐,他每天的器乐练习可以做得很到位,因此,笔者与其科任老师进行沟通,让他先按时来排练,笔者在选拔中选择了他来担任乐曲的主奏同学之一。由于担任了主奏,乐团排练带给了他很多成就感,而这些成就感也同时影响着他的学习。当时老师们选择让他短时间以排练为主,但这其实让他拥有了更多更专心的时间,乐团排练专心了,课业学习时间也会更专心,D 同学这个学期末的学习成绩有所提高。

消极排练——以分层促合奏

曲目初步成型后,需要进一步排练细节。这时主奏的 D 同学和另外一名主奏同学都产生了消极排练的情绪,原因是中国大鼓齐奏的学生有二十几人,他们演奏的水平参差不齐,而《龙腾虎跃》对齐奏的要求非常高,这就导致有时候老师会停下来单独排练齐奏声部,而他们两个人就只能在旁"傻站着"。

对此,笔者改变了日常的排练方式,将这首曲目进行分练再合奏。首先进行分块排练,将主奏(见图 5)声部单独排练,尽量不让学生有大块空闲的时间。同时也对伴奏声部进行小组"强带弱"的训练。在保证两个声部的学生都能很好地演奏后,再将所有人融合在一起,这样每个学生都不会有"被遗忘"或等待的时间,能够保证学生每一节课都是认真对待。

图5 《龙腾虎跃》排鼓主奏段落

多维评价——以成就促信心

乐团排练课上,多维评价对学生的影响深刻。针对D同学在这学期排练中发生的问题,笔者在不同阶段用不同的评价方式激励他,并对其产生正面的影响。

"集章卡"是每个学生学期初会收到的卡片,日常是根据学生的上课表现和出勤状况给学生"盖章"。因为D同学前期的状态不太好,也有着课业学习上的问题,所以笔者单独对其改变了策略:上课精神状态好,课下练习积极就会给他"盖章"。这一项过程性评价让他的排练压力变小,排练课的状态就越来越好了。

因为D同学的器乐演奏水平很好,因此笔者让他在讲台上向其他同学展示,算作展示性评价的加分。对于D同学来说,日常的枯燥练习也有了展示的空间,这对他是一种自信心上的激励。

期末时,D同学取得了综合优胜奖。后来的几个学期里,D同学一直在器乐演奏和课业学习上都保持着不错的成绩。

参考文献

[1]刘畅.儿童乐器学习之家长参与研究[D].长春:东北师范大学,2018.

[2]郑骏.音乐类高职院校器乐专业学生专业学习心理分析及教学对策研究[D].福州:福建师范大学,2009.

[3]王舒.儿童钢琴学习中的消极心理及改善方法研究[D].南昌:江西财经大学,2015.

[4]马中华.敦煌中学学生社团发展现状调研[J].考试周刊,2021(10):13-14.

[5]李佩.浅析小学音乐社团活动开展中存在问题及改善建议[J].科学咨询(科技·管理),2020(8):213.

18

导图引路,解救"复述迷航"

厦门第二实验小学　林文婷

现场问索

"请你来说说课文讲了一件什么事?"到了三年级,课文的篇幅慢慢变长了,课堂上当我提出这样的问题,举手的学生寥寥无几。

"请你来说。""……"第一位学生发言时,没记住故事情节的发展顺序,在复述时漏掉了一些情节。

"没关系,再请一位同学来帮助你。""……"第二位学生把故事中所有的情节、人物对话都照搬了,几乎把课文内容都背出来了。

"复述不是背课文,而是用自己的话把故事说清楚。谁再来试试?"我再次提醒,而学生们面面相觑,站起来发言时也说得磕磕巴巴,对复述有了畏难情绪。

三年级是在第一学段讲故事的基础上学习详细复述,但对学生来说复述还是有一定的困难。如何让三年级的学生能够有序、完整地复述故事类文本呢?是否有一些小妙招可以让学生通过课堂学习迁移到课后运用,使其轻松自如地进行复述呢?

正本洄索

"复述迷航"是指学生在阅读文本后,难以把握重要的内容,只能无方向性地进行复述。当学生无法轻松地提取文本中的关键情节,抓住重点词语加以整理,用自己的语言,有重点、有条理地把阅读内容叙述出来,就容易"迷航"。这主要体现在以下两个方面:

1.复述无序。读完文本,无法将故事中的众多情节有序排列,因此在复述时,常常想到一个情节说一个情节,无法有序连贯地复述。

2.复述不全。学生无法准确定位故事中的重要情节,把握人物的重要对话或者动作、心理活动,在复述时容易遗漏重点,无法进行完整复述。

远溯博索

截至2021年11月,在中国知网(CNKI)以"详细复述"为关键词进行精确查找,共检索出63篇文章,其中期刊文章59篇,论文4篇,发表趋势如图1所示。

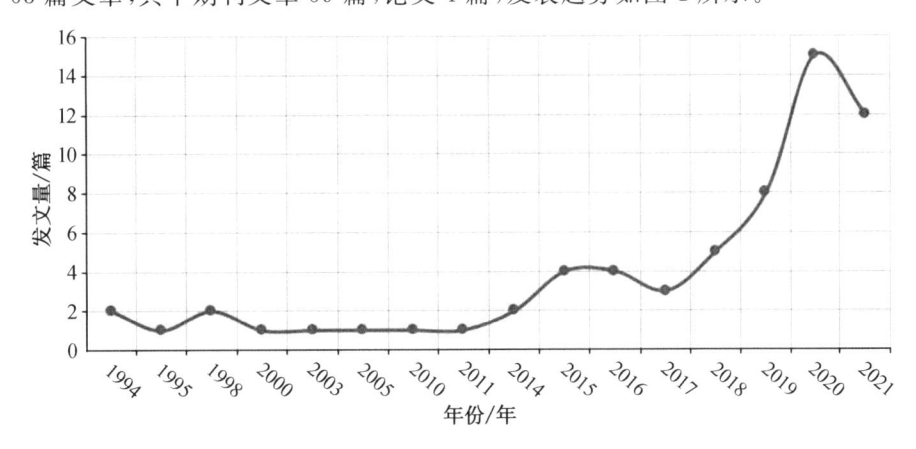

图1 1994—2021年CNKI关于"详细复述"研究的论文发表趋势

由此可见,自2019年起,对"详细复述"的研究出现了激增的情况。2019年秋开始使用统编版教材,复述作为单元语文要素出现,让一线教师们看到了复述的重要性,因此越来越重视对复述的研究。

金海霞认为详细复述的关键是:搭建精细化支架,由复述丰富语言积累。[1]精细化支架辅助学生提取信息、理解内容,形成详细记忆,通过语言积累这一关键环节促进言语的粗加工式输出。这其中包含了导图支架助力讲全情节、动作支架助力讲好过程、叠加支架助力讲明细节。杨乾妹关注民间故事的格式、情节及讲述故事的语气,聚焦语言进行详细复述。[2]龚文娟提出聚焦语言,抓住核心情节、关键词、特殊的表达形式,将故事讲得具体生动。[3]叶榕以三年级下册第八单元为例,提出从题目入手、抓关键词句,通过填空补充、插图梳理内容。此外还借助了表格、文字提示、关注故事中的主要情节进行重点复述。[4]从已有文献研究资料可见,近几年不少一线教师以统编教材为例研究了详细复述,关注到了课后习题中提供的复述支架,但是未能合理把握和二度开发复述支架,缺乏依据学情适当优化支架的意识,致使复述的效能低下,学生对复述有畏难心理。因此,如何优化复述支架,让复述路径变得清晰可见,并能够在课后学以致用是非常有必要的。

工具研索
GONG JU YAN SUO

通过对学生的纸笔测试,更精准地了解学生在复述上遇到的问题。在学习《枣核》之前,将文本分发给学生,让他们在规定时间内用自己的话来复述故事。以下为学生纸笔测试的情况。

学生一:学生容易混淆情节(见图2)。文本中应该是枣核蹦到县官的胡子上,衙役们要打枣核时,却把县官的牙打掉了,而不是枣核把县官的牙齿打掉了。

　　一对夫妻生出了一个枣核大的孩子，父亲
认为枣核什么事情都不会，但枣核学本领做事
都比正常人要好。有一次，衙役把牛和驴带走
了，枣核用了一些小把戏骗过了衙役们，带回
了牛和驴。衙役们来到村子，问是谁把牛和驴
带走的？枣核勇敢承认了，并把衙役们耍了，
还打掉了县官的牙。

图2　学生一的复述作品

学生二:学生遗漏故事情节(见图3)。故事中除了枣核、衙役,还有县官也是重要人物。但是学生在复述时,只提到了枣核和衙役,把枣核和县官之间发生的情节漏掉了。

　　古时候有一户人家，家里只有夫妻两人，
他们很想要小孩，结果生出了一个枣核大的小
孩，取名为“枣核”。枣核不见长大，爹娘愁得
慌，但是枣核说不用愁，他学了很多本领，邻
居们都夸他，爹娘也很高兴。枣核很聪明，当
衙役们把牛和驴牵走了，枣核就想办法到晚上
又将牲口牵了回来。衙役们要捉枣核，枣核就
捉弄衙役。

图3　学生二的复述作品

学生三:学生不会抓住重点(见图 4)。故事中的重点情节应该在于枣核智斗衙役和县官,而不是枣核的出生情况。但是学生在详细复述时,往往会出现对故事的重点把握不当。

| | 古时候有一户人家,夫妻俩没有孩子,一直想要孩子。"哪怕有个枣核大的孩子也好!"夫妻俩唉声叹气。结果过了不久,还真的生出了一个枣核般大小的孩子,他们非常高兴,给他取名为:枣核。一年又一年过去了,枣核还是那么小,娘说:"哎呀!真是白高兴一场。"虽然枣核非常小,但是他很勤快,天天学本领,渐渐地,他已经会扶犁、打柴,甚至别人上不去的地方他都能上去,邻居们逢人便夸枣核是个好孩子,爹娘非常高兴。有一年,庄稼收成不好,衙役们来纳粮,百姓们都没有粮食,衙役牵走了牛和驴,枣核利用聪明才智又牵回了牛和驴。可是到了第二天,衙役们又来问:"是谁把牲口牵走了?"枣核从人群中蹦出来说:"是我牵的,你能把我怎么样?"虽然衙役们要把他绑起来打,但是他利用自己的智慧逃走了。|

图 4　学生三的复述作品

通过对 50 名学生的纸笔测试,发现有 7 个学生在复述时混淆了故事情节,有 9 个学生遗漏故事中的某个情节,有 21 个学生不会抓住重点,在复述时照搬文本内容。由此可见,比较多的学生难以把握到故事中的关键情节,做到有序、具体地复述。

归因追索

一、学生不会完善复述支架

统编教材在课后习题中设计了很多复述支架：有图画类的，如插图、思维导图；有信息类的，如关键词句；也有问题类的、范例类的等。但是这类支架往往不够完善，对三年级的学生来说，无法使其在头脑中形成画面，从而进行详细复述。

二、学生无法提取关键信息

学生信息提取能力的高低直接影响复述的效果。提取关键信息是阅读能力的核心，但学生的阅读、生活经验不同，导致学生的能力不同，在提取文本信息的时候，常常不能判断哪些是关键信息需要被保留下来，在复述时进行呈现。

三、学生缺乏串联语言能力

复述时需要学生有较强的语言组织和表达能力，将关键的信息和词语进行串联，仅仅靠简单的复述支架，学生的语言还是比较空洞的，无法详细表达文本内容。

四、学生难以转述文本内容

转述就是让学生想象自己成为故事中的人物，围绕人物的动作、语言、神态和心理，用自己的语言来讲述。但是学生的思维经常转换不过来，不知道要站在"主人公"还是"第三者"的角度进行复述。

行动求索

统编小学语文教材选用了不少故事类文本，这类文本一般都有着清晰的行文线索，抓住时间、地点、人物，按照事情的起因、经过、结果进行。复述是学习故事类文本的一个重要方式，因为学生可以通过复述，快速理清文本脉络，对故事内容有初步的整体感知，还加强对文本内容的理解和记忆。为了解决"复述迷航"的困境，我们可以采取以下策略。

一、导航，定位复述目标

《义务教育语文课程标准（2011版）》在第二学段中提出：能复述叙事性作品的大意，初步感受作品中生动的形象和优美的语言，关心作品中人物的命运和喜怒哀乐。统编教材在三年级开始出现指向详细复述讲细节的要求，如三年级上册《在牛肚子里旅行》中"画出它在牛肚子里旅行的路线，再把这个故事讲给别人听"。到三年级下册第八单元，单元语文要素"了解故事的主要内容，复述故事"，训练的重点就是详细复述课文，要求学生在复述时对文章内容进行梳理,把握文章的结构和描写顺序,合理地选择性记忆,突出文本的要点。因此通过定位以下详细复述的目标,为学生复述路径进行导航。

(一)复述有序

明确文章是按什么顺序写,如时间顺序、空间顺序,找到表示时间变化或者空间转换的关键词句,以此理解原文的内容,做好复述的准备。

(二)重点突出

详细复述故事中的某一部分,是完整复述整个故事的基础。在复述时,应该避免面面俱到、琐碎分析,而要关注故事中的主要情节、意想不到的内容,对课文进行重点复述。

(三)表达完整

详细复述不等于背课文,需要学生用自己的话叙述。复述线索要与原文思路一致,摘引的词句语言也可与原文重要、关键的词句一致,从而进行完整复述。

二、起航,搭建复述支架

故事类文本语言生动,情节跌宕起伏,课后习题大多要求学生进行复述。思维导图是采用图解的形式和网状的结构,将复杂的信息优化以便学生理解的教学工具。[5]利用思维导图,可以开启复述故事类文本的可视化路径,从而成功起航。

但是同样故事类文本,不同的文本特点各不相同,因此复述时可采用不同的导图。如有的故事情节层层推进,可以用流程图体现情节发展关系;有的故事情节相似,可以采用并列式导图,如气泡图、树状图;故事的发展有时候是周而复始循环进行的,可采用循环式导图;情感变化线明显,始终贯穿整个故事的,用心电图能帮助学生理清情感变化,分析变化的原因;此外,还可以采用鱼骨图来表现故事发生的原因和结果之间的推进。通过导图搭建复述的网络架构,将单调的文本内容绘制为形象的图画,化繁为简,化难为易,学生更乐于接受。以下为复述故事类文本时常用的导图。

(一)流程图

流程图用来反映事物发展的顺序,结构清晰一目了然。在故事类文本中,经常可以运用流程图表示事件发生的先后顺序,分析事件的发展顺序和内在逻辑。如三年级上册《那一定会很好》中"从一粒种子到阳台上的木地板,它经历了一段怎样的历程?",学生初读完文本后,明确"它"指的是种子后,在文中相应文字的提示下,寻找到正确答案进行文字填充,借助流程图(见图5)初步理清故事发展顺序,理解大意。

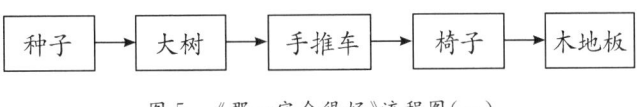

种子 → 大树 → 手推车 → 椅子 → 木地板

图5 《那一定会很好》流程图(一)

(二)心电图

心电图是以文中人物的心情起伏变化来进行绘制的,可以感受到故事情节的一波三折。在故事类文本中,情节的发展往往与人物的心情变化有着密切联系,从人物情感变化入手,把握复述的重难点。如三年级下册的《鹿角和鹿腿》中,鹿的心理活动随着情节变化而不断发生变化。因此可以通过心电图的方式绘制鹿的心情变化,加深对文本的感悟以便复述。在初读课文后,先找出鹿的四次自言自语:"咦,这是我吗?""啊!我的身段多么匀称,我的角多么精美别致,好像两束美丽的珊瑚!""哎,这四条腿太细了,怎么配得上这两只美丽的角呢?""两只美丽的角差点儿送了我的命,可四条难看的腿却让我狮口逃生!"前三次自言自语都带有叹词,表示了鹿不同的心情,第四句话结合说话时的动作"叹了口气"推断鹿的心情,绘制小鹿的心情变化图(见图6)。

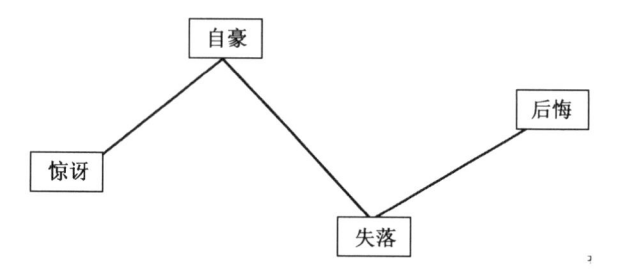

图 6 《鹿角和鹿腿》心情变化图

(三)鱼骨图

鱼骨图是以鱼身为主题增添相关内容,进行发散,不断把新知识纳入"鱼翅",实现了知识的系统性。在故事类文本中运用鱼骨图,用对比的方式推进情节发展,在对比中表现事件和理解人物形象。如三年级的《方帽子店》,课文一共有 21 个自然段,要让学生读完课文后立刻复述故事是很有难度的。因此先从故事中的人物入手,发现故事里有两类人对待帽子的不同态度,以"孩子们尝试做各种帽子经历了几个阶段?方帽子店的主人又是怎么做的?"为问题,用鱼骨图(见图 7)展现他们经历的几个阶段,体现故事情节的发展。

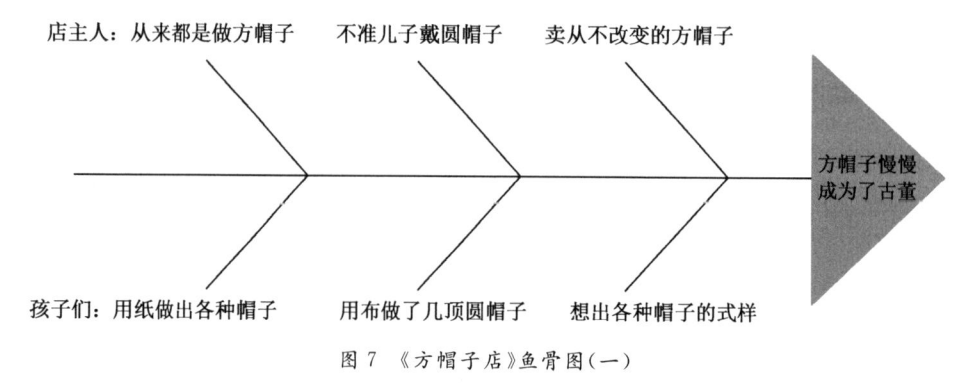

图 7 《方帽子店》鱼骨图(一)

三、续航,走向完整复述

仅仅借助导图支架,要复述清楚文中大段的语言、动作、神态描写仍较困难。因此还需要进行更深层次的训练——完整复述,对重要、关键的信息不遗漏,能够把故事的重要细节描述准确。条理清晰的思维导图及详尽的关键词语能够帮助学生在复述中依据文字和提示,还原课文。

(一)细化过程

故事中往往会借助连续性的动作、语言凸显生动有趣的主人公形象。因此复述时还要紧扣主人公的动作、心理,细化复述的支架,让复述更加完整。如《那一定会很好》在流程图中明晰种子变化的过程后,接下来关注种子变化过程中的四次心理活动,分别是"站起来呼吸空气,那一定会很好""要是能做一棵会跑的树,那一定很好""要是能停下来坐着休息,那一定很好""要是能躺下,那一定很好"。四次"那一定很好"包含了种子的愿望,将其提炼作为复述的关键词。最后再聚焦到"种子是怎样实现自己心中所想的?",关注到文中的人物——种子自己和农夫,提取重点的动词,对流程图进一步细化(见图8),从而做到详细复述。

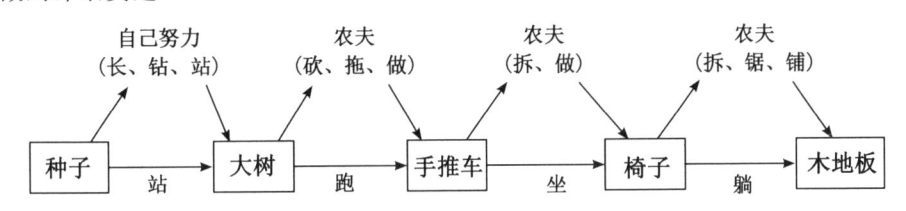

图8 《那一定会很好》流程图(二)

(二)叠加支架

单一型的支架有其妙处,但是有些课文需要多种支架的复加才能够取得更好的复述效果。如《鹿角和鹿腿》在复述的过程中,还需要借助一定的事件才能够说具体、完整,可以让心电图加上坐标(见图9),将心情变化和事件放在一起,同时关注到重点情节"狮口逃生",抓住鹿的动作"撒开腿""使劲一扯""拼命向前奔去"体会鹿的心情发生多番变化,用导图使人物心情与故事情节这两条线索可视化、立体化。

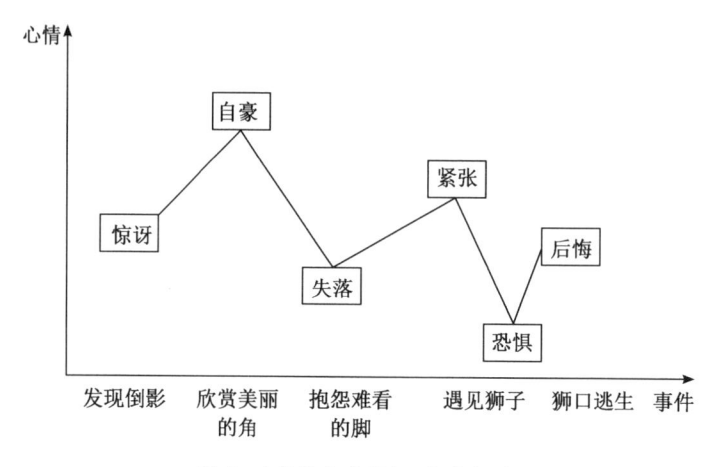

图 9 《鹿角和鹿腿》心电坐标图

（三）抓住重点

有一些故事文本较长，情节曲折，学生在详细复述时有一定困难。因此借助鱼骨图，抓住关键情节、感兴趣的情节进行重点复述。如《方帽子店》中，最精彩、生动的是孩子们和大人们发生矛盾的情节，所以可以紧扣这几个自然段，抓住方帽子店主人的表现和孩子们的经历，找到人物的动作、语言、心理描写，将原文概括出来的语句作为鱼骨图的分支（见图10），进行重点复述。

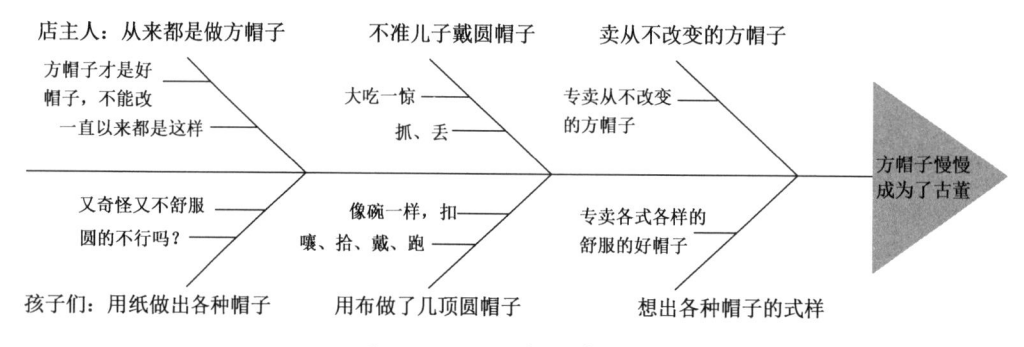

图 10 《方帽子店》鱼骨图（二）

综上所述，对于不具备完善的抽象思维能力的小学生来说，思维导图的简洁性、概括性和组织性特点对学生回顾文章主要内容、复述故事有十分重要的辅助作用。当学生面临"复述迷航"时，可以先导航定位复述目标，明确要复述到什么程度后，再借助思维导图起航，跟随可视化的路径进行复述，最后进一步细化思维导图，用详尽的关键词语帮助学生在复述时进行续航，最终让文本内容在学生脑海中变得清晰，破解"复述迷航"。

案例探索

师：有同学说"店主人只卖方帽子"的情节让人意想不到，接下来请默读课文1~6自然段，找一找，店主人和孩子们分别有哪些表现？有哪些动作、语言、心理描写？试着用简洁的语句来交流。

生：方帽子店主人从来都是做方帽子。

师：对，这是他们的行为，也可以算动作。

生：方帽子店主人说："我们从来都是做方帽子，方帽子才是好帽子，不能改的。"

师：你找到了方帽子店主人的语言，能不能试着简洁一点？

生：方帽子才是好帽子，不能改。

师：你会抓关键信息，还能用上简洁的语句。

生：小孩子们觉得"又奇怪又不舒服"。

师：你找到的是孩子们的感受，还有补充吗？

生：孩子们想：圆的不行吗？

师：这是孩子们的心理活动，也可以补充上去。这样借助导图，你能试着复述这部分内容吗？

生：这家店只卖方帽子，店主人说："方帽子才是好帽子，不能改。"可是小孩子们觉得方帽子又奇怪又不舒服，他们想：圆的不行吗？而大人们认为一直以来都是这样。

师：通过抓住"语言、动作、心理活动"能够把故事内容复述得更完整。接下来还有哪些情节也让你们意想不到呢？请你们也试着细化鱼骨图，进行复述。

生：小孩子们不喜欢方帽子，用纸做出各种各样的帽子，戴在头上。后来他们用布做了几顶圆帽子，像碗一样扣在头上，很舒服。方帽子店主人看到儿子也戴了圆帽子，大吃一惊，不准儿子戴圆帽子，就抓起帽子，丢在地上。他儿子嚷着"我要"，拾起帽子戴在头上跑了。

生：方帽子店对面开了一家帽子店，卖各式各样的帽子。方帽子店依然卖方帽子，广告上写着：专卖从不改变的方帽子。对面的新帽子店贴着：专卖各式各样舒服的帽子。顾客们犹豫了一下，最后还是进了新帽子店。方帽子店主人气得几乎昏过去。最后方帽子慢慢成了古董。

这篇课文很长，若是让学生完整复述出来有一定难度，因此先紧扣其中一个"令人意想不到的情节"进行复述。先让学生抓住店主人和孩子们的表现，从文中找到描写动作、语言、心理活动的关键词作为复述的支架，先让学生复述第一部分。接着及时总结仍可以抓住"语言、动作、心理活动"进行完整复述,暗示思考的路径,让学生独立思考后抓关键信息,复述重点情节。

参考文献

[1]金海霞.第二学段复述教学支架的优化[J].教学与管理,2020(2):45-47.

[2]杨乾妹.简要复述—详细复述—创造性复述:小学语文民间故事教学策略[J].福建教育学院学报,2019,20(12):76-78.

[3]龚文娟.故事复述,实现学生言语智慧的增长:浅谈小学阶段故事复述的有效指导[J].小学教学研究,2019(12):82-84.

[4]叶榕.品读有趣故事,落实三年级下册第八单元复述训练[J].小学语文,2021(6):57-60.

[5]万新花.结构化教学:小学叙事性文本教学中思维导图的建构策略[J].新课程,2020(48):112.

19 找准概念生长点，推翻学生的"误解"

厦门第二实验小学　陈淑敏

现场问索

小学科学课程是以培养学生科学素养为宗旨，使学生理解周围世界，建立自己的观点和想法。但学生在学习科学概念之前，他们对这些概念大都有了一定的认识和了解，所以在认知的过程中经常会出现"误解"。很多时候学生看起来掌握了科学概念，考试的时候也能正确答题，但在生活实际运用中又常常用原来的概念来分析和解释。如物体的热胀冷缩，学生对概念都很清楚，但要他们画出夏天架电缆线该怎么做，他们就蒙了。

正本洄索

"误解"是小学科学概念教学中一个比较特殊和普遍的现象，主要是指学生对一些科学概念的错误理解，或对科学现象的错误解释，而他们本人却认为自己的理解或者解释是合理的、正确的。如《井底之蛙》大家都很熟悉，说的是有一只青蛙长年住在一口枯井底，而它总以为天只有井口那么大的一块，不跳出井口，它永远也不能认识和理解真正的天空。

所以说，有些"误解"是在对周围世界长期思考的过程中构建起来的貌似合理的知识或理论。教师对学生的"误解"往往很难用科学概念的正面介绍使其自动替代，而是需要教师对学生形成"误解"的原因进行合理分析，并寻找相应的策略。

远溯博索

由于每个学生的生活经验、家庭环境和成长经历不同,他们带进课堂的"误解"五花八门,带有较强的个性色彩。学生产生"误解"的原因,主要有家庭环境、生活经验、社会因素等。孩子由生活经验的积累而产生的概念往往先入为主、根深蒂固。

其中家庭因素是孩子形成"误解"的重要因素之一。不同的家庭里成长的孩子,对一些现象的教育也会不同,例如在发生月食的时候,有的家长会告诉孩子"月亮被天狗吃了",而一些文化素养较高的家长会告诉孩子"太阳光被地球挡住了"。

笔者在中国知网能够搜索到以"误解"与"小学科学"为主题的学术性论文共有10篇,其中博士论文2篇、学术期刊8篇。由此可见,目前大家对于小学生错误前概念即"误解"的关注度极少(见图1)。

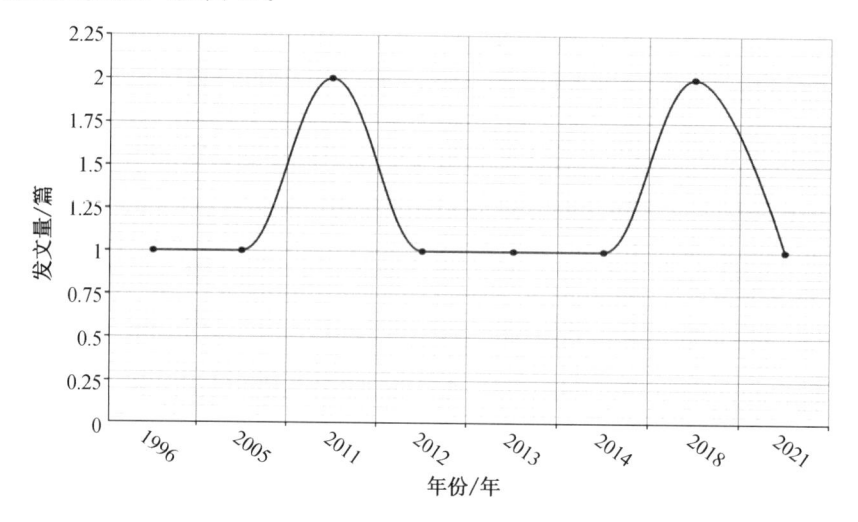

图 1 1996—2021 年 CNKI 论文发表趋势

由图1可知,在2011年和2018年关注的人较多。

叶胜红在《错误前概念——"误解"出的精彩》一文中,指出利用错误前概念,利用学生对一些科学概念的"误解",循着学生的思维开展探究,可为构建科学概念寻找到一条捷径,也会使我们的科学课呈现更多的精彩。

张庆文在《学生对科学概念"误解"的原因及对策》一文中,专门研究原因及对策,并指出"误解"是学生受外界影响,在不知不觉中产生的,不仅他们本人不知道,而且教师和家长也很难察觉到,一般没有机会是不会显露出来的,因此很容易被教师和家长忽视。

那么,我们在教学中,要重视学生的"误解",只有充分了解每个学生身上所表现的"误解",有针对性地对学生存在的"误解"进行分析,找到原因,并由此找到相应的对策,找到科学概念的生长点，学生的科学概念才能真正得到发展。

工具研索

我使用的方式是调查法，针对五年级学生制作科学知识调查表，以下是 10 个基本题调查结果的正确率情况（见表 1）。

表 1　科学知识调查表

题　目	题　型	正确率/%
地球中心很热？	是非题	80
云会跟着人走？	是非题	61
电流通过灯泡以后就被用掉了？	是非题	37
月亮会发光？	是非题	42
胃的主要功能是消化事物，吸收营养？	是非题	48
从同一高度下落两个物体，重的物体先着地？	是非题	16
热在水中是怎样传递的？	问答题	53
天上的水为什么总也降不完？	问答题	55
声音是怎么产生的？	问答题	24
物体在水中的沉浮究竟与什么有关？	问答题	7

从调查表中可以看出，学生往往对新概念有了新的认识，但在解决问题的时候又常常用原有的概念来分析和解释。我认为主要是有以下几个原因："误解"的隐蔽性、矛盾性和顽固性。"误解"很容易受到忽视，即使发现时常常相互矛盾，但在长期认知和思考的过程中建构起来的貌似合理的知识或理论，学生是无法自我发现和纠正的，并且这一现象十分普遍。

归因追索

一、隐蔽性

正由于"误解"是由学生受原知识和生活经验影响，在不知不觉中形成的。一般情况下，它们是不会显露出来的，因此不仅学生本人不知道，而且教师和家长也很难觉察到，很容易忽视。先入为主，往往根深蒂固，因而"误解"的这种隐蔽性更增加了它在学生掌握正确概念时的危害，这对教师教学是一个很大的挑战。

二、矛盾性

有些"误解"是学生在生活中逐渐形成的，或是对课外读物的片面理解，或是受他人意见的干扰，或是对某些现象的自我猜想……他们甚至会在不同的情境下，对同一事物有着不同的认识和理解。虽然这些认知互相矛盾，但由于儿童心理发展的特点，他们往往意识不到自身概念的矛盾性，更不会像成人一样做自我检讨和纠正。

三、顽固性

有人认为，"误解"不过是儿童一些不成熟的幼稚的想法，只要我们在课堂上给他们讲解清楚，这些"误解"就会自动消失，这实际上是对"误解"的一种更大的误解。众多教育心理学研究表明，小学生对自己已形成的概念的改变是十分缓慢的。即使教师给他们做了正确的解释，他们也会有意无意地抵制这种改变的发生。实际上，这也是在日常生活中常见的现象，我们成人在人际交往中"第一印象"为什么如此重要？从心理学上分析，这也是人们有意无意之中对固有概念改变的一种抵制。

行动求索

在具体的问题情境中，运用建构的科学概念解决问题，是学习科学概念的目的之一，也能检验学生对科学概念掌握的情况，在不断产生认知冲突中持续思考，在思考中不断探究，在探究中不断完善思考。

一、揭开"误解"面纱，建构科学概念

对学生的前概念教师要予以充分尊重，不能武断地否定一些错误的前概念。教师要提供尽量多的机会，让学生自己发现前概念中的错误之处。在具体教学实践中，教师可以针对学生的错误前概念开展"欲擒故纵"的科学探究活动，有时甚至要将学生错误探究的过程进行到底，乃至牺牲整节课，因为这节课的错误探究可能会孕育着下节课更大的成功。

例如，教学《晒太阳》时，老爷爷和小孩正在晒太阳，对比课本 12 页和 14 页，你发现老人和小孩的位置发生了什么变化，为什么？学生认为太阳从左边移到中间了。经过分析，他们认识到这是太阳从东方升起，从西边落下。这时教师拿出事先准备好的地球仪和太阳仪，请同学们仔细观察谁绕着谁转？学生发现地球自转是地球绕自转轴自西向东的旋转，所以在地球上看，太阳就是东升西落。东升西落是一种景象，并不是太阳自己转动了。

在上述的教学中，学生的错误前概念得到了充分的暴露，教师没有直接扼杀，而是采取了欲擒故纵的方法，使学生的思维发生碰撞，在学习过程中，学生经历了"暴露错误前

概念—验证后推翻—再推翻—形成科学概念—巩固科学概念"的探究过程。学生在概念不断修正和完善的过程中,真正体验到科学探究的乐趣。

二、引发认知冲突,建构科学概念

"引发矛盾"是通过一定的方法暴露学生错误的前概念,然后使学生明确意识到他们和别的学生想法不同,接着让学生尝试解释一个矛盾事件,引起概念冲突,最后鼓励和引导其进行认知调整,建立与科学概念相一致的新的概念模型。

如在《声音是怎样产生的》的教学中,要让学生认识"声音是由物体振动产生的"这样一个科学概念,探究活动中就经历了"暴露错误前概念—发现认知冲突—带着矛盾再探究—形成科学概念"的过程。

教学过程中,教师直接抛出问题:"你认为声音是怎么产生的?"有同学认为撕纸,"撕"能产生声音;有同学认为拍球,"拍打"能产生声音;有同学认为"撞击"能产生声音……教师将这些学生的认知一一板书出来,而后拿出了精心准备的棉花开始验证。可惜撕棉花团、拍打棉花团、撞击棉花团……都无法听到声音,于是这些"答案"被一一排除。带着疑惑,同学们开始思考,他们平时所了解的发声情况又伴随着什么样的现象?之后,通过一系列的探究与辨析认识"声音是由物体振动产生的"。

在以上教学片段中可以发现,学生在形成"声音是由物体振动产生的"科学概念前,头脑中已有了"声音是怎么产生的"错误前概念,循着学生的思维足迹,及时捕捉和利用学生的错误前概念,能有效地促进学生科学概念的形成,这样才能激发学生参与科学学习的热情,使课堂教学成为一个充满实践、探索与创造的过程。

三、自我纠正错误,建构科学概念

正如前述,由于先入为主往往根深蒂固,如果只是通过知识传递的方式,很难让学生纠正"误解"形成科学概念,所以我们一定要对症下药,让学生体会到他们的想法不合理。这里很重要的一点就是要注意这个心理过程的内化,也就是让他们自己完成纠偏的过程。引导学生挖掘问题、思考问题,探索事物的共同特征和本质属性,让他们亲手做实验,启发他们的独立思考并鼓励他们去挑战自己的观点。对于一些普遍性的"误解",还可以组织全班讨论,用辩论的形式让学生自己教育自己。在纠正"误解"时同样也需要重视学生的"内化"过程。

如在《搭支架》一课中,让学生搭建高塔。从概念上,他们知道三角形结构最稳定,但制作中总是习惯于更容易连接的四边形,导致搭出来的塔总是东倒西歪。这时,追问孩子们,那要怎么加固,塔才会更加牢固?学生在思索讨论和实践中,最终意识到三角形最牢固,并在一次次的实践后,学生终于把知识概念与知识应用融合在一起。

学生的"误解"具有一定的"顽固性",往往不会因为教师对科学概念的正面介绍而自动被替换。如果教师没有针对性地对学生存在的"误解"进行分析、讲解,指出它们的不合理性,教学是收不到预期效果的。

案例探索

《浮力》是苏教版四年级上册科学《常见的力》单元的第四课时。单元教材的编写思路是:通过结构性的材料,选择体积相同、质量不同的物体,以及质量相同、体积不同的物体,对比发现哪些因素会影响物体的沉浮状态,继而研究影响沉浮的变量(体积、质量、液体的密度)。

一、欲擒故纵

在课前,学生对物体沉浮的概念,基本上是"重的沉,轻的浮",但课上老师欲擒故纵:"真的是这样的吗?"这时,我拿起较重的木块和很轻的回形针分别轻轻地放入水中,让学生仔细观察,此时所看到的恰恰是重的浮、轻的沉,这时学生对原有的沉浮认识的前概念(重的物体沉,轻的物体浮;大的物体浮,小的物体沉)产生了质疑,事实与前概念发生了冲突,但根据经验和预测,大部分学生仍然坚持物体在水中的沉浮和物体的轻重、体积有关系。那这里面有着怎样的关系?怎样帮助学生梳理清楚关系,是这节课要解决的问题。以此激发学生的探究欲望,引起了学生更深的思考。

因此,在科学探究活动中,教师对学生提出的问题给予充分讨论,启发他们思考,最后在思考中做出合理的推论,作为实验的理论依据。

二、引发矛盾

学生意识到原先的认识是错误的,我再次追问:"那物体在水中的沉浮究竟与什么有关呢?难道和质量没关系,那又与什么因素有关?"这时我再出示另一组材料:木块、苹果块、铁夹、塑料尺、羽毛、石块、蜡烛等,它们是形状、大小、轻重都不同的材料。当学生实验后,发现有些重的、小的浮起来了,轻的、大的沉下去了。这时再次追问"物体的沉浮到底与物体的大小、轻重有关系吗"的时候,学生满脸疑惑,甚至有的学生又产生了新的误解:物体的沉浮与物体的大小、轻重没有关系。面对一脸困惑的学生,我出示了第三组材料:三个大小一样、轻重不同的乒乓球,其中两个放了数量不等的橡皮泥,进一步对比和探究。如何从矛盾点出发,在原有的错误前概念的基础上进行学习?这是本节课面临的问题,也是本节课开始探索的任务。从纠正学生的错误概念开始,一步一步地探索,让学生逐步明白现象背后的原因,认识到事物的规律。

三、对症下药

纠正学生头脑中错误的前概念,同时对学生的新概念进行奠基,学生在整个思维的发展上呈现"模糊(物体的沉浮与质量、体积有关系又好像没有关系)—>清楚(体积相同,重的物体易沉,轻的物体易浮;轻重相同,小的物体易沉,大的物体易浮)—＞再模糊(大而轻的物体易浮,小而重的物体易沉)—＞再清楚(同样体积的物体,质量越小的越容易上浮;同样质量的物体,体积越大的越容易上浮)"的过程,把学生对沉浮现象的认识引向物体所受的重力和浮力的关系。

总之,课堂是一个充满变数的地方,教学是一门遗憾的艺术。不同的班级,会有各种不同的情况,也会出现各种不同的处理形式。但是,我们的目的只有一个,就是培养学生良好的科学素养。

参考文献

[1]曾宝俊.金蝉脱壳[J].教学三十六计,2021(5):121-125.

[2]叶胜红.错误前概念:"误解"出的精彩[J].小学教学研究,2012(1):76-77.

[3]刘愈.小学科学概念教学中"错误"资源的有效利用[J].教学与管理,2017(1):49-50.

20

从0到200的"绳奇"历程，攻克畏难症"当妈"有招！

厦门第二实验小学　2020级3班　李微（吴庆儒妈妈）

现场问索

镜头一

学校积极响应国家教育政策，为增强孩子体能，告别小胖子小眼镜，跳绳运动纳入体育课的运动项目之一。对于幼儿园云端毕业的首批孩子来说，还没来得及进行跳绳的规范学习与训练，能连续跳已经不容易了，要在一分钟内跳到达标数字，更是难上加难。"妈妈，我不会跳，跳绳好难，我不喜欢跳绳……"孩子一顿号啕大哭。

镜头二

美好的人生从写字开始，俗话说得好："字如其人。"书法也可以培养孩子的耐力和自信心。孩子自中班开始学习书法，每日练字如吃饭一样，每日必不可少。练字确实比较枯燥，需要静下心一笔一画反复写反复练。某日因某个字笔画较多，比较难写。结果，孩子的小宇宙爆发啦，大声喊道："为什么要学书法，我不爱书法，学习这个有什么用啊？"

镜头三

看图写话是一年级的必修课，也是语文写作的基础和开端。由单幅图逐渐过渡到多幅图。通过观察图片将故事情节描述清楚，并发挥自己无限的想象力。孩子每每遇到写作就唉声叹气，说："妈妈，我不会写，不知道怎么写，我脑子一片空白……"

在以上的场景中，让我感觉到孩子的情绪，遇到困难容易发脾气，容易退缩。孩子的焦虑与压力让我不断反思，成长过程中如何帮助孩子克服这种畏难情绪，这对于学习成长非常重要。任何知识或技能的学习都需要循序渐进的过程，通过反复再反复的练习，才能够扎实地掌握，从而更好地运用和实践。作为父母要如何帮助孩子克服畏难情绪呢？

正本洄索

学习与生活中一旦遇到难题或者挫折,很容易知难而退,没有调整好自己的心理接受度。在孩子成长过程中我暂且把这行为称为"畏难情绪症"吧。当孩子新接触一项技能或者学习新的知识,无法在短时间内快速理解或掌握,就打退堂鼓,没有克服困难的决心,没有挑战困难的勇气,被难题所困扰造成一系列的情绪与抵触。

远溯博索

在中国知网上以"情绪管理"进行检索,国内外有130条相关文章与资讯,以"畏难心理"检索,只有77篇文章,那以"如何克服畏难情绪"检索只有61条相关内容。"畏难情绪"在儿童成长过程中尤为重要,但关于如何克服孩子畏难情绪的研究还比较欠缺,也没有比较系统地对孩子畏难情绪现象进行的研究。

作为家长的我们多数以自我角度考虑孩子遇到的问题,以成人的思维看待困难,没有平视孩子遇到的难题,没有产生共鸣。孩子遇到难题会有情绪属于正常现象,作为家长的我们要如何帮助孩子梳理困难产生的原因,寻找解决困难的办法从而帮助孩子克服畏难情绪。

整个小学阶段,儿童都处于埃里克森所述心理社会发展的第四阶段,当儿童成长到这个阶段时,希望自己能努力获得成功、得到他人的肯定。所以,抓住低年级个性养成最佳时期,是时候让"勇者"向"畏难情绪"说再见啦!让孩子拥有积极的心态,快乐欣然地接收新的知识和挑战,逐渐体会克服困难后所带来的喜悦和自信。

综上所述,在日常学习生活中,如何帮助孩子克服畏难情绪,培养一个积极向上、阳光自信的少年,对儿童心理建设有至关重要的作用。

工具研索

通过有效的方法发现孩子存在的问题,形成一定的数据分析,结合新时代的教育理念,运用有效的工具研究解决困难的办法。我通过"话聊"法对孩子日常情绪进行了解。每天多角度多思维地沟通交流,透过孩子的回答发现孩子情绪的症结,记录他的变化,对什么事情有情绪?什么会让他觉得困难?什么会让他觉得有压力?通过话聊的形式,交流中没有命令、没有指责、没有呵斥，引导孩子主动思考，提出解决困难的建议。

归因追索

从幼儿到小学时期的跨越，孩子产生畏难情绪的原因如下。

一、多变的疫情

新冠肺炎疫情来得那么突然，让人措手不及，而且全国各大城市反反复复、此起彼伏，口罩成为孩子出行的必备品，让这届孩子成为首届云端毕业的学生，幼小衔接没有充分的过渡，孩子们直接步入了小学阶段。

二、场所的受限

生活在城市的孩子周围都是高楼大厦，小区内的运动场所有限。再因为受疫情影响，仅有的公园、小区、社区运动场地等都处于封闭状态，孩子运动无去处，减少了户外运动的机会。反复的居家隔离，让成长的小翅膀处于温室，没有得到充分的锻炼。

三、家庭的因素

运动不仅可以促进儿童骨骼、肌肉的发育，增强食欲、提高免疫力，还能够刺激大脑，提升孩子的精神状态。父母如果不爱运动，又如何带动孩子动起来呢。生活常态都是"葛优躺"，孩子又如何能爱上运动呢。其实居家期间也可以通过很多亲子游戏达到运动的效果，让我们一起动起来。

行动求索

"畏难情绪"形成原因繁多复杂，要想克服畏难，培养出积极进取的孩子，不花费一定的时间和精力，不足以实现。下面来分享育儿实践的几个小妙招。

一、"有效施肥"——专业辅导

当孩子面临困难的时候，家长要帮助他寻找突破口，运用专业的方法或者寻求专业的老师取得针对性的指导，让成长的路上少走弯路，帮助他们能够迅速成长并获得自信，从而也就拥有那份快乐——获得挑战成功所带来的愉悦感。任何科目的学习要讲究方法，有的放矢，将困难的事情变得更容易接受，慢慢看到希望，自然而然就会克服畏难情绪。

通过与朋友、家长的交流，寻找专业的跳绳教练，配上专业的跳绳及适合跳跃的运动鞋。术业有专攻，专业的事情交给专业的人来做，必然会达到事半功倍的效果。孩子面对困难也会慢慢淡化畏难情绪。小树成长的过程需要养分的滋养,孩子的学习也需要家长"有效施肥"让难事变得简单。生活中有许许多多的例子,我们要发现孩子的兴趣点,给他们强而有力的支持,只要是对孩子成长有利的培养,家长要给予积极鼓励和后勤保障,成为孩子成长的"助燃剂"。

二、"洋葱理念"——逐层递进

有"畏难情绪"的孩子最大的特点就是比较急躁,遇到事情无法冷静思考,不会分析,更不要说寻找解决难题的方法。家长应该指导和帮助孩子制订短期和长期的目标,使孩子有努力的方向。幼儿心中有了目标,有了"盼头",他就会为实现目标而努力,会有动力使劲向前冲,从而体现出应有的坚毅、顽强和勇气。但目标一定要恰当,应该使孩子明白这目标不经过努力是达不到的,但稍做努力便能达到。太难或太易达到的目标都不能使孩子的意志得到锻炼。另外,目标如果是合理的,那就应当要求孩子坚决执行,直到实现为止,不可迁就,更不能半途而废。

我们学习跳绳,专业的教练通过动作分解——双脚微微离地起跳、手腕摆臂、单手摇绳、双手摇绳、前后摇绳等,逐步串联起来,先将动作做标准,再通过体能的训练如跑步、开合跳等提高体力和耐力,最后逐步提高速度。一周三次专业辅导再配合每日打卡训练,连续一个月的学习与锻炼,从未间断,就这样将看似很难的跳绳运动一步一步学会啦。

书法就从笔画开始,每日任务不多,三个笔画每个三行,21天习惯养成记也就从练字开始了。万丈高楼平地起,打好基础是根本,笔画就是汉字的基础,慢慢地练习笔画较少的字,再到笔画相对多、结构复杂一点的字,再到词语、句子、诗词、文章的抄写。同时练字工具也要逐层推进,由米字格再到田字格、方格、无线格、无线条,临摹到书写的逐层递进。

由讨厌到接受,再到自律书写每日一练。日复一日、年复一年的坚持,让语文写字课堂作业变得无比轻松,每面小红旗成为孩子的骄傲,使孩子更加自信,更加愿意坚持练习书法。卷面分基本都是满分也是小小的收获,能够在低年级将学习习惯养成好,未来必将事半功倍。

三、"镜子效应"——映射成长

每个家长都希望自己的孩子是优秀的,望子成龙、望女成凤是代代的期许。可是家长就是一面镜子,想让孩子成为什么样的人,自己首先要成为那样的人。用行动带动孩子一起成长。

我们一起跳绳、一起跑步、一起唱歌……在互动的过程中增进了亲子关系,还让自己得到了锻炼。我还采用思维导图来为我们的旅行制订计划,用豆子记录法记录我们生活的变化,就这样一点一滴地陪伴着孩子的成长,让困难在笑声中慢慢变为快乐的音符,让焦虑的心理慢慢变为快乐的源泉，让孩子喜欢去挑战。家长的行为潜移默化地影响着孩子，不需要太多的言语，只需用行动教会孩子如何做。孩子给我定下每日睡前讲故事不能看手机的目标，我给孩子定下每天写下一段话，看到的、想到的、听到的、感受到的、观察到的……哪怕只有一句话，都可以。就这样我们坚持了三个月、半年、一年，久而久之读故事、记录生活点滴成了我们生活的一部分。

同时敢于自我批评，家长做得不到位或者没有按既定目标完成也要学会自我批评，用诚恳的态度让孩子感受到自我反思、自我批评对成长过程的帮助，能够正确客观面对自己存在的问题，能够积极改正，朝着正确的方向发展。

孩子由抗拒到坚持再到喜欢，由 50 到 100、150、180……最后挑战到自己的极限，一分钟跳绳突破 200 下，任何的坚持都会收获美好。跳绳也成了每日锻炼的必打卡项目，增强心肺功能，促进生长发育，提高身体协调能力。更难能可贵的是孩子自己会积极主动完成每日跳绳打卡目标，不断去挑战新的目标。

家长由暴跳如雷到心平气和，由焦虑型父母成长为智慧型父母。父母的成长造就了孩子的进步，不再词穷与惧怕，用笔记录下的点点滴滴，成为家长和孩子最好的成长记录册。孩子的情绪管理也越来越好，遇事不慌，能够积极面对想办法，思维变得更加活跃，喜欢交流，妈妈也成为他的好朋友。

育儿的过程任重而道远，种下的希望需要我们用心去呵护与聆听，用爱去浇灌与培养，为孩子构建一个和谐而温暖的成长环境，陪伴孩子一起坚守这份意志，多给孩子"爱的雨露"，静待花开，培养出一个阳光少年。作为父母必将收获不一样的人生，必定成为人生的赢家。

21

智慧陪伴，度过"喊妈"焦虑期

厦门第二实验小学　2020级8班　伍婧（张晰钦妈妈）

现场问索

去年九月，我的孩子开始了人生的一段新旅程——上小学啦。小学一年级是一个非常重要的开端，这标志着孩子乃至整个家庭都进入了新的阶段。北京史家小学终身名誉校长卓立曾说过："小学是人生的基础，一年级是小学的基础，各位年轻的父母，拜托请一定庄重以待。"我还记得第一天送孩子入校的场面，校门口围绕着两三层一直舍不得离开的家长。"宝贝，加油！""宝贝，记得喝水！"……家长目送的不舍、藏不住的担忧，孩子软萌的表情、迷茫的眼神，带着期盼走进成长新阶段。

进入新阶段，我们很快就发现孩子早上穿衣服"喊妈"，要迟到了"喊妈"，写作业"喊妈"，整理书包"喊妈"……"喊妈"声此起彼伏，让我们心力交瘁，倍感焦虑。于是，我们就有了新的口号——"不要喊妈"。

正本洄索

初上小学，相比幼儿园班级间的独立和环抱特点，小学环境开放且分散让孩子不安；课程设置紧凑、课堂教学容量多让孩子不适应而焦虑；老师不再像幼儿园那样固定带班，小学分科教学老师走班上课让孩子缺乏安全感而焦虑；小学需要孩子更加独立地面对问题，学习处理关系，这让有些孩子无所适从……仔细探究"喊妈"背后，其实是一年级孩子对小学学习生活的紧张不适，更是孩子在这段旅途中急需家长陪伴的诉求。如何陪伴孩子更快更好地适应小学的学习与生活？如何让陪伴孩子的自己不再为"喊妈"而焦虑？在用了一年的时间去学习、去体验、去感悟之后，我发现用智慧的陪伴，才能让孩子更快地适应小学的学习与生活,才能让亲子沟通在良性的轨道上运转。

归因追索

为什么低年级孩子遇事儿总"喊妈",归根结底,有这阶段孩子自身内在特点与外在环境发生变化两个方面原因。

一、内在特点:一年级孩子的"三强三弱"(见图1)

一年级孩子有着"三强三弱"的内在特点,主要表现在:好奇心强、记忆力强、表现欲强以及自控力弱、专注力弱、独立性弱。

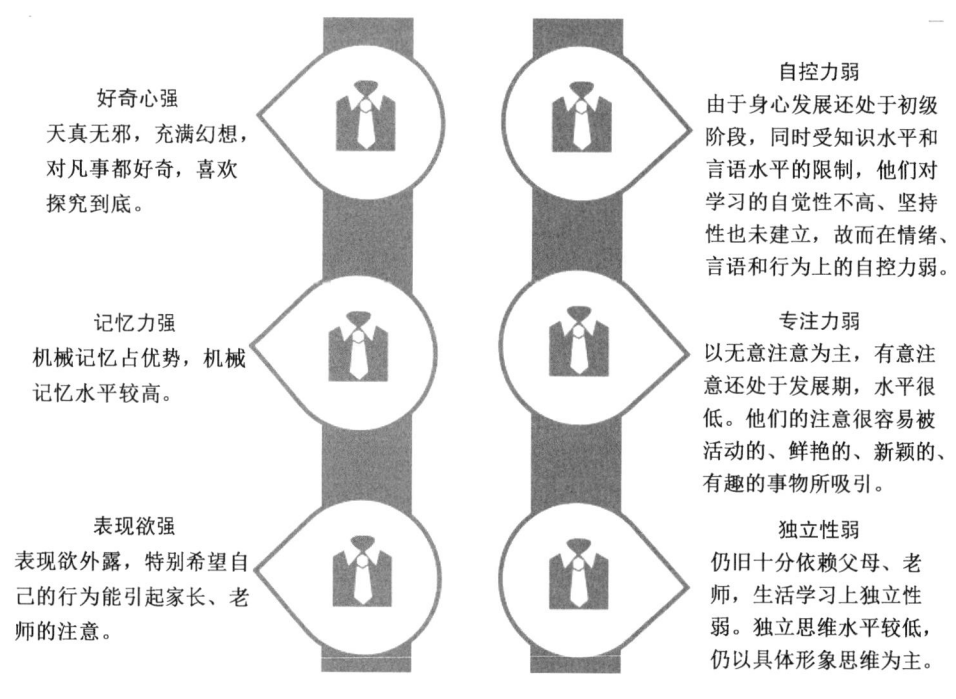

好奇心强
天真无邪,充满幻想,对凡事都好奇,喜欢探究到底。

记忆力强
机械记忆占优势,机械记忆水平较高。

表现欲强
表现欲外露,特别希望自己的行为能引起家长、老师的注意。

自控力弱
由于身心发展还处于初级阶段,同时受知识水平和言语水平的限制,他们对学习的自觉性不高、坚持性也未建立,故而在情绪、言语和行为上的自控力弱。

专注力弱
以无意注意为主,有意注意还处于发展期,水平很低。他们的注意很容易被活动的、鲜艳的、新颖的、有趣的事物所吸引。

独立性弱
仍旧十分依赖父母、老师,生活学习上独立性弱。独立思维水平较低,仍以具体形象思维为主。

图1 三强三弱

(一)"三强"——好奇心强、记忆力强、表现欲强

我们回想一下自己孩子的行为表现,比如当孩子父亲在看军事节目的时候,孩子在旁边会一直提问:美国厉害还是我们厉害?我们有这个武器吗?这个武器厉害吗?什么是核武器?为什么要放原子弹?……许许多多的"为什么",就在客厅一直回荡。他们对凡事都有着强烈的好奇心,非常乐意了解并接触一个新鲜未知的事物。这种对外界事物的强烈的好奇心,正是打开探知世界、认知世界的钥匙。

由于这个阶段机械记忆的优势,孩子们记忆力非常强。我的孩子在学习钢琴,他不

用看钢琴谱,通过反复的练习,可以完整地弹出整首较有难度的曲子。孩子背诵诗词,他甚至还不理解诗词内容,多读几遍,就可以背诵出来。我们成年人不经过训练,很难有这样的记忆力。但该年龄机械记忆的缺点也很明显,记得快,也忘得快。一首曲子,孩子较长一段时间不练就不会弹了,诗词也是一样会忘记。

"妈妈,你听我说!""报告老师!"一年级的孩子特别喜欢跟妈妈、老师"汇报工作"。我的孩子刚上小学,一回来就跟我说:"妈妈,那个同学他怎么样怎么样,我报告老师了。"我发现,尤其是在他比别的孩子强的方面,他更积极表现。好比射箭,由于有些基础,在很多还没学过的孩子中练习,他一箭射中,就会发现他抑制不住地嘴角上扬与迫不及待地开始下一箭。你也不用担心这个年龄段的孩子上课不举手不发言,在表现欲上他们真的一点都不含蓄。这种表现欲是积极正面的情感表现,带有天真、幼稚和盲目的特点,单纯的迫切希望得到别人的肯定和关注。

(二)"三弱"——自控力弱、专注力弱、独立性弱(见图2)

一年级的孩子身心发展还处于初级阶段,在情绪自控、言语自控和行为自控上能力较弱。

图2 自控力的三大方面

我还记得学校老师第一次家访,孩子知道后抑制不住的兴奋与激动,在显眼处插了小国旗、手工花,拿消毒纸巾擦茶几、收拾客厅,整个状态给人感觉就是上蹿下跳,安静不下来,这个阶段的他还不懂得该如何控制自己的情绪。这个年龄段的不少孩子喜欢在交谈时插话,一不注意就学着别人说"脏话",甚至孩子间会起哄、言语挑衅,引起冲突,都是言语自控力弱的表现。我和我的孩子提前约定,今天咱们只能吃一颗糖,但是你会发现,他在你不经意间又吃了几颗。对他来说,糖的诱惑太大,他很难控制自己吃糖的行为。

由图3可见,小学阶段的孩子注意力很难长时间保持在一个事物上。孩子写作业的时候会写一写发呆,思绪不知道飘向了何处,要不就开始玩桌上的橡皮或者笔,所以父母们经常发现孩子的橡皮没有几块是完好的,不是被切割被戳笔洞,就是莫名其妙地消失不见。

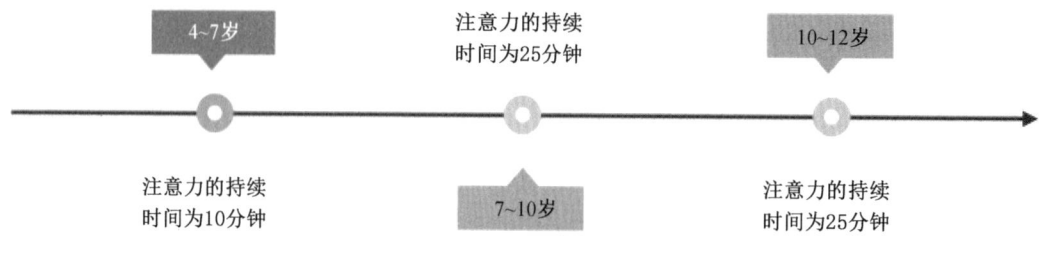

图3　不同年龄注意力持续时间

一年级孩子的独立性差，不仅仅体现在生活上情感上的依赖，更体现在学习上的依赖。这时的孩子具有了一定的抽象概括能力，并且掌握了一些概念，能够初步进行判断和推理，但思维水平总的来说仍是非常低的，仍以具体形象思维为主。具体表现如图4所示。

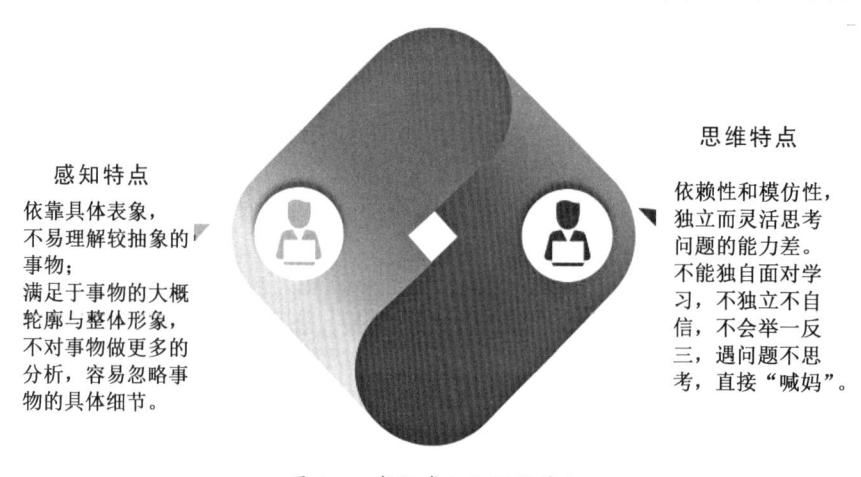

感知特点
依靠具体表象，不易理解较抽象的事物；
满足于事物的大概轮廓与整体形象，不对事物做更多的分析，容易忽略事物的具体细节。

思维特点
依赖性和模仿性，独立而灵活思考问题的能力差。不能独自面对学习，不独立不自信，不会举一反三，遇问题不思考，直接"喊妈"。

图4　一年级感知和思维特点

正如孩子们写字时容易张冠李戴，混淆形近字；在学习凑十法的时候需要小棒的辅助，才能明白凑十的意思；常常会做算术却不会做解决问题，会做字词不会做造句。

一年级孩子的"三强三弱"，是孩子自身发展的必然规律。他们此时的心智特点决定了自己无法主动地掌握学习的方法，也没有完全独自面对学习的能力。所以，"喊妈"是正常的，是必然的。我们必须尊重孩子的发展规律，捕捉他们的心理特点，在"弱"的方面帮助他们，在"强"的方面做好引导，让他从没有能力完全独自面对小学学习生活到能逐渐适应，直至最后能独自面对。

二、外在环境:四大转变带来的不适应性(见图5)

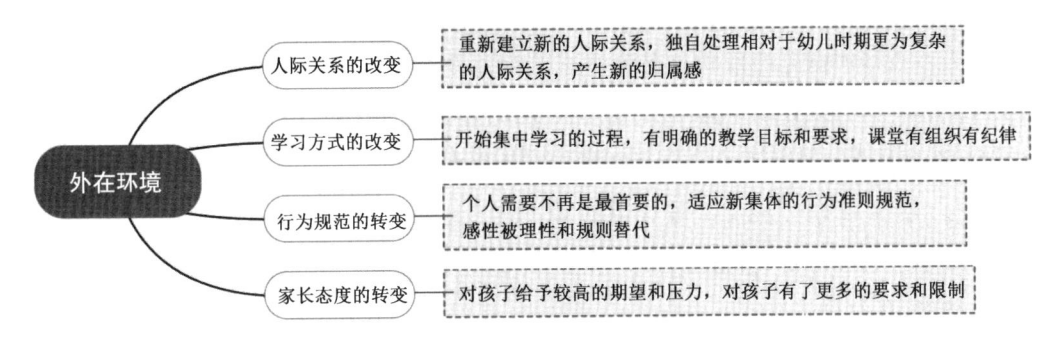

```
                  ┌─ 人际关系的改变 ── 重新建立新的人际关系,独自处理相对于幼儿时期更为复杂
                  │                    的人际关系,产生新的归属感
                  │
                  ├─ 学习方式的改变 ── 开始集中学习的过程,有明确的教学目标和要求,课堂有组织有纪律
  外在环境 ───────┤
                  ├─ 行为规范的转变 ── 个人需要不再是最首要的,适应新集体的行为准则规范,
                  │                    感性被理性和规则替代
                  │
                  └─ 家长态度的转变 ── 对孩子给予较高的期望和压力,对孩子有了更多的要求和限制
```

图 5 外在环境的四大转变

外在环境的转变,给刚刚步入小学的孩子带来诸多不适应性,很多方面需要重新开始、逐步适应。可以说,进入小学是孩子们又一次零的起步,这个起步就像孩子学走路的时候,非常需要有人扶一把。这时的家长就得"扶着"孩子,一步一步适应,最终放手让孩子独立行走。

行动求索
XING DONG QIU SUO

万丈高楼平地起,守护花开共前行。智慧的陪伴是有方向、有温度、有尺度、有力量的陪伴。这样的陪伴温暖而有规矩,引导不替代,放手不放任,有言传身教,亦有鼓励支持。我们通过勤学习、产共情、立规矩、树榜样来实现智慧陪伴,度过"喊妈"焦虑,最终实现家长与孩子共同进步、双向成长。

一、学习,让陪伴有方向

不同阶段的孩子成长和学习均有各自不同的规律,需要了解和掌握科学的理论,才能读懂孩子行为背后的困惑和需求,才能成为"及时雨"给予孩子适当的帮助。在经历孩子入学后一段时间来的"喊妈",母子经历不同程度的焦虑后,我开始通过各种渠道进行学习,对一年级段孩子的生理和心理特点以及相应幼小衔接的理论和实践进行学习研究,了解该阶段孩子的心理需求,尊重孩子的个性发展,开始探寻适合该年龄段孩子的家庭教育方式,尝试和孩子相处的模式,渐渐地,我们的陪伴有了方向。

正是这一阶段孩子自身的内在特性以及外部环境的一系列转变,导致了孩子频繁"喊妈"的现象。通过学习这些内外在因素,我们不安的心慢慢落定,为陪伴孩子指明了方向。遵循孩子发展的规律,尊重孩子的思维方式与行为习惯,维护孩子的好奇心与想象力,只有理解孩子,才能温暖相伴。

二、共情,让陪伴有温度

高情商孩子的身后,都有共情力强的父母。共情,也称为同理心,是由心理学人本主义创始人罗杰斯所阐述的概念。在陪伴孩子的过程中,懂得共情的家长,能够真正理解孩子、尊重孩子,会站在孩子的角度,设身处地地为孩子考虑,也会有效回应孩子的感受和行为,更容易走进孩子的心。懂得共情的家长要学会做到以下几点。

(一)学会控制情绪,让语言温暖有力

父母学会控制情绪、避免语言暴力,是与孩子产生共情的基本要求。在陪伴孩子学习的过程中,我们总是控制不住自己的情绪,总是忍不住把自己的不耐烦转移到孩子身上。当教了孩子好多遍,孩子还是不会,我们会脱口而出:"怎么这么笨!"当孩子拖拉磨蹭,我们会说:"你这样磨磨蹭蹭,能有什么出息!"当孩子抱怨说学习累,我们会说:"每个人都是这样学过来的,先苦后甜你都不懂吗?"……语言暴力,是摧毁孩子自信的匕首,是残忍的慢性毒药。我们以"爱"的名义一遍遍数落孩子,用"为了你好"的借口来管骂孩子。这个年龄段的孩子会全盘接受父母传递的负面情绪,并默默承受,越发否定自己,是自己不好自己不对。长此以往,孩子变得胆小懦弱、消极悲观。

父母陪伴孩子,需特别注意说话方式。当教了很多遍,孩子还是不会,我们要做的是思考原因,是这个时候孩子并不在学习状态,还是有什么其他的事情吸引了他?还是说孩子对这个知识点并没有牢固掌握?或者说是我们给他讲解的方式不对?那么我们就先休息一下,给孩子一个安静放松的学习状态。我们可以鼓励孩子:"是不是有点困了?没关系,咱们休息一下。这道题我们一定会做出来的!"

孩子做事磨蹭,是因为时间观念的缺乏,或者是专注度的不足。我们是否可以先培养孩子的时间观念,让孩子认识到时间的重要性以及如何做时间的管理者。我们可以建议孩子:"如果你在这个时间内完成了,我们就有时间一起去公园散步。没完成也没关系,我们改天再去散步。"

孩子说学习累,我们就认同他的感受,再看到他的进步,赞扬他说:"你上了一天的课,确实很辛苦。你一定是非常认真专注地上课,所以才会感到辛苦,难怪妈妈发现你越来越优秀,这一方面进步很大。"最后我们还可以给予激励和情感释放:"我们可以计划一下放假的时候要怎么安排,可以好好地放松一下。"

父母在工作生活中,需面对处理很多的事情,难免会产生负面情绪,但这都不应该转嫁到孩子身上。控制好自己的情绪、不使用语言暴力,是对孩子共情以待的基本要求。对一年级孩子多一点耐心,用积极的态度代替负面的情绪,毕竟孩子们的身心尚在发展,而这个阶段的他们已经在很努力地适应新的学习与生活。

（二）给足支持鼓励，让孩子阳光自信

德国著名教育学家第斯多惠说过："教育的艺术不在于传授知识和本领，而在于激励、唤醒和鼓舞。"与孩子产生共情，就是在理解、尊重孩子的基础上，经常鼓励和支持孩子。每个自信的孩子都有无穷的潜力，自信的孩子更加优秀。我就发现我的孩子，当我表扬他这个字写得很棒的时候，他整页的字都很棒。当我支持他做一件事的时候，他这件事就特别容易完成。所以，当孩子做了一件值得肯定或表扬的事情，一定不要吝啬自己的赞美，充分地肯定孩子的行为和成果，这样才能让孩子充满积极性与自信心。在学习生活中遇到了困难，也要给孩子一个大大的拥抱，给他信任，给他鼓舞，给他支持。父母与其苦口婆心地跟孩子说"我都是为你好"，不如说"孩子，勇敢去做你想做的事，爸爸妈妈永远支持你"。

支持与鼓励是产生共情的有效途径。让孩子感受到父母的信任与激励，不仅提高了孩子自信，更激发了孩子潜能。

（三）形成安全依恋，还孩子安全基地

在描述父母和孩子情感关系方面，很有影响力的依恋理论（attachment theory）认为："安全性依恋"，孩子会把父母当作探索外界的安全基地；"不安全依恋"，孩子在探索环境时就会表现得小心翼翼。大量研究表明，儿童时期对父母的安全依恋与儿童各方面的心理幸福感相关，而且儿童的自主性与亲近感是并存的，而非反向用力。安全性依恋不会促使儿童延长对父母的依赖，而会在成长过程中形成一种自主健康的感觉，更加幸福自信地走向外部世界。

让刚踏入小学的孩子形成安全依恋，把父母当作"探索外部世界的安全基地"，这样的亲子关系为孩子带来安全感、信任感和舒适感。在孩子需要父母的每个阶段，我们在情感上和行动上给予孩子回应和支持。可以说，形成安全依恋的亲子关系，更容易产生共情。

我们都深爱着孩子，正如孩子深爱着我们。当孩子适应小学生活的过程中"喊妈"持续不断，千万不可太焦虑，让我们用温暖智慧的语言代替暴力的语言，用积极的态度取代消极的情绪，多听听孩子的心声，多支持鼓励孩子，用自己的耐心带给孩子信心，理解孩子、尊重孩子。共情一定会带来温暖，有温度的陪伴是父母给孩子最甜蜜的爱。

三、规矩，让陪伴有尺度

很多家长在立规矩这件事情上很纠结，认为应该给孩子一个自由的童年，不能让规矩束缚孩子的天性。而当孩子真的任性发脾气，甚至在公共场合捣乱，让自己非常难堪的时候，又觉得还是给孩子立规矩比较好。

（一）爱在左，规矩在右

家长到底要不要给孩子立规矩呢？没有规矩，不成方圆，这是人类社会的基本准则。规矩的遵守，规定和支配着人的行为能力，赋予人类权威，是代际传承的需要。家庭教育中，规矩应该成为每位成员心中自觉的价值尺度和行为准则。同样，自由承认界限和规矩，承认给定的、在行使个人意愿时必须加以尊重的东西。自由和规矩并不矛盾，所谓自由并不是放任自流，而是建立在规矩约束之下的自由；所谓规矩，并非威胁恐吓，而应是以尊重儿童发展规律为出发点的行为规范，在一个合理范畴内给予孩子自由。

一年级是孩子规矩意识形成的关键时期。儿童遵守规矩，是一个"了解规矩、形成习惯、认同内化"的过程。儿童是学习生活的主体，需在理解的基础上，认同、内化规矩并在生活中遵守，才能很好地调整和控制自己的行为。父母不仅要给孩子立规矩，还应该在孩子人身安全、生活习惯、社会适应、道德品质等方面给孩子以全方位指引。

（二）规矩制定与遵守的原则

安全性原则。规矩是为了维护自身与他人的人身财产安全、社会发展稳定有序而制定的，是需要遵守的。比如，在公共场合不大声喧哗、过马路要看红绿灯、要走人行通道，骑电动车要戴安全头盔等。我们和孩子一起学习的安全教育，就有很多是必须遵守的规矩。

教育性原则。根据不同年龄不同阶段的孩子，制定的具有指导意义的规矩，既有稳定性又有可变性。有利于培养孩子的良好习惯和个性品质，又能充分提供机会和自由。比如上课不迟到早退、勤洗手戴口罩、国歌一响立正行队礼等。

社会伦理性原则。为了更好地实现某一行为，遵循社会伦理原则而制定的规矩。比如要孝顺老人、学会和朋友分享、与弟弟妹妹友爱等。

（三）规矩制定与执行的智慧

规矩在于心，更在于行。让抽象的规范要求落实到形象的生活细节中。规矩的形成，前提是表达界限、建立秩序、保护自由。这个规矩孩子是否能接受，是否能很好地遵守。在行动的时候，是否有碰到难以进行的困难。关注孩子的行为细节，循循善诱，把口头上的规矩，转化为行动。

例如，孩子又一次迟到了，我很生气，我大声地跟孩子强调不要磨蹭、一定要做个守时的孩子。但孩子接收到的可能只有我的负面情绪，觉得"我迟到了，妈妈很生气"，并没有认识到规矩的真正意义。这时，我就要与他探讨，找到解决迟到的方法。我和孩子先一起看了《老狼，老狼，几点了》，让孩子认识什么是时间。然后再一起阅读《金老爷买钟》，告诉孩子时间是会很快流逝的，我们要珍惜时间。最后和孩子一起制定了作息时间表，还给孩子配备了一个小伙伴——小闹钟，让小闹钟做我们的好朋友，帮助提醒我们。

这样,通过具体的行动,孩子懂得了守时的规矩,真的就再也没有迟到过。

长期坚持与灵活弹性的合理运用。家庭规矩一旦制定,就需要全员参与,长期坚持,循序渐进。遵循规矩应是"顺乎天性,导之有方"。遵守规矩,不代表刻板地、一成不变地执行规矩。比如客人来家里做客,孩子是否可以晚点睡觉?当然可以。但同时要告诉孩子规矩灵活调整的原因,让孩子明白不同环境和不同行为的关联,这样他们就能知道,规矩制定后得长期坚持,只有在特殊情况下,规矩才可以改变。

宽严相济、掌控尺度。儿童教育学家普遍认为,对孩子应当宽严相济,既不一味地强求孩子服从自己的管教,也不纵容孩子不好的习惯。过于严格的规矩会成为孩子的心结甚至阴影。一些孩子根本不想做的,出于家长的权威和强迫不得不做,反倒令孩子逆反。对于一些规矩,家长和孩子可以共同商讨。比如我和孩子一起分析看电视的利弊,商量该如何看电视才能解决看电视带来的弊端。讨论完成,孩子自己给看电视立个规矩:周中不看电视,周末可以看两个20分钟。帮孩子找到更适合自己的规矩,孩子更能愉快地遵守。

大文学家高尔基曾说过:"溺爱是误入孩子口中的毒药,如果仅仅是为了爱,连老母鸡都能做到这一点。"溺爱是低本能的爱,真正的爱是理智高尚、有尺有度的爱。用正确的方式方法帮助孩子立规矩、守规矩,让他们做事有方法有分寸,减少适应期的焦虑,"喊妈"的频度自然随之下降。因此,父母有尺度的陪伴才是对孩子最理智的关爱。

四、榜样,让陪伴有力量

法国作家卢梭说过:"榜样!榜样!没有榜样,你永远不能成功地教给儿童以任何东西。"托尔斯泰曾经说过:"全部教育,或者说千分之九百九十九的教育都归结到榜样上,归结到父母自己生活的端正和完善上。"父母以独有的方式给孩子以最早和最持久的影响,孩子对未来的憧憬、对人生的规划,很大程度上源于父母。好的父母,不应只有天生的权威,更应有榜样的力量,让孩子在人生路上获得更大的助力。

(一)好的榜样重在言传身教

镜像机制是我们解读他人行为的基础,它让我们潜意识里就拥有复杂的模仿、学习和感受他人情绪以及行为的能力。孩子从小就拥有模仿的天性,这也是镜像机制的反应。再加上在孩子三岁到十二岁,对很多事物有了自己的认知,但是很浅显,需要父母的正确引导,这个时候的父母在孩子眼里就是导师。

言传——告诉孩子怎么样做对、怎么样做不对,循循善诱、谆谆教诲。身教——以身作则,用自己良好的行为影响孩子。在学习生活中,我们可以发现,父母说的每一句话,做的每一件事,都在潜移默化地影响着孩子的成长。

每天用餐前后,我们一起整理餐桌物品和餐具;每次学习前,我和孩子一起整理书桌,干干净净的桌面才有学习的欲望,才能提高专注度;完成学习后也要整理清楚,代表着自己一天学习的结束以及对新一天学习的期待。而对孩子和自己每一天的生活学习，我都有做笔记的习惯，一是提醒自己不要错过当天的工作、学习任务；二是想告诉孩子如何合理地安排自己的一天，做时间的管理员；三是想把积极生活的态度传达给孩子，我们都要很认真地对待每一天。

居家学习的科学课有个关于二十四节气的作业单，孩子向我请教。于是，我带孩子画了24张节气图，抄写了24首节气童谣，让孩子了解每一个节气后，我才让孩子去回答作业单上的每一个问题。朋友问我花了这么多时间有没有必要呢，直接百度搜索一下不行吗？我说这时间花得有意义，孩子不仅学习了知识，还看到了我对待学习的态度。我想以后他遇到了难题，至少也会这样用心对待。

一年级孩子最关键的就是要养成良好的学习生活习惯，如果父母能发挥榜样力量，用自己的实际行动影响，孩子良好习惯才能更好地落地生根。

（二）好的榜样更应严于律己

我国古代著名的思想家曾子说过："欲齐其家者，先修其身；欲修其身者，先正其心。"他强调做人要忠诚老实，严于律己，并用这个原则对待和教育孩子。我的孩子在一年级下学期的语文课上学了一句话，叫"己所不欲，勿施于人"。有一次他用这句话教育了我，让我感受颇深。那次是看到孩子一直在看电视，一集接着一集，我制止了很多遍都不听。当我要强制性关闭的时候，他就对我说："妈妈，让你少看手机你都不听，己所不欲，勿施于人，你自己都做不到，为什么我就要做到呢？"我当时很诚恳地跟我的孩子道了歉，承认了自己的错误，接着我给我的手机设定了使用时间。我跟我的孩子说："我控制看手机的时间，你控制看电视的时间，我们都要懂得适可而止，互相监督，可不要再中手机、电视的毒啦。"

可见，孩子时时刻刻都在学习我们的一言一行，好的坏的他都不会错过。因此我们在陪伴孩子的同时，对自己也要有一定的约束，不能严于教子而宽于律己。试想，我们刷手机玩游戏、不读书不看报；我们做事马马虎虎、不思进取；我们成天唉声叹气、负能满满，如何能要求我们的孩子勤奋上进、认真仔细、乐观开朗？

（三）好的榜样还需精进不休

一年前，政协委员提出的"建议父母持合格证上岗"话题一出，就冲上了热搜，很多网友纷纷表示支持。前段时间，新东方转型将开设"优质父母智慧馆"培训家长的话题，又引发了大家的热议。家长需不需要培训后持证上岗并不重要，重要的是成为家长、成为孩子的榜样，就是一个需要长期学习，不断进步、不断反思与改进的过程。

坚持学习，我们要学的知识有很多。孩子读小学以后，我又重拾了汉语拼音，普通话也标准多了，并纠正了好几个汉字的书写笔顺，好几首背不全的唐诗居然也背全了，甚至对"举一反三"产生了浓厚的兴趣。与孩子一起学习，其乐融融。

常常反思，我们学的还不如孩子。有一次，喜欢历史的孩子，问了我几个问题，妈妈你能分清楚刘邦、刘秀、刘备吗？你知道他们分别是哪个朝代的开国皇帝吗？我没有答上来，因为我当时确实分不清楚。然后就看到我孩子满脸失望地走开。一边走还一边嘟囔："下次还是问姥爷吧，反正你也不懂。"很多时候，我们反思自己的确不如孩子，由于没有温故知新，没有持续性学习，我们很多知识都已经遗忘了。这学期开始前孩子给我制定了阅读目标，这个学期读三本书。我当时看到这个目标，觉得太简单了，三本书，那不是轻而易举的事情。而这个学期快过去一半了，我却只读了一本不到。孩子们能每天坚持课外阅读至少半小时，我却做不到。是我放不下手机、放不下所谓的忙，所以连自己静一会读读书的时间也挤不出来。深刻检讨，反思自己做得还不如一个孩子。

不断改进，迈开前进的步伐。为了配合孩子学习，我学会了各种学习软件，学会了拼图、视频剪辑、公众号编辑等。为了不再被孩子认为"史盲"，我也开始读孩子的历史漫画，关键地方我还做了小笔记。为了增加我阅读的时间，我在床头摆了几本书，提醒自己：阅读吧，妈妈。

孩子们虽然才刚刚开启小学的学习生涯，但他们在学习的路上会不断前进，在成长的路上会勇往直前。父母作为孩子最直接的榜样，严于律己、言传身教，通过不断学习、反思和改进，用无穷的榜样力量照亮孩子的人生之路，引领孩子们心有阳光、一路向前。

今年，我的孩子读二年级了，他已经渐渐适应了小学的生活。他开始勇敢地竞选自己的小岗位，开始积极参加校内外的活动，学习时认真专注，玩耍时开心活泼。孩子和我也已平稳度过"喊妈"焦虑期，不再焦躁不安，各自开始静下心来学习、工作。我发现在陪伴这件事情上，只有父母真正学习，读懂孩子这个阶段的特点及需求，和孩子产共情、帮孩子立规矩、为孩子树榜样，才是有方向的、有温度的、有尺度的、有力量的陪伴。智慧的陪伴才会让父母和孩子相亲相爱、携手共进、双向成长。

让我们紧紧握着孩子的手，一起开启小学的学习生活之旅，静待花开，静守成长！也祝福每一个孩子眼有星辰大海，心有繁花似锦！

参考文献

[1]于东青.给孩子立规矩难，家长怎么办[J].教育家,2020(7):18-19.

[2]张丽云.小学生学习自控力干预策略效果检验分析[J].教学管理与教育研究,2018(21):91-92.

[3]徐晓兰.需要成长的不只是孩子[J].思想理论教育,2011(8):25.

[4]苏自己.双减之后，一年级孩子的培养指南[J].人人健康,2021(10):52-55.

[5]菲奥娜·默登.镜映思维：人在社会中的自我形成[M].北京:人民邮电出版

社,2021.

[6]苏珊·施蒂费尔曼.陪伴孩子,和孩子一起成为更好的自己[M].厦门:鹭江出版社,2016:138.

[7]罗伯特,斯滕伯格,等.心理学改变世界:当代心理学100杰[M].张卫,等,译.上海:华东师范大学出版社,2019:8,178-179.

[8]边玉芳.青少年心理危机干预[M].上海:华东师范大学出版社,2010.

[9]尹建莉.好妈妈胜过好老师[M].北京:作家出版社,2009.

打破"高光心态",韧心成长

厦门第二实验小学　2017级6班　程芊语

三年级的秋季运动会上,女子200米决赛即将拉开帷幕,在老师和同学们震耳欲聋般的助威呐喊声中,我昂首挺胸,一路狂奔,犹如离弦之箭,第一个冲过终点。正当我和同学们激动地拥抱在一起,欢呼雀跃庆祝胜利时,裁判员突然宣布:"第一名窜道,取消比赛成绩。"这句话犹如当头棒喝,霎时间,满心欢喜的我像被人从头到脚泼了一盆冰水,一下子蒙了。我一时间无法接受这个残酷的现实,眼泪瞬间夺眶而出,哭得上气不接下气,眼睛都哭肿了。班主任李老师紧紧抱住了我,像妈妈一样温柔地安慰我,我的心久久不能平复……

因为难以承受一次偶然的失败而导致自己心态失衡,输不起,我将这样的心态称为"高光心态",习惯于平时优秀的表现,好胜心过强,不能很好地平衡自己的心理,过度看重结果,忽视了过程的快乐和收获。

为什么会有这样的"高光心态"呢?我回顾自己的成长历程。

一是被溺爱的"玻璃心"。从小,我所有要求和愿望几乎都能被满足,也从没有遭遇过失败与挫折。在家,全家都要围着我转,所有要求都会轻而易举得到满足……在学校,我的学习和表现也受到老师同学们的肯定,失败是什么,我没经历过。这些都导致我对自己盲目自信,骄傲自大,一旦遇到挫折或失败就会产生极大的心理落差。

二是被关注的"虚荣心"。当我有了羞耻意识及各种复杂情绪后,更多的是为了赢得成就感和安全感,得到爸爸妈妈和老师更多的关注和肯定。大家对我的夸奖,使我变得特别在乎别人的眼光和评价,我害怕老师和同学们对我失望,更不敢面对周围人的批评或嘲讽。当我感受到周围人对我的失望或指责,心里忍不住感到沮丧和难过。

这样的"高光心态",让我越来越输不起,我讨厌这样的我,世上无难事、只怕有心人,我立志要改变我自己。那要怎样改变呢?

一、走出去,看看世界

爸爸妈妈和我说:仰之弥高,钻之弥坚。在家里大家都是围着我转,在班里我似乎也是老师眼中的星星,可是走到学校里呢?走到社会上呢?甚至放到整个人类的历史里呢?

爸爸妈妈带着我走出去,看了很多很多,登上阿尔卑斯的崇山峻岭,我才知仰止无穷;见过西太平洋的广袤无垠,我方知有容乃大;去过栩栩如生的自然博物馆,我才知生命世界波澜壮阔的演化历程;到过气势磅礴的紫禁城,我方懂"寄蜉蝣于天地,渺沧海之一粟"……这一切,都让我为之震撼,在自然和历史面前,自己真的好渺小啊。我慢慢静下心来,去读名人传记,见识他们的人生百态;去听上下五千年,探寻历史的跌宕起伏;去看奥运会直播,见证奥运健儿的百折不挠、奋勇拼搏。从那些成功的人身上,我看到他们都拥有一颗强大而坚韧的心。

我才渐渐明白:其实,我也没那么优秀,我不足的地方还挺多的。别人比我还优秀,他们都难免失败,更何况我呢?他们失败都能重新振作,我又有什么理由趴在地上不起来呢!我要丢掉我的虚荣心,重新加油!向上向上向上!也是这股冲劲儿,让我终于走出了那次比赛的阴影,拥抱了属于自己的阳光。

二、多体验,享受过程

与其临渊羡鱼,不如退而织网。经历了上次的事件,我开始慢慢转变自己看待生活的视角。

参加任何活动前,我把注意力放在准备工作上,"凡事预则立,不预则废",我会做好充分的准备,不打无准备之仗。活动过程中,我会全情投入、全力以赴。尽自己最大的努力去享受活动中的乐趣,同时在活动中我会告诉自己一定要尽力做好每件事,不去要求最后的结果。活动结束后,我会全面总结回顾整个过程,我学会了什么,感受到了什么,收获了什么,不用唯一的标准去衡量得失,而是多角度、多维度分析感悟。比如上次运动会,事后我总结出窜道(见图1)的客观原因是练得太少,没有看清跑道;主观原因是急于求成,忽略了赛道的变化。而我要努力的方向就是多跑弯道,掌握转弯的技巧,合理分配体力,终于,功夫不负有心人,来年我重拾第一,名副其实地站在了冠军的领奖台上。

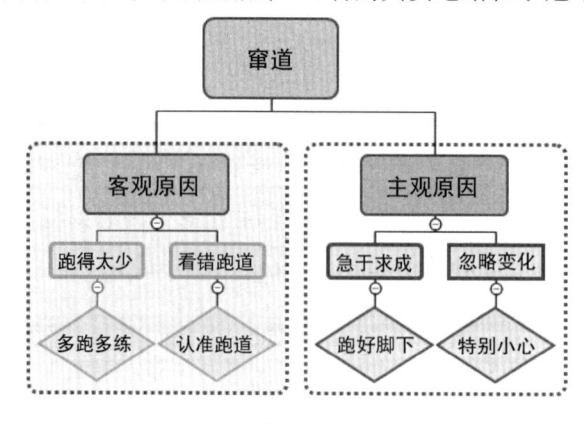

图 1　窜道原因分析

可见,踏上跑道是一种选择,冲出起点是一种勇气,驰骋赛场是一种拼搏,执着坚持也是一种胜利。失败不可怕,只要汲取教训,不气馁,好好把握当下,下次我一定能做得更好!

三、平常心,降低期待

后来的每一次活动,我都预先提醒自己,重在参与,结果不重要,我是来体验的,我不要求自己最后一定要得奖,而是尽力完成就好。不断地告诉自己今天的目标就是尽自己最大努力完成这件事,于是结果就成了我每次活动的额外奖励,锦上添花的比赛结果固然会令我欣喜,但我再也不会一味地追求结果了!

不过我还是会给自己立小小的"Flag",如果完成了,我就自己奖励自己,满足自己一个小小的愿望,然后循序渐进地超越自我,鞭策自己不断进步。如果失败了,我就去运动、画画、跳舞或听音乐,它们都是调节情绪的好办法(见图2)。有时候疯跑一会儿,就能把烦恼抛之脑后;画一幅色彩斑斓的画作,可以让人心情明媚;而纵情唱歌或弹古筝,可以让我忘记一切不开心的事,陶醉于音乐的海洋。

图 2　情绪调节小妙招

在这样一次次的活动中,我也开始习惯"失败",渐渐明白,有些事情结果并不重要,尽情地享受过程中的收获和成长才是最重要的"成功"。王阳明先生说:"知是行之始,行是知之成。"每一次的挫折,都是一次难得的锻炼机会,能够帮助我们提升对挫折的承受力。

四、向前看,韧性生长

上次比赛过后,我没有因为一次失败而气馁,而是重整旗鼓,越挫越勇,我觉得这就是"心理韧性"。那要如何培养"心理韧性"呢?我总结了一套"强心四步法"(见图3)。

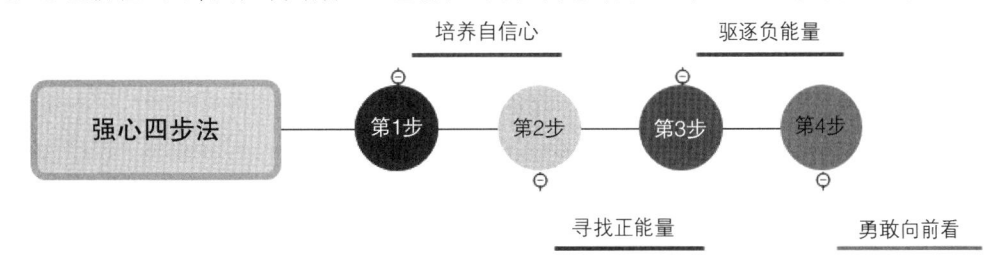

图 3　强心四步法

第一步：培养自信心。平常要多开口表达自己的想法，课堂上大胆举手发言，不用担心回答错误，心理就会慢慢变得"强大"。

第二步：寻找正能量。我在上台演出或主持节目时，台下的观众形形色色，而我只捕捉那些对我充满期待的眼神。每当从他们流光溢彩的眼眸中感受到肯定和鼓舞，我就立刻放松下来，继续勇敢地表现自我。

第三步：驱逐负能量。如果遇到挫折或困难，我会先放平心态，深呼吸，及时释放压力，必要时寻求父母或老师的帮助，千万不能憋在心里。我会冷静分析遇到的问题，寻到根源，逐个击破，这样使自己战胜困难，重拾信心。

第四步：勇敢向前看。我们要向前看，以后的机会还有很多，人生是一场长跑，以后参加的比赛可多了，这次没比好，我们可以总结经验，多训练，多提高，下次做得更好，古话说得好呀，屡战虽然屡败，但是屡败更得屡战呀！乐观些，积极主动些，三年级虽然没为班级争取荣誉，但我后面也成功地代表班级站上了领奖台呀！

总之，人生是一列徐徐而行的火车，前方有我们为之心仪的归宿，身后亦是花草葱茏的往昔，而我们所能做的，就是好好享受旅途中窗外的风景。过程，往往比结局更重要，享受着过程，可以得到比结果更珍贵、更充实的人生体验。无论是大家面对自己的输赢，还是爸爸妈妈面对我们的输赢，都要保持一颗平常心，有了这种平常心，眼前的世界一定会是"柳暗花明又一村"！

发展学生，
遇见教育的未来

23

指"点"迷津，挣脱"刻板作业链"

厦门第二实验小学　赖斯婕

现场问索

自"双减"政策落实以来,学生的作业量减少了,但是作业完成的质量并没有提高。在延时服务时,我常近距离观察学生的写作业情况。在观察过程中,我发现有一部分同学在完成语文作业时并不专注。为此我特别关注过A、B两个学生,A学生在抄写课后的13个词语时,大概用了半个多小时,这期间我巡视了教室两趟,每次驻足在他身边时都发现他在玩手中的笔,提醒后才能提笔抄写;B同学在默写,速度倒是很快,只可远观,近看则发现书写潦草,错字百出,本子被他丢在角落,他丝毫没有想再看一眼的意思。像这样的行为并不是个别现象,甚至在所谓的"优等生"身上也有发生。在班级里看到如此情景,我的第一反应是学生的态度不端正,对作业应付了事。但坐下来细细地思考了这个问题,我开始反思:是什么原因让学生对作业的态度越来越糟糕呢?

正本洄索

基于这样的思考,我对学生的作业现象进行了一段时间的观察,发现学生每日做作业时就像流水线上的工人,只要按照程序制定好的套路,流水组装作业内容即可,隔天上交作业,老师批改、订正。笔者将其定义为"刻板作业链"现象。

"刻板作业链"现象指的是学生缺乏主动学习与思考的过程,简单、呆板地完成一系列语文作业,并存在课课反复重复作业套路的现象。主要表现在以下三个方面。

一、畏难的作业态度

学生不管作业完成的质量,也不会主动通过查资料来答疑解惑,觉得只要做了能应付家长和老师即可。

二、疲惫的作业情绪

常年不变的读读、写写、背背,使学生产生面对作业的疲劳感,失去耐心。

三、片面的作业思维

对于作业的目的是什么,做什么样的作业能巩固知识,提高自己的能力,学生不曾思考,也不会回答。

远溯博索

一、国内相关研究

截至 2021 年 12 月,以"小学语文作业现状"为关键词在中国知网进行精确查找,共检索到 134 篇论文,呈现逐年递增的情况(见图 1)。

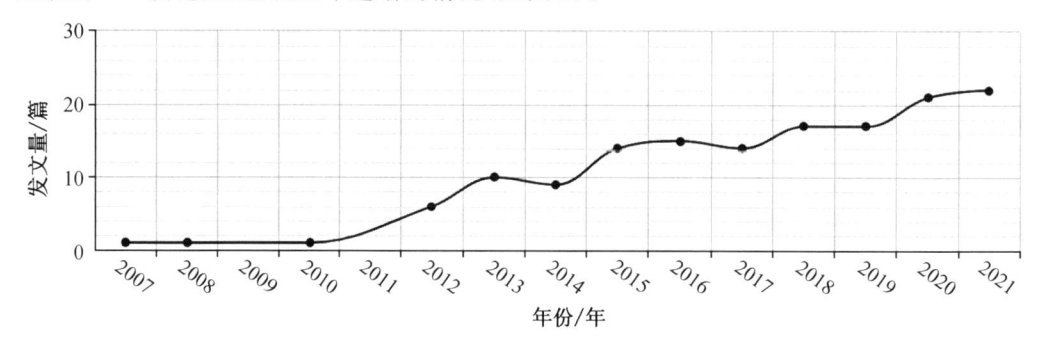

图 1　2007—2021 年 CNKI"小学语文作业现状"文献发表趋势

对作业内容现状进行研究的大都为研究生,综合 2019 年以来的相关研究表明,作业内容存在以下四个共性问题:一是单调固化,二是机械陈旧,三是指向应试,四是评价单一。

对学生的作业心理研究最深入的是上海市教育科学研究院实验小学校长方臻和上海市教学科学研究院普通教育研究所副研究员夏雪梅。两位专家从"学生心理机制"的角度详细地探究了学生面对作业的心理及影响因素,并从"常规作业""分层作业""单元作业""长周期作业"这四个方面进行改善学生作业心理的策略研究,具有科学性和全面性,有较强的借鉴意义。

对作业设计理念有较多经验的魏书生老师提出"学生自主布置作业"的观点,从而提高学生的参与度;王崧舟老师提出"主题整合,表现本位"的设计理念激发学生的言语潜能。

二、国外相关研究

19世纪德国幼儿教育家福禄贝尔在教育领域首先提出"作业"这一概念,并进行了系统的阐述;20世纪意大利的女教育家蒙台梭利在此基础上进一步发展,把作业作为学前教育的重要内容,他们是"作业即游戏活动"思想的主要代表。17世纪开始,捷克的夸美纽斯、瑞士的裴斯泰洛齐、德国的赫尔巴特和苏联的凯洛夫等人重新界定了作业的功能和内涵,他们认为作业是对教学中知识与技能的巩固,即"作业即教学巩固"的思想。之后以杜威、克伯屈等为主要代表的近代教育家,则更多地从课程角度,将作业作为达成课程目标的一种学习活动,即"作业即学习活动"思想,比较系统地论述了作业的价值和设计方法。还有一些教育家把作业作为一种评价任务,典型代表有泰勒、布鲁姆和加涅等。

综上所述,国内外教育家对"作业"的类型、功能、影响等方面进行了大量而长期的研究。自"双减"以来,学者们对作业的现存问题提出了不同程度的见解,趋于相同的有三点:一是作业的单调,二是形式的简单,三是评价的单一,这是本篇提出的"刻板作业链"的研究背景。

工具研索

问卷法:借助问卷唤醒学生对作业的正面关注,可以从不同角度收集到较全面的数据。

1.下面作业中,你经常需要完成的是哪几项?(　　　)(多选)

A.抄写词语　B.默写段落　C.给字组词　D.摘抄好词句　E.日记　F.课时练习

G.梳理课文内容思维导图　H.单元复习思维导图　I.探究性实践学习

2.你对第一题中选择的作业感兴趣吗?(　　　)

A.非常感兴趣　B.一般感兴趣　C.不太感兴趣

3.你觉得老师布置的这些作业难度大吗?(　　　)

A.比较简单,完成时间短　B.有点难,需要思考　C.很难,我经常完不成

4.你喜欢什么类型的作业呢?(　　　)(多选)

A.抄写默写类　B.习作类　C.阅读理解类　D.动手探究类

本问卷针对三年级350位学生展开,共回收问卷328份。对这些问卷进行调查分析,第一题中选择A、B、C、F这四个选项的学生达到95%以上;选择E、H这两个选项的学生不足40%;选择I的学生不足10%。第二题中选择A选项的学生达到13%,选择B选项的学生有48%,选择C选项的学生有39%,可见学生对作业的兴趣并不浓厚。第三题中,选择A的有37%,选择B的有49%,选择C的有14%。由此可以得出:课内知识

性作业所占比重大,大部分学生觉得简单。

在最后一道选择题中,出现了两极分化的情况,选择 A 的有 33%,选择 D 的有 36%,选择 B 的有 11%,选择 C 的有 20%。由此看来,有相当一部分学生喜欢简单的作业,喜欢动手探究的也不在少数,不喜欢写又难又长的作文。

第一题和第四题是有关联性的,从第一题中选择 I 的人数最少,到最后一题选择 D 的人数最多,可以看出,学生对这一类探究性作业是有兴趣的,但是因为各方面原因,却是最少布置的。

归因追索

在问卷调查中,我们发现"刻板作业链"反映出两个大问题:一是课内知识性作业所占比重大,大部分学生觉得简单;二是目前作业的设置对学生思维能力的发展是有局限性的。针对以上问题,从学生的角度进行原因分析,主要有以下几点。

一、目的的模糊性

因为作业存在被动性,所以学生更多的是接受,而不是思考我要做什么样的作业,做这样的作业有什么作用,因此当问及不同作业的目的时,只有"空大"的理想化口号。

二、能力的差异性

学生的个体差异较大,有的学生面对简单的作业,并无法从中获得能力的提升;而有些学生完成基础作业都存在问题,同一个知识点要反复重复好几天进行巩固。

三、心理的复杂性

强烈的上进心和惰性之间的较量持续不断,很多时候,感性的心理打败理性的头脑,很多学生选择完成作业即可。

行动求索

"作业"是联结课堂与课外、学习与生活的综合性活动。在语文要素与学科核心素养的统领下,笔者认为应将单元作业设计贯穿学生的单元语文实践活动。语文大单元作业设计改变了知识中心、教师中心的作业设计,坚持以学生的学习为中心,以发展学生的语文素养为本。在充分分析单元内容的基础上,聚焦学生的语文素养,合理设置单元作业目标;围绕作业目标,以变式作业统领学生语文实践活动为主线,重组作业内容,实现多种教育元素的融合。这样的设计不仅改变学生"被动式作业"的行为,还能提高学生的学习效率,促进学生习惯、品格的养成,最终指向语文素养的提升。

在研究过程中,将"传统作业"与"双减作业"进行对比,笔者发现,在"双减"背景下的作业,注重思维的发展和能力的提升,设计更精准、更严谨。

一、聚焦:找准切点,联结整合

单元作业设计应在单元教学内容整合联结的基础上进行。所谓单元内容整合联结,即打破一课一课教与学的传统模式,以单元大任务统领单元学习活动。因此,单元作业设计也应打破一课一练的传统模式,通过研究单元学习的共性问题,以此为难点,整体设计作业内容,凸显和解决学生学习的疑点及难点。

作为教师,如何寻找学生单元学习的难点呢?首先,研究单元语文要素,把一至六年级语文要素中相关内容进行阶梯式的整体梳理,确定本学段应学到什么程度,对基础差的学生应该根据阶梯降低难度,能力强的学生则可以提高一些难度。以部编三上第六单元为例,本单元的语文要素是"借助关键语句理解一段话的意思",于是将12册语文书中相关语文要素进行梳理(见表1)。

表1　纵向语文要素(部分)汇总表

年级、单元	语文要素
二上第六单元	借助词句,了解课文主要内容
三上第六单元	借助关键语句理解一段话的意思
三下第四单元	借助关键语句概括一段话的意思
六上第六单元	抓住关键句,把握文章的主要观点

上表中,从"了解到把握"、从"大致内容到主要观点",我们可以看出,学习段意概括是从易到难进行布局的,中年级是学习的重点阶段,在三年级上下册各有一个单元进行方法学习。从三年级到六年级之间有两个年级的跨度,可以看出段意的理解与概括并不是那么容易的,需要在接下来的两年学习中反复实践,稳扎稳打,才能在六年级时突破"段"的学习目标,把握文章的主要观点,也体现了该语文要素层次递进的关系。教师只有了解不同学段的要求,才能做到心中有目标、脑中有方法。

其次,落实核心素养的培养也是作业设计的一大目标,因此,在单元教学前,应了解每一项学习目标与核心素养的关系,培养学生什么样的能力,可以借助表格将两者一一对应,整合在一起。以三上第六单元为例,本单元学习目标的设置从信息"提取—整合—分析—运用"这四个语言实践方面进行单元的深层递进式学习,从而培养学生的聚合思维、分析思维等(见表2)。

表 2 单元学习目标与核心素养梳理表

语文要素	单元学习目标	核心素养提升
借助关键语句理解一段话的意思；习作的时候，试着围绕一个意思写。	1.认识36个生字，读准6个多音字，会写52个字，会写46个词语。摘抄积累课文、园地中写得好的词句。	1.借助游戏，打破基础知识的单一作业模式，板块组合，培养学生的整合思维。
	2.能借助关键语句理解一段话的意思。	2.联结课文学习与交流平台的学习方法，帮助学生找到关键语句的方法，提升段落理解能力。
	3.能用自己的话介绍文中的景物或场景。	3.在单元学习的基础上，借助思维导图等作业进行课内美丽风景的讲述，逐步发展学生整合与分析信息的能力。
	4.观察一处景物，围绕一个意思用一段话写下来。	4.链接文本与生活，通过厦门旅行、话说厦门等方式，提高学生的语文实践能力。
	5.领略祖国各地美丽的风光，激发学生热爱祖国大好河山的思想感情。	5.在多样的作业中，深入了解了自己的家乡和祖国各地的美丽风光，丰富学生的审美体验。

除此之外，教师还可以在长期的教学过程中及时记录学生作业存在的问题，定期总结和记录这些问题背后指向的能力发展点；也可以在单元教学前，设置"课前聊天室"，依次寻找不同能力发展层次的学生进行面谈，所得信息在设置单元作业目标时作为重要的参考要素；还可以通过课前预习单的设计、前期课堂教学的反馈逐步确定学生学习的疑难点。

二、精制：运用支点，变式实践

根据学生认知发展规律，在教学过程中教师常常提供学习支架也就是学习方法，帮助学生理解课文内容，由扶到放，逐步培养学生的学习能力。在学生完成作业时，也应将课堂上学到的学习方法迁移到作业中，甚至是生活中，帮助自己解决问题、提升思维。课标中指出：在发展语言能力的同时，发展思维能力，激发想象力和创造潜能。学习科学的思想方法，逐步养成实事求是、崇尚真知的科学态度。作业设计是语文学习活动中的重要组成部分，指向语文实践能力、思维能力的可视化发展。因此，笔者认为在单元整体教学的过程中应该思考作业设计的适用度和精准度，充分运用课堂学习的方法，在学生原有能力的基础上提升。以三上第六单元为例，我们可以运用以下学习支点帮助学生挣脱刻板作业链，让学生爱上作业。

（一）支点一：玩中练，丰富积累

传统抄抄写写背背的作业不仅量大，形式还单一，缺乏趣味性，学生记得辛苦，记忆时间短。基于这样的问题，在基础知识的过关中可以打破课与课之间的界限，将"二会字识记、四会字认写、多音字与形近字辨析、词语积累、课文内容背诵、古诗背诵理解"融入一张单元基础飞行棋中。然后在四人小组内进行游戏，每过一关就能拿到一次积分的机会，游戏结束后可凭积分获得相应的奖励。

一开始，我发现学生的飞行棋中主要集中以下几种题目："这个字的读音是什么？""请你给这个字组两个词。""请你背出这段话/这首古诗。"这类基础的题目。同学们在碰撞中，想出了新的题目："请你说出三个描写秋天的成语。""你知道百发百中的意思吗？""你怎么知道的？""请你用'懒洋洋、空荡荡'说一句话。"……有的学生甚至想出了选择题、判断题。

从学生思考问题的不断丰富，我们看到他们从被动的接受者慢慢变成主动的创造者和学习者，学生思维的广阔性和敏捷性得到了培养。

（二）支点二：图中导，理解整合

大单元教学非常注重教学过程的整体性，因此在作业设计上，也要培养学生的单元聚合思维。三上第六单元的单元主题是"祖国美丽山河"，在大单元教学中始终围绕这一点展开，因此，学生在单元学习后，串联起课文与课文之间的关系，对学生聚合思维的发展极其有利。因此，在作业设计的班级讨论中，教师抛出问题：不管是四首古诗，还是三篇课文，它们的共同点是什么？你能用什么方式把共同点表现出来？有几位小朋友敏锐地觉察到我们频繁在课堂上学习的思维导图可以帮我们厘清共同点。

学生提出，可以使用常见的气泡图，以"美丽山河"为中心词向四周辐射，将课内所列举的所有地方以顺时针环圈排列，完成一级气泡；接着在每一个一级气泡的基础上丰富课文中能突出每个地方美丽的关键字词，完成二级气泡。也可以运用上下对应的鱼骨图，鱼骨的上方写上地名，鱼骨下方写出代表"美景"的关键词，鱼骨中间可以写上自己对这些美丽山河的简单感受。还可以运用流程图中的火车图将每个地方的美丽之处标注在每节车厢上，形成一幅"乘着火车去旅行"的生动图画。

这一思维工具的运用可以帮助学生清晰梳理思路，发现文章与文章之间的联系，这些关键词帮助学生进行主要内容记忆，也帮助学生进行联想。

（三）支点三：画中话，言语实践

单元语文要素的落实是学习的难点，在教学时，引导学生从段前、段中、段尾去寻找能够理解段落意思的关键语句。为了巩固语文要素的学习，可以创设"猜猜我的家乡"的语言情境，引导学生选取家乡最出名的景点或者美食，用图画描绘出来，用"关键句＋具体描写"的方法叙述出来,形成一张"家乡名片",让其他同学一起来猜猜这是什么地方。

语言范式的运用为学生语言能力的表达提供支架,对学生结构化思维的形成有促进作用。

以上三大支点在不同年级、不同类型的单元中皆可迁移使用,易操作、有成效。总之,学习支点是打破刻板作业链的利器,降低了作业的难度,摆脱了枯燥的作业形式,提升了学生完成作业的喜悦感、满足感,对作业的态度逐步由"被动接受"转为"主动参与",同时在支架中提升了语言思维力。

三、延展:开发拓点,综合融通

王云峰教授曾指出:"经验不能从书本上搬给孩子,而是让孩子在真实的情境中,通过文本的支持,去发现怎么获得这种经验,怎么利用这种经验来丰富和完善自我的表达,这样的教学才真正对孩子有意义。"作业设计也是如此,要让孩子从作业中获得实践能力,在生活中进行运用,就必须将语文作业活动和儿童的生活勾连起来,和儿童的经验联结起来,和儿童的日常实践联系起来,做到作业内容与社会生活的贴合、作业操作与多学科的结合、作业内涵与育人价值的融合。因此,在大单元学习活动中,利用丰富资源唤醒学生已有的认知经验,为作业拓展打好地基。在跨学科的拓展作业中,学生是以小组或小队的形式合作完成,解决实际的操作问题。

以三上第六单元为例,单元主题是"美丽祖国"。厦门是学生土生土长的家乡,是在身边的浪漫都城,因此,将厦门作为单元的实践主题符合学生的生活实际,由身边的人和景初步培养学生热爱祖国大好河山的情感。但是,学生普遍存在的问题就是对厦门景色的不熟悉,写出来的景色没有凸显特点。因此,学生围绕单元的实践主题"美丽鹭岛",进行了为期两周的实践活动。在单元教学前或是单元导读课后,请学生走出家门,走进生活,到公园里走一走,发现有趣的植物、人和美丽的景色;到海边走一走,感受海风吹拂的惬意;到街道上看一看,高楼大厦、红墙角楼各具特色……学生在走走停停中感受厦门的美,作为厦门人的自豪感。在单元导读课后,以雏鹰假日小队活动时间,从"鹭岛海洋历史""厦门的前世今生(以改革开放为界)""鹭岛旅行攻略"这三个方面自主选择,组员分工合作,进行实地考察、资料搜集和细致的记录,用喜欢的方式完成一份"美丽鹭岛展示图"。

在实践中,笔者发现歌曲创编、图画创作等方式特别能激发学生的作业兴趣,也能从中发展综合能力。例如,在学完四首古诗时,不是死记硬背古诗的意思,而是通过绘画的方式画出自己对古诗的理解,在动手实践中掌握知识;还可以让学生将古诗唱进歌曲中,在歌曲创作中背诵古诗,也培养学生对美的感受和追求。

这样的作业主要是从学科逻辑走向生活逻辑,有利于学生在同伴陪伴中持续探究问题,有利于培养学生的交往、合作和沟通能力,有利于学生在不断反思交流中改进调整。

案例探索

在第六单元一开始,我便与学生聊天,了解到学生生于厦门、长于厦门,却从未更深入地了解厦门。刚好以"祖国风光"这一单元为契机,学生利用两个周末的时间对厦门的美景、美食进行实地考察,绘制了以下旅行攻略(如图2~图5)。

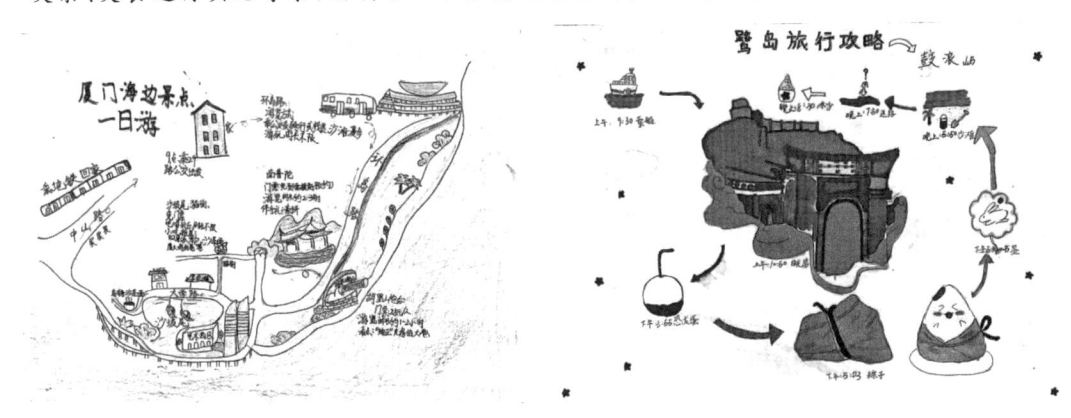

图2 厦门海边景点一日游攻略图

图3 鼓浪屿旅行攻略图

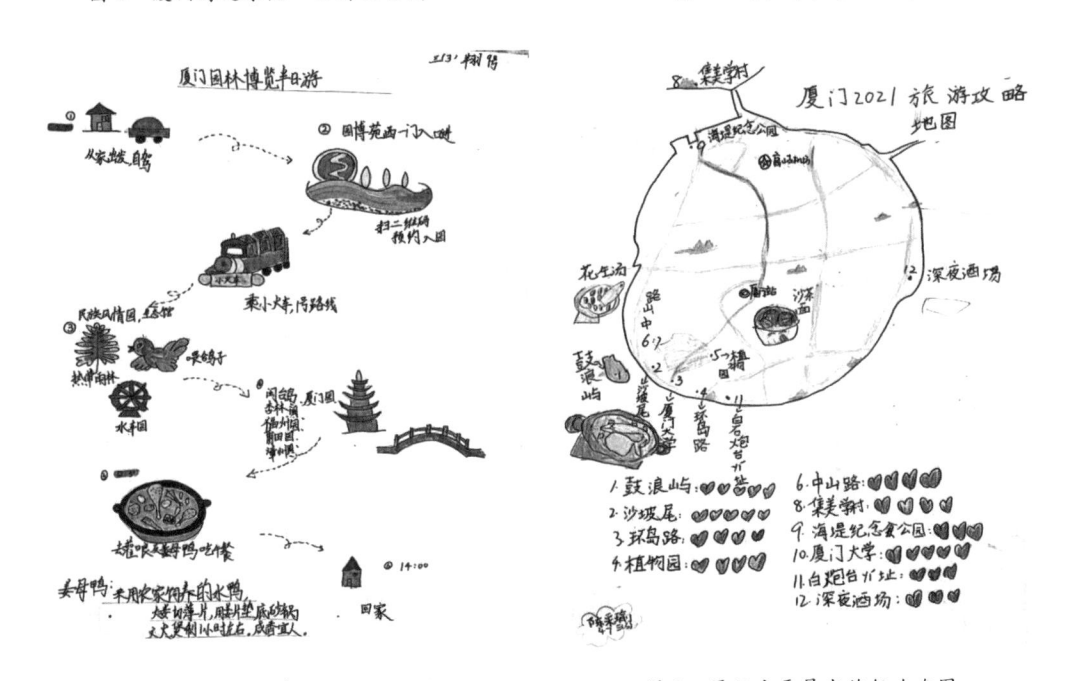

图4 厦门园林博览旅行攻略图

图5 厦门主要景点旅行攻略图

那两周,经常看到家长发的朋友圈,有的在鼓浪屿上漫步,享受片刻的闲暇;有的来到集美学村,感受古色古香的闽南味道和浓浓的书香气;有的走遍鸟语花香的公园,踏过繁华的市井……走走停停,尝尝许久未曾吃到的小吃,何尝不是一番滋味呢!家长的朋友圈照片里,是孩子天真无邪的笑容,是让人向往的美丽风景、垂涎欲滴的美食,还有他们和孩子一起出游时温暖的心。看着一份份条理清楚的旅行攻略,我感叹的不仅是孩子们一次次进步的能力,更是一份份爱厦门的心。

利用微晨会的时间,学生把自己努力完成的旅行攻略分享给全班同学。清楚的语言表达、略带幽默的话语,让台下的观众们聚精会神。这些孩子就有一种超能力,那就是把好的学习方法传承下去,把美的身边风景传递给他人。

忍不住想说一声:"走啊,一起厦门走透透!"

参考文献

[1]王月芬.重构作业:课程视域下的单元作业[M].北京:教育科学出版社,2021.

[2]袁东波.核心素养导向的作业与命题设计[M].天津:天津教育出版社,2020.

[3]魏斯化.概念、任务与进阶:大单元教学的着力点[J].语文教学通讯,2021(Z3):70-72.

[4]方建兰,汪潮."双减"政策下语文作业的设计趋势[J].语文建设,2021(11):4-9.

24 向"蜗牛性格" Say Goodbye！

厦门第二实验小学　颜芳春

现场问索

在多年的班主任工作中，经常碰到以下的场景。

镜头一：

课堂上，当老师邀请小朋友到台上演示操作时，总有一部分同学表情淡然、不举手，当快接触到老师的目光时，直接避开或者干脆低下头。如果这时直接点名回答，要么站着一两分钟不说话，大眼瞪小眼；要么害怕得嘴唇发抖、眼圈泛红一句也说不出；要么小声说了一个很模糊的答案。

镜头二：

期末各科任老师评写学生"素质报告册"，有几个学生几乎所有的科目都自评一星或者二星（最高是五星）。把这几个同学找来问原因，有的说："我没有在这个课上发过言。""我没有得过奖。""我没有担任班委。""我觉得我做得不好。"

镜头三：

第一次组织"庆元旦草根才艺秀"，一年级小朋友一个个说"我不知道要表演什么""我不熟""我什么都不会"……最后报名的小朋友寥寥几个，只好在家长群发动家长一起帮小朋友想节目，终于凑出一台非常草根的才艺秀。

镜头四：

师："你昨天不是预习了吗？今天怎么还是没有发言？"

生："我不知道那样回答可以吗，还是怕说错了。"

镜头五：

师："×××，请你来当领读员。"

生："我、我、我，嗓子哑了。"

镜头六：

师："这个同学说得相当不错，谁还有补充？"

没有人发言。下课后，才有人悄悄说：刚才我想发言，可是又不敢。

……

在以上的场景中，让我感觉这一部分孩子个性中都缺少点什么？对了，是阳光向上、自信大气的气质。他们欠缺的是自信心，也可以说自信心不足。为什么孩子们会缺乏自信？如何养成大方、勇于展示自我的性格？

正本溯索

自信心不足的孩子在小学低年级表现得尤其明显。在人多的场合，目光闪躲或者低头不语，憋半天蹦不出一句话；从不主动接受任务，当老师问到他头上了，还要找各种理由"婉拒"；一直静默地观望他人做的事，没有胆量表现，当轮到他非说不可、非做不可，心情是沮丧的；有人说出答案来，他的第一反应是我错了吧……像这样在一个新环境中，悄悄伸出触角试探一下，遇到任何事都第一时间想要躲起来，和蜗牛的形象是不是很像呢，所以我暂且把这部分孩子的性格称为"蜗牛性格"。

远溯博索

截至 2021 年 11 月，在中国知网上以"自信心不足"关键词进行检索，国内外有 472 条相关文章与资讯，关于"小学生自信心不足"的只有 7 篇文章。可见，"自信心"在各领域引起了广泛的关注，但关于培养小学生自信心的研究还比较欠缺（见图1）。

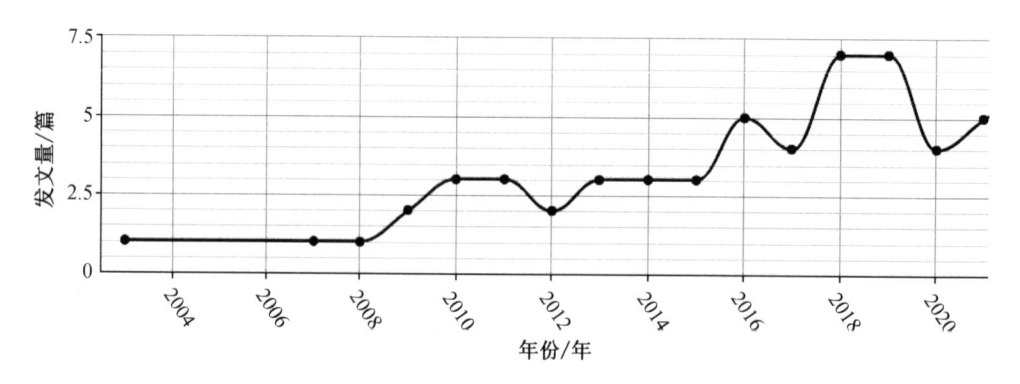

图 1　截至 2021 年 CNKI"自信心不足"文献发表趋势

从已有研究得出：孩子不自信可归纳为显性不自信和隐性不自信两类。其中显性不自信又可以归纳为：能力不自信（自我认知不足，课堂上不会表现）；态度不自信（课堂上不想表现);性格不自信(课堂上不敢表现)。隐性不自信可以归纳为:对别人过于羡慕(课堂表现为从众心态,依附别人,没有自己的主见);对自己过于挑剔(课堂表现为答对不答错,不敢尝试);对事物过于求全(课堂表现为优柔寡断,畏畏缩缩,心思重,想得多,干得少)。[1]

更多的作者是站在学科教学的角度分析教师教学行为对个体心理的帮助;从特长培养的角度谈对个体学生自信心的培养。有关班主任在组织集体活动中,如何提供活动平台、让学生自信表达这类的具体研究较少。

已有研究表明:整个小学阶段,儿童处于埃里克森所述心理社会发展的第四阶段,每个儿童都希望自己能努力获得成功、得到他人的肯定。内心驱动是充分的,但能不能得到有效指导,这取决于教育的主阵地——班队活动是否对此形成系统有序引导。

综上所述,"蜗牛性格"的孩子在班集体中占有一定的人数比例,也引起教育工作者的关注,但由于形成的原因复杂、表现比较多样化,研究起来有一定的难度。但班主任在班级管理活动中,引导"蜗牛性格"的孩子成长为一个积极向上、阳光自信的学生,对班集体的凝聚力、表现力等建设又有至关重要的作用。所以,抓住低年级个性养成最佳时期,是时候让"小蜗牛"们跟"蜗牛性格"Say Goodbye 啦!在班级活动中体验成功,并不断增强类似的体验,增强自信心。我们要行动起来,让每个人都是最亮的"Superstar"!

工具研索

一、访谈调查

笔者留心观察有自信和自信心不足的孩子的差别,分别多次和他们进行交谈,及时记录两者在言行上的区别,分析其行为背后的原因,作为制订活动方案的有力依据。开展和"自信心"相关的班队会和微晨会,请这部分学生发表对"小学生自信心"的想法,班级同学间进行互评,请学科老师点评。参考已有文献设计问卷调查表[2],在全校学生中进行抽样调查(见表1)。

表1 小学生自信心情况调查表

小学生自信心情况调查表
(1)你觉得自己能在集体活动中表现出色吗?(　　)   A.能　　B.不能　　C.没有想过
(2)当上课回答问题时,你会不会觉得自己会回答错,然后被老师或同学笑话?(　　)   A.不会　　B.会　　C.没有想过
(3)当老师组织一些活动,让你参加,你怕出丑吗?(　　)   A.不怕　　B.有点怕　　C.怕
(4)当同学和你有不同的意见时,你会坚持自己的想法吗?(　　)   A.一定会　　B.可能会　　C.不会

调查发现,缺乏自信心的同学95%以上对上述问题的答案是B或者C,可以明显判断她(他)在一些集体活动中不会积极主动地参与,有躲避的行为。

二、个案跟踪研究

近三年选取两名学生进行跟踪分析了解,对近三年"小学生素质报告册"中关于各学科"自评"一栏的填写进行连续性比对,分析其对自我的评价变化。在一些典型活动中观察研究这两个学生的参与度。

归因追索

通过研究与分析,在小学低年级造成"蜗牛性格"的原因有以下几个方面。

一、个人因素

1.习惯造成。学生在低幼期已经养成一些习惯,比如只要做个"乖宝宝"就行了。进入小学低年级,习惯使然,他(她)觉得乖就可以,不敢表现。

2.视野狭小。有一部分学生不仅欠缺对一些社会知识的了解,同时也欠缺对自身的全面认识,不知道怎么表现。

3.从众心理。缺少发散思维能力,认为只要优秀的学生说了、做了,自己跟着做就行了。较轻易否定自己,当平时较常表现的学生提出想法建议时,"蜗牛性格"的学生便会对自我的想法产生怀疑,放弃自己的想法,把探究的触角缩回安全的壳里。

二、环境因素

1.学习生活陌生感。现阶段存在幼小衔接不充分的普遍状况,新生刚入学,学习节奏快,学习内容多,学习任务重,对于适应性不够强的学生来说难以对付,渐渐没有自信,甚至产生畏难情绪。

2.活动要求门槛高。小学与幼儿园课堂学习、活动组织差异性较大,虽有根据低年级学生的年龄心理特点进行调整,但总体跳跃性比较大,无法缓坡过渡,"蜗牛性格"的孩子大都慢热,原有退缩、依赖的特点更为突出。

三、家庭因素

"蜗牛性格"的孩子有很大一部分原因是家庭亲子关系的缩影。

1.过于保护。父母长辈对孩子过于保护,担心做不好,担心受伤,日常生活事务都由家长包办代理,对孩子诸多限制,不允许"玩"这,不准"做"那,造成孩子胆小怕事,过度依赖、缺乏自信。

2.攀比心理。望子成龙心切,使得父母经常将孩子跟其他小朋友攀比,总是希望自己的孩子比别人强,不切实际的过高期望给孩子造成心理压力,使其在任何活动中都处于消极被动的状态。

3.认识偏差。家长思想观念里认为学习重要,活动无关紧要,更加注重活动结果和成效,不够重视活动过程的育人价值,因为对孩子参加教育教学活动的支持程度和导向有偏差,在一定程度上影响对孩子自信心的培养。

行动求索

"蜗牛性格"形成原因既然如此繁多复杂,要想改变他们,培养出主动参与、大胆探索、活泼进取的学生,使班风蒸蒸日上,教师要在活动设计、评价方式、家校联系上下点功夫,甚至要开开"小灶",让"小蜗牛"在班级活动中成长起来。下面来亮亮几个"法宝"。

一、评价加点"糖"——融入集体,自信展现

教学评价的力量是极大的,评价的鼓舞激励作用不可小觑,所以在班级活动中培养小学生自信心,要特别重视教学评价作用的发挥,让学生得到真正的激励和认可。"蜗牛性格"的小朋友最主要的特点就是做事不主动。他们可能不如"才华横溢"的小朋友表现那么突出,所以教师有必要在评价中加点"糖",吸引"小蜗牛"们主动伸出"触角",融入集体,表现自我。这个"糖"是集体的感召力量,这个"糖"也是活动中教师的鼓励表扬。

1.规范引路,适应新环境。一年级新生刚入学,"小蜗牛"们大都睁着萌萌的大眼睛,紧张不安地观望周围新环境,好像他随时要把伸出来的"触角"收回去。教师应抓住关键期,用朗朗上口、指令清晰的口令带动,端坐、停笔、注视、列队,行动一致,即使胆怯的"小蜗牛"也会被严谨有序的氛围吸引,自觉跟上。"比一比,谁像小树苗那样直""老师来看看谁的眼睛最亮""有进步的孩子,下课后老师要抱抱他"……配合争夺"五彩勋章"的活动,描绘"入学礼"蓝图,用欣喜的言语、鼓励的眼神、肯定的手势,及时给予评价,激励学生懂得行为规范、遵守课堂纪律、热爱发言,不断进步。帮助孩子树立自信,尽快融入小学生活。

2.日常锻炼,体验快乐。低年级的小朋友内心极为渴望老师的肯定,以别人的评价来进行自我认可,教师在引导时可以利用这一心理特点,尤其是"小蜗牛"性格的孩子。老师特地制造让孩子表现的机会,挖掘他们身上不同的闪光点:"谁能帮忙把本子搬到办公室""谁来整理雨伞""听说你在家可能干了,下次微享会来分享做家务好吗?"完成之后,挖掘突出点,在小组或班级里及时宣扬,肯定长处、努力过程、进步等,让孩子因被认可、被关注、被肯定而内心比较愉悦、自信。"润物细无声"的话语鼓励"小蜗牛"行动起来,体验行动带来的快乐。他的"触角"也会经常伸出来,变得活跃。

3.提供平台,展示自我。"小蜗牛"们渐渐活跃在班级里,教师可以趁此良机,进一步

提供平台，如推出"班级小讲台""微晨会"的板块，鼓励小朋友踊跃报名参加，宣讲、表演、展示……主题不限、形式自选，简单一句话：只要你愿意。为了激励"小蜗牛"上台，跟家长配合，选主题、定日期、帮辅导，提供方法克服紧张情绪，渲染水到渠成的气氛。最后，与全班同学约定：上台的同学已经跨出一大步，无论效果如何，都应该获得最热烈的掌声等鼓励。长此以往，"小蜗牛"慢慢找回自信心，慢慢地愿意在活动中表现自我。

4.弱化错误，重树信心。将个人的错误、问题无限放大，否定自己价值是"蜗牛性格"学生一个突出的心理特征。教师用与众不同的、有艺术性的评价，能让孩子抛开顾虑，肯定自己。"只有去试一试，做一做，才知道这件事这样做""这件事你可能做得不是很完美，但如果让其他小朋友来做，也许也会有其他问题出现""你已经尽了最大的努力，努力的过程已经在进步了"，这些正面鼓励对孩子有莫大帮助。

5.喜报齐飞，撞开心门。不自信的"小蜗牛"大多认为获奖是别人家的事。如何才能帮助各类孩子在肯定中收获成长的快乐呢？我尝试着从不同角度认可学生，表扬面广一点，表扬的角度独特一点，不要吝啬"小喜报"，让老师的爱与关怀润泽每个学生的心灵。"学习小标兵""线上学习小达人""劳动小能手""爱心小天使""挑战星""努力星""服务星"等，让"小喜报""飞"起来，飞到同学们的心中，飞到各家各户的墙上。学期初为每个孩子准备"心愿存折"，集满各种数量的奖章，能要求老师满足一个小心愿，这些小心愿大小不等、形式不一，有小奖品，也有精神奖励，比如：和老师拥抱一次，免做一次书面作业等。"小喜报"的积累便是"小蜗牛"们自信心的累积。

二、课后加点"料"——挑战突破，能力升华

还有一种"小蜗牛"是这样的：很有能力，只是在"我行不行？老师没叫到我就可以"的状态中度过，这样的学生适合给予一点"肥料"，让他往前冲。

1.人气支持。对于学习，很多"小蜗牛"不是因为学习能力问题，而是自信心不足，担心失败，从而产生畏难情绪。怎样助力才能帮助他们克服这种负面情绪呢？老师可以花点时间为他们开小灶、加点料，比如询问关心他们掌握的情况，陪着多练一练，熟能生巧；教给他练好口算的"妙招"，甚至可渗透着游戏规则练；还可联系家长一起激励，陪练把关，增强孩子自信心……老师加的"料"无非是提前指点"小蜗牛"一点小技巧。"功夫不负有心人"，一般这种情况都能帮助"小蜗牛"们更进一步，能力得到锻炼。

2.方法支持。对一些从未尝试过的事情，同学们都会有点信心不足，这时班主任就要加点"料"，启发学生灵感，老师点子碰撞，帮助学生更加笃定，有信心去做。"料"是指让学生有方法可循。"小小班级文化解说员"要面对全校师生进行班级文化氛围宣讲，这对一个七八岁的小朋友来说可是不小的挑战。首先给他们打打气："你们是代表我们全班的形象，是我们全班的文化代言人！"其次，带着他们观察我们班的文化布置最有特色的"图书角""爱的约定""我的小目标展示区""评星栏""垃圾分类"。请每个人说说自己最

有感觉的板块,言语、表情、动作怎么做才能给参观者留下棒的印象。孩子讨论、思考,教师及时肯定和点拨。孩子们最后介绍时神情自然亲切、语言清晰生动、自信大方,获得师生们的一致赞赏。老师花点心思,启迪学生的智慧,让内驱力驱动他们大胆表现自己。

三、活动加点"光"——自主体验,放大亮点

学校的德育活动丰富多彩,锻炼平台多,但有些"蜗牛性格"孩子还是无法自信面对。这就需要班主任在组织活动时重心下移,让孩子们在集体活动中自主体验,展现特长,放大亮点。给学生策划和展示的机会,学生是活动的主人,在活动中证明自己的能力,有效发展学生的自信心,让学生把自主活动中得到的成功经验迁移应用,为之后解决相同或相似的问题打下基础。[3]

1.发掘特长,各有精彩。学校一年四季各大文化节,从语数英到音体美,从科技到心理,全员参与,人人都有舞台,设计初心就是让不同的孩子能够在自己喜欢的、擅长的某一领域,展现自己的才能。如"数学周"放手让孩子们自己设计题目、选择展示形式等,充分地信任孩子,参与率100%。题目难易有梯度,让不同程度的孩子都能有"跳一跳"摘到果子的机会。每个孩子的积极性被调动起来了,在活动中努力探究,自信心倍增。还有阅读节,人人戴上动物头饰,把课堂当成海洋世界,把课本改成剧本,每个人都可以找到自己喜欢的动物,说上几句台词,每个角色都是独一无二的,孩子们都尽力演好自己的角色,在活动中轻松自然地释放自己的个性。艺术节的"草根才艺秀",更是"八仙过海,各显神通"。教师要善于发现孩子特长,挖掘"小蜗牛"潜能,在老师鼓励下,许多平日里在学校默默无闻的孩子,绽放各自的精彩,每一个孩子都是舞台上一颗颗耀眼的明星。

2.人人有岗,深度体验。在班级活动设计与实施过程中,教师关注全员性与全程性,创造条件让学生深度参与活动的全过程。加强小队建设,学着策划、学着讨论、学着反思,每个小队员将自己的才华和智慧汇聚在一起。丰富的活动体验,触发"小蜗牛"们频频伸出"触角",参与深度活动。如"研学活动",从"研学地点我推荐""小队管理我能行""研学任务细分工"等环节,孩子们从参与、分工合作,每个人都有自己的岗位。"猛虎下山队""八爪鱼队""火舰队"……设计出了队名、队旗、队口号,在班队课上"亮相":"猛虎下山,谁与争先""八爪鱼,八爪鱼,从没怕过谁"……口号响亮、团结一心。研学过程中,每个队员分工明确:观察员、记录员、实验员各尽其职。小队长"纪律登记表"也是有创意又有实效,"集合速度、行进纪律、帮助他人、午餐速度、合作精神、垃圾分类情况"等也是孩子们讨论确定的规范。在活动的筹备、组织进程中,每个孩子都是活动的主导者,都有发言权,自信飞扬,增强自我效能感以及自信心。班级活动成为学生信心和动力提高的催化剂。

四、情感加点"温"——家校互动,暖心思进

学校的教育离不开家庭的配合。一个孩子的世界里,成人对他的影响是大部分的。所以"家校互动"的重要性这几年得到广泛的重视。"蜗牛性格"的小学生内心比较脆弱,所以老师与其家长沟通,更要讲究艺术与技巧,让孩子感受到来自家长和老师的温暖,产生积极的力量,愿意努力上进;家长也能用智慧引导自己的孩子,增进亲子感情。

1.真诚真实反映,保护学生自尊心。只有真实客观地反馈学生在学校的表现,家长才能知道如何配合,也建立对老师的信任。还可以从教师专业的角度给予家庭教育方法上的建议。孩子学习"广播体操"悟性慢、动作不协调,学一个动作要花很多的时间。老师和家长及时联系,如实反映问题,可以建议和小区的同伴一起练习,孩子在和同伴的互帮互助中,进步快,自信心足。老师客观诚恳的态度一般能得到家长的支持与配合。如果只是"告状",家长在不太明了事情的起因经过时,再"二次批评",对孩子的自信心是种打击。当孩子的家长非常强势,一定要孩子课余时间做大量课外练习时,孩子因为逆反在学校故意不写。老师和家长进行沟通:"你现在用的方法孩子因迫于压力而一时接受,暂时妥协,但他也可能因为和你对抗而自暴自弃。其实他天生喜欢研究数学,不如多引导他去做感兴趣的事。"家长意识到自己可能是当局者迷之后,尽力配合老师,孩子在家校双重鼓励下把课余时间用来阅读数学绘本,研究思维难题,又不影响其他学科的学习。

2.正向反向互动,完善家校"促进会"。不是只有家长配合老师,还可以老师配合家长。家长碰到"蜗牛性格"的孩子,经常需要强有力的支持者,通常班主任是首选。老师不妨配合家长的教育方法,共同研究探索一套科学的、适应孩子特点的教育方案,并且使孩子认同成人的教育,主动学习。如鼓励孩子动手做自己能做的事;关注和支持孩子有益的兴趣和爱好,并为之提供方便,培养他的主动性和参与意识,用"你妈妈/你爸爸相信你"这样的语言,让孩子树立自强、自立、自信的信念。

萧伯纳曾说:"有信心的人,可以化渺小为伟大,化平庸为神奇。"自信心,驱动人的大脑焕发极大的潜能,散发灿烂的智慧之光;自信心,调节了自身的心理机能,培养自己的兴趣、爱好。"蜗牛性格"的孩子只要能发现自己身上的闪光点,信心百倍地投入学习,必将茁壮成长。

案例探索

案例一:

橙橙,一个文文弱弱的女孩子,安安静静地坐在教室后面的位置,飘忽不定的眼神观察着教室里来来往往的人。凭着多年和孩子相处的经验,我猜这是个内心安全感较为不

足的孩子。在一次刚入学班级的活动中,橙橙默默地帮助同学整理下雨时堆放的雨伞,看她做起事情来井井有条的模样,我有意让橙橙参与班级一些事项,比如做值日班长或者早读领读员。出乎意料,她不像别的一年级孩子那样满心欢喜,而是一口回绝,非常坚定地说她不合适,原因是她家住得比较远,我提出请家长一起协商解决办法,她也不愿意。虽然疑惑我也不再坚持。在后面的教学过程中,橙橙成绩在中等偏上,课堂上却依然不积极回答问题,主动举手的情况少之又少,即使我针对性提问,她回答的时候也是小声嗫嚅,明明答案是正确的她却表现出试探性的口气。一个很有想法但明显自信心不足的孩子。

此后,在课堂上,在平时的班级活动里,我试图多关注橙橙,并在具体事情上表扬她,给予肯定,同时也鼓励她放开自己,很多事情可以主动尝试,即使错误了,也不碍事,迈出第一步就已经是成功的一步了。

到了一年级下学期,橙橙有了令人喜悦的进步。课堂上举手回答问题的次数明显多了起来,班级活动也积极参与,可是当我委派她组织同学们活动的时候,她还是退缩了。二年级上学期,她的状态一度萎靡,学习上专注力也下降较多,学习成绩忽上忽下,我急忙问一下其他科任老师,其他老师也有同感。这时候橙橙的家长也和我联系了,他们感觉橙橙这学期学习状态很浮躁,成绩下降让他们很焦虑。孩子妈妈工作较忙,平时出差时间较长,橙橙和爸爸待的时间比较长,可是爸爸也是不善言辞。所以综合考虑,他们就想麻烦我和橙橙聊一聊,看看问题出在哪里。我后来找了几次机会,和这个学生沟通,发现无论是直接还是侧面的交流,橙橙对于自己最近的状态情况都三缄其口,一直表示自己挺好的,也挺开心的,没有遇到什么不愉快的事情。我再三思考,孩子应该是没有参与班级更多的活动,自己内心也有点懊丧,加上妈妈长期出差,内心的想法一时得不到纾解,所以有这样的低迷阶段。

在接下来的一段时间,我和橙橙的家长保持紧密的沟通,不管学校的什么活动都要积极报名。突破口是她当上了"礼仪队员",我和家长联系克服外部的困难,让她一定要顺利地、准时地"出勤"。当她身姿挺拔地站在学校大门外,声音响亮地向老师、同学问好、行礼时,我把她的照片传在班级家长交流群里,传给她的家长。那一刻,我想她内心有了转变。再后来,她的作品"我的十大精彩瞬间"在班级"微晨会"交流分享,同学们听得入迷了;她在"庆元宵喜乐会"中成为班级文化小导游;她参与班级小干部的竞选,在春、秋两季活动中都是班主任管理的小帮手;她精心准备"海洋世界"的讲故事选拔;被推荐成为年级"海洋故事展示活动"的小主持人……学校家里双管齐下,在忙碌与追求的过程中,孩子成长了。二年级下学期,活泼开朗的橙橙成了一个人人认可的领读员和值日班长,早读课上有她字正腔圆的朗读声,课堂上有她自信饱满的回答声,班级活动有她积极热情的身影。三年级的时候,橙橙整个人"亮"了。她不仅在所有场合都落落大方,作为五分钟劳动管理员代表,每周都要汇报一次上周总体评比情况;每一项活动踊跃报名,不管结果如何都很自信大方地说一声:我能行。让人印象深刻的是:在"庆六一草根才艺秀",她和班上的十一个小朋友表演的朗诵节目在班级里掌声雷动,这个以她为主的朗诵小组后来又准备一个节目"童心向党迎百年"参加了区教育局组织的评奖,获得佳绩。橙橙,好样的。四年级伊始,她成功地参与了校大队委的竞选。

[案例分析]

一年级刚入学,班级里可能会有很多像橙橙这样的孩子,各方面素质中等偏上,但因为一些原因自信心比较不足。我运用策略一:在评价中加点"糖"。通过观察,我发现她的优点:做事比较有条理,给予肯定。并鼓励她当值日班长,但她没有马上接受任务。我运用第二个策略是:情感加点"温"。当我发现她状态不对时,没有立刻批评"告状"而是加强家校联系,终于发现她状态低迷的原因。一般当孩子不够自信时,她也不喜欢和最亲近之外的人倾诉。只能是班主任主动去抽丝剥茧分析原因。我运用第三个策略:活动加点"光"。不断鼓励橙橙参加各种活动,并在活动中给予赞赏,使她的能力得到提升,在活动中展现自我。三年时光,如果说不够自信的孩子是花骨儿,那么在厦门第二实验小学文化的浸润下也将悄悄绽放,开放成满墙的使君子。

案例二:

2020年转入厦门第二实验小学三年级3班的新同学杨杨面对新的学习环境、新的老师和同学,一切从头开始,不免有些忧虑和彷徨,陌生的环境让他的学校生活很拘束。在教学上,老师的教学方式和节奏的不同,杨杨跟得有些吃力,成绩不稳定。

为了让新生尽快适应新的学习生活,我将他的座位安排在几个学习和表现都比较优秀的学生旁边,提醒孩子们对新同学要热情一些、热心一些,多给予帮助。作为班主任,留心观察他的言行举止,通过上课提问的方式,检查他的上课专注度和教学内容的吸收情况,课后以聊天的形式,询问孩子的学习感受。在学习生活上,同学们能够热心地帮助他,比如打印课程表和姓名贴、介绍校园环境和各个教室、办公室的位置和功能、讲解授课老师的作业要求等。一下课,就会有同学找他聊天,问问以前学校的情况,说一说新学校的不同,聊聊兴趣爱好。

经过一段时间的适应,在老师的悉心指导和同学们的关心下,杨杨适应了新环境,慢慢融入了新集体,上课能够大胆积极举手发言,逐渐跟上了教学的节奏,成绩稳步提高,下课和同学们说说笑笑,打成一片。

在日常的观察中我发现杨杨的声音洪亮,考虑让他试一试路队长一职。刚开始,他不敢接受这一任务,担心自己新生的身份,担任班级工作时不会被认可,又以家里距离学校较远为理由拒绝了。在班主任老师的心理疏导下,杨杨终于同意担任路队长的工作了。整理路队时,既严肃又认真,口号洪亮清晰,班级的士气顿时高涨了不少。通过这一锻炼,杨杨的自信心提高了不少。

在微晨会上,他走到班级讲台前为同学们展示如何节约粮食时,落落大方、口齿清晰,老师发现了他在朗诵主持方面表现有些突出,于是,推荐他参加"厦门市青少年网络文明素养大赛"的中小学生文明上网演讲比赛,最终他在比赛中脱颖而出,取得了一等奖的好成绩。于是在接下来的班级和年段活动中,杨杨同学更加活跃、大胆和自信,担任了年段活动的主持人,参加了年段朗诵会演等活动。在学习成绩上也相应地提高了不少,获得了2020—2021年度"学习小能手"的荣誉称号。

[案例分析]

新环境对转学生是很大的挑战,如果适应不了,缺乏自信心是常见的。策略一:情感加点"温"。老师和同学多给予关心和帮助。安排合适的座位,和同桌建立友谊,能使他尽快适应新班级,对新环境产生认同感。杨杨身上的特点非常突出:声音洪亮、站姿笔挺。当发现他声音和仪态上的优点,我用上策略二:课后加点"料"。让他当路队长,发挥他的特长。在很多需要整队的场合,让他响亮的口令响彻操场,成为全场的焦点。这不仅培养了他的自信心,还锻炼他的组织管理能力。之后,通过在活动中加点"光":班级、年级"微享会"训练他上台的胆量,再推荐参加演讲比赛,一步步促进他的自信、成长。他定会在更大的舞台上展现风采。

参考文献

[1]车丽萍.自信心及其培养[M].北京:新华出版社,2004.

[2]徐小琴.基于特长教育培养小学生的自信心研究[D].成都:四川师范大学,2017.

[3]吕倩云.班级活动中小学生自信心培养研究[J].教书育人·教师新概念,2020(11):72-73.

打破"说明文索然",趣添语文味

厦门第二实验小学　董一派

现场问索

讲授四年级下学期第四单元时,课上我正在跟同学们介绍这单元的文本内容和语文要素,说道:"这个单元是一个科普说明文……",话音未落,只听到讲台下学生们"啊……"哀声一片。当时我感到一丝疑惑,就问起同学们原因。有同学说我不喜欢说明文;有同学说我读不懂这些文章;也有同学说这些文章特别没劲……同学们不喜欢科普说明文。这是为什么呢?接下来我们将要展开对于《灰尘的旅行》这本经典的科普读物的整书阅读,这该如何是好?

正本洄索

我将这种现象命名为"说明文索然"。即对于说明文的兴趣不高,甚至表现出一定的抗拒。

而学生对于说明文的抗拒表现如下。

1.学生不爱读,对于这种类型的文章或书籍没有阅读兴趣,平时也很少甚至不会进行阅读或只有在考试时才进行阅读。

2.学生不会读,一提到科普说明文的第一反应是看不懂,没有掌握说明文的阅读方法。

这样的阅读明显是不能发挥科普说明文原本的作用的。

远溯博索

对于科普说明文的教学研究一直没有停止过,但在小学语文领域针对这方面的研究却一直较少。

截至2021年12月31日,在中国知网数据库以"小学"和"说明文"为关键词进行搜索,共能检索出374篇文章。其中,学术期刊文章46篇,硕士论文70篇,博士论文4篇,会议论文6篇,基教特色期刊文章248篇。

再以"小学""说明文""兴趣"为关键词搜索,只能搜到35篇文章,其中学术期刊文章2篇、硕士论文15篇、基教特色期刊文章19篇。论文发表类型及年代趋势如图1所示。

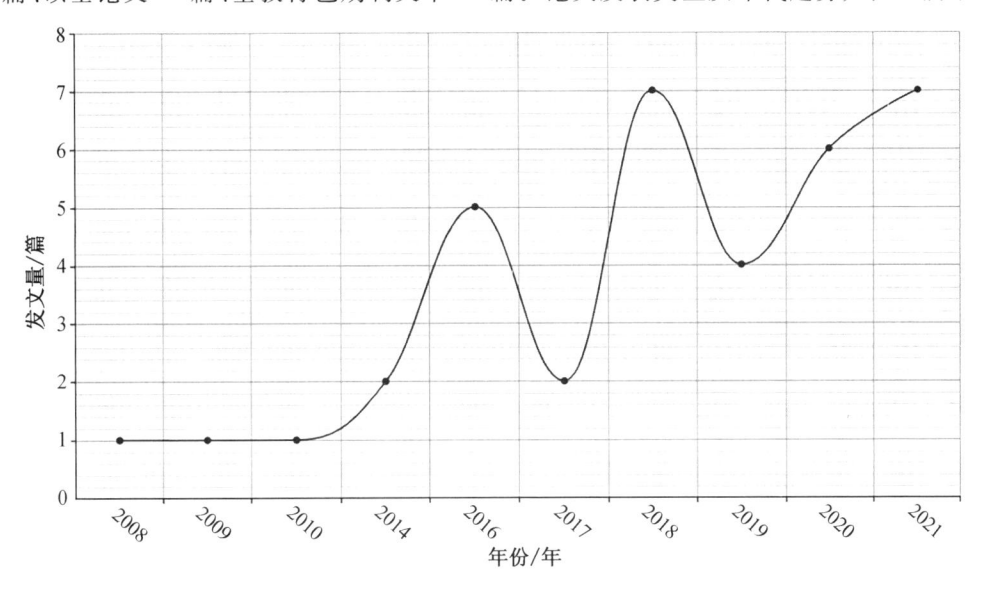

图1 2008—2021年CNKI文章发表趋势

徐海娣在《浅谈小学语文科普说明文教学》一文中提到:科普说明文是说明文中的一种,是小学阶段语文学科的一种重要的文体。科普说明文除了有增强学生阅读说明文的能力、帮学生理解事物或对事理进行辨别的作用外,更重要的还具有普及知识,引导学生热爱科学、自主探究的功能。[1]

徐小维在《科普说明文,岂能"浅教辄止"》一文中提到:如果只是简单地按照说明文的一般过程进行教学,那么传递给学生的科学精神显然是不足的。这样的语文课上得不扎实,教学是枯燥的,学生听起来必定是索然乏味的。[2]

马书虹在《说明文教学存在的问题与对策探寻》一文中也提出了教师的教学策略,单一、呆板、模式化现象严重,长此以往,学生们学习说明文的兴趣不高,因此,教师要极力探寻有效策略,以提升学生说明文教学实效。[3]

王网珍在《小学语文科普说明文的教学方法》一文中提出题目是文章的心灵之窗,利用好说明文题目中的艺术,让学生愉悦纵览科普说明文的趣味天地。清晰的图表与逻辑严谨的说明文相结合,使得语文教学更加生动直观,直达学生心灵。[4]

王爽在《激发学生学习兴趣,优化小学语文课堂教学》一文中提出了几种激发学生兴趣的方法:第一种是创设情境,以此帮助学生迅速融入课堂。第二种是巧用质疑,学生提出问题后带着问题去阅读文章。让学生在质疑之中理解课文,激发学生的学习兴趣。第三种是需要教师用更趣味的语言,吸引学生的兴趣。[5]

综上所述,说明文在小学阶段是一种非常重要的文体,但是目前在小学阶段对这种文本的研究较少,并且对于小学生对说明文兴趣的研究也较少。但是已经有很多研究者发现现在学生对于说明文的兴趣较弱,教师的教学也较难激发学生的阅读兴趣。同时研究者也提出我们需要对这一点进行改进,运用多种方法激发学生的阅读兴趣!

工具研索

问卷法:为充分了解小学生学习说明文的情况,提高说明文学习效率,进行针对小学四年级和五年级学生的问卷调查,问卷内容如下。

1.你对说明文感兴趣吗?

A.感兴趣　　B.比较感兴趣　　C.一般　　D.比较不感兴趣　　E.不感兴趣

2.下列文体中,你最喜欢读哪一类?

A.记叙文　　B.说明文　　C.古诗　　D.文言文　　E.其他

3.你对于学好说明文有信心吗?

A.有　　B.较有　　C.比较没有　　D.完全没有

4.你觉得为什么要读好说明文?

A.应对考试

B.了解相关的内容和获得知识

C.培养语言运用的准确性和严密性

D.提升思维的逻辑性

5.你喜欢用什么方式来读说明文?

A.遇到不懂的地方跳着读　　B.遇到不懂的地方查资料读

C.用批注的方法读　　D.用思维导图的方式读

E.其他_____

6.你对说明文的阅读存在那些困惑?

A.说明文一般语言平时,内容枯燥,不易引起学生兴趣

B.有些说明文内容晦涩,不容易读懂

C.对说明文的说明方式、说明方法等知识没有系统掌握

D.学以致用的时候有些力不从心

E.其他_____

7.以下哪些选项更符合实际中的说明文课堂

A.上说明文课感觉没什么收获　　　　B.上说明文课感觉很有收获

C.说明文课堂上的知识重复单一　　　D.我对教材所选说明文很感兴趣

E.我对教材所选说明文不感兴趣　　　F.老师上课幽默生动,富有吸引力

G.老师上课枯燥无聊,学生容易打瞌睡　H.其他_____

8.你认为什么样的方式能提高你阅读说明文的兴趣?

这份问卷是为了了解学生对说明文的阅读兴趣,在阅读说明文时遇到的困难,以及学生是否有读好说明文的意愿。从问卷中了解到如果在记叙文、说明文、故事、文言文中选择,超过50%的学生会选择记叙文。面对说明文的阅读存在哪些困惑时,62%的学生选择了有些说明文内容晦涩、不容易读懂。有40%的学生选择了对说明文的说明方式、说明方法等知识没有系统掌握。

归因追索

一篇课文都让人感觉望而却步,更何况要扩展到整本书的阅读,那么为什么大家都对科普说明文避而远之呢?通过问卷和日常的观察,归因如下。

一、学生在"畏难"中失去兴趣

说明文的目的是说明知识或让人了解某样事物的特点,其中有一些内容专业性较强,较为晦涩难懂。正是这一部分文章给学生留下了"阴影",让学生感到畏惧。心中有了"畏难情绪",自然就没有阅读的兴趣了。

二、学生在"课堂"中失去兴趣

有些老师将语文课上成了科学课,学生没有充分感悟到文章中文字的优美,容易失去对语言的兴趣。有些老师又对语言文字的运用过度分析,课堂失去了生趣,学生缺少了学习和探究的兴趣。

归根结底,学生对这类文本缺少了兴趣,从而导致不喜欢学习。那么我们首先要做的就是激发学生的学习兴趣。

行动求索

想要激发学生的兴趣,并推进科普说明文的整本书阅读,我认为可以分为三步走。

一、创设情境,打破壁垒

情境是通过多种方式为学生创造一个更生动的学习场景,充分激发学生的学习兴趣。学生面对印象中枯燥乏味的说明文不爱读,我们创设情境能够帮助学生快速走进文章,激发学生的学习兴趣。

(一)借微课,创导读情境

微课形式新颖,更能激发学生的学习兴趣。微课与传统教学最大的区别就在于这是几分钟的声像视频,视听结合,动静结合,更能给学生带来感官刺激,以激发学生浓厚的学习兴趣。

我为《灰尘的旅行》制作了导读的微课,紧抓"旅行"这个词,引出"在科学的世界旅行"的话题,并且选择的事例文章都应该相应地能切合这个主题,如《灰尘的旅行》《地下王国漫游记》《漫游建筑工地》等文章,紧紧抓住"旅行"这个情景。

(二)借任务,创阅读情境

不同的文章主题不同、内容不同、结构不同……可以创设不同的任务,创设不同的阅读情境。例如在《灰尘的旅行》这本书中,每篇文章都是独立的,我们可以创设不同的任务,让学生进入不同的情景。例如在《灰尘的旅行》中创设"灰尘旅行档案"(见图 2)。

图 2 灰尘旅行档案

如，在《庄稼的朋友与敌人》一文中可以创设"庄稼的敌友"（见图3）。

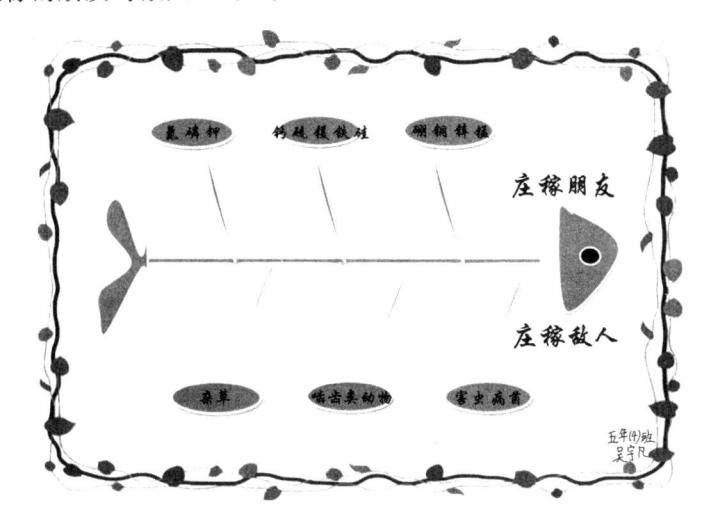

图3　庄稼的敌友

又如，在《镜子的故事》中创设"镜子的发展之路"（见图4）……

图4　镜子的发展之路

这些任务都可以让学生用自己喜欢的方式完成，尊重学生的个性化发展，充分发挥学生的自主性，激发阅读兴趣、探索兴趣。

二、方法习得，突破瓶颈

学生不会读，主要是不知道在阅读说明文时如何梳理主要内容，不知道应该如何品析文段。我们就要充分运用课文、解析课文，帮助学生掌握阅读方法、学习方法。

部编版教材对四五年级说明文的编排能有效地帮助学生学习说明文的阅读方法（见表1）。

表1 部编版教材中涉及的说明文及阅读方法

年级	课文	说明文的阅读方法
四年级上册	《夜间飞行的秘密》《呼风唤雨的世纪》	质疑、提问
四年级下册	《琥珀》《飞向蓝天的恐龙》	提出问题并尝试解决问题
五年级上册	《太阳》《松鼠》《鲸》《风向袋的制作》	了解基本说明方法

（一）质疑释疑，突破内容之难

说明文是围绕着一个事物，不断地介绍它，让我们不断地了解它，这正是说明文最基本的作用。学生在阅读中如何紧抓这个事物呢？

在四年级的学习中"质疑"和"尝试解决问题"的阅读策略可以帮助学生紧紧抓住说明对象。具体来说，学生可以按照如下策略。

1."提问"和"质疑"

针对自己不懂的内容提问；对课文内容进行提问；提出帮助自己理解课文内容的问题。

2.尝试解决问题

联系上下文解决问题；结合生活实际解决问题；查资料、请教他人解决问题。

3.整理与串联

将与文本内容无关的问题删去；找出围绕说明对象提出的问题。

例如在《琥珀》一文的学习中，学生先默读课文，并提出不懂的问题，如：形成琥珀需要什么条件？作者推测琥珀形成的依据有哪些？琥珀形成有哪些阶段……在阅读课文的过程中先将课文梳理为两个部分：第一部分写琥珀的形成，第二部分写琥珀被发现以及由此展开的推测。

学习第一部分的时候,学生再选取一些重要的问题进行研讨,如:"本文中这个松脂球的形成需要哪些条件?"既可以从文章中梳理出关键的信息如"苍蝇""蜘蛛""夏日""松脂",也可以结合琥珀真实的样子,结合琥珀形成的过程资料来说。接下来在发现松脂球变成琥珀的过程中,继续让学生提出不懂的问题,如:"松脂球是怎么变成琥珀的?为什么松脂球不会腐烂?"可以指导学生阅读"课后链接"或者自己搜集资料解决问题。

最后,将自己的问题整理在一起,将"关于课文内容的问题"保留,就会发现剩下的问题其实都是围绕着"琥珀"这个说明对象提出的,全文也是围绕"琥珀"进行介绍,而文中的故事正是作者根据琥珀形成的相关科学知识推测而来的。

这正是说明文最重要的特点"客观地说明事物或阐明事理"。这样先让学生掌握说明文"读什么"。

(二)对比转换,发现表达之妙

说明文中的语言多样,我们可以将说明文分为"平实说明文"和"生动说明文"。在"平实说明文"中应该抓住说明文语言的严谨与科学性,运用列数字、举例子的说明方法多是直截了当地说明对象,较少出现描写、夸张的语言,多见于说明书、科学教科书之类的文章。"生动说明文"中应该发现生动有趣的语言,会较多地使用打比方的说明方法。两种语言风格各有优点,各有值得探索的、有趣的妙处。

学生通过对比辨析,找出说明方法的妙处;通过转换表达,巧妙地让说明文在两种风格之间转换,更进一步认识说明文。

1.对比辨析

《太阳》一文在介绍太阳的特点时,主要使用举例子、列数字和作比较的说明方法,如"太阳离我们有一亿五千万千米远""约一千三百万个地球的体积才抵得上一个太阳"等,如果将这些语言改为"太阳离我们很远很远""要很多个地球的体积才能抵得上一个太阳",学生一眼就发现了问题:"这样的句子,虽然能知道太阳很远、很大,但如果没有列数字、作比较就不太清楚太阳究竟有多大、多远了。"说明文语言比较平实但是更具体,让人一目了然,将抽象的知识变得通俗易懂。

《松鼠》结合课后第二题中的例句1,将"松鼠体型细长,体长17～26厘米,体重300～400克"和课文的第一段"松鼠是一种漂亮的小动物,乖巧,驯良,很讨人喜欢……"进行对比。通过交流,发现例句中用了客观严谨的数据,用词准确,平实简洁清晰,而课文语言形象生动,让人觉得活泼有趣,能激发阅读兴趣。

在我们日常阅读的文章中,像说明书、食谱等,都能提供准确、清楚的信息,帮助我们认识事物,获得知识。说明文的语言特点可以像《太阳》一样平实,也可以像《松鼠》一样活泼,还可以像《中国大百科全书》里的内容一样简洁明了。

2.转换表达

有的学生喜欢"生动说明文"语言的生动形象,有的学生喜欢"平实说明文"的直接简洁。但两种说明文都富有阅读的价值。两种不同的语言风格可以相互转换,抒情性的文字可以转换为简单直白的描述,不清晰、概括性的文字可以转换为具体的数据或介绍。

例如《松鼠》中学生读到"松鼠筑巢"这部分时,《中国大百科全书》中是相当简洁明了,"松鼠在树上筑巢或利用树洞栖居,巢以树的干枝条及杂物构成,直径约50厘米"。虽然少有描写,但我们能清晰知道松鼠搭窝使用了什么材料,虽然没有形容,但"约50厘米"这样一个数据能让我们直观地了解窝的大小,在课文中"它们搭窝的时候,先搬些小木片,错杂着放在一起,再用一些干苔藓编扎起来,然后把苔藓挤紧、踏平,使那建筑物足够宽敞、足够坚实"是运用"搭""搬""放""编扎""挤紧""踏平"等动作将松鼠筑巢所用到的材料、做的动作、窝的特点描写得相当细致。说明文也可以运用描写和修辞变得生动形象。

学生可以继续改写《鲸》这篇文章,其中"有一种号称'海中之虎'的虎鲸,常常好几十头结成一群,围住一头三十多吨重的长须鲸,几小时就能把它吃光"一句,学生就可以将其改写为一段别开生面的"虎鲸捕食"。可以创设"虎鲸自我介绍"的情境,学生们以"我"为角度,将虎鲸捕食中的特点生动地介绍清楚。这句可转换为"记得有一次我们好几头虎鲸,如同下山猛虎,我们分工合作将一头三十多吨重的长须鲸紧紧围住。我们一拥而上用锋利的牙齿从猎物身上咬下一块肉来,饿极了,我干脆嚼也不嚼,直接把肉块吞下去,没一会儿的工夫就把它吃个精光……"。

在这样转换表达的过程中,学生在不知不觉中就会去查找相关的文章,对说明文的语言有了进一步的认识,通过语言的实践感受到理趣兼容,发现说明文语言之妙。学生在转换表达中也获得成就感,也有了新的阅读方法,就更加有兴趣开展阅读了。

三、扩展延伸,冲破"茧房"

掌握了科普说明文的阅读方法,学生可以试着从"课内"扩展到"课外",将目光转向更多的说明文甚至是整本书阅读。学生先由一篇,再读到一章,接着读整本,然后读这类书,迎接说明文的广阔天地。

例如学生阅读四年级下册"快乐读书吧"中米·伊林版《十万个为什么》。

第一章"自来水龙头"学生最感兴趣的是水能不能把房屋炸毁?学生有了学习说明文的基础,能够自主用上"质疑释疑"和"增删对比"的方法,自主阅读后提出了许多问题"什么样的水能把房屋炸毁?""为什么水能把房屋炸毁?""我们能避免水的爆炸吗?"等,接着使用"解密卡"发现"水能不能把房屋炸毁"的秘密(见图5)。

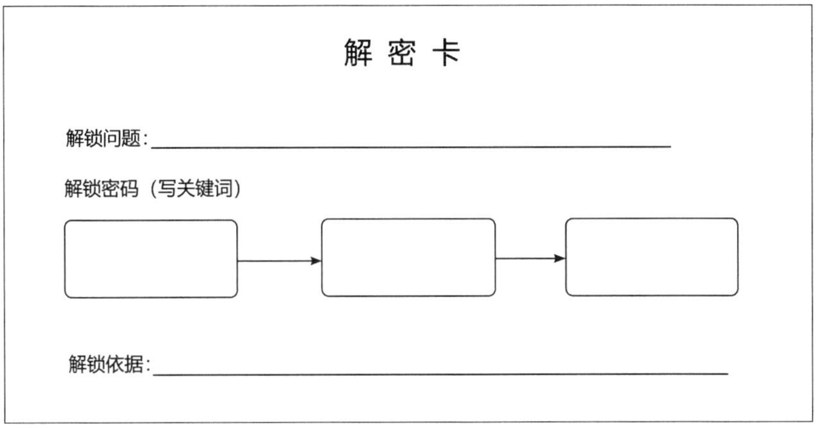

```
                    解 密 卡

      解锁问题：_____

      解锁密码（写关键词）
        ┌──────┐      ┌──────┐      ┌──────┐
        │      │ ───→ │      │ ───→ │      │
        └──────┘      └──────┘      └──────┘

      解锁依据：_____
```

图 5　解密卡

可见，习得方法后，学生对于说明文的阅读兴趣和阅读效果有了明显提升。后续学生用上这些方法阅读整个章节，再扩展到整本《十万个为什么》的阅读，从"自来水龙头"到"炉子"到"餐边和炉灶"……阅读中学生会发现这本书中所探索的正是我们身边常见的东西。

学生还发现有很多版本的《十万个为什么》，它们都来源于米·伊林的这本，它们都是同一类型的书，可以进行广泛的阅读。

对于说明文的阅读，学生首先要会读说明文，才能不怕读说明文，接着才有可能有兴趣读说明文，只有带着兴趣进行阅读，才能发现说明文的"美"。

案例探索

一、导读

以《灰尘的旅行》的导读微课为例。先创设"旅游"的情境，初步介绍作者高士其，并且展示几个文章的小标题，鼓励学生对其进行提问并预测作者可能写些什么内容，激发学生的求知欲和兴趣并开始从书中进行探索。

（一）展示封面，猜测内容

1.出示封面插图。

2.看封面，这是一个小灰尘，他为什么背着背包拿着地图呢？他要做什么呢？看他这个样子是要去旅游呢！那就让我们跟着他一起开启阅读之旅吧！

（二）浏览目录，发现目录特点

1.出示第一部分目录，发现特点。《科学趣谈 灰尘的旅行》细胞、眼镜、灰尘、镜子……

每篇文章都不一样,这是怎么回事呢?原来这本书是高士其爷爷的"科普文合集"。

2.介绍高士其。高士其是谁?他怎么会写出这么多的科普文呢?

高士其,福建福州人,中国著名科学家、科普作家和社会活动家,中国科普硕士、科普事业的先驱和奠基人。高士其爷爷可不简单。(补充介绍视频)

3.引导阅读。一说到科普说明文,可能你会想到不好读、没什么意思,但是高士其爷爷所写的这本科普书一定能让你对科普说明文有全新的认识。那么如何读好这本书呢?我们的小灰尘可有好方法!让我们一起来看看吧!

(三)初探目录,预测内容

1.让我们回到目录,看看这些标题,有什么发现吗?细胞、眼镜、灰尘、镜子、土壤,这些都是我们生活中常常提到的甚至是经常见到的,挑一个说说你对它的印象吧!(留空白)

2.让我们猜一猜高士其爷爷会怎么介绍这些东西。

《灰尘的旅行》可能要讲灰尘们从哪里来,要去哪里旅行呢!

《地下王国漫游记》可能高士其爷爷真的去过地下王国,要告诉我们地下王国有什么好玩的、有意思的地方。

《细胞的不死精神》细胞真的不死吗?高士其爷爷一定发现了什么与众不同的细胞!

3.小结方法。在阅读前,我们可以先结合生活回想自己对这些东西的印象,再通过"预测"的方法猜想一下作者可能会怎么介绍这些东西,说不定作者所说的与你所认识的有所不同呢。

二、阅读方法渗透

对照内容,初读文章发现语言中有趣的地方,初步渗透阅读方法,通过科学图示帮助学生更有逻辑也更有趣地运用不同的方法阅读科普说明文,发现"新鲜感"。

展示文段,看看猜想是否正确?

(一)列表阅读方法

通过《灰尘的旅行》发现作者文章语言生动、通俗易懂的特点,并渗透利用列表阅读的方法。

提出了问题,就让我们的旅行来到下一站!让我们进入这本书的内容,看看高士其爷爷会带我们到哪里去旅行?

1.《灰尘的旅行》中"灰尘是地球上永不疲倦的旅行者,它随着空气的流动而漂流",灰尘在高士其爷爷的笔下可不是平时的灰尘了,它们成了"永不疲倦的旅行者"。灰尘也如同我们人类一样会旅行、爱旅行,他们又会去哪?怎么去?让我们给灰尘们制作一个旅行档案,更好、更全面地了解灰尘的旅行(见表2)。

表2 灰尘旅行档案

灰尘旅行档案		
成员		
交通工具		
旅行的路线	从什么地方来：	到哪些地方去：

2.灰尘旅行的路上也做了不少的事情,作者又说了"原来灰尘还是制造云雾和雨点的小工程师,它们会帮助空气中的水分凝结成云雾和雨点"看来灰尘不仅仅是个旅行者,它们还有大本领,这是不是跟你印象中的灰尘有所不同呢？当然了,作者也提到了灰尘的危害。这些工程师们我们称之为"高素质灰尘",而有危害的灰尘我们把它们拉入"黑名单"不许它们来旅游了,我们又可以用上这样一张图来表示它们(见表3)……看待事物一定是全面的,高士其爷爷也是这样科学、全面地介绍事物。

表3 灰尘的分类

高素质灰尘　　　黑名单灰尘

3.小结一下,在作者笔下,灰尘不再是那些看不见摸不着的微粒,也不是我们印象中脏兮兮、讨厌的东西,更不是生硬的文字,而是一个个"旅行者"和"小工程师",高士其爷爷就是喜欢这样用生动可爱的名字称呼这些东西。

(二)流程图阅读方法

通过《地下王国漫游记》发现作者文章具有故事性的特点,并渗透使用流程图的阅读方法。

看完灰尘的旅行,我们再跟着作者漫游地下王国。

1.看到这个标题你一定就想问了,地下王国该怎么去呢? 高士其爷爷告诉我们得一站一站地走。"到地下王国去旅行,都要从地球表面出发,第一站的名称叫做土壤,比起地球的半径来,这仅仅只是一层薄膜。植物的根在这舒腰伸臂,也是生命的归宿地;这有个人的坟墓,也有地下宫殿,有城市的废墟和从废墟里发掘出来的文物,如青铜器、陶器和石器等。所以这一站的名称,又叫文化层。"

漫游地下王国不仅要一站一站地走,还得知道这每一站的故事,我们漫游地下王国也犹如讲故事一样一站又一站地讲下去。

2.随着作者一站一站走下去,一个个大自然的故事也不断展现出来,从古生物的残骸、原始人的遗迹到剑齿虎的獠牙,不过20米深的旅行已经给我们讲述了两千万到两千五百万年前的故事。我们越走越深,地下王国带给我们的就更古老、更丰富,几十米、几百米……一亿年前、三亿年前……这趟漫游之旅的故事一直来到了地心,正如作者所说的"地下王国,并不是人们最初想象的死气沉沉、静止不动,它的生活是非常复杂而多样化的"。

3.这么多的故事,我们又该怎么把它们记下来呢? 既然作者说了一站一站地走,我们同样可以一站一站地记录它们(见图6)。

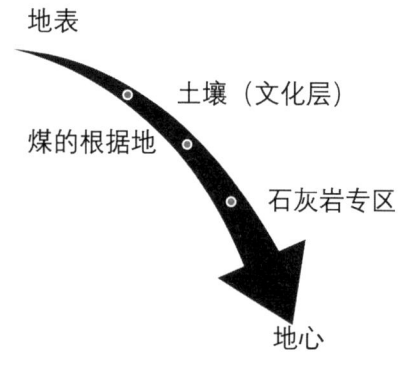

图 6 流程图

像这样按照一定顺序进行叙述的文章,我们就可以按照它的顺序边读边理解。

(三)思维导图阅读方法

通过《细胞的不死精神》发现作者也将民族精神写进了他的科普文章里,并渗透利用思维导图的阅读方法。

1.我们现在一定能猜到高士其爷爷在这篇文章里详细地写了细胞的各种功能和特点。确实如此,但是请大家一起来看看这段话:中华民族的生存,也和细胞一样,受着环境的威胁。内有汉奸的捣乱、不抵抗者弱者的牵制,外有强敌的步步压迫,已到了生死存亡的关头。然而民族有不死的精神和斗生的力量。中华民族固有的不死精神和潜伏的斗生力量消沉到哪里去了？还不跳出来！高士其不仅是一个科普作者，他更是一个爱国者！这篇文章正是写在抗日战争时期，他看到社会苦难，他奋笔疾书！不仅做科普教育人们，更要激发人们的抗争精神，民族气节！他自己与病魔作斗争、与敌人作斗争，也借着自己的笔激发着人民与敌人作斗争，细胞的不死精神，更是自己的不死精神！

2.细胞所蕴含的内涵可太多了，可以用思维导图帮助我们阅读啦（见图7）！

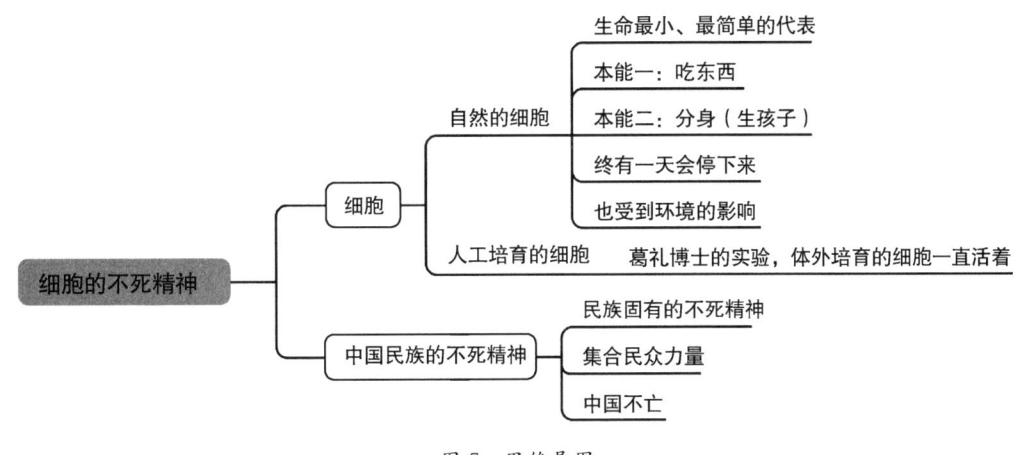

```
细胞的不死精神 ─┬─ 细胞 ─┬─ 自然的细胞 ─┬─ 生命最小、最简单的代表
              │        │             ├─ 本能一：吃东西
              │        │             ├─ 本能二：分身（生孩子）
              │        │             ├─ 终有一天会停下来
              │        │             └─ 也受到环境的影响
              │        └─ 人工培育的细胞 ── 葛礼博士的实验，体外培育的细胞一直活着
              └─ 中国民族的不死精神 ─┬─ 民族固有的不死精神
                                  ├─ 集合民众力量
                                  └─ 中国不亡
```

图 7　思维导图

三、总结阅读方法，鼓励学生扩展阅读

（一）总结已有方法

说了这么多，相信大家也有好多方法可以用来读这本书了，让我们总结一下吧。

1.结合生活；

2.预测猜读；

3.运用图示。

（二）制作科学集

当你用一幅又一幅的图示读完这本书的时候，你就可以将它们整理在一起，形成一本属于自己的"科学手册"了。

（三）试着自己发现内容写一写

现在你也可以做一个小小科学家了，身边值得研究的事物还有很多，试着开始进行科学观察、科学研究吧！你也能写出有趣、生动的科普文章的！

（四）扩展联动

同样是发现生活中的事物，还可以读一读米·伊林的《十万个为什么》。

参考文献

[1]徐海娣.浅谈小学语文科普说明文教学[J].新课程导学,2021(2):43-44.

[2]徐小维.科普说明文,岂能"浅教辄止"[J].新课程导学,2021(1):29-30.

[3]马书虹.说明文教学存在的问题与对策探寻[J].语文天地,2018(36):15-16.

[4]王网珍.小学语文科普说明文的教学方法[J].小学生作文辅导(读写双赢),2020(7):100.

[5]王爽.激发学生学习兴趣,优化小学语文课堂教学[J].中国校外教育,2016(7):77.

26

打破"沉默式回应",三步打造"燃点"课堂

厦门第二实验小学　吕萍

现场问索

英语老师往往承担着跨年段教学任务。我常年在低年级和高年级的课堂中来回穿梭,发现了一个有趣的现象:低年级的孩子小手举得高高的,生怕你看不到他。有时我都不知要请哪个小朋友来回答问题,实在是因为举手的人太多了。到了高年级,课堂上主动举手发言的孩子变少了。当老师提出问题时,班级上有些孩子会避免与老师进行眼光接触。当被老师提问时,有些孩子发言声音特别小,根本就听不清楚。老师组织小组讨论学习,小组里总有些孩子处于"边缘化",不太愿意参与小组讨论。高年级课堂上出现的种种现象反映出来的是学生"沉默式回应"课堂活动。

正本洄索

学生课堂沉默是教学过程中极其常见又无法避免的现象。学生课堂沉默可以分为积极沉默与消极沉默。积极沉默是指虽然学生在语言上保持沉默,但却保持积极的态度认真倾听,对教师问题进行思考的过程。消极沉默是指学生的语言、思维、情感上不积极参与教育教学的行为。

"消极沉默"表现出以下几个特点。

1.上课无精打采,眼神涣散。

2.遇到问题逃避思考,被动接受课堂活动。

3.上课做与学习无关的事情。

本文将聚焦于学生在课堂中的消极沉默现象,分析其背后的原因并提出相应的策略。

远溯博索

截至 2021 年 11 月,笔者在中国知网以"课堂沉默"为关键词检索,共检索出 594 篇文章。我们从论文发表趋势图(见图 1)可以看出,从 2002 年至今一直有关于"课堂沉默"这一方面的研究。而这些关于"课堂沉默"的文章中,涉及"英语课堂"的共有 44 篇,这说明在英语课堂中出现"课堂沉默"现象已经引起了相关学者的关注。另外,关于"大学英语"有 35 篇、"高中英语"24 篇、"初中英语"30 篇,而"小学英语"目前是 0 篇(见图 2)。由此可见,在小学英语课堂沉默方面,学者的关注度还不够,其非常有研究价值。

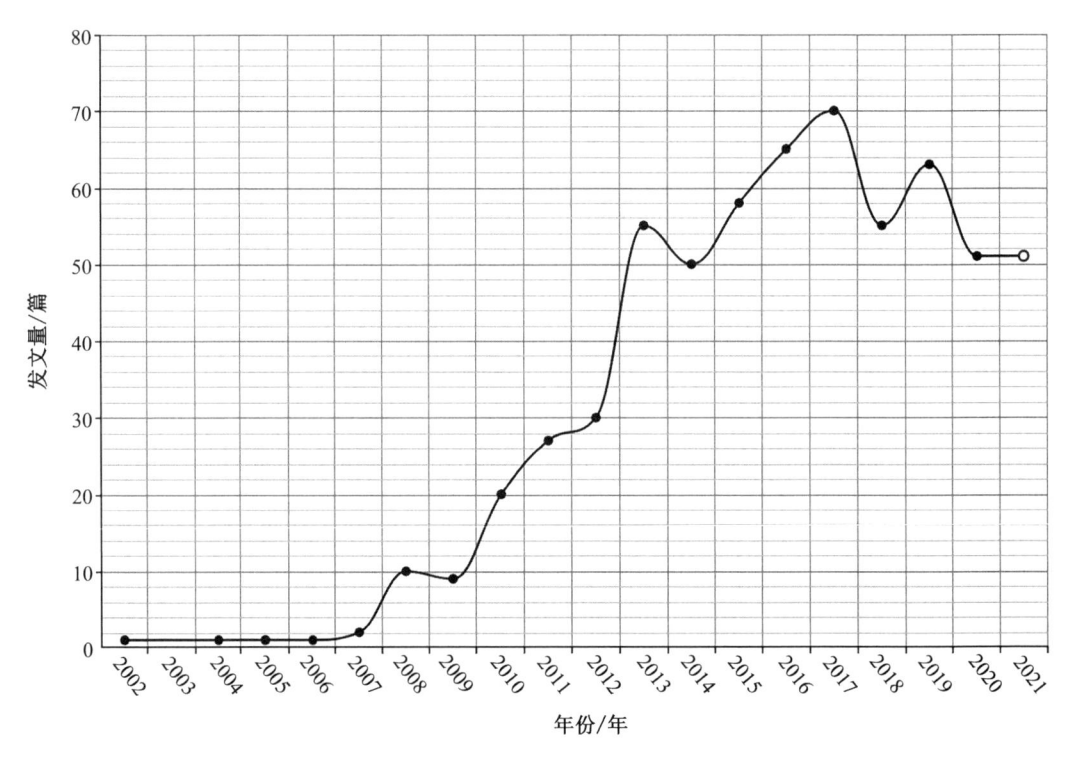

图 1　2002—2021 年"课堂沉默"论文发表趋势图

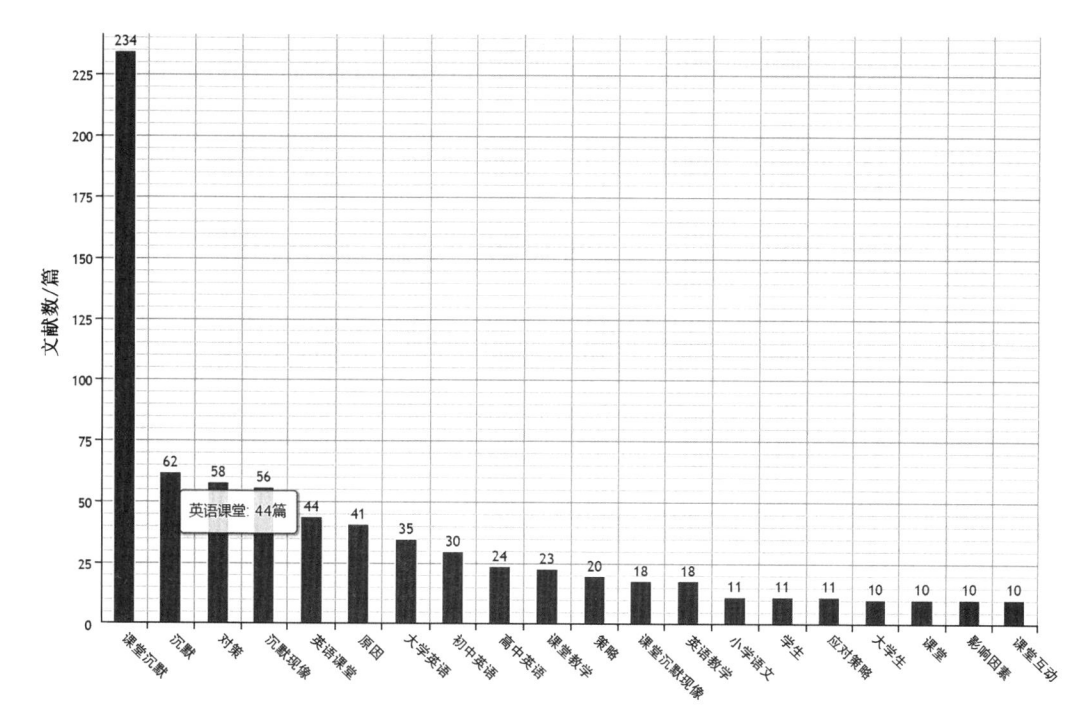

图 2 "课堂沉默"文献发表数

学者周卫娟在《学生课堂沉默及其教学应对》一文中指出,当前出现课堂沉默现象的原因主要有:交往主体间地位失衡,不能进行平等对话;教师课堂提问视角单调,学生学习兴趣不足;教师教学方式单一,教学效果不佳;学生个体因素影响课堂沉默状态;等等。

学者程良宏、张瑾在《作为学习参与的课堂沉默:意蕴表征、价值审视与引导策略》一文中提出,面对作为学习参与的学生沉默,教师需要掌握恰当的引导策略,将其进一步引入深度参与的课堂学习,以促进教学质量的改进和学生的发展。

从相关研究可以看出,课堂沉默的现象在课堂中很常见。教师作为课堂的"引导者",需要对学生的"学"进行指引。当面对学生消极沉默时,教师要分析原因采取相应的策略,引导学生积极地参与课堂学习。

工具研索

笔者对所任教班级五年(3)班共 53 名学生进行问卷调查。问卷调查结果汇总如表 1 至表 5 所示。

表1　问题一:在英语课上,你有回应老师的提问吗?(单选题)

选项	人数/人	占班级比例/%
A.经常	18	33.96
B.有时	15	28.30
C.偶尔	18	33.96
D.从不	2	3.77

表2　问题二:你不回应老师提问的原因有哪些?经常回应的同学不回答该题。(多选题)

选项	人数/人	占班级比例/%
A.老师没问我	2	3.77
B.问题不好回答	21	39.62
C.班上举手少	14	26.42
D.害怕答错	21	39.62
E.其它原因	1	1.89
其他原因:不想举手,但会	1	1.89

表3　问题三:你更愿意在哪种场合下开口发言?(多选题)

选项	人数/人	占班级比例/%
A.全班	19	35.85
B.小组	25	47.17
C.同桌	20	37.74
D.个人	12	22.64

表4　问题四:你认为哪些问题更吸引你参与讨论呢?(多选题)

选项	人数/人	占班级比例/%
A.内容有趣	19	35.85
B.答案开放	25	47.17
C.联系实际	15	28.30

表5　问题五:你认为哪些东西可以促进你思考并回答问题呢?(多选题)

选项	人数/人	占班级比例/%
A.文字或图片提示	36	67.92
B.问题提示	18	33.96
C.设置悬念	21	39.62

笔者从上述问卷结果中得出以下结论。

1.班级里有 1/3 的学生能够做到经常回应老师的提问,接近 2/3 的学生做到有时或者偶尔回应老师问题。

2.学生不回应老师提问最普遍的原因是:问题不好回答、班上举手少、害怕答错。其中"问题不好回答"这一选项选的学生最多。这说明笔者在提问时需要提供给学生一些帮助促进学生的思考以及回答问题。

3.相比其他场合学生更愿意在小组内发言。

4.学生认为答案开放的问题更吸引他们参与讨论。

5.学生觉得文字或图片提示可以促进他们思考并回答问题。

归因追索

从问卷结果分析来看,学生在课堂上沉默式回应老师的原因有很多,笔者大致分为以下四类。

一、性格因素妨碍学生课堂主动发言

班级里有些同学的性格较为内向,比较胆小。他们担心自己如果回答错误,可能会被同伴嘲笑,因此不敢举手发言。

二、基础薄弱阻碍学生课堂踊跃参与

班级上总有些学习比较吃力的学生。他们的基础弱,经常跟不上教师的思路;他们不知道如何回答问题,自然就不回应了。

三、沉默课堂气氛影响学生发言欲望

有些同学本来是想发言的,但看到班级没人举手就不愿意发言了。总是要等其他人发言了,他们才发言。有时全班齐答时也是这种情况。如果没有人回应,他们就选择保持沉默。

四、问题本身抑制学生积极参与热情

教师没有精准把握学生学情。问题过难或过于简单都会打击学生学习的积极性。问题过难,学生不太好回答。就算是有回应,也只有班级尖子生回答,其他同学只是听众。问题过于简单,学生会觉得没有挑战性,不屑回答。

行动求索

一、激发潜能，关注课堂沉默者

有些教师在课堂教学中喜欢以讲授为主，学生只需要倾听即可。教师这样做无形中就占用了学生思考和表达的时间，学生没有机会表达自己。另外，有些老师特别喜欢请班上那些一直积极发言的"明星学生"答题，其他同学没有举手就没有被提问到。久而久之，这部分不举手的学生会继续沉默下去。

因此，教师应改变教学观念，交换学生话语权，让学生有机会说。教师可以丰富课堂交流形式，满足不同层次的学生学习需求以及教师教育教学活动需求。

（一）"放大镜"效应——发现闪光点

课堂中老师要关注到每个学生的学习状态，不能只提问班级上的尖子生。中等生占班级的大多数，教师要善于发现每个学生身上的闪光点。"放大镜"效应可以用在班级每个学生身上，每个孩子都是渴望被老师肯定和表扬的。对于班级的"明星学生"，老师对他们课堂上的表现可以予以放大，让同学们都以他们为榜样。而对班级里"沉默学生"来说，他们平时得到老师的关注并不多，其实更需要得到老师平时的语言表扬和肯定，从而树立起对本学科学习的自信心。

每次课堂上遇到有点难度的问题或者是课外词汇时，当班级的尖子生回答出来时笔者都及时地给予肯定，并让全班同学跟着这位"小老师"一起学习一遍，增强他们的成功体验感和学习自豪感。笔者除了点名举手的同学发言之外，也会请那些不举手的同学回答问题。当他们发言的声音过小或者表达有困难时，笔者都会鼓励他们大胆地表达。当发现一些平时很少举手的同学举手发言了，笔者都会非常欣喜地表扬他，并让全班同学为他的勇敢送出掌声。

笔者实施一段时间后发现，班级里部分"沉默"学生开始慢慢地参与课堂发言了，他们在课堂中逐渐体会到了学习带来的快乐与成功。他们不会因发言出错而感到尴尬，不管对错都会得到笔者的正面评价以及来自同伴鼓励的掌声。

（二）"迷你KTV"效应——提供小舞台

教育家陶行知先生曾明确指出："创造力较能发挥的条件是民主。"相关研究也表明，学生只有在民主平等、宽松和谐的氛围中，创造力才能得到开发，才能积极主动地参与教学。因此，教师作为课堂的"主导者"，非常有必要营造宽松和谐的课堂氛围，多给学生展开想象的时间和空间，尊重学生与众不同的想法，多给学生发表言论的自由和时间。只有教师为学生创设出自由表达的环境，学生才能够自由地表达。

有些学生性格内向、胆子小，在班级里发言会紧张，表现出的特点有发言声音小、神色紧张等;另外有些学生的英语底子弱,不敢在班级"大舞台"发言。对于这两类学生,有时教师可以给他们提供同桌或小组"小舞台"表达自己的观点。让学生走进他们的"舒适区",在小范围内发言能极大程度地消除他们的紧张感。与此同时,教师可以让小组成员中能力较好的学生充当"小老师"角色,帮助能力较弱的孩子学习,同时也能满足这部分尖子生的成就感。

二、巧设悬念,激发学生思考力

过于平铺直叙有时会让学生丧失对课堂的期待。老师给学生制造悬念就是抓住了学生的心理需求。利用学生的期待和渴望,诱发他们急于了解课文的好奇心,使之驱动学生进入积极而又紧张的学习思考中,在接下来的问题解决中体验成功的快乐。老师可以充分利用课本中的标题、课文插图或者插图相关的文字制造悬念。

(一)紧抓文眼——预言小达人

"文眼"是"文章的眼睛"的简称。这是比喻的说法,是比喻能够概括全文内容的关键词语或关键句子。它是一篇文章中最传神的字词,它能突出文章的精髓。它就类似人的眼睛,眼睛是人的心灵之窗,我们能够通过眼睛看透一个人。而它在文章中正是起到这样的作用。

在进入课文学习之前学生最先看到的就是课文的标题,但他们往往只是简单地浏览,并不做深入的解读。标题往往是一篇课文的眼睛,是对文章内容最核心的交代。从标题中,我们可以得到很多核心信息。教师可以充分利用课本中的标题,针对标题的内容启发学生进行相应的思考或展开一定的想象与推测。

例如外研社新标准《英语》(一年级起点)四年级上册 Module7 Unit1"Did you take Amy's doll?"一课中,教师针对这一标题可以让学生推测出好多核心信息:(1)Amy has a doll. (2)Amy lost her doll. (3)Maybe someone took Amy's doll.,学生在这一活动中瞬间化身为福尔摩斯,根据标题进行大胆的推测与想象,引发他们急于验证自己推测、了解课文的好奇心。

(二)借助插图——观察小能手

高中新课标中的语言技能增加了"看"的技能。这里的"看"不只是文字,还包括课文中的插图。有时这些插图提供了丰富的背景信息,是对文本的有效补充。教师有意识地引导学生观察课文插图,发现插图背后的含义,能帮助学生快速理解文本,明晰思路。例如在外研社新标准《英语》(一年级起点)五年级上册 Module5 Unit1"It's mine."一课当中,学生从文本中完全不能感受到 Sam 和 Amy 为了争夺这件红色 T 恤衫争得面红耳赤。插图相比于文字更加生动地刻画出他们此时愤怒的情绪。由此,教师可以通过问题引导学生观察课文插图(见图 3)推测事情发生的背景。

> Sam: It's mine!
> Amy: It isn't yours, Sam.
> Ms Smrt: What's the matter?
> Amy: Sam wants to wear my T-shirt.

图 3　课文插图

Look at Sam and Amy. How do they feel?

Why are they angry?

Why do they want this T-shirt?

最后一个问题比较开放,学生的回答也是五花八门:"They like this T-shirt./ They have the same T-shirt. /The T-shirt is nice."。

教师在课前利用插图设置悬念,可以激发学生的发散性思维,调动他们学习课文的积极性和参与课堂的内驱力。

三、打通思绪,提升思维活跃度

学生有时保持课堂沉默是因为学生的思维暂时被束缚住了,老师为了激活学生的思维活跃度,可以围绕着文本话题设计问题,激活学生原有的知识,建立与即将学习的新知识之间的联系。

(一)联系生活——丰富语料库

语言源于生活。《2011版义务教育英语课程标准》建议教师从学生的学习兴趣、生活经验和认知水平出发,倡导体验、实践、参与、合作与交流的学习方式,强调"玩中学,学中用"。因此,教师要从学生的实际生活出发,挖掘现实生活中的资源,在教学中创设模拟真实生活的对话交流,让学生在较真实的学习情境下自然地掌握英语。

学生是课堂的主体,一切教学活动都要围绕着学生展开。每个学生在来到你的课堂前都不是一张白纸,他们都带着一定的知识和生活经验进入课堂。因此,老师不妨让学生围绕着文本话题谈谈自己的生活经历。比起课文中的情节,孩子更愿意去分享自己、去倾听小伙伴们的生活经历。这样的分享是真实鲜活的,能激励学生主动参与到话题中来。例如外研社新标准《英语》(一年级起点)六年级下册 Module9 Unit1"Best wishes to you."一课中 Daming 希望他的好友们都给他写毕业赠言。联系学生的生活实际,六年级学生此时即将结束自己的小学生涯,回忆起平时和同学共同度过的六年时光,一定有很多美好的回忆。因此,教师可以在这节课中不断地鼓励学生围绕本课 Goodbye message 这一话题,谈谈自己和小伙伴们的共处时光。例如:

Who's your best friend?

What do you want to say to your friends?

Who helped you a lot?

Who brought you a lot of joy?

(二)以图促思——发散小思绪

不同于低年级,高年级的文本信息往往更繁杂,对学生来说增加了记忆负担。一图胜千字。教师可以借助图表形式将文本信息通过一定的逻辑顺序逐一呈现出来,方便信息的储存和加工。教师可利用的常用的信息转换方式有:图片、简笔画、表格、树形图、网络图、流程图和时间线等。葛炳芳(2014)老师在提出问题时可以让学生尝试着提炼关键词或者概括来回答问题,避免学生以文本中的原句填入图表中,这样起不到记忆减负的效果。

例如,在六年级上册"Reading for pleasure:Spiders."一课中教师让学生先自学文本,找出 spiders 的不同之处。紧接着,通过思维导图(见图 4)把学生提供的零碎信息按照一定的逻辑顺序重新整合,引导学生深度思考提炼概括 spider 的三个方面,从 shapes、colors、habitat,谈论蜘蛛的不同,并且引导学生消化文本,提炼关键词,梳理形成新的知识架构,让学生加深对文本的理解。所谓"一图胜千字",以图促思能够帮助学生进行信息的储存和加工。

spiders
There are lots of different spiders.

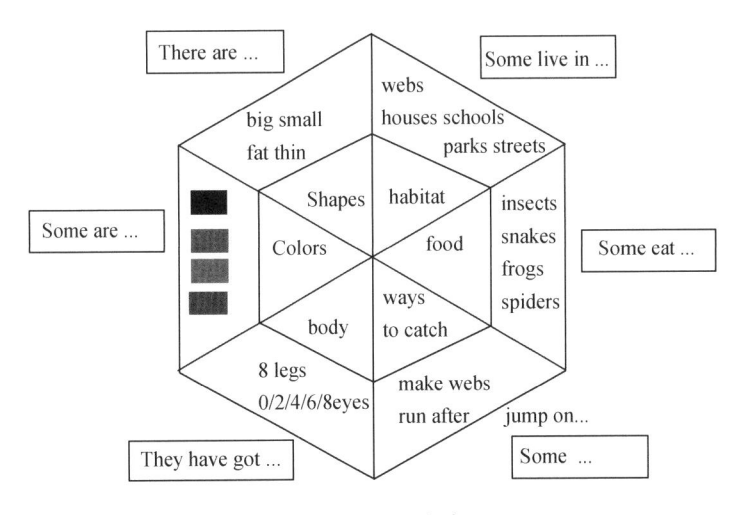

图 4　Spiders 板书

（三）一问到底——激发大能量

英语课中，老师经常会组织形式多样的互动环节，例如：师生互动、生生互动、生本互动等。其中师生互动的机会尤其宝贵，这是老师和学生一对一进行，对班级其他同学起到启发、示范等作用。学生有时只是用一两句话回答老师的问题。这个时候如果老师让学生坐下来，那么师生之间的对话就结束了。这就会造成其他同学认为在和老师的互动中以一两句话简单结束对话就可以了。长此以往，学生的思维就会被禁锢住，他们会觉得无话可说。

其实学生在回应老师时对于一些具体的细节并未展开。老师可以就学生的回答灵活追问，这也是一种追根溯源。学生在老师的追问中能够瞬间激发灵感，打开思绪。有时学生会在追问中卡壳，这时不妨递给学生一个"梯子"，降低问题难度并适当给予提醒，消除学生回答的紧张感。例如在外研社新标准《英语》（一年级起点）六年级上册"Reading for pleasure：Spiders."一课中，老师就学生的回答及时调整问题针对性追问，课堂实录如下：

T：Do you like spiders? Why?

S1：Yes, I like spiders. Because they are very cute. I want to feed them.

T：Which spiders do you want to feed?

S1：I want wolf spiders.

T：Why do you want wolf spiders?

S1：I think they are very clever.

案例探索

教学片段一

T：We learnt a lot about spiders.Let's make a mind-map about spiders. OK?

Ss：OK.

T：First, think what you want to talk.

Second, think key words.When you draw the mind-map, you can choose one or desigh a new one.

Now work in group of four. One writes, the others give ideas.

教师先示范如何制作思维导图，然后以四人小组为单位展开活动。

Talk about spiders with the mind-map

T：Can you talk about spiders with your mind-map? Which part can be the first to talk? The left part or the right part?

T：First, we can talk about?

Sn：shapes/colors/body.

T：Then we can talk about?

Sn：habitat/food/ways to catch.

T：Everyone needs to talk. Each one choose one or two to talk. OK? Now talk in groups of four. Go!

Ss：…

[设计意图]

教师在学生介绍蜘蛛前先有意识地让学生思考如何更有逻辑地、条理地介绍。学生小组活动，通过思维导图整理归纳自己对于蜘蛛的认识，用自己喜欢的方式介绍蜘蛛，实现语言的整体输出。小组活动的形式一方面可以让学习基础弱的学生更有安全感，另外一方面也能让学生在小组讨论中互相学习。

教学片段二

T：Are spiders insects?

Sn：No.

T：How do you know?

S1：Because they eat insects. So spiders are not insects.

S2：Insects have 6 legs.

T：Wow! You are great. How do you know that?

S2：I watched a TV show before.

T：What about spiders? How many legs has a spider got?（课件出现蜘蛛图片）Let's count.

(Counting)

Ss：8 legs.

T：These animals have got 8 legs, too. They are not insects. They are arachnid.（蛛形纲）

T：All spiders have got 8 legs.

[设计意图]

几乎所有学生知道蜘蛛吃昆虫，但是蜘蛛本身是昆虫吗？这是很多学生不了解的，文本中也并未涉及这一内容。老师先不急于公布答案，而是让学生思考这个问题并不断地追问，引导学生思考并论证自己的观点。这种悬念式提问更能激发学生的求知欲。

参考文献

[1]周卫娟.学生课堂沉默及其教学应对[J].教学与管理,2019(36):95-98.

[2]程良宏,张瑾.作为学习参与的课堂沉默:意蕴表征、价值审视与引导策略[J].课程·教材·教法,2021,41(8):70-76.

[3]葛炳芳.英语阅读教学中的问题设计:评判性阅读视角[M].浙江:浙江大学出版社,2014.

一"键"三联破解程序化演奏

厦门第二实验小学 林倩

现场问索

在课堂上,为激发学生对音乐的兴趣与热爱,我时常会添加乐器伴奏环节,让学生融入课堂中,每当要分发乐器时,我总能感受到学生的眼睛里洋溢着期待的目光。"这节课我们要用 XX X | XX X | XX XX | X — | 的节奏型为歌曲伴奏",经过一遍又一遍的演奏技巧训练与节奏拍击练习后,学生便能简单地用打击乐器演奏出这个节奏型。但每当伴随音乐演奏时,我发现,学生虽然节奏和音符都能跟上节拍,可是演奏时的状态却没有融入音乐中,仅仅是机械地完成固定动作,缺乏情感共鸣。

因此,我深思为什么学生会出现无情感的演奏?如何激发孩子们的演奏情感?

正本洄索

通过以上的情况,我初步认为学生演奏过程中出现了情感缺失,我将其称为"程序化演奏"。

"程序化"原指一种交易软件,在编写好的交易模型下进行电脑自动交易,让下单避免受到情绪波动的影响,实现理性投资,追求收益稳定。

"程序化"运用于某些领域,具有高效、稳定的特点,但用于音乐领域就得一分为二来分析。音乐虽然需要方法和技艺的学习和训练,但更重要的,音乐是一种艺术形式和文化活动,是通过乐音来表达自己思想、传递情感、反映社会生活的一种艺术。"人心之动,物使之然也,感于物而动,故形于声。"音乐是由心动而产生的,有感动的声音,发自内心演奏的声音,才会形成好听的音乐。以器乐学习为例,"程序化演奏"在一定程度上能解决演奏技术操作层面的学习流程与规范,是乐器学习一个必须经历的过程。可是如果乐器演奏只停留在程序化学习,像证明公式一样被演奏,不投入情感,那么音乐便会没有生命的温度,平淡无味,更谈不上打动人心。

于是,我无数次思考与探索:应该如何引导学生理解作品思想,有情感地进行演奏?帮助学生用音乐表达情感,体验器乐演奏带来的乐趣和美感,避免无谓无感地"程序化"演奏。

远溯博索

以"音乐情感缺失"为关键词,在中国知网数据库中检索,共检索到 2 篇学术性论文。再以"器乐情感"为关键词进行检索时,共检索到 16 篇学术性论文。

周怡杉在《高校音乐教学情感、态度和价值观的培养研究》中提出"当下音乐教学情感、态度和价值观培养缺失,整个教学还是以知识与技能为出发点和归宿,多数学生对为什么进行练习,练习到何种程度并没有正确地认识,对作品的风格、内涵等也鲜有关注。"他提出只有让学生敢于实践、乐于实践、善于实践,才能从本质上拉近他们与音乐的距离,而情感、态度和价值观的目标也自然能在这个过程中得到实现。

刘长明在《器乐情感培养》一文中提出:"在音乐教学中,器乐教学是科学地指导学生们的一种运动,也就是指导学生在器乐及相应的手、大脑组织器官中相互配合的一种整体协调运动,因而更需要情感,如果说音乐教育是绿化教育,那么学生就是种子,器乐教学就是营养,学生在进行器乐技能训练的同时,也应开发其情感智商,体验到器乐之美。"

高建进在《实习课教程》一书中指出:"艺术化的教学内容注重形象思维和个性表现形式,强调音乐的艺术功能是唤起人的情感共鸣,强调音乐教育是人对艺术的体验和创造,而非枯燥无味的知识灌输与技能训练。"

综上所述,音乐最为重要的内容就是情感,在器乐演奏过程中,如果缺乏真实的情感,不仅会使音乐缺乏内涵,同时也会降低学生学习的兴趣,在器乐课堂教学中,这类现象是普遍存在的。据笔者查阅,关于器乐演奏情感缺失这方面的研究大多由专业院校老师提出的比较多,对于小学生课堂乐器演奏的情感培养这方面的研究还是比较少的。因此,笔者认为,基于小学生的年龄特点,对学生"程式化演奏"的现象展开研究是很有必要的。

工具研索

为了更深入地了解学生,笔者采用了问卷调查法,设计了五份问卷对五年级某班 53 名同学进行调查(如图 1~图 5)。调查分为两个方面:一方面是学生对课堂乐器使用的喜爱程度以及演奏时的关注点,另一方面是了解学生喜欢的伴奏形式,笔者希望能从此问卷调查中所得到的数据加以分析,将出现的问题得以解决。

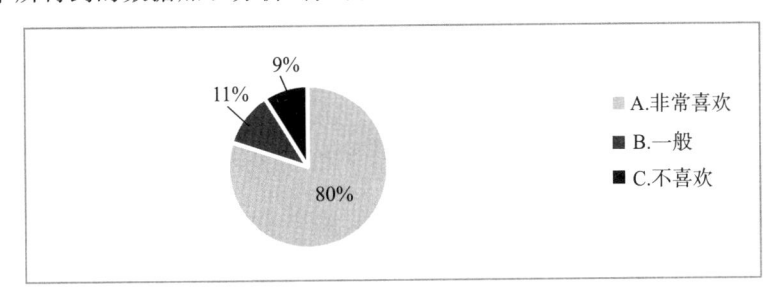

图 1　你是否喜欢边演唱边加入乐器为歌曲伴奏?

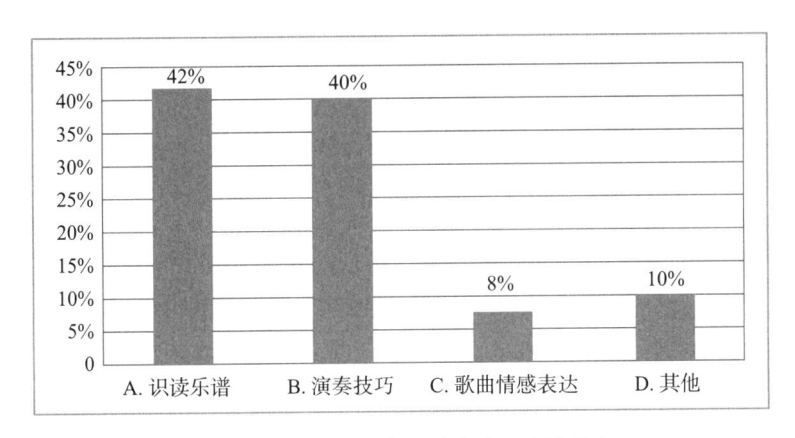

图 2　当你为歌曲伴奏时最先关注的是什么?

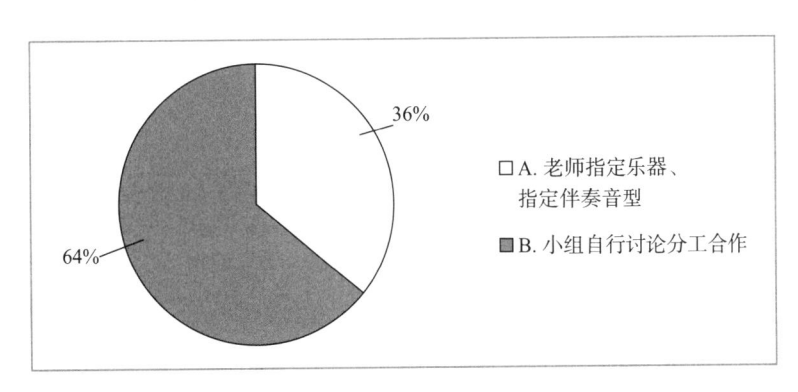

图 3　采取怎样的歌曲伴奏方式是你比较感兴趣的?

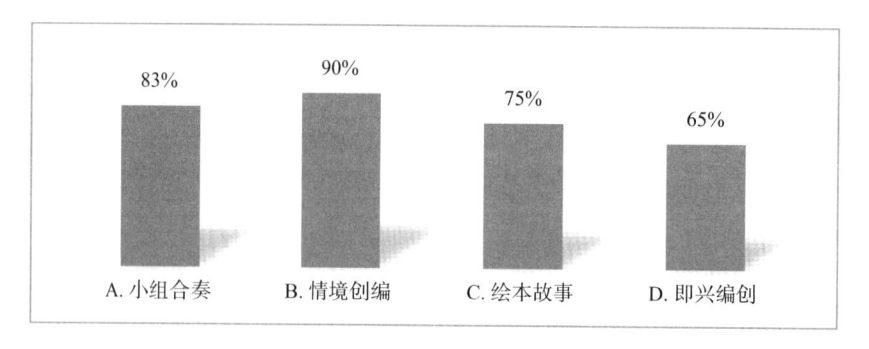

图4 你希望采取以下哪些方式丰富课堂乐器的伴奏形式？（多选题）

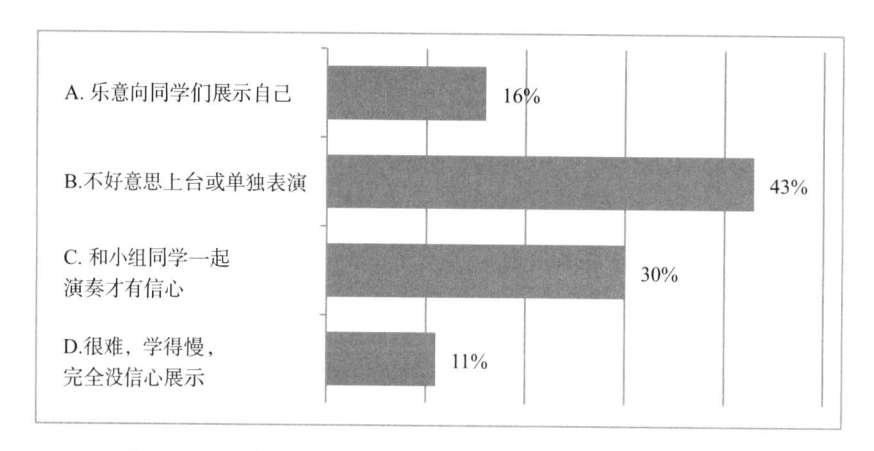

- A. 小组合奏 83%
- B. 情境创编 90%
- C. 绘本故事 75%
- D. 即兴编创 65%

图5 上台演奏或向同学展示时，你的表现怎么样？原因是什么？

- A. 乐意向同学们展示自己 16%
- B. 不好意思上台或单独表演 43%
- C. 和小组同学一起演奏才有信心 30%
- D. 很难，学得慢，完全没信心展示 11%

从以上几项问卷调查结果发现，80％的同学对于课堂上添加打击乐器的环节是非常喜欢的，大部分同学在为歌曲伴奏时，关注点在识读乐谱与演奏技巧上，很多同学因为某些原因，演奏时害怕表现自己，以往的课堂伴奏形式单一，学生希望以多种形式展示课堂乐器。

归因追索

从问卷调查的结果分析，学生在演奏时由于多种因素干扰，缺乏情感的注入，主要原因表现在以下几个方面。

一、"重视技巧"干预学生的情感表现

教师在课堂中会提醒孩子在熟练运用演奏技巧的同时，要注意情感的投入。但由于学生演奏能力参差不齐，导致学生在演奏时关注点不一致，有器乐基础的孩子上手比较快，所以在演奏时可以加上情感的表现，而大多数学生在演奏时因为识读乐谱与演奏技巧比较慢，关注点注重在技巧上，因此无法马上加入情感的投入。

二、"内向性格"影响学生的情感输出

调查发现,多数学生在上台表演时都存在畏难情绪,性格上的差异使得学习效果天差地别。有些孩子性格外向敢于表现,能更好地将自己想表达的情感加入演奏过程,而有些孩子性格内向不好意思将情感外化,特别是男生,不管在演唱还是演奏方面相比女生都会更害怕表现自己,从而导致了"程式化"表演。

三、"单一情境"窄化学生的情感表达

在问及学生希望用哪些方式丰富课堂乐器的伴奏形式时,绝大部分同学都选了多个选项。但由于教师的教学形式单一,教学设计不够灵活多样,使学生在演奏乐器时,只是一遍又一遍枯燥地练习演奏技巧,缺乏审美意识的培养。

行动求索

音乐是情感的艺术,它会使人手舞足蹈,也可让人泣不成声,能令人自我陶醉,也能令人忘掉自我。它能强烈地影响人的情感,触及人们的心灵。音乐课程目标将"情感态度与价值观"放在了首位,音乐的情感,不仅仅体现为学习兴趣、学习爱好和学习热情,更体现为情感本身的体验和内心世界的丰富。

著名的音乐教育家奥尔夫先生强调"元素性"音乐。尤其强调要在音乐教育中培养孩子能够主动地"从自己内心出发"来达到这种交流。"从自己的内心出发",虽然对于儿童,是从"玩和奏"开始,但这是审美意识产生的开端,审美的愉悦,是原本性音乐教育的情感体验方式上的一个重要特征。通过一组很容易掌握的打击乐器让学生不再把音乐当作学习的负担,而是用肢体、语言、乐器全身心地演绎然后投入音乐中。笔者以奥尔夫教学法为理论支撑、奥尔夫音条琴与奥尔夫打击乐器为媒介,通过多样的音乐教学方法对其进行立体式的发展,引导学生在音乐实践活动中获得亲身体验,帮助学生形成综合的音乐能力,为此,笔者从三个方面进行探索。

一、联吟:亲近乐器,让演奏动起来

(一)熟悉与感受,拉近学生与乐器的距离

音乐情感,是指人对音乐所产生的情感,在学生学习的过程中,情感的培养十分重要,器乐教学也不例外。音乐情感是器乐教学的主导和基础,每种乐器都是很有灵性的,你如何对待它,它就会如何回报你。在刚开始认识奥尔夫音条琴时,教师会给学生充足的时间,让孩子们全身心地去感知每个琴键的构造、轻轻地去抚摸它,感受敲击时的频率与自己心跳的连接,运用两两对比的方式,探讨乐器的音色。当一个同学用粗暴的力度敲击时,乐器就会带给我们一种不舒服的刺耳的声音,当另一个同学温柔地演奏它,它就会给我们带来悦耳动听的声音。让学生明白只有用心的敲击琴键,它才会发出动人的

声音,如果没有和乐器建立起一个亲密的关系,它就不会理你,更不会给你想要的东西,要温柔地对待它,而不是生硬与粗暴。

(二)观摩与交流,提升演奏的情感表现

兴趣是学生音乐学习的动力,是产生情感的基础。在课堂教学中,教师应该把学习兴趣归还给学生,把音乐学习的主动权交还给学生,让他们变被动学习为主动学习,变接受学习为探索学习,使他们热爱音乐,对音乐产生情感。在音乐学习中,每个孩子都会有很强的表现欲望,那么课堂上教师会采用小组合作交流的学习方式,让学生进行小组之间的表演活动,孩子们会展示自己拿手的乐器,用自己喜欢的方式演奏,互相观摩互相学习,在探索的过程中体会音乐带来的美感。

在课堂上,学生互相观摩、互相学习固然重要,但教师的示范在课堂中也起到十分重要的作用,教师的示范从一个音符、一个节奏、一个表情甚至一个眼神都能对学生产生深刻的影响。在课堂上,老师们可以通过规范示范、动情的演奏来打动学生、感染学生,学生从观看教师示范中学会模仿,不断提升模仿能力,进而结合自己的理解用乐器表达情感。

(三)"拆卸式"学习,降低乐器演奏的难度

所谓的"拆卸式"学习,就是简化演奏的难度,拆卸琴键,简化乐谱。奥尔夫先生曾说过:"孩子在演奏的过程中要尽可能降低演奏上的困难,使他们没有负担地、尽快地投入音乐中,享受音乐的乐趣。"奥尔夫音条琴就有这样一个特点,它的琴键是可以灵活组合,可以自由拆卸的。学生在刚接触音条琴时,大家的兴趣就极高,因为新鲜、好玩,很多孩子说随便一敲都很好听,平时在音乐课上参与度很低的孩子也愿意积极地加入演奏中。在为歌曲《大海》伴奏时,只用到了C、D、F三个琴键,那么在练习时为了避免敲错音,孩子们会把其他琴键先取下来,这样演奏时就不会有敲错的顾虑,就可以把更多的精力投入在表现力以及力度的控制等其他音乐要素上,还能拉近学生与乐器的距离,激发学生表现的自信心。

二、联缀:读懂作品,让演奏厚起来

(一)还原背景,传递创作初衷

学生在学习音乐时,不仅要掌握演唱歌曲与演奏乐器的技巧和能力,更要积累对音乐审美情感的积淀,促进自身音乐感受能力的有效增强。因此,在课堂中,学生不仅要重视对音乐基础知识、音乐演唱能力以及演奏能力的学习,更要不断地去丰富自己的音乐情感经历,充分激发自身的音乐感受能力,让理解能力能够进一步加深,能够对音乐产生更加强烈的情感共鸣。例如,在聆听《义勇军进行曲》前,学生会感到热血澎湃,那为什么会有这样的感受呢?通过观看一段视频,了解作曲家聂耳先生在创作这首歌曲时,身处在日本帝国主义侵略的战争年代,当时的聂耳先生义愤填膺,争取自由解放的意志强烈,

才创作出这样一首雄壮坚定的歌曲。再聆听《命运交响曲》时，了解贝多芬这位坚强的音乐巨人在经受失聪、失恋的双重打击下创作了《命运交响曲》。通过了解这些背后的故事，感受作曲家当时的创作情绪，理解作曲家的创作情感。

（二）共赏音响，融入情感表现

音乐是一种善于表现和激发情感的艺术，只有审美者内在情感心理充实而丰富，音乐审美才会以极大的感情力量激发起审美者的情感体验。器乐的学习也是从模仿开始的，学生可以通过观看视频、去现场听音乐会等方式，学习表演者在表演时的情感表现以及投入状态。比如在欣赏作品《嘎达梅林》时，学生通过欣赏交响乐、马头琴独奏、独唱等不同形式的艺术作品，感受表演者不同的情感表达，从而激发自己在演奏上的情感共鸣。

三、联动：走进情境，让演奏活起来

（一）绘本与动画，营造音乐的故事情境

奥尔夫教学法提倡教师应创设与所教授内容一致的一切可以利用的学习条件和学习环境，由于环境的氛围烘托，学生将会更加容易进入歌曲所描绘的场景之中，也会使整个学唱氛围变得轻松、愉悦、简单。

低年级的小朋友对听故事是不抗拒的，音乐的不具象性完全可以和故事情节进行结合。以二年级《洋娃娃与小熊跳舞》为例，故事情节：洋娃娃和小熊要在森林里举办一场盛大的舞会，他们邀请了森林之王老虎先生和可爱的小袋鼠们，当森林之王进场时，请演奏低音钢片琴的同学演奏双音模仿老虎先生走路的声音，随后，小袋鼠们也蹦蹦跳跳地入场了，这时请演奏中音木琴的同学演奏分解和弦模仿小袋鼠轻盈的脚步声，最后，洋娃娃和小熊伴随着舞会的主题曲隆重登场了，这时教师和部分学生一起用高音钢片琴演奏歌曲的主题旋律结束全曲。通过音条琴和绘本故事的结合，孩子们能够分角色地进行表演与体验，在获得情感体验的同时丰富了学生的想象力与创造力。

（二）编创与表演，创作表达心中的音乐

创造是学生进行音乐创作实践和发掘创造性思维能力的过程和手段，对于培养创新人才具有十分重要的意义。奥尔夫乐器就是这样一种适合开发学生创造性的乐器，它具有即敲即响的特征，很适合学生即兴演奏。小学生的想象力处于天马行空的阶段，在运用奥尔夫乐器创设情境"顽皮的小杜鹃"时，学生会根据乐器的音色特点自主选择，比如微风吹过柳条的声音可以用竖琴；小溪流水响叮咚的声音可以用钢片琴；雷声可以用小军鼓；沙锤可以模仿雨声。学生通过自己对大自然的认识选择与之匹配的乐器，为学生的想象力与创造力的培养奠定了基础。到了四年级，在利用奥尔夫音条琴创作情景剧"洪湖水浪打浪"时，学生通过 6、7、1、2 这四个主干音，自主编创"渔船出港""满载而归""风平浪静"等五个不同的情景，学生从自己的内心出发，找到自己最原始的情感，用乐器进行表达，通过一年的学习，学生可以通过乐器表达自己对不同音乐情境的理解。在不断的音乐实践中,学生对世界各种事物的理解水平提高了,逐渐地形成他们的创新意识,并且增强了他们的创新能力。

器乐的世界是灵动的、充满情感的世界。虽然,器乐的学习的确需要一个程序化的磨炼过程,可它表现出来的不应该只是机械的技法,而是学生能够真心地去了解它、感受它、掌握它,享受演奏时音乐带给我们的魅力和美妙,这样演奏出来的音乐才会更加有温度、有灵魂。

案例探索

教学内容:小学音乐人音版第八册《我们大家跳起来》

片段一:熟悉主题旋律

师:同学们,随着刚刚你们的步伐,我们来到了法国宫廷的晚会,晚会里有正在翩翩起舞的王公贵族们,还有为他们伴奏的乐师们,可是乐师们遇到了一个小难题,他们的乐谱少了几个小节的音符,你们能帮他填上吗?师演奏主题旋律,请生将旋律填写完整(见图6)。

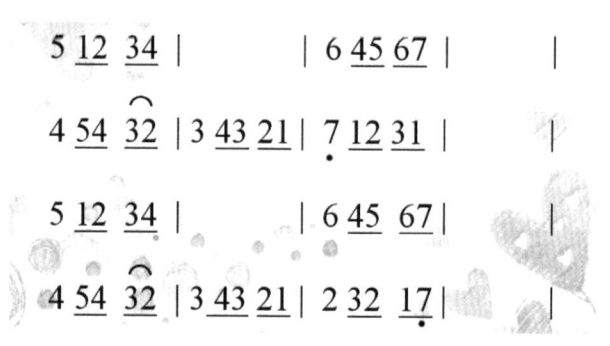

```
5 12 34 |         | 6 45 67 |         |
4 54 32 | 3 43 21 | 7 12 31 |         |
5 12 34 |         | 6 45 67 |         |
4 54 32 | 3 43 21 | 2 32 17 |         |
```

图6 听一听,把旋律填写完整

师:师演奏主题,并思考演奏时要注意什么?
生:要注意呼吸,注意强弱。
师:请生演奏缺失的音符。
生:演奏好的同学示范。
师:注意听,音乐发生了什么变化?(见图7)

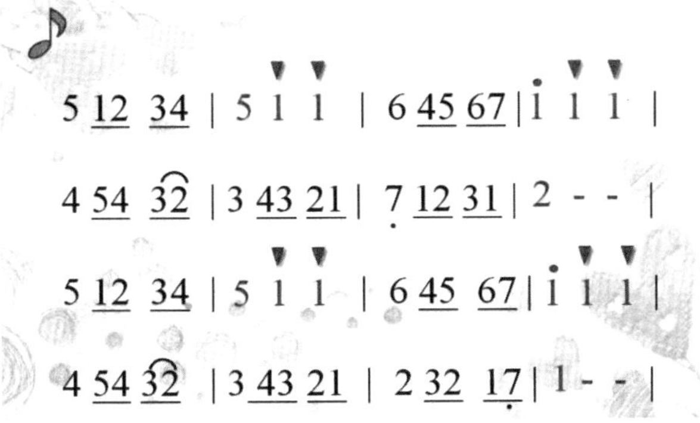

图 7 《我们大家跳起来》旋律

生:5后面多了两个音,是1 1。

师:师生接龙演奏,音符上面有一个什么音乐记号?

生:(顿音),顿音应该演唱得轻巧有弹性。

师:你能来示范一下吗?

师:注意3拍子的强弱规律,演奏长音时要吸气。

[案例分析]

在奥尔夫乐器的使用过程中,要引导学生有情感投入地演奏,就必须通过启发学生的情感之源,培养学生发现美、鉴赏美、创造美的能力。

该课例通过教师演奏主题旋律,学生直观地感受音乐形象,体会乐曲中长音与顿音的音乐特点,最后师生讨论乐曲所抒发的情感,应该用哪种演奏方法、演奏力度处理,才能更好地表现歌曲的意境。通过这样的启发,激发群体的探究意识,让学生成为课堂的主人,对学生的看法不给予否定,先让他们用自己喜欢的方式敲击,通过两两对比的方式,引导学生主动地去感受音乐,寻找出最好的音色进行合奏,在探索的过程中体会音乐的美感。

参考文献

[1]刘长明.器乐教学的情感培养[J].中国科教创新导刊,2011(22):210.

[2]周怡杉.高校音乐教学情感、态度和价值观的培养研究[J].艺术评鉴,2019(9):107-108.

[3]中央音乐学院音乐教育学院.高等院校音乐教育专业实习课教程:附册.小学一年级.上册[M].北京:中央音乐学院出版社,2013:8.

28

数形"邂逅",拯救"解题迷失患者"

厦门第二实验小学　万鑫

现场问索

在小学数学学习中时常存在如下现象。

现象一:学生在接触抽象复杂的数学概念与法则时,由于主要依赖形象思维,因此理解存在一定难度,导致遇到含义相近,而本质又有差别的知识点时,学生往往容易混淆——"不真学"。

现象二:涉及较为复杂的运算问题情境时,学生无法真正理清数量关系,不能建立起对此类型的问题模型,导致这题听懂了,换一题还是不会解——"不深学"。

现象三:课上困扰学生很久的题目,老师画一张图后,学生瞬间秒懂。课后学生自己做题时,常常处于空思维状态,想不到通过画图帮助解题——"不会学"。

正本洄索

出现以上几种情况的学生我称之为"解题迷失患者",他们在数学学习中大量存在,存在的很主要的原因是"数形结合思想的缺失"。数形结合作为一种重要的解题指导思想,它的实质就是在解决问题的过程中,将抽象的数学语言与直观的图形相结合,即"以数助形"和"以形辅数"。前者借助"数"的精确性来阐明"形"的某些属性问题的本质,后者借助直观的图形将"数"模型化,很多数学问题用此思想来解决,可以达到化难为易的目的,数学学习中重视这种思想的形成,能够帮助学生掌握数形结合的解题策略和数形结合的学习方法,因此本文从小学生运用数形结合思想解题这一方向进行研究。

远溯博索

在中国知网,以"数形结合思想""解题"为主题进行检索,共找到3754条结果,其中期刊论文277篇、博士论文1篇、硕士论文127篇、国内会议92篇。以"小学数形结合思想""解题"为主题进行检索共找到408条结果,其中期刊论文17篇、硕士论文16篇、国内会议12篇,论文的发文量如图1所示。

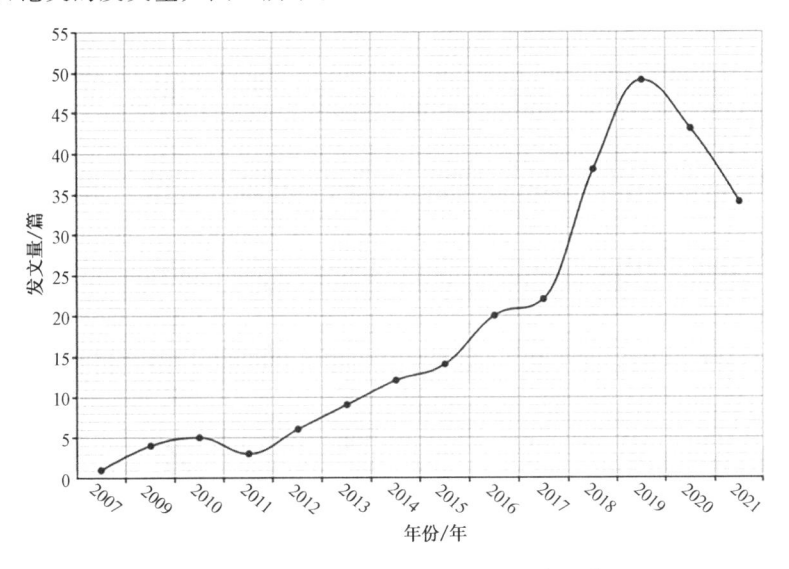

图1 2007—2021年CNKI论文发表趋势

从研究的数据上看,学者们对中学阶段教学中进行数形结合思想的应用和渗透、学生运用"数形结合思想"的能力重视度较高,但缺乏对小学阶段培养数形结合思想相关的深入思考与研究。

张启凤在《"数形结合"思想在小学数学教学的应用研究》[1]中提到数形结合思想在不同年级有着不同的要求,一年级时要求学生能够通过动手操作把问题直观地表示出来,到了六年级便要求学生能够灵活地使用线段图解决问题。当然,这一能力的培养不是一蹴而就的,而是经历了数线、点子图、位置(坐标)等数形结合的切入点后的结果。除此之外,他还总结:对于小学生来说,数形结合思想不仅仅是一种数学思想,更是一种将复杂问题简单化的重要方法。小学生可根据"数"与"形"的对应关系,在需要时将其相互转化,让其各展所长,达到更好、更快地解决问题的目的。同时,数形结合思想在潜移默化中促进小学生自身知识体系的构建,是小学生学习数学、开拓数学思维的得力助手。

江苏省实验学校教师吉宝珠在《关注数形结合,提升解题能力》中指出数形结合既是解决问题的一种方法,又是一种重要的数学思维方式,运用这种数学思想的关键在于找准数与形的契合点,通过数的准确性特征澄清形的不确定性或模糊性,再通过形的直观性与简洁性启迪精准的计数关系。因此,在日常教学中,应根据题目的特点瞄准时机将数和形巧妙地融合于一体,在数形互译中拓展学生的解题思路。[2]

大部分研究者认为,数形结合不仅可以为教师在数学教学中提供帮助,也是学生学习数学的方法。在学习数学的过程中,数形结合可以帮助小学生形成正确的数学概念、理清算理,直观形象地理解数学知识和抽象的数学公式,激发小学生的空间想象力,培养小学生深厚的数学情感,提高小学生数学思维能力。因此,只要学生明确"数形结合思想"的重要性,用"数形结合思想"武装自己,并在分析问题和解决问题的过程中灵活运用,就能有效走出"解题迷失"的困境。

工具研索

问卷调查法:通过向调查对象发放简明有效的测试问卷,得到测试问卷上相关问题的数据或建议,从而间接获得研究信息或材料的方法,通过分析数据得到存在的问题,了解这些问题的造成原因,以便给出合理的解决策略。

通过自编"数形结合思想在小学数学学习中运用现状的问卷调查"问卷面向厦门第二实验小学三年级 140 名学生展开调查,问卷分为两个部分:选择题、解答题(见表 1、表 2)。

第一部分:了解学生对数形结合思想的认识与理解。

表 1　选择题题目

序号	题项内容
1	数学课上,老师会特别强调"数形结合"这一思想方法吗?
2	你认为"数形结合思想方法"对解题有帮助吗?
3	遇到费解的题目,你会想到借助画图辅助求解吗?

调查结果显示(见图 2),将近 88% 的学生认为教师特别强调"数形结合",可见教师对于数形结合思想还是相当重视的。超过 80% 的学生感到画图策略帮助很大,大部分学生认为做数学题时,画图辅助求解很有帮助。

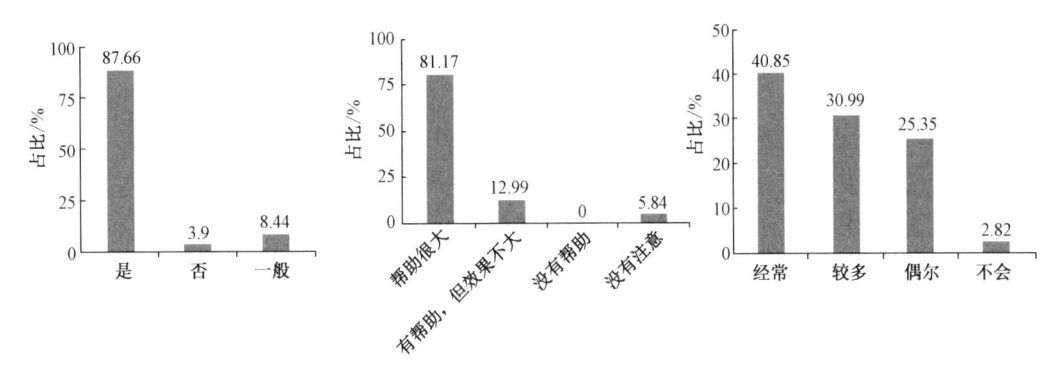

图 2 调查结果统计

第二部分:了解学生运用"数形结合"这一方法的习惯与能力。题目根据学生在学习"倍的认识"这一单元后所掌握的知识情况而设计,具体题目见表2。

表 2 解答题题目

设计题目	设计意图
1.用示意图的方式说明17比5的3倍多2。	"以形助数":了解学生将数量关系转化成图形的能力。
2.写出下面图形所表达的意思。	"以数解形":了解学生根据呈现的线段图转化成数量关系的能力。
3.老师的钱买6元一本的书,正好买6本,用这些钱买9元一本的书,可以买几本? ①我会画图表示:_____ ②我会列示解决:_____ ③你为什么这么列示?把你的想法写下来:_____	"数形互助":要求学生用图式表征题意、分析数量关系,沟通图与算式的联系,了解学生"数"与"形"互译的能力。
4.文艺书比数学书多90本,新添文艺书10本后,文艺书的本数是数学书的3倍。原来数学书和文艺书各多少本?	题目可用代数的方式解题,但也能找到其几何解法,且两种方法相比较而言,几何解法具有非常明显的优势。根据学生解题策略的选择可以反映学生对于数形结合的掌握情况。

解答题结果的数据分析如表3所示。

表3 数据分析

题号	1		2		3						4		
结果	能够画对	不能画对	数量关系正确	数量关系错误	图对	图错	式对	式错	思路清晰	思路不明	代数求解	几何求解	不会解
学生数/名	38	102	69	71	37	103	126	14	80	60	38	50	52
占比/%	27.7	72.3	49.3	50.7	26.4	73.6	90	10	57.4	42.6	27.1	35.7	37.1

问题1：第一题只有27.7%的学生将这道题正确画出，正确解答的种类大概分为以下四种（见图3），由此可明显看出大部分学生或限于对文字语言的理解，或限于画图能力薄弱，无法用图形表达数量关系。

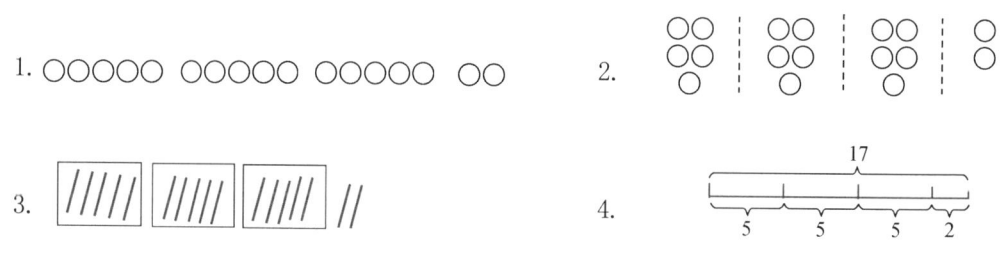

图3 学生作品（一）

问题2：第二题正确率不到一半，可见学生仅仅是乘坐教师驾驶的"以数解形"列车在知识的道路上轻松前进，而没有学会驾驶的方法，学生答案的种类也较为局限（见表4），可见学生对于示意图与数量关系的转换能力不够。但对比第一题的完成情况，这道题的正确率要高很多，说明大部分学生根据示意图写出数量关系的能力要比根据数量关系画出示意图的能力强很多。

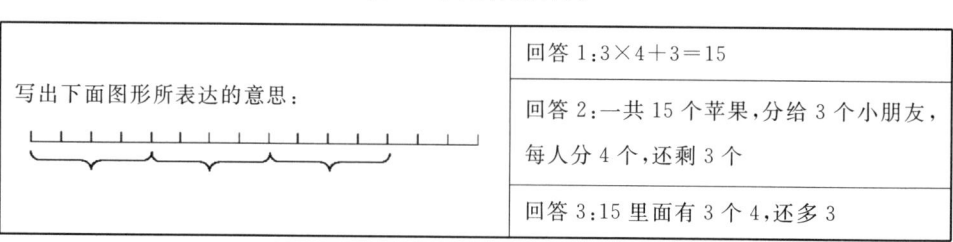

表4 学生答案种类

写出下面图形所表达的意思：	回答1：3×4+3=15
	回答2：一共15个苹果，分给3个小朋友，每人分4个，还剩3个
	回答3：15里面有3个4，还多3

问题3：第三题"归总问题"的突破关键是理解"总数相等"，这一数量关系用实物图难以呈现，于是不少学生有想到画线段图。但是对于如何简洁明了地"用线段图表征题意"，特别是在图中体现"两者总量相等"的意思，这对学生来说还是有一定难度的。另

外,学生会画图与建立归总问题模型有相关性,那些"图错式对"的学生多数难以写出正确的解题思路,而那些"图对式对"的学生更能理解问题的本质,写思路时头头是道。

问题4:第四题37.1%的学生找不到解题思路,35.7%的学生能将这类问题转化成图(几何解法),利用图来帮助解题,但也有一部分学生对于将文字应用问题转化成图还存在一定的困难。27.1%的学生利用代数的解题方法解决问题,从代数角度理解其数量关系是比较抽象的,有的学生虽然最后的结果是正确的,但是比起几何方法而言,其过程更为烦琐,没有数形结合思想解题来得直观、便捷(见表5)。

表5 几何、代数解法对比

几何解法	代数解法
数学书: ┌──┐ 文艺书: ┌──────────┐ 　　　　　　　90本　10本 数学书:100÷2=50(本) 文艺书:3×50-10=140(本)	文艺书=数学书+90本 文艺书+10本=3×数学书 数学书+100本=3×数学书 2×数学书=100本 数学书:100÷2=50(本) 文艺书:50+90=140(本)

归因追索

通过问卷对学生运用数形结合思想解题情况进行调查,暴露出的实际问题背后的主要原因有三。

一、难以感受数形结合思想的价值

(一)画图意识尚且薄弱

没有把数形结合作为解决问题的工具,认为画图是一种负担,持有"画图无用"观点,因此遇到较为复杂的题目很难想到运用画图分析,完全脱离数形结合,将直接影响解答问题的效率。

(二)缺乏数学思维能力

有的学生或只进行几何直观的分析,或只进行代数抽象的探索,无法将几何直观和代数抽象结合起来进行整体思考。一般情况下,运用数形结合思想能使问题简单化,但是这往往以比较高的思维能力为前提。对于基础差、思维弱的学生,在短时间里,他们更愿意舍简求繁选择思维难度低的常规法解题,不会想运用数形结合思想方法。

二、寻找数形结合的突破口有障碍

问卷调查呈现的结果暴露出不少学生不太能分析已知条件中的"数"从而引起联想，化抽象为直观，因为学生除了需要很强的分析问题的能力和扎实的基础知识外，还需要有一定的创新能力，学生普遍感觉由"形"到"数"比由"数"到"形"的转化相对容易一些。究其原因，由"形"到"数"是根据图中的位置关系和数量关系进行逻辑推理，属于逻辑思维。而由"数"到"形"是一种没有固定模式的创造性思维，导致很多学生对于运用"数形结合思想"方法感到迷失。

三、数与形"互译"过程存在困难

数与形"互译"，即当数学问题以代数形式给出时，应借助直观挖掘它的几何意义；当数学问题以几何形式出现时，应注意其代数的抽象意义。事实上，我们的学生不善于完成这种"互译"。在数与形"互译"过程中，容易出现错误：比如数转形时图失真、形换数时不等价等。[4]存在问题的主要原因是课堂上缺乏数形结合方法的指导，学生缺乏相应的训练，因而缺少数与形"互译"的经验，另外学生也不善于从多个方面对知识进行思考，无法将题目中隐藏的重要信息在图中进行转化。

（一）"数转形时图失真"

例题：妈妈的钱买6元一个的碗，正好可以买6个。用这些钱买9元一个的碗，可以买几个？

学生作品（见图4）：

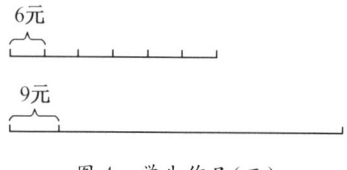

图4 学生作品（二）

问题反馈：学生无法根据题目内容绘制合理的"形"。

(1)买6个6元的钱和买9元一个的钱一样，所以两条线段要同样长；

(2)9元比6元多，所以要画长一些。

（二）"形换数时不等价"

例题（见图5）：下面哪种方法可以算出这个图形的面积，正确的有（　　）个。

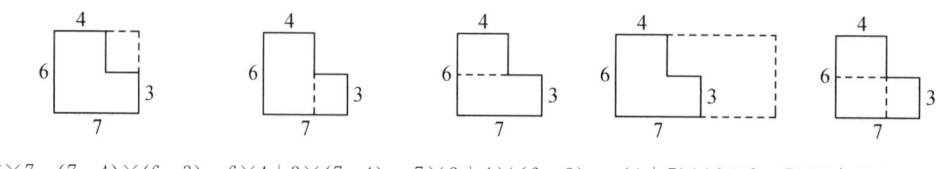

① $6×7-(7-4)×(6-3)$

② $6×4+3×(7-4)$

③ $7×3+4×(6-3)$

④ $(4+7)×6÷2$

⑤ $7×3+6×4-4×3$

图5 面积计算

问题反馈:此题错误率极高,学生不能用选项中的"数"(公式)来丰富和延展对这个不规则的"形"的认识,"形"不论是对于很多数学基础薄弱还是对于基础较好的学生而言,都具有一定的理解难度。由于单独一个图可以有多种理解,因而对数学知识的理解或者数学题目的解答形成障碍。

行动求索

以上是对于"解题迷失患者"缺失"数形结合思想方法"的原因分析,那如何使学生形成数形结合思想并运用数形结合的方式探究知识、建构空间几何图形、挖掘知识本质、提高解题能力呢?我认为教师应注重"数"与"形"的美丽邂逅,学生才能生成美妙的解题策略(见图6)。

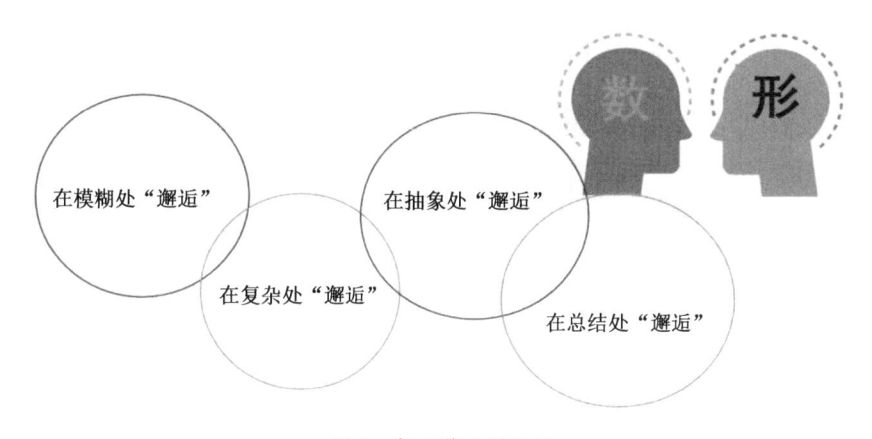

图6 解题策略模型图

一、在模糊处"邂逅",知识内容清晰化

在小学阶段,学生的认知还处于形象化思维层次,对于数学概念、数学知识点的学习,很多学生混淆概念,感到疑惑不解。"数形结合"数学思想方法看"形"思"数"、见"数"想"形",实质就是以"数"化"形"、以"形"变"数",二者结合帮助辨析数理关系,增进对数学知识的认识和理解。

例:人教版二年级上册第63页例7,其编排目的在于利用画图、语言描述等方式表征数学问题,根据四则运算的意义解决问题(见图7)。

1.有3排桌子,每排5张,一共有多少张?

2.有两排桌子,一排5张,另一排4张,一共有多少张?

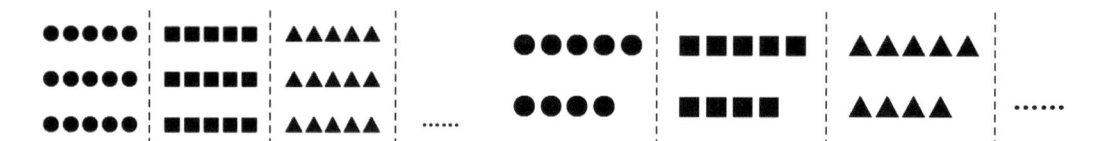

图 7　例题图示

加法和乘法是学生容易混淆的基础概念,学生通过"数形结合思想方法"进行了清晰的对比,从加法和乘法各自意义的角度,理解虽然数一样,但是表示的意义是不同的:第一题有3排桌子,画了3行图形,每行有5张,所以每行都有5个,求几个相同加数的和用乘法。第二题有两排桌子,所以要画两排图形,一排画5个,一排画4个,求两部分的和用加法。

知识越抽象,学生越难接受,提供直观感性材料显得特别重要,使抽象的问题具体化,能在理解的基础上揭示数学知识的本质属性,有利于防止数学知识的混淆。

二、在复杂处"邂逅",复杂问题简单化

数学是关于现实世界的空间形式和数量关系的科学,小学生理解能力与分析能力有限,在面对一些复杂问题时往往不知如何下手,很难厘清这些复杂问题中的数量关系。但是学生若在纸上画一画,借助图的直观作用,引发联想,便能化复杂为简单,找到解题的关键。

例:(低年级)鸡和兔子被关在同一个笼子里,共有10个头、28条腿,笼子里有几只鸡?几只兔?

思路导航(见图8):用○表示头,用|表示腿,鸡有2条腿,兔有4条腿。

图 8　思路导航

从图8可以看出,10只鸡只有20条腿,比28条腿少8条,在一只鸡图上加2条腿变成兔子,8条腿添改4次即可。通过图,很快可以得出结果:有4只兔子,6只鸡。

例:(高年级)鸡和兔子被关在同一个笼子里,可以看到一共有20个头、54条腿,问笼子里有几只鸡、几只兔子?

通过列表格的方式可以看出(见表6),当鸡的数量为13只,兔子的数量为7只的时候,刚好符合题目所给的要求,答案很快就出来了,学生理解起来也更加容易和方便,另外,通过表格的形式,学生通过对表格的观察,也能很快发现其中的规律:每当鸡的数量增加一只,腿的数量就会减少两条,以此类推,学生就能通过列算式计算,快速得出想要的答案。

表 6　列表解题

鸡的数量	1	2	3	……	11	12	13
兔子的数量	19	18	17	……	9	8	7
腿的数量	78	76	74	……	58	56	54

"鸡兔同笼"问题因不容易看出数量关系，往往使学生束手无策，但是学生通过数形结合的方式进行理解，数量关系立即"浮于表面"，复杂的问题立即简单化，有利于梳理思路，并在探究中总结规律，寻找背后相同的数学模型，提高解题能力。

三、在抽象处"邂逅"，思维发展自然化

心理学家朱智贤指出："培养学生的形象思维能力，对开发大脑功能，提高人的智力有重要作用。"在小学数学教学中，要把培养学生的形象思维能力和抽象思维能力结合起来，使两种思维相互促进，和谐发展，提高思维能力和解决问题的能力。[4]

例如，在计算 $\frac{1}{2}+\frac{1}{4}+\frac{1}{8}+\frac{1}{16}+\frac{1}{32}+\frac{1}{64}+\cdots\cdots=?$ 学生很容易想到先进行通分，再按同分母分数加法的法则计算出结果。从题目中可以看出，这不是一般意义上的计算题，应透过一般现象找到本质加以解决。为此，学生若能够观察每一个加数的特点，并画图（见图9）表示出来，能够发现随着 n 值不断变大，整个正方形会被切分成若干块，这时候与算式中的每个分数相对应，借助图形，直观阐述异分母分数相加的规律，发现计算这道题就是在算：1－最后一个加数。

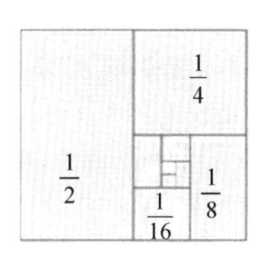

图 9　以"数"化"形"

让抽象的计算遇上几何直观，会出现意想不到的效果，借助图有利于把握数学知识的本质和联系，也更加有效地理解了分数加法的算理。因此以"形"助数，助力学习思考，从而也扩散自己的数学思维。

四、在总结处"邂逅"，自主学习外延化

数学知识之间是有机联系的，具有严密性、系统性的特点。应引导学生将平时积累的知识，借助数形结合通过一定的标准分类，使之条理化、系统化，使所学的知识有连续性，延续学生的思维过程。即学生在对所学知识内化的基础上，形成知识的整体认识，并能灵活把握，自主连接外延。

例:学习"角的分类"后,可以最后引导学生这样总结:学了这么几大类的角,你能把它们之间的联系表示出来吗?

师:这里有一条线段,平均分成 4 份,每份是 90°,2 份是 180°,3 份是 270°,4 份是 360°。那锐角在哪里？钝角在哪里？……(见图 10)

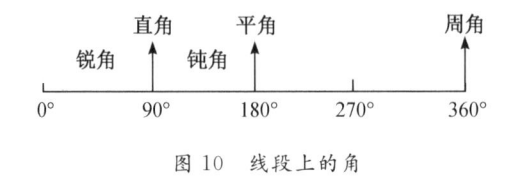

图 10　线段上的角

师:这几大类的角在二维数轴上可以怎么表示？(见图 11)

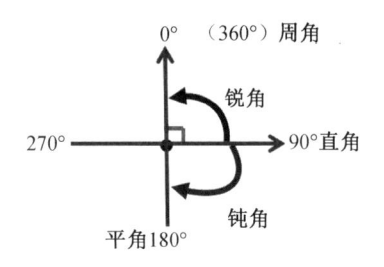

图 11　二维数轴上的角

在具体的"线段""数轴"中找角之间的联系,强化锐角和钝角的范围,加深平角、周角就是固定度数这个认识。有了这样数和形的紧密结合,更能加深学生对这几类角本质属性的理解,丰富"角的分类"的内涵。

引导学生在数形结合思想下对所学知识进行"寻求联系,回归整体"式的总结,能让学生"见树木,也见森林",看到知识的发生发展过程,感悟知识之间的隐性脉络,形成知识的意义结构,在掌握知识的同时,扩大数学视野,形成结构化思维,从会思考走向会学习。

案例探索

2011 课标版教材在三年级上册新增归一、归总问题,并以例 8、例 9 连续呈现。在教材编排上,两个例题材料呈现方式、解题问题步骤一致,都运用图示表征题意和分析数量关系,反映了数形结合的数学思想和画图解决问题的重要策略。基于课前学情分析,"学会用线段图表征题意"是这两节课学习的"生长点",无论是具体问题、解题思路分析还是数学建构模型都具有明显的直观效用。"归总"具体教学设计如下。

第二课时 归总问题

实践过程

片段一:明确题意,画图理解

1.出示例题:妈妈的钱买6元一个的碗,正好可以买6个。用这些钱买9元一个的碗,可以买几个?

师:说说你知道了什么信息?

生1:碗6元一个,可以买6个。要用这些钱买9元的碗。

生2:知道每份数是6元,还知道份数是6份。

师:这些钱是什么意思?

生:就是买6个6元的碗的钱。

师:妈妈带的这些钱要做什么?(买6元一个的碗,也可以买9元一个的碗)

[设计意图]

通过追问信息中"这些钱"的含义,初步感知总数不变。

2.学生尝试画图表示题意。

师:你能尝试用画图的方式,表示出题目的信息和问题吗?

学生思考并自主画图。

展示学生作品。

反馈:

师:同意他的画法吗?有什么建议?

生1:买6个6元的钱和买9元一个的钱一样,所以两条线段要同样长。

生2:9元比6元多,所以要画长一些。

3.交流图中的信息和问题,梳理数量关系。

师:说一说线段图中的信息和问题。

结合线段图,把题目的信息和问题再和同桌说一说。

片段二:借助图示,自主分析

1.师:我们已经借助线段图帮我们理解题意,你能结合线段图分析并解决问题吗?

2.反馈:

生1:分步计算:6×6=36(元),36÷9=4(个)

师:为什么算式中出现了两次36?

生:因为总数不变(结合线段图理解)

生2:综合算式:6×6÷9=4(个)

小结:不管是分步计算还是列综合算式,都是先求总数,再求份数。

[设计意图]

列式计算后进行追问,使学生明确每一步解决的问题,并通过线段图、算式之间对应指认活动,发挥线段图在分析数量关系中的直观作用。在检验时,引导学生抓住总数不变来开展,再次直击归总问题的核心。

片段三:练习提升,拓展延伸

1.练习1(见图12):小华读一本书,每天读6页,4天可以读完。如果每天读3页,几天可以读完?

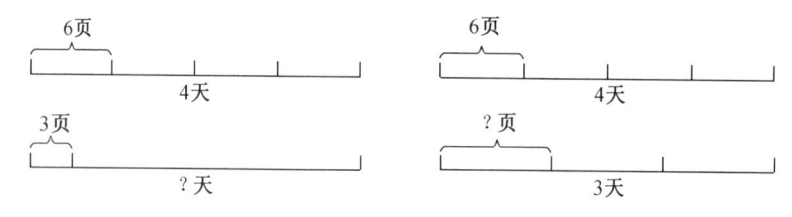

图12 练习1

师:这里有两幅线段图,哪一幅表示了题目的意思?你是怎么看出来的?

生:第一幅,因为这本书的页数要同样多。

师:如果要表示第二幅图,题目要怎么改?

生:这本书如果3天读完,平均每天读几页?

师:你会列式解决吗?说说你是怎样想的。

师:仔细观察这两题,你有什么发现?

生1:都是先求出这本书的总页数。

师:第一题知道每份数求份数,第二题是知道份数求每份数,解决它们最关键的就是要先求总数。

[设计意图]

学会画线段图来解决问题,首先就得学会看懂线段图。因此,在练习环节中,先让学生根据题意去选择线段图,再根据线段图去编题,逐步增强学生的识图能力。在列式计算后,通过比较让学生感受"书本总页数不变",为感知"总数不变"积累具体素材。

2.对比"归一"和"归总"问题,总结思想方法。

师:小华看完书,要整理书架。又遇到了困难,一起看一看。

(1)每层书架放6本书,要放2层。这些书如果每层放4本,要放几层?

(2)3层书架,可以放12本书。照这样计算,6层书架,可以放几本?

师:这两道题有什么不同点?和同桌说一说。

师:这节课你有什么收获？我们是怎样学习的？

[案例分析]

一、在复杂处"邂逅":感受数形结合思想的价值

归总问题与归一问题相比,其数量关系更为复杂,因此教学中指导学生用线段图表征题意花了大量时间,重点通过对学生作品的多次比较,使学生深刻理解归总问题的本质。第一次通过对上下两条线段长度的比较使学生再次感受归总问题的核心——总数不变;第二次对比则让学生理清了信息和问题的正确表示方法;第三次比较使学生明确总数不变,但份数发生变化,每一段的长度要随之变化。通过这样层层比较与反馈,充分感知归总问题的线段图结构和主要画法。

二、在抽象处"邂逅":自主构建归总问题的模型

归总问题的本质是总数不变,为了帮助学生建立这一模型,教师并没有急于带领学生总结归总问题的解题思路,而是结合图示采用"循序渐进,时时点击"的方法,不断强化本质。先是通过信息中"这些钱"的含义,初步感知总数(整条线段总长度)不变,再通过独立解决买碗问题和读书问题后,学生感悟这些问题都要先求出总数,紧接着进行归一问题和归总问题的对比,感悟归总问题,就是先求总数,再求份数或者每份数,从而自主建立起模型。

三、在总结处"邂逅":反思数形结合思想的方法

先通过练习内容相同、情节相似的题目,培养学生分析数量关系的意识和能力,进一步提升学生的解题能力。紧接着回顾课堂学习,梳理知识形成的脉络,对数形结合的学习方式做小结。对课堂学习进行延伸,激发学生应用所学知识和方法进一步探究学习的欲望。

参考文献

[1]张启凤."数形结合"思想在小学数学教学的应用研究[D].成都:四川师范大学,2016.

[2]吉宝珠.关注数形结合,提升解题能力[J].中学数学:初中版,2021(16):56-57.

[3]申萍萍.将数形结合思想用于解题的障碍及其对策[J].新课程:教师版,2011(3):116-117.

[4]周小焕.加强数形结合 提高思维能力[J].数学大世界:中旬,2017(7):60-61.

29

告别"管中窥豹"式欣赏,突破审美局限

厦门第二实验小学 王 悦

现场问索

小学阶段的美术课往往是学生最喜欢的学科之一。我任教于不同的两个年级。在高年级美术教学过程中,我常被一个现象困扰着:在教授《夸张的脸》一课时,面对课本上的两幅雕塑作品(见图1、图2),我提出两个问题让孩子们思考:这件雕塑作品夸张在哪里?你有什么感受?一部分孩子选择保持沉默,对于我提出的问题没有发表自我观点的欲望;一部分学生运用简单的美术语言进行回答;而几乎每个班都会出现一些学生对作品表达质疑:"老师,这个雕塑好奇怪啊!""我觉得这个人长得很丑。"这样的课堂状况屡见不鲜,为什么学生会对不熟悉的美术作品产生如此的评价呢?如何才能让学生抱以开放的心态来认识美术作品呢?这些现象引起了我的思考。

图1 《青铜人头像》   图2 《头像》

正本溯源

出现以上课堂现象，是高年级学生在美术学习过程中审美判断能力不足所导致的，我将之命名为"审美感受力障碍"，主要表现如下。

1. 对美术作品无感，面对作品支支吾吾说不出感受；
2. 欣赏作品时审美角度单一，只关注画面好不好看、像不像。

学生的审美素养不足，会使他们对美术作品存在美感知困难或无法感知的情况，进而影响他们对美术作品的学习认知，影响他们做出正确的审美判断，难以对美与丑进行观察辨别。

在我们周围的世界中，每天都会遇到各种美与丑的事物和现象。美术学习能够增进人们敏锐地观察、领悟世界的意识与审美感，发展审美判断能力。因此，"审美判断"是基于当今人们对判断美与丑的事物需要而提出的，也是当今人们在学习、生活和工作中必不可少的素养。

远溯博索

截至2021年，我在中国知网数据库以主题为"小学美术审美培养"进行精确查找，共检索到375篇文献，论文发表趋势如图3所示。

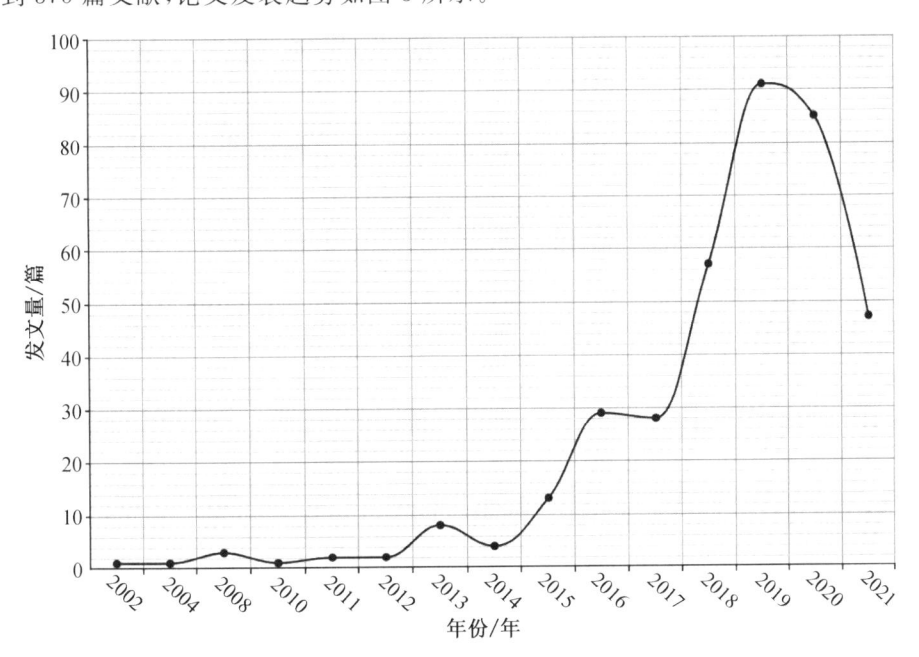

图3　2002—2021年CNKI"小学美术审美培养"论文发表趋势

尹少淳在《美术学科核心素养的"前世今生"》一文中提出:"审美判断是对美术作品和现实中的审美对象进行感知、评价、判断与表达。"

李红、刘兆吉在《儿童青少年的审美心理发展》中提出:"关于审美能力教育,有两种说法:狭义地讲是通过艺术手段对人们进行教育;广义地讲是运用自然界、社会生活、物质产品与精神产品中一切美的形式给人们以耳濡目染、潜移默化的教育,以达到美化人们心灵、行为、语言、体态,提高人们道德与智慧的目的。"

《美术课程标准》中也提到"初步形成审美判断能力","为国家培养具有人文精神、创新能力、审美品位和美术素养的公民"。

由此可见,审美判断能力在美术学习特别是欣赏课中占据重要地位,是学生美术学习中必不可少的能力需求。审美判断素养不仅能促进学生欣赏水平的提升,还能培养学生多角度观察生活与世界,达到学以致用的目的。

工具研索

针对以上现象,为了解高年级学生审美判断能力的现状,我主要对任教的班级学生进行了问卷调查(见表1)。

表1 高年级审美能力问卷调查

1.你认识以下两幅画吗?请写下它们的名字。从哪里知道的?		
2.这两幅画美吗?请你用美术语言描述一下画面内容,并说说自己的感受。		
3.你认为美术欣赏对你有什么帮助?		

结果表明,90%的同学只见过《蒙娜丽莎》,对毕加索的作品认识不足。对名画的认识渠道丰富,从美术课、书本、电脑、电视、手机、博物馆、美术馆等方方面面了解到;大多数同学都认为蒙娜丽莎美,但无法清晰完整地表达自己的感受,一部分同学认为《哭泣的女人》"奇怪""丑",认为这幅画不好看。在回答美术欣赏对它的帮助时,大部分同学能够认识到美术欣赏能帮助我们提高审美。

从问卷的答案中可以了解到大部分的学生从美术课、网络、书本中了解和学习美术作品(见图4)。

> **小调查**
>
> **1.你认识这两幅画吗?请写下它们的名字。**
> 生:第一幅《蒙娜丽莎的微笑》,第二幅不认识。
>
> **2.你从哪里认识到这两幅画?**
> 生:从网上和书本上认识到的。
>
> **3.你认为这两幅画美吗?请你用美术语言描述一下画面内容,并说说你的感受。**
> 生:美。第一幅:色彩鲜明、人物具体、线条柔美,画得十分到位。第二幅:色彩鲜明,运用了强烈的对比色,但人物画得不好看。
>
> **4.你认为美术欣赏是什么?对你有什么帮助?**
> 生:美术欣赏是让我们学习绘画的构图色彩等,让我更能感受美。

图4 问卷情况

归因追索

从问卷调查的结果综合来看,我了解到高年级学生在美术欣赏中审美判断素养不足的原因有以下几点。

一、学生自我意识发展迅速

小学高年级的学生最明显的心理特点就是自我意识发展迅速。小学高年级学生正处于由儿童期向青春期过渡的关键时期,处于心理发展的骤变期。他们的自我意识、独立意识迅速发展,但对美术作品的知识储备却不够多,就他们目前的生活经验来说,不能完全理解不熟悉的作品,会依靠已有的审美经验对其进行评价。

二、学生对事物的具象化追求

罗恩菲德的儿童绘画发展阶段认为,11～13岁的孩子处于拟写实期,这个阶段的学生追求对象的真实感,批判意识增强,认为写实的作品才是好的作品,欣赏角度也从主观意识向客观理性的方向转变,但由于过度追求"像",对作品的欣赏有时会走向极端,他们排斥过于凌乱抽象、看不懂的画作,欣赏那些画的逼真、以假乱真的绘画作品。

三、学生受网络信息的影响

如今的社会环境是信息爆炸的时代,孩子们获取信息的渠道五花八门,从前只能从书本中获取,现在网络发达,手机 App、电脑搜索、电视节目变成了他们与世界连接的主要信息来源。然而网络是把双刃剑,信息大量涌入时,身心还不成熟的小学生还不具备过滤信息、辨别美丑等能力,只能被社会中各种各样的信息牵着鼻子走。

行动求索

策略一:多维感知,全方位感受作品魅力

我们正处于信息爆炸的时代,信息技术的发展对美术课堂产生了许多积极的影响。为了突破学生的审美局限,提升审美能力,学习和欣赏画家作品时,可以采取多角度欣赏的方法,多维感知美术作品,从美术语言的角度、历史文化的角度、心理学的角度等多维度欣赏作品。

在欣赏学生不熟悉的作品时,可以运用美术语言进行欣赏,如点、线、面、形状、色彩等基本美术语言;或多样统一、对比和谐、对称均衡等美术形式原理感受作品魅力。例如,达·芬奇的《蒙娜丽莎》,头部和两肘之间形成的三角形构图,让观者产生稳定的视觉感受。

有时一幅画的背后有其特殊的历史文化背景作依托,为了更好地理解美术作品,就必须对其历史文化背景进行了解,例如秦始皇陵兵马俑,学生可以从历史的角度了解秦朝士兵、将军的服饰、发型等,加深对兵马俑作品的理解。

除了以上几个维度,还能从心理体验的角度来欣赏一幅画,例如达·芬奇的《最后的晚餐》,学生可以从心理学的角度观察画中每一个人的身体语言、面部表情,对画家刻画不同人物产生不一样的理解和感受,从而更好地全方位地欣赏感受作品。

通过多角度欣赏作品,学生能够摆脱"看山只是山"的审美困境,发现不同时期不同风格的美术作品所蕴含的时代美感。

策略二：分析诠释，增强作品理解能力

一、运用思维导图分析美术作品

思维导图是英国著名心理学家东尼·博赞在20世纪60年代发明的风靡世界的"可视化组织性思维技术工具"。它运用线条、符号、词汇和图像，把枯燥的信息变成彩色、易记忆、有高度组织性的图画，呈无限放射状。利用思维导图，学生能更好地对美术作品的历史背景、作品内涵进行分析诠释。例如介绍达利这名画家时，可以运用思维导图的方式回顾画家的生平和成就（见图5）。

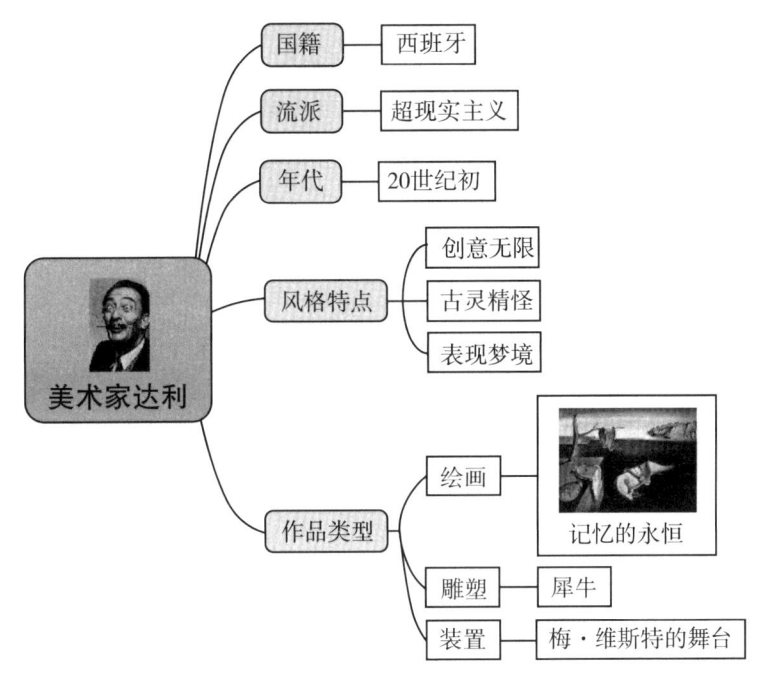

图 5 思维导图

二、语言表达提高感受能力

欣赏活动中，学生的语言和表达能力很大程度影响学生对美术作品的感受。学生在美术课堂中出现的支支吾吾说不出话的现象，除了与美术感受能力有关，语言表达能力也是关键。一方面如果孩子的审美判断能力弱，那么他就无法选择恰当的词语来表达感受；另一方面，语言表达能力有利于强化孩子对美术作品的感受，从而内化为自己的东西。

策略三：比较理解，加深作品感受

每一件艺术作品创作的意图、呈现的方式以及观赏者的感受都是不一样的。由于作品存在各种差异，陌生的艺术作品对学生来说欣赏难度较大，孩子们的知识和经验优先，无法通过直接观察对作品进行审美判断，因此可以通过比较的方法帮助孩子进行理解。

一、作品与作品比较

在欣赏学生不太熟悉的作品时,利用熟悉的作品与其进行比较,能够更加快速准确地对作品进行欣赏,提高学生的审美判断能力。例如在欣赏《格尔尼卡》时,为了深入理解,选择一幅具象作品《夜巡》进行比较理解,学生从对比中能够清晰地认识抽象作品的不同之处,从而认识抽象作品的美(见表2)。

表2 作品比较

项目	具象作品	抽象作品
作品	《夜巡》	《格尔尼卡》
表现形式	写实手法	几何变形手法
色彩	色彩斑斓,富于变化	色彩单纯,以黑白灰为主
空间	三维立体	二维平面
情感	表现客观世界	表达主观感受

二、作品与生活比较

我们知道美术与社会文化生活有着千丝万缕的联系,因此美术作品的创作都离不开社会生活,学生在欣赏作品时也是通过已有的知识经验进行感知、理解和判断。只有和学生生活实际相联系,才能更好地理解美术作品,感受作品的魅力。例如,欣赏罗中立的《父亲》时,学生看到画作第一反应是:这个人好黑,他的皱纹好多……从图像识读入手,学生通过观察能够认识到这幅画的具体信息,通过背景介绍能够了解到《父亲》这幅画刻画的是一位饱经沧桑的农民父亲的形象,通过老师的口述让学生了解农民的辛勤劳作,这时让学生回忆自己的生活,与农民的生活进行比较,孩子们能深刻感受到农民劳作的辛苦、生活的不易,从而对作品有了更深刻的理解。

案例探索

人教版小学美术六年级上《中国画与油画欣赏》

[案例一]欣赏《捣练图》(见图6)

图6 《捣练图》

出示《捣练图》局部,让学生观察画中人物的服饰、发型、身材等各方面特点,并进一步引导学生思考,为什么当时的妇女都画得那么丰腴。

[设计意图一]

引导学生从历史的角度理解美术作品,从了解唐朝的服饰、发型等特点对画作进行赏析。

[案例二]认识画家凡·高

出示凡·高各时期作品(见图7、图8、图9),小组合作搜集关于凡·高的资料,派代表进行分享。教师在黑板上和学生共同完成画家凡·高的思维导图。

图7 《挖掘者》 　　图8 《吃土豆的人》 　　图9 《麦田群鸦》

[设计意图二]

利用小组合作培养学生自主学习的习惯,通过上台分享培养语言表达能力,完成思维导图。

[案例三]认识印象派绘画特点

出示《倒牛奶的女仆》和《丽春花》作对比,完成以下学习单(见表3)。

表 3 印象派绘画特点

项目	古典主义	印象派
作品	《倒牛奶的女仆》	《丽春花》
表现形式		
色彩		
情感		

[设计意图三]

通过作品的对比,让学生直观感受作品的特点,并对其有更深刻的印象,从对比中理解作品。

参考文献

[1]尹少淳.美术学科核心素养的"前世今生"[N].中国美术报,2018-08-13(118).

[2]李红,刘兆吉.儿童审美心理的发展[J].西南师范大学学报(哲学社会科学版),2000(2):53-57.

项目驱动，赋质疑高能

厦门第二实验小学　庄冰冰

现场问索

我对课堂做了一次跟踪调查，发现一个班级里面有45%的学生从未提出过质疑，25%的学生偶尔提出，仅有四五个学生会经常质疑（见图1）。老师们想一想，你们的课堂是不是也这样？

其实我们都知道：孩子在幼儿期，无不对世界充满好奇，随口就有一系列的疑问，而且总想"打破砂锅问到底"，或者捣鼓一番好好研究一把。但是从小学到中学，不少孩子质疑的热情慢慢消失了，质疑的意识弱化了，质疑的能力更不乐观。那么，到底什么是质疑？质疑能力指什么？孩子进入小学之后，经历了什么样的学习模式，才导致质疑精神和质疑能力的流失？

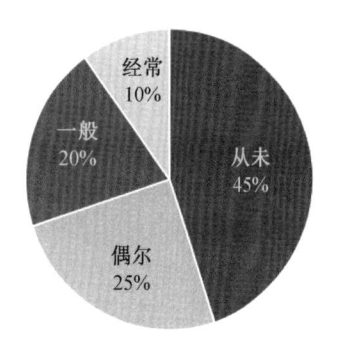

图1　课堂质疑能力调查结果

正本洄索

质疑是一种思维习惯，表现在学生接受新知识、新理论时有一种怀疑、批判、理性思考的态度。然而，我们的家庭教育更倾向培养听话的孩子，我们的学校教育是记住问题的结论以应对考试，这就失去了质疑精神蓬勃生长的环境。

质疑能力是理性思维的有机构成，表现在学生能正确判断、合理选择、本质探究、客观评价、睿智反思。然而，学生的学习模式更多的是每日完成老师设定的学习任务，完成老师设定的作业，不断地解题，解决别人提出的问题，这就错失了质疑能力发展的种种契机。

远溯博索

在中国知网(CNKI)数据库以主题为"小学数学""质疑能力"进行高级检索,截至 2021 年,共检索到 104 篇文献。其中,硕博士论文占比 11.22%,学术期刊占比 85.71%,国内会议及报纸占比 3.07%。总体趋势分析如图 2 所示。

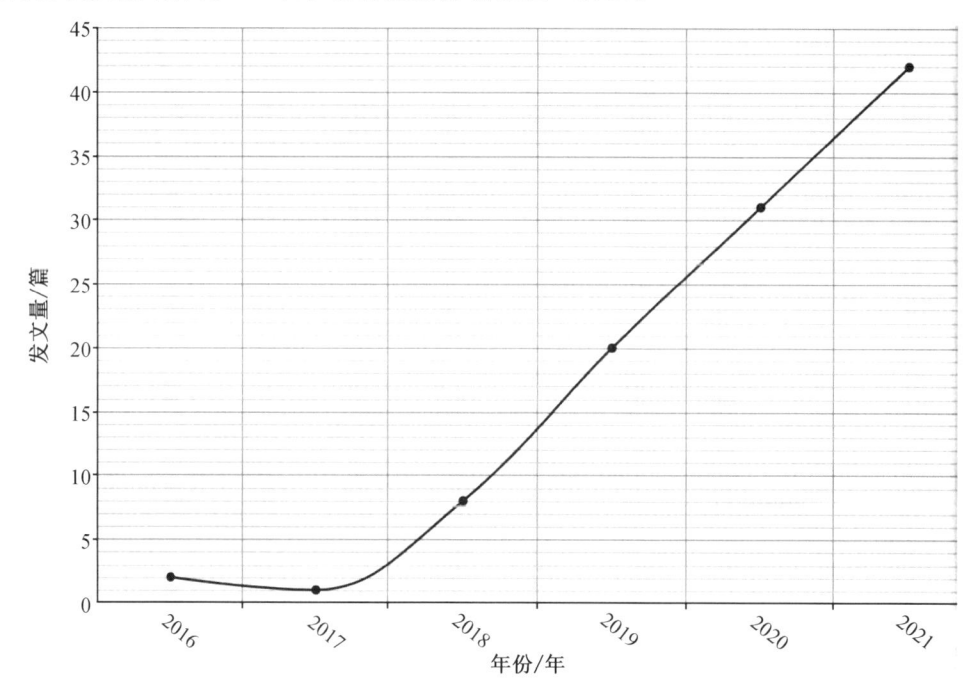

图 2　2016—2021 年 CNKI 文献发表趋势

质疑:词面上的意思是指提出问题。也有人认为就是对事物产生新的认识。其实所谓质疑,应界定为人们在学习或工作中,遇到一些按照常规推理或按原有的思维定式无法解决的问题时,产生疑问、提出疑问的心理过程。它的最大特点是,使人们怀着渴望求知的心情对某个问题探个究竟,促使人的智力活动丰富。质疑能力是学生理性思维的有机构成,是学生勤于反思的重要体现,是学生创造性问题解决能力的关键。

数学课程标准指出:"让学生感受和体验数学知识产生、发展和应用过程,启发学生从现实生活中发现并提出简单的数学问题并善于独立思考,使数学学习成为再发现再创造的过程。"华东师范大学李元卿教授:"质疑是治学不可缺少的一种方法,没有质疑就不能发现问题,就无法进行知识和科技创新。"

那么为什么会出现学生随着年龄增长,质疑能力却下降的情况呢?学者们研究了当前学生质疑能力培养上存在的问题。

李元卿教授在《高度重视学生质疑能力的培养》中指出,青少年思维活跃,他们头脑中弄不懂的问题很多。他们不向老师质疑的主要原因有：(1)碍于面子,不敢提问;(2)不善质疑,迷信书本和权威,不善于思索和怀疑;(3)不会质疑,更关注成绩;(4)老师不鼓励、也不支持学生质疑。

王秀娟在《学生质疑能力的培养：意蕴、缺失及策略》中,将学生质疑能力的缺失归因为：(1)教师质疑价值意识虚无;(2)忽视对质疑内容的引导;(3)培养方式方法欠成熟。

培养学生主动质疑很重要,这也成为当下教育研究的一个热点,关于如何培养学生质疑能力,很多学者都进行了相关的研究和思考。

黄正文在《如何培养学生在数学课堂教学中的质疑能力》中,对质疑能力的相关概念作了界定和梳理,并总结了引导学生找到问题产生的"疑点"：新旧知识衔接处、学习过程困惑处、法则规律结论处、概念形成过程中、解题思路分析过程中、动手实践中等。提倡让学生在质疑—释疑—再质疑中回顾反思学会质疑方法,提高质疑能力。

综上所述,许多专家学者在质疑能力培养的价值、教学存在的问题以及培养策略上有着一定的成果。但是纵观当前的研究,可以看出以下不足。

1.对于学生质疑能力不足的定义比较单一,多定义为"不会主动提问题"。

2.对于培养学生质疑能力策略的研究,呈现点状研究,没有体现出质疑能力发展过程性和整体性。

3.对于学生缺乏质疑能力的归因多为教师教学的不足,对于学生学习方面的探讨比较少。

基于此,笔者想在前人的基础上,以学生学习的角度研究学生质疑能力缺失的原因,从问题中思考总结,从而帮助学生养成主动质疑的能力。

工具研索

本次调查了六个年级共 356 人,收到有效问卷 281 份。其中,一年级 46 份,二年级 48 份,三年级 47 份,四年级 46 份,五年级 46 份,六年级 48 份。问卷调查结果如表 1 至表 3 所示。

表 1 你对老师上课教的内容有过疑问吗？

项目	经常有	有时有	很少	从来没有
一年级	36	9	1	0
二年级	29	9	7	3
三年级	25	7	10	5
四年级	20	5	15	6
五年级	18	5	13	10
六年级	10	8	13	17

将"经常有"计 4 分、"有时有"计 3 分、"很少"计 2 分、"从来没有"计 1 分,则不同年级的得分均值对比如图 3 所示,趋势为年级越高越容易倾向不提出问题。

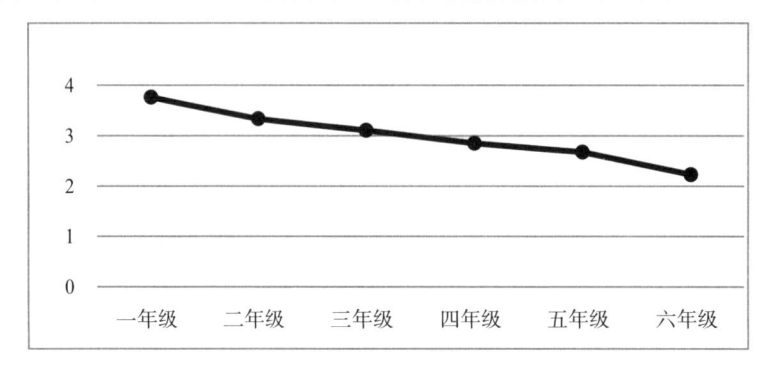

图 3　不同年级对授课内容有疑问的得分均值对比

表 2　你在学习中经常产生疑问吗?

项目	经常有	有时有	很少	从来没有
一年级	38	6	2	0
二年级	31	7	9	1
三年级	27	5	8	7
四年级	19	6	11	10
五年级	10	4	20	12
六年级	6	8	15	19

将"经常有"计 4 分、"有时有"计 3 分、"很少"计 2 分、"从来没有"计 1 分,则不同年级的得分均值对比如图 4 所示,趋势为年级越高越容易倾向不提出问题。

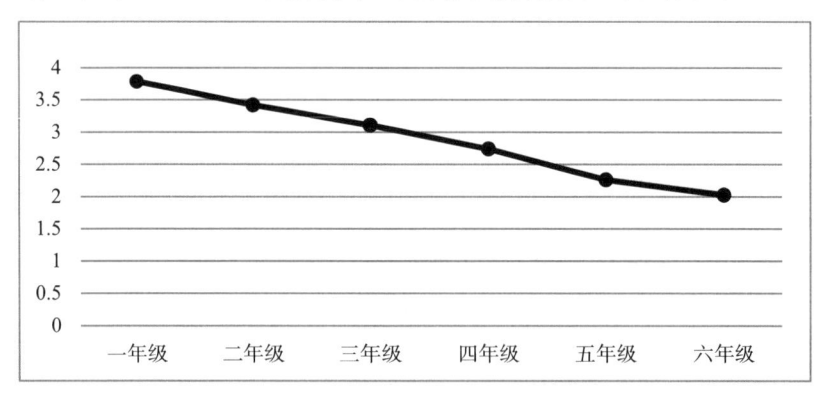

图 4　不同年级学习中经常产生疑问情况对比

表 3 你产生疑问后是怎么做的?

项目	马上提出问题	先自己思考再提出疑问	认为自己能解决,不准备提出	根本不想提出来
一年级	40	3	2	1
二年级	35	10	3	0
三年级	29	9	6	3
四年级	23	7	11	5
五年级	11	13	6	16
六年级	4	12	15	17

将"马上提出问题"计 4 分、"先自己思考再提出疑问"计 3 分、"认为自己能解决,不准备提出"计 2 分、"根本不想提出来"计 1 分,则不同年级的得分均值对比如图 5 所示,趋势为年级越高越容易倾向不提出问题。

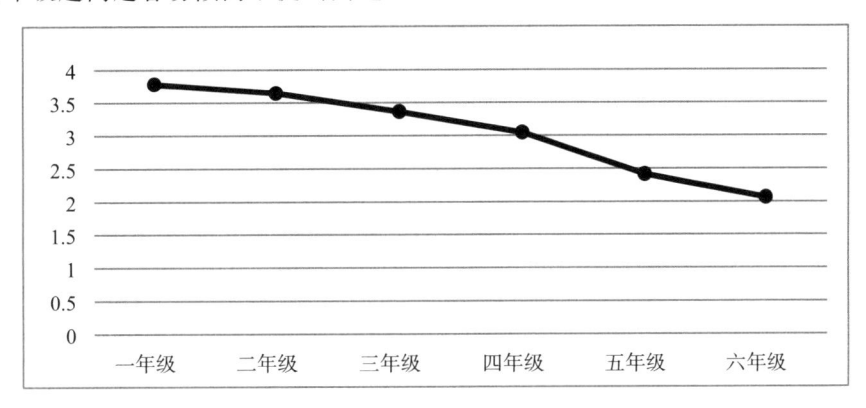

图 5 不同年级产生疑问后对比

归因追索

洄索小学数学学科学习特点,我认为是长期的"散点式学习模式"让孩子缺失了质疑能力成长的温床,主要体现为以下两个特点。

一、信息传递单向化

教师安排学习任务,教师提出研究问题,教师传授解决问题的方法……学生茫然地等着任务,领受任务后跟紧教师的步伐,匆匆忙忙地"收音""复制"。

二、问题解决程式化

散点式进入学习,分散知识点进行强化,形成一个个公式……学生陷入机械操练,忙于就题解题,兢兢业业地"模仿""操练"。

追索质疑能力缺失的原因,我找到了破除"秘方"——项目驱动。

行动求索

项目驱动,就是把某一阶段的学习任务与真实世界的事件链接,以学生为主体,一般以团队合作完成。学生经历全过程,通过亲身体验,经过发现问题、分析问题、解决问题的过程来获得核心素养发展的一种学习方式。

项目驱动更专注于核心概念,反映学科核心内容与外部世界的关联,是强调真实性、应用性、逻辑性的学生主动学习,目标指向五个维度(见图6)。

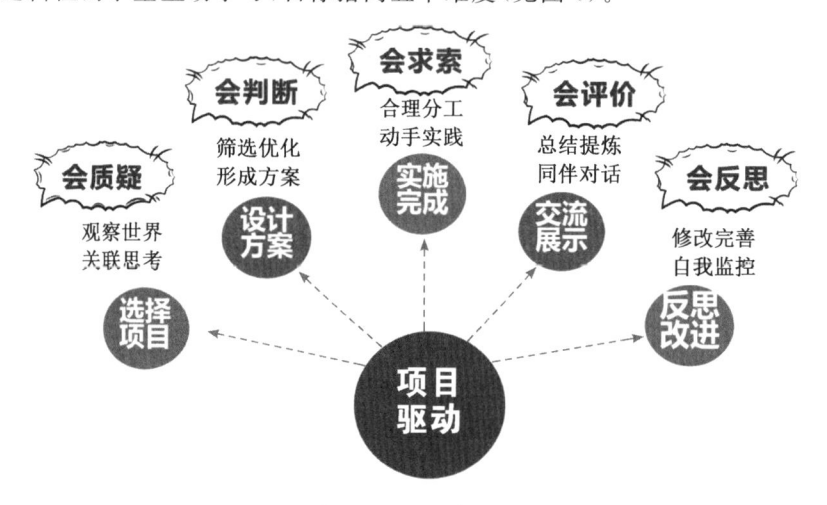

图6 项目驱动流程

1.通过项目的选择与确定,学生会主动观察世界,关联思考,自觉发现并提出有价值的问题,发展问题意识。

2.通过方案的设计与修订,学生提出各自的想法,并用已具备的知识、经验、策略对各种想法做出对比、筛选、优化,在克服质疑冲突中发展理性判断的思维习惯。

3.通过项目的实施与完成,学生合理分工、动手实践、承受挫折、管理时间、寻求多种问题解决方法,形成以质疑的原问题为主干、以多元解疑为茎叶、以释疑本质为花果的树状思维结构,强化本质探究的能力。

4.通过成果的展示与交流,学生进行总结提炼并与同伴对话,从多角度、多侧面对问题进行求异、求真的积极思考,在总结提炼中丰富经验,发展评判标准、激发评价的魄力。

5.通过自我的反思与改进,学生接受反馈并自我审视,体验成功与收获的喜悦,修正改进,在求知成长道路上不断探索前进,不断提升认知水平,提升自我监控能力。

我们来看这样一个案例。

片段一

学习"长方体和正方体的认识"这单元,首先请学生找找生活中的长(正)方体,学生一找,生活中的长(正)方体太多了:社区里大大小小的建筑、林林总总的设施,大多数都是长(正)方体;家里各种家具用具,也是长(正)方体居多。为什么生活中这么多东西要做成长(正)方体形状呢?长(正)方体有什么特征呢?怎样制作大小不同的长(正)方体呢?如何用一张 A4 纸制作出长方体或正方体呢?我们是不是可以自己来做一做社区建筑模型图?……面对这样的生活事实,同学们不断冒出各种问题,汇总大家冒出的这些问题,项目就产生了:"构建美丽社区""家庭精装设计"……

孩子对生活中"司空见惯""理所当然"的事物发出了疑问,"学起于思,思源于疑",这是学生思考意识的觉醒,是学习的源动力,它能使学生的探索欲望从潜伏状态转入活跃状态。很显然,链接生活事实的项目驱动,引发了有价值的质疑。

片段二

接下来设计方案,孩子们分组构图,然后需要分工制作各种不同大小的长(正)方体。

有同学就提议,A:找各种废弃的盒子包装一下。

有同学就质疑,B:我们收集的盒子大小也不是都合适,最好自己制作。

有同学再质疑,C:怎么做?用卡纸做,大家会用卡纸做长(正)方体吗?

有同学又提议,D:A4 纸也可以做,只是要先画图,这个图怎么画呢?

……

可以想见孩子们七嘴八舌、纷纷争着提出自己想法的场景,他们相互质疑,交流探讨,并作出筛选优化。在这个过程中多种信息发生激烈碰撞,孩子们在努力克服质疑冲突中作出取舍,达成共识,完善方案,理性判断的思维习惯就在这片沃土中生长。

片段三

在这样的任务驱动下,开始动手实践。

首先他们拆解了一个个长(正)方体纸盒,研究并记录它们的特征;然后做了分工,每个人做不一样的长(正)方体,他们各自根据特征在 A4 纸上画出长(正)方体六个面的展开图。刚开始画很多学生失败了,A:只有五个面;B:有的不会安排相对的面;C:尺寸不匹配;D:绝大多数孩子是没有画黏合部分的……(见图 7)

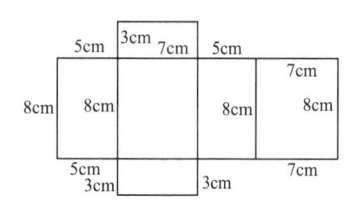

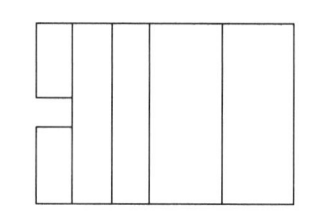

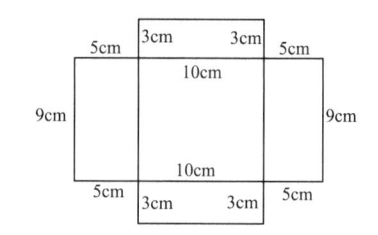

图 7 学生长方体展开图错例

如何设计长宽高的长度才能做出想要的模型？孩子们在一次次修正中熟练掌握长（正）方体的特征，空间观念也大大发展。像这样，学生在实践中不断碰壁、不断求索解决问题的方法，也深刻体验了各种失败的经历，很多孩子甚至到处指导别人，不要出现什么样的错误……

这个过程，学生首先以自身对问题最初的认识和看法为中心，在实践中不断碰壁，再层层扩展，对疑惑的本质进行剖析，探寻以解决质疑为目的的各种途径，从浅层学习转为深层探究。学生对疑惑的追根寻源使得自身对问题的研究空间与视野变得广阔、思维更理性、思路更清晰、知识网络交汇更复杂，探究问题的方式更丰富多元，润物无声地帮助学生实现了深入本质的探究能力提升。

片段四

项目完成后进行交流展示。

1. 学生先介绍自己的作品。

2. 其他同学进行评价，指出优缺点，给出修改意见。

评价是质疑能力的高阶水平，是学生充分观察、理解、分析、判断、表达、迁移、共享的过程，它调动学生从多角度、多侧面对问题进行求异、求真思考；激发学生冲破权威和标准束缚的勇气；也鼓励学生坚持自己对事物的看法和判断力；形成敏感的捕捉问题本质的潜能。

片段五

反思改进。学生修改完善后对自己的作品和整个项目学习的过程进行自我评价（见表 4）。

表 4 "构建美丽社区"作品自我评价表

学生姓名_____ 班级_____
指导语：用一句完整的话写出下列问题的答案。
1. 你认为你的作品到底怎样？
（认为"较好"和"一般"的居多，只有个别认为"差"或"很差"，也有一个学生说：虽然我感觉作品不怎么样，但我觉得我参与了，我很高兴。）
2. 从完成这项工作中你学会了什么新东西？
（相当一部分学生认为自己学会了许多立体图形的知识和如何制作这些立体图形，以及如何用立体图形规划美丽社区等一些方法，有个别学生认为还学会了手工制作。）

续表

> 3.如果你重新完成这项任务,你对你的作品将做哪些改进?
> （大部分愿意进行某些方面的修改,如对图案的美观、建筑物的高矮以及排列的错落有致等进行重新构建。一小部分愿意全部重新修改,有两人认为不用修改。）
> 4.你对今后其他同学完成这项任务有什么建议?
> （一小部分建议要准备好工具材料,而且要人人参与;极大部分的同学都建议小组同学之间的合作一定要团结协作,才能共同创建美丽的社区。可见,这样的学习活动至少让学生收获了一个真理,那就是:团结力量大。）

质疑能力从本质上是一种元学习能力,项目驱动下学生会自觉审视自己的学习过程,对自己的方案做出合理的调整,对自己的作品作出鉴定,不断总结经验与教训,从知识、经验、思维、技能、策略、情绪等方面强化自我监控意识,形成高能自我监控能力的人格特质。

这样的项目驱动改善了学生解题多、解决别人的问题多、解决单学科的问题多、解决纸面的问题多的现象,自己从生活中发现问题,自己确定想要研究的项目,长责任意识、激求知欲望、强质疑精神;项目驱动,学生在自主探究中观察对比、判断选择、深入辨析、调整决策,立批判意识、促理性思维、赋质疑高能。

参考文献

[1]余松.在小学数学课堂中如何培养学生质疑解惑的能力[J].安徽教育科研,2021(16):47-48.

[2]胡梦琪.学患无疑,疑则有进:初探小学生数学质疑能力的培养方法[J].数学学习与研究,2021(5):38-39.

[3]王海.学贵有疑从疑而悟:浅谈小学数学教学中培养学生质疑习惯的策略[J].试题与研究,2021(10):62-63.

[4]黄丽冷.追本溯源:孕育有"深度"的说理课堂[J].天津教育,2021(24):56-57.

31

以问题为导向,解决体育"表面工程"

厦门第二实验小学　吴聪毅

现场问索

在小学体育教学界中经常听到这样一些话"前滚翻、前滚翻,从小到大一直在前滚翻,还是没有掌握好前滚翻",又或者经常看见学生的手受伤、骨折,学生在摔倒的时候,不会用前滚翻进行避险,习惯性地用手撑地。学生怎么学也学不会,学了也不会用。类似情况,是诸多学生、老师常常会遇到的困惑和无奈。导致学生在学习时出现这样问题的原因是什么呢?这是我经常思考的问题。

正本洄索

根据现状初步判断,是学生对动作技术只停留在要领的认知上,只是记住了动作方法,并未深入理解和体会,对动作的原理不清晰,表现为"纸上谈兵""囫囵吞枣",我们将这种现象称为"表面功夫"。"表面功夫"的形成原因具体有以下两点。

一、传习式的学习

传习式的学习采用的形式是教师领做,学生进行模仿练习,在反复练习下,达到动作熟练的自动化程度。传习式学习往往形成教师单向灌输、学生被动接受的局面。其中关键的是作为认知主体的学生在整个教学过程中都始终处于被动地接受知识的地位,学生学习的主动性被忽视。学生不明白动作的原理,浮于表面,学习效果自然不足。

二、与真实情境的链接不足

学生在学习完技能后,只是知道了动作要这么做,却难与真实情境产生链接。学了篮球技术,在比赛中不会运用。学了技巧动作,碰到突发事件无法避险。学生只学了技术,但不会用。与真实情境的链接不足还会让学生对动作产生遗忘。

学生在体育课堂上学习动作技能时,主要靠观察教师示范或多媒体播放等视觉教法,借由听到的知识点来完成动作技能的学习。学生不明白动作技能的原理,即使花再多时间来练习,理解不够深刻,终究只是浅尝辄止。

远溯博索

在中国知网(CNKI)数据库以"体育""模仿""动作原理"为关键词进行查找,共有350篇学术文章对其描述和介绍。具体检索分析如图1所示。

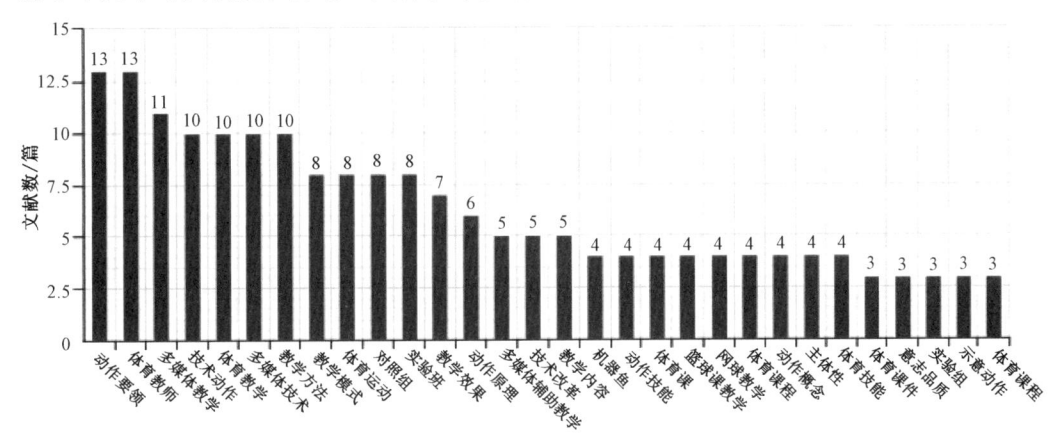

图 1　检索分析

刘鹏在《河北省普通高校武术教学现状的调查与分析》中提到,学生对技术动作单纯地模仿和记忆,往往会限制学生的创新意识、创新能力以及个性和潜力的发展,学生只是机械性地记住,而不会结合自身特点加以揣摩和改变,练习时间久了就会产生厌倦情绪。

樊孟孟在《前手翻动作的技术分析及训练方法探究》中提出,不了解动作原理盲做,掌握动作是很困难的,也容易受伤,所以在体会动作之前,要先了解它的动作构造,熟悉技术原理。

从检索的结果来看,现阶段很多学校在开展体育教学时,都把重点内容放在了讲解体育运动技巧、锻炼学生身体素质等方面,而很少从个体的长远发展考虑,忽视了学生对动作技能原理的了解与掌握和运动兴趣的培养。

工具研索

问卷调查:本文主要采用问卷调查的方法,对当前我校体育课现状进行了调查和分析。

1.在掌握一项体育技能后,你能够在生活中运用吗?
A.能　　　B.不能　　　C.没想过

2.在掌握一项体育技能后,你能够在比赛中运用吗?
A.能　　　B.不能　　　C.没想过

3.在你学习一个动作的过程中,你有想过这个动作为什么这么做吗?
A.有　　　B.没有

4.体育课堂中,思考老师提出的问题可以帮助你更好地学习吗?
A.可以　　B.不可以　　C.不知道

5.在学习技能过程中,老师或者同学的评价能帮助你更好地学习吗?
A.能　　　B.不能　　　C.不知道

通过问卷调查,得知学生们在学习技能过程中过于"表面化",学生对所学知识内容了解不够,对动作的原理理解不清晰,学生只是记住了动作方法,并未深入理解和体会,更谈不上运用了。

归因追索

在经过对学生多方面的调查和分析后,我发现学生在学习过程中形成"表面功夫"有诸多的原因。

一、学生对体育的喜爱与体育课应试教学产生冲突

学生喜欢体育,但是不喜欢上体育课,这是近几年的普遍现象。学生认为教学乏味、缺乏新鲜感,"一投到底"和"一滚到底"的教学安排。一个实心球投一堂课,一条跳绳跳一节课,为的就是让学生能够"达标-过关"。学生在课堂上思维活跃不起来,对这种失去"兴趣化"的学习没有激情,课堂上很容易形成应付式的学习。

二、学生自身经验与学科知识之间相互转化的冲突

体育课中,学生对运动技能知识的获得都是教师给予的,没有书本可以提前预习与参考。学生在体育学习中仅仅通过回忆旧知是解决不了问题的,学生因为思维局限,无法主动运用旧知或生活中的经验与学科知识构建新知,较难抓住学习内容的本质,把握知识内在,进行深度联系。两者之间产生不了联系,学习变得吃力。

三、学生被动参与课余体育锻炼与体育行为习惯养成的冲突

大部分学生在课余时间参与体育锻炼都是处于被动状态。在参与体育锻炼过程中，表现出意志力薄弱，较难维持一定时间的体育活动。因此学生体育运动习惯也较难养成，学生没有养成运动的习惯，对体育活动产生不了较高的积极性。

行动求索

在体育新课程标准的背景下，体育教师在针对动作技术设计教案、授课时，不再单是纯粹的知识讲解，更重要的是能够发散学生的动作思维，让学生能够独立思考和提问，培养学生体育问题的分析和概括能力，促使学生自主地参与到体育知识的学习中，养成良好的体育学习习惯。

立足新课程标准创设问题情境，是小学体育教学中的一种新的教学方式，对于提高体育课堂的教学质量、学生的体育综合素质具有积极的影响。以提出问题、分析问题、解决问题为主线，把这一线贯穿于整个教学过程。本文基于新课程标准，对小学体育教学中创设问题情境的具体策略进行探究。

一、"问境"开局、帅

问题情境以动作技术原理为主体结构，分析教材重点、难点，结合学生学习的实际情况找出技术的核心问题。以"为什么要这么做""怎么做才能完成起来"等系列为问题，巧设情境。可以促使学生将体育知识与实际问题结合起来。也更容易引发学生的问题意识，自然而然地导入教学内容，触发学生的思考，可以促使学生关注和投入课程内容的学习中。问题情境不仅在教学过程中起着重要的导向作用，同时还是串联认知、行为、情感、技能等的重要媒介。在体育课堂教学实施过程中，以问题导向、任务驱动等方式，帮助学生以体育学科思维解决实际问题（见图2）。

人教版体育与健康课程水平——"发展跳跃练习与游戏"	
教学目标	1.跳上跳下 2.游戏，开小火车
教学重点	用力蹬地
教学难点	上下肢协调配合，落地屈膝缓冲
问题情境	同学们假期外出，遇到了各种障碍，怎么安全跳上跳下呢
基本部分	1.跳上跳下、向后跳 2.左右跳 3.个人计时赛

图2 发展跳跃练习与游戏

例如,在"发展跳跃练习与游戏"一课教学中,先分析水平一跳跃教材重难点:双脚同时起跳,双脚同时落地、屈膝缓冲。水平一的学生比较习惯简单的思维活动,对动作技术的掌握周期较长,对一定情境的练习学生更乐于参与。结合教材与学生情况,设置生活中倘若遇到不同的沟渠或难度不一的障碍物,如何安全通过的问题情境,从学生最初的双脚跳跃及落地缓冲的基本感知,发展到起跳后懂得空中收腹举腿给身体带来向上的力,能够更容易地跃过障碍,而后落地时屈膝缓冲,能在落地时保护膝盖,问题的设置帮助学生建立由课堂到日常的学练过程。

二、布"疑"设坎、妙

(一)以题引思

问题是触发学生思维的引擎。没有问题的教学难以激发学生的求知欲,没有问题的教学也不能引导学生深入思考,学习只停留在表层和形式上。教师要激励学生去"疑"、去"问"。因此要根据核心问题的设置,将核心问题分解成若干个关键问题,将关键问题实施到各课的过程中去。所分解的问题必须是学生不完全知晓或不知晓的,必须通过实践和思考才能找到答案的。必须与学生的认知水平相当,学生可以运用现有的知识和能力探索出结果的。

例如,学习"立定跳远"课(见图3)。

单元核心问题
如何做到起跳有力,上下肢用力协调,落地平稳?

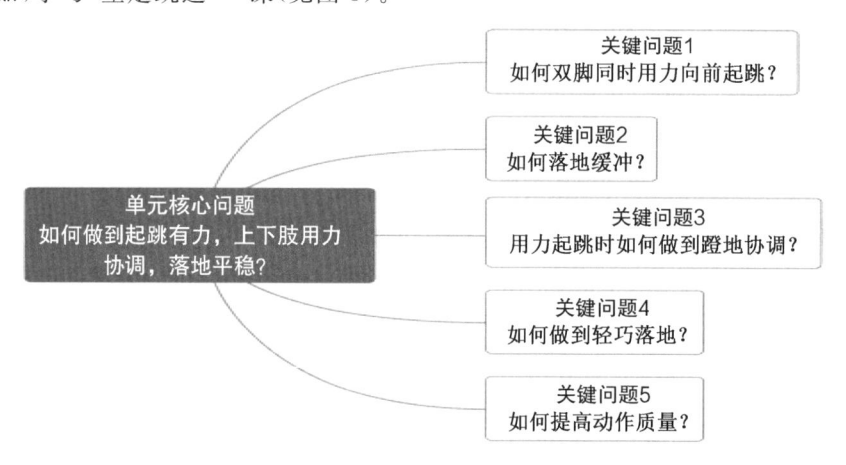

- 关键问题1 如何双脚同时用力向前起跳?
- 关键问题2 如何落地缓冲?
- 关键问题3 用力起跳时如何做到蹬地协调?
- 关键问题4 如何做到轻巧落地?
- 关键问题5 如何提高动作质量?

图3 立定跳远

根据核心问题"如何做到起跳有力,上下肢用力协调,落地平稳",将核心问题分解成五个关键问题,将各个关键问题实施到各课次中。以第一次课为例,如何双脚同时用力向前起跳?如何做到双脚同时起跳,怎么发力?引导学生通过实践与思考,注重知识的探索过程,鼓励学生尽可能找到更多的方法。

(二)多题串联

设置的问题不是孤立的,要用问题链引导学生进行深入思考,从而深刻理解动作技术,形成系统的知识结构。要避免将问题设计得非常具体、琐碎,把系统的内容分解掉。这既不利于培养学生思维的深刻性和独立性,也不利于学生形成相对完整的认识思路和掌握知识的整体结构。围绕着关键问题,将关键问题分成若干个子问题,问题分解要让学生明白动作的方法和原理。因此必须遵循从简单到复杂、由易到难、循序渐进这一规律。分成的子题具有关联性和递进性,考虑好问题的衔接和过渡,以提高问题的整体效益。

例如,学习"侧向投掷垒球"一课(见图4)。

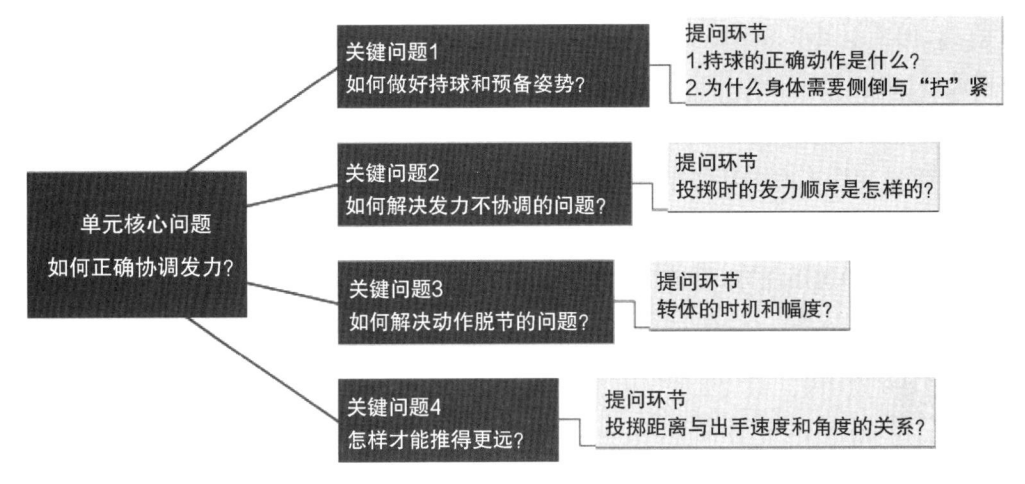

```
单元核心问题          关键问题1              提问环节
如何正确协调发力?     如何做好持球和预备姿势? 1.持球的正确动作是什么?
                                           2.为什么身体需要侧倒与"拧"紧

                     关键问题2              提问环节
                     如何解决发力不协调的问题? 投掷时的发力顺序是怎样的?

                     关键问题3              提问环节
                     如何解决动作脱节的问题? 转体的时机和幅度?

                     关键问题4              提问环节
                     怎样才能推得更远?       投掷距离与出手速度和角度的关系?
```

图 4 侧向投掷垒球

将各个关键问题分成若干个子问题来分阶段掌握,以第一课次为例,关键问题"如何做好持球和预备姿势?"分成"持球的正确动作是什么?为什么身体需要侧倒与'拧'紧",问题前后呼应,串联在一起。学生依据问题的逐级分析与实践,得出"侧倒"和"拧紧"是为了更好地发力。在一个问题情境中可以存在多个问题,但问题之间要相互关联、层层深入,以达到逐级引导学生掌握技术的目的。

三、以"赛"代练、绽

小学体育的"赛"是调动学生在体育课堂中运动积极性的重要实施策略,教师可以在教学中通过设置"赛"的形式提高学生兴趣。在这个过程中,依据当前阶段的学习目标,设计合理有效的比赛模式,使学生既可以有效地巩固所学习的体育知识和了解动作技术的运用,又可以了解体育比赛的规则与形式,增进学生体育比赛的参与意识。

例如,"篮球行进间运球"一课,在学习完运球后,可以安排学生之间进行运球接力比赛,使学生通过篮球比赛活动的参与,体验篮球赛事带来的不一样的感觉,并通过比赛有效地了解比赛规则以及运球在比赛中的运用,激发学生参与比赛的积极性,培养体育运动中坚强、必胜、豁达的心理,达成体育教学目标中心理健康的培养目标。

四、以"评"促思、准

体育学习评价伴随着整个教学过程,在学、练、赛以及展示的时候,都存在着学习评价。教师对学生的评价能激励学生学习的状态,帮助学生及时知道自己的学习效果。学生与学生之间的评价尤为重要,学生在互评的过程中,会主动思考动作技能的准确性、应用性。学生在思考中,加深了对动作的理解,对整个动作的掌握有了新的提升。

例如,"排球正面双手垫球"一课,教师在课的后半部分设置两人一组进行垫球练习时,可以给予学生动作技术是否规范、同伴之间合作的程度进行适当评价,帮助学生及时调整自己的学习进度与情感表现。安排学生与学生之间进行态度、合作、动作技术的客观评价。

立足于新课程标准,在小学体育教学中创设问题情境,要从教材、学生的实际学习情况着手,以激发学生的学习兴趣为基础,以问促学,以问促思,引导学生树立问题意识和自主学习意识,锻炼学生的探究能力,让学生逐渐深入到体育问题的探索中,提高学生的体育思维能力和运用能力,促进学生综合能力全面发展。

案例探索

以"排球正面双手垫球"第一次课为例。教学对象:五年级。

排球运动包括准备姿势、垫球手型、垫球部位、垫球时机、预计垫球的力度和角度等。本单元以掌握正确的垫球技术为目标,预计四次课,本次为第一次课,主要教授手臂正确的垫球部位;第二次课关键目标为正确的垫球手型;第三次课是教会学生如何控制垫球的方向和力度;第四次课是如何在比赛中运用垫球动作。

根据教材动作技术和学生的实际情况,设置核心问题:垫球的正确手型和部位是什么?如何控制垫球的方向和力度?将两个核心问题分成四个关键问题。

1.手臂正确的垫球部位?
2.正确的垫球手型?
3.如何控制垫球的方向和力度?
4.如何在比赛中运用垫球动作?

重点:手臂正确的垫球部位。

难点:手臂伸直夹紧。

开始部分,把排球中的移动步伐、扣球动作等结合音乐进行热身活动,提高学生学习的积极性。

基本部分,从熟悉球性"抛球拍手"导入。将课时关键问题"手臂正确的垫球部位是什么?"分成四个提问环节。

1.怎么让球从"手圈"中落下？学生在练习过程中，两人一组，一人抛球一人练习。为了让球不碰到身体，要做到眼睛盯着球，预判球的落点，脚步及时移动。

2.怎么才能用手夹住球？学生两人一组，一人抛球一人夹球。学练中，学生夹住球的方式参差不齐，学生会用手掌心夹住球，可对学生进行排球规则的渗透，"持球"违例。练习中，要想用手夹住球，必须预判球的落点，脚步及时移动，等球落到身体前方时，手臂伸直夹紧，用腕关节以上10厘米处夹住球。

3.怎么才能让球停在手臂上？学生两人一组，一人抛球一人停球。学生已经在前面解决问题中学会了预判、移动、手臂伸直夹紧。在此基础上，学生练习中，自然将手臂夹紧下压外翻，让停球部位形成一个较为平整的面。

4.怎么才能把球垫起来？学生两人一组，一人抛球一人垫球。围绕重难点，让学生体验完整的正面双手垫球，找准正确的垫球部位，为后续学习奠定基础。

每次的问题学生从实践与思考中得到答案后，进行一次小比赛，可以有效地巩固所学习的体育知识和了解动作技术的运用，又可以了解体育比赛的规则与形式，增进学生体育比赛的参与意识。

两人一组学练中设置可视化评价。教师观察学生课中能否一直积极进取，面对困难不气馁；能否与同伴主动交流、鼓励、合作，进行口头评价。学生在练习中互评，垫球的部位是否准确。学生在思考中，加深了对动作的理解，对整个动作的掌握有了新的提升。

素质练习设置了"叫号跑"反应游戏。练习方法：将队伍分成4人一组，分别编号1~4号，听到自己的号数后跑出，从排头位置至排尾跑回自己的位置后举手。通过锻炼学生的反应力以及控制力来提升其身体灵活性。

32

正循环陪伴，让孩子潜能不流失

厦门第二实验小学　2018级2班　方蕾（苏品妈妈）

现场问索

孩子们聚会或者小队活动，有的家长会问我："平时怎么培养苏品的？怎么这么优秀？"事实上，苏品并没有大家称赞的那么优秀，大家觉得他比较优秀和突出的地方，正是他这些方面的潜能被我们关注到，得到了比较好的发展。我很庆幸自己比较早地发现了孩子的潜能，并帮助他扬长避短。

每个孩子其实都有自己不同于其他人的潜能，这些潜能如果得到很好的培养和发展，就会成为优势，如果没有得到及时的培养，就会一直潜藏，甚至流失。那么，应该怎么发现并培养孩子的潜能，让孩子的潜能不流失呢？

正本洄索

什么是"潜能流失"？顾名思义，就是孩子天生对外界刺激感应很敏锐的天赋和优势没有被发现，或者没有坚持培养好，孩子很难建立自信，没有光芒。反之，潜能一旦被唤醒，在不断的教育、鼓励、支持下，就会成为孩子的突出优势，会给孩子带来强大的自信，让孩子绽放光芒，赢得其他人的尊重，实现自己的价值。

远溯博索

以"潜能开发"为主题，在中国知网（CNKI）数据库进行检索，截至2021年共检索到

3753条中文文献,其中学术期刊3540条、学位论文54条、会议55条、报纸41条、年鉴60条、图书3条,并且有相当体量的外文文献。由此说明,有关"潜能开发"这一话题已成为世界不同国度的研究者日益关注和共同探讨的话题。

以"潜能开发 自能发展"进行精确查找,虽然只有张俭福老师在《教育导刊》上发表的《论学生潜能开发与自能发展》一篇文献,但张老师进行了深刻的论述与研究,通过引用借鉴相关哲学、心理学、生理学依据,清晰明了地向读者揭开潜能开发与自能发展之间的密切关系。

美国哈佛大学心理学家霍华德·加德纳在2000年中美教育探讨会上提出了多元智能理论,指出:每个人至少有7种智能,即语言智能、数理逻辑智能、空间智能、身体运动智能、音乐智能、人际关系智能、自我认识智能,七种智能表现出个体差异。受到好的教育,某些智能就得到开发;遇到不良的教育,某些智能就受到压抑甚至摧残。

英国学者托尼·巴赞认为,创新能力是任何社会和个人发展的决定性因素,提高创新能力,关键在于认识和开发人的九大潜能:感觉潜能、表达潜能、身心潜能、空间潜能、计算潜能、精神潜能、个人潜能、社会潜能、创造潜能。

加德纳和托尼先生都强调,人应有多种智能并应尽力开发人的潜能。

皮亚杰的认知心理学认为,儿童接受外界影响不是消极被动的过程,而是一个主动的、与环境相互作用的学习过程。在这个过程中,儿童通过同化和顺应,导致个体内部图式——认知结构的变化,达到平衡。

综上所述,孩子的潜能是丰富的,他们的智慧禀赋、特质潜能需要发展或开发,如果错过了孩子成长发育过程中的关键敏感期,有可能造成其潜能的流失,所以家长要通过正循环陪伴,在陪伴孩子成长的过程中发现、保护、挖掘、提升,并科学促进孩子的潜能发展,使他们"沉睡着的"力量得到自我唤醒,从而提升孩子的生命质量和价值。

归因追索

通过观察与研究进行分析,造成孩子潜能流失的主要原因如下。

一、漠视忽略,放任不管

一些家长因为自身的各种原因,生活的天平一边倒,对孩子的陪伴微乎其微,既缺少时间,也缺乏效率。对于孩子曾经热爱或者全身心投入的事情,有的家长选择漠视,不阻挠、不干预、不评价、不肯定,以一种袖手旁观的态度对孩子敏感期的兴趣听之任之,放任不管。有的家长直接忽略,因为缺少陪伴,甚至连自己孩子喜欢什么、擅长什么、兴趣有什么都一无所知。而另外一些家长"花钱买舒心",认为孩子的兴趣爱好可以花钱培养,把孩子送到各种培训班就可以一劳永逸。

二、过度干预，急于求成

孩子刚展露出潜能，一些家长就强势干预，立刻为孩子制定高难度的学习体系，"望子成龙，望女成凤"，希望孩子短时间内潜能的小宇宙爆发，不断要求他"开花结果"，取得骄人成绩。以这样压迫式、强制式、激进式的模式发展孩子潜能，可能会事与愿违，孩子潜能的嫩芽也可能被"扼杀"。

行动求索

为了让孩子潜能不流失，家长可以通过孩子敏感时期的留心观察、上升时期的挖掘潜能、正向促内驱、稳定期的家校共聚能等一系列策略进行及时干预，让孩子的潜能得到更好的培养和发展。我认为，正循环陪伴发现孩子潜能关键在以下四个阶段。

一、留心观察，把握敏感期

根据心理学的潜能理论，每种潜能都有一些比较关键的敏感期，是培养这种潜能比较好的时期。想要在合适的时候发现孩子的潜能，我们需要留心注意孩子的"兴趣"。

（一）兴趣为导向

孩子喜欢做什么，经常想做什么事情，这种兴趣往往都是潜能的"嫩芽"。孩子在潜能发展的敏感期，我们要留心观察这些"兴趣"。但这些"兴趣"刚刚开始萌芽，还十分稚嫩，因为孩子才刚刚接触尝试，能力还比较弱，这个时候挫折和失败会比较多，而作为家长一定要尊重和保护好孩子的这点兴趣。

苏品还只有三四岁的时候，就特别喜欢户外活动，经常跟着爷爷游遍各大公园、植物园等景点。他尤其喜欢忠仑公园和中山公园，因为公园里有很多体能挑战的游戏设施，比如铁索桥、平衡木、单杠、沙坑。他喜欢和体育竞技、体能训练相关的游戏设施，并在挑战的过程中寻找刺激和成就感。我对他的这种运动"兴趣"非常鼓励和支持，每次他游玩挑战回来，我都和他分享今天的所见所闻所感，肯定他的勇敢、坚持和挑战，也从来不认为这种户外游玩和拓展是浪费孩子时间。

另外我也发现他与同龄孩子相比，耐力很好，也很能吃苦，无论山再高再陡，走路的时间再长，都能够从头坚持到尾，从不半途而废。再加上平常注意到他的平衡性，基本身体素质都很好，于是我们觉得他应该有运动的潜能。6岁的时候送他学习乒乓球，从那以后，他一直进行乒乓球学习至今。六年过去，他仍然非常热爱这项运动。

（二）时间是"明镜"

孩子时间的分配情况，直接反映出孩子的兴趣和潜能。孩子如果长期没有家长的提示,没有鼓励,就主动愿意长时间做什么事情,或者他更喜欢把自己的时间花在哪一方面,往往就是孩子潜能所在。

苏品的阅读潜能也是从中班开始发现的,我们注意到苏品无论何时何地,只要手拿一本适合他的好书,他可以沉醉其中,一两个小时纹丝不动。像这样,能够长时间专注阅读,我们觉得他应该有这方面的爱好和天分。后来的成长过程,也证明我们的看法是对的。

二、循序渐进,挖掘潜能量

发现潜能后,如果一些家长认为可以一劳永逸,洒脱放手,让孩子的潜能自由发展,那么长此以往,离开了家长的挖掘和正循环陪伴,大多数孩子的潜能可能就会达到瓶颈,也得不到提升,可能会浪费孩子的天分。虽然"天才"可能确实存在,但是绝大多数孩子的潜能开发都需要家长循序渐进地正循环陪伴,"因地制宜,因材施教",循序渐进,挖掘潜能量。

(一)难度合适,循序渐进

尝试期的孩子给难度比较低的适合的学习内容,非常重要。即便发现了苏品的阅读潜能,但刚开始阅读的时候也只是给他接触一些非常简单的绘本,慢慢到富有感情、有内涵的绘本,再过渡到文字书,然后是更厚、更有深度的书,并最大程度地尊重和保护孩子的阅读意愿。不要逼孩子阅读他不想阅读或者不适合他年龄段的所谓"名家作品"。

苏品二年级的时候老师推荐他看林格伦的《长袜子皮皮》,这本书其实非常好,但是那个时候他就是不喜欢看,当时我就没有强制要求他看,但等到他三年级的时候,我再把林格伦的一个套系给他看的时候,他就觉得非常好而且很喜欢,反复阅读。此外,学习难度要适合孩子当下的学习和认知水平,千万不能揠苗助长,否则可能有负面效果,引起孩子的反感或逆反情绪。

(二)期望值正确,细心呵护

家长一定要有正确的期望值,正确的期望值要符合孩子当下的水平。即使是天才的诗人,生下来的第一声啼哭也不是一首诗。最大程度的尊重和保护孩子的潜能,开始的时候,期望不要高,孩子的潜能刚开始只是一个嫩芽,家长们一定要保护好它,用柔柔细水和温润的阳光呵护它成长。

(三)拓宽路径,挖掘潜能量

随着孩子潜能循序渐进地发展,家长可以竭尽所能,利用一切资源拓宽孩子的视野、学习的路径,鼓励孩子探索,挖掘潜能量。一二年级的时候苏品非常喜欢看科学类的书,那我就会尽可能地多借阅百科全书,从天文、武器、人的身体、植物、动物各种领域让他去探索,再根据他阅读的实际情况,或者特别感兴趣的领域去挑选发掘更多的阅读资源,让孩子从广泛阅读到深入阅读并爱上阅读。三年级的时候孩子很喜欢查理和巧克力工厂，于是，我就借阅罗尔德达尔的一系列作品给孩子看，孩子的阅读兴趣与家长的引导相结合，家长成为提供孩子书籍的水库和智囊团，他的阅读潜能就能够不断拓展。苏品从小学至今已阅读1300多本书，阅读面不断拓宽，阅读难度不断加深，阅读能力有了质的飞跃，为综合学科的学习奠定了至关重要的基础。

三、搭建平台，正向促内驱

当孩子的潜能开发进入上升发展期，家长的助力是孩子潜能发展的"催化剂"和"加速器"。适时为孩子搭建平台，助力孩子勇于挑战自我，可以正向促内驱。

（一）搭建平台，助力挑战

当孩子的潜能经过一段时间的培养和积累后，就会进入下一个非常关键的阶段。孩子在这个方面的能力得到了提高，适应了这个领域的学习，会出现比较快的上升发展。这个阶段，孩子的状态很好，自信比较足，愿意也能够接受比较大的挑战。这个阶段，家长要根据孩子能力发展，多给孩子搭建平台，给予必要的压力和挑战，才会更有利于孩子潜能的发展。

搭建平台的形式很多样，可以鼓励孩子参加各种竞技比赛，也可以鼓励孩子登上展示的舞台，参加考级考试获取相应的等级证书，如果喜欢写作，也可以鼓励孩子在各种平台（报纸、杂志）发表文章。这个阶段不加压力，不给一定难度的挑战，孩子就会长期停留在舒适区，缺乏进一步学习的兴趣，潜能也得不到更好提升，可能会浪费孩子的天分。

苏品长期坚持乒乓球训练，后来，在他的潜能发展到更高时，和他讨论并征求他个人意见之后，我鼓励他参加各种比赛。苏品参加过省、区、市、俱乐部各类型赛事达数十次，在竞技中积累经验，得到提升，在竞争中获得成就感。他也热爱阅读，喜欢写作，老师和我们就鼓励他投稿发表，终于功夫不负有心人，他的作品在第二十二届"海峡·冰心"杯青少年写作大赛中荣获低年级组三等奖，作文《我们班的"吹牛大王"》在《意林》发表，并且光荣担任学校的小记者。

（二）收获成就，正向促内驱

增加难度，孩子通过挑战，获得一定的成就，他才能体会更大的快乐，潜能发展的动力才不会衰减。这种潜能发展才是正向体验，激发孩子的内在动力（内驱力），进行突破、超越，获得成就感，实现"自我确证"。

三年级起，苏品开始学习数学思维课程。数学经过前面两年的打基础，也经过老师的认真培养，虽然这时的课程训练是比较难的，但孩子觉得很有挑战。通过学习、挑战、战胜困难，他一次次地证明自己很棒，在数学思维方面也表现出优势，连对平时课内的数学学习都产生了浓厚的兴趣和满满的自信，并对每一次考试和竞赛产生期待。他获得

2021年"华数之星"青少年数学大会复评初级C档、第25届WMO数学创新讨论大会三等奖、"数学花园探秘"科普活动三年级组奖等各种奖项。乒乓球方面,他曾获得福建省青少年乒乓球赛团体第三名、全市乒乓球赛第二名。他也热爱足球,是校队主力队员,在2021年思明区小学生足球赛小组赛中打进8球,荣获思明区"运动小健将"称号。

通过适合孩子发展的必要难度的挑战,让孩子产生自我成就感,进而进入自驱挑战,孩子的成长就会进入自我正向循环。

四、家校合力,聚能促发展

当孩子的潜能发展上了正轨,进入自我正向循环发展后,家长可不能觉得"高枕无忧"了。孩子大多数时间都在学校度过,潜能发展也在学习中不断地拓展和延伸。老师是伯乐,能够细致入微地观察孩子不同阶段的闪光点和潜能发展。好的家校配合,与老师及时沟通,听取老师建议都可以一起为孩子聚能助力,让孩子的潜能发展更上一层楼。

(一)充分信任,达成共识

知道孩子有运动潜能,老师不遗余力为孩子创造机会,搭建平台,推荐孩子参加校级各类运动竞赛。竞技的同时,培养了孩子的集体荣誉感和勇于挑战的精神。孩子通过自身努力,成为校足球队主力队员,激发了孩子的训练热情和勇于拼搏的顽强斗志,与此同时,也培养了他团队协作精神。运动潜能拓展的同时,苏品的意志品质也得到了磨炼和提升。充分信任老师的建议和指导,家校达成共识,共同助力孩子的潜能发展。

(二)有效沟通,及时反馈

孩子热爱阅读,但阅读的过程中也曾遇到各种问题。孩子碰到阅读瓶颈或者在阅读过程中产生困惑,作为家长的我感到"束手无策"之时,我大胆地向老师寻求帮助。苏品有一段时间阅读的面很挑剔,只喜欢科学书籍,连对与当时教学大纲相接轨的名著《神话故事集》都很排斥。我很焦虑,立即与老师沟通这个情况。老师用她独有的艺术,循循善诱,让孩子尝试画有趣的"思维导图",把一个个故事串联起来,不知不觉中,孩子把整本神话故事集都读完了,而且爱上了这本书。之后,他主动要求阅读完整的《中国神话故事》《希腊神话故事》《一千零一夜》等神话故事集。家校及时有效的沟通,可以让孩子突破自身发展的各种瓶颈,不断挑战自我。

诗人艾青说过:"人生的道路虽然漫长,但紧要处只有那么几步。"潜能的发展期对于孩子的漫漫人生,可能只如流星,转瞬即逝,却又至关重要。作为家长,如果遵循科学的规律,尊重孩子的节奏,挖掘孩子的潜能,并有效助力推动,孩子一定能成为更出色、更了不起的自己!

33

跳出"家长陷阱" 迎接独立自信小男子汉

厦门第二实验小学　2020级6班　郭筱淳（于果田妈妈）

现场问索

镜头1："果果，来穿衣服，快刷牙洗脸，赶紧吃早饭……"一大早，孩子就像一个小机器人，跟随着奶奶的指令，完成一系列上学准备工作。临出门时，孩子刚要背上书包，奶奶一把抢过去："太沉了，我来背。"

镜头2："爸爸，你来陪我吧！""爸爸，你过来一下，这道题我不会。"这样的对话，在小学一年级每天晚上写作业时都要上演。孩子的呼唤好像有魔力一般，牵引着爸爸妈妈立刻上前解决问题。慢慢地，每日陪写作业成为"固定节目"，爸爸已经离不开孩子的学习桌，从头陪到尾，有问必有答。

镜头3：周末的早上，孩子在书架前挑绘本，找到一本心仪的，立刻叫妈妈："妈妈给我讲！""这个字我不认识。""妈妈你跟我说说，这本书讲了什么？"……妈妈二话不说，心甘情愿变身孩子的"提词器"！

以上几个场景串联起来，可以清晰地感受到孩子过度依赖家长，在生活中衣来伸手、饭来张口，学习中懒于思考。但当我们静下心来仔细观察，就会发现造成孩子不独立的更深层次原因是家长的过度干预和保护，在我们的家庭里，每一位家庭成员都扮演着孩子"随叫随到""有求必应"的好好家长。

正本洄索

经过深入求索和查阅资料，笔者发现父母无时无刻的迎合与照顾，让孩子习惯了依赖，不愿意等待，在即刻满足的需求中逐渐失去学习思考的机会。这样的现象可以称之为"家长陷阱",就是指父母抑制不住为孩子排忧解难的冲动,挺身而出解救他们的情况。这个过程中,家长最容易陷入三个陷阱——其一是"解救陷阱",家长替孩子解决问题。比如,家长成为孩子前进路上的推土机,帮孩子扫清一切障碍,小到捡一粒饭,大到找工作,一路为孩子披荆斩棘;其二是"火速陷阱",家长火速满足孩子需求,不需要他们耐心等待,比如,孩子要什么东西,家长就马不停蹄地奉上,孩子才会心满意足;其三是"强推陷阱",把孩子强推出去,不了解孩子心理成长状态,简单粗暴要求孩子自己的问题自己解决。

远溯博索

截至 2021 年 12 月 14 日,在中国知网上以"儿童独立性"进行检索,共有 131 篇文献和相关资讯,而其中三分之二的文章标题和内容都从家长或者家庭教育的视角切入。

文献资料对独立性以及孩子独立性培养的重要性进行了较为完整的阐释:独立性也称不依赖性,通常是指自我决策、独立地寻找解决问题的方式并实施解决问题的行为时所反映出来的个性品质。独立性作为一种重要的社会性品质,对孩子各方面的发展以及将来的事业成功具有极为重要的价值。独立性强的孩子,适应能力强,因而对于环境中出现的各种新事物、新关系、新变化不但能够保持稳定的情绪,而且能够表现出主动积极探索的倾向,适应新环境和认识新事物。

家庭是孩子人生的第一所学校,家长更是孩子的第一任老师。这意味着,家庭是培养孩子独立性的首要场所。在家庭教育中,父母过分珍爱、过分袒护、过分放纵、过分照料……都会成为孩子独立性养成的"拦路虎"。

综上所述,培育孩子独立性,家长任重道远。不仅要明晰孩子独立性的发展将会对孩子的人生产生深远的影响,更要了解独立性的重要性,防止陷入"陷阱",学习和掌握一些适宜的教育方法和策略,对家长尤为重要。毫无疑问的是,这是家长的"必修课"。

工具研索

选取周末的一天,采取观察方式,记录孩子一天内向家长求助的事情,家长响应和解决问题的情况(见图 1)。

次数	1	2	3	4	5	6
孩子的求助	衣服反了，翻不过来	看书，遇到生字	做练习，遇到困难	到楼下打篮球，要陪同	洗澡，要帮忙拿浴巾	睡觉要陪同
家长的响应	外婆第一时间帮忙	妈妈要求孩子查字典	爸爸坐到书桌前手把手辅导	爸爸赶紧下楼	妈妈立刻提供帮助	经过两次谈判，爸爸妥协

图1 求助和响应记录

从周末一天的观察与记录中，不难看出，孩子遇到麻烦或者有了需求，所有家庭成员的做法一致——都是有求必应，没有给孩子独立思考和做事的空间、时间。

归因追索

通过研究与分析，家长陷入"家长陷阱"忽视孩子独立性培养的原因主要有以下两大方面。

一、内在原因

1.缺少培养孩子独立性的意识。如今很多家长都是"80后""90后"，大多是计划生育后的第一代独生子女，他们早已习惯了自己父母无微不至的照顾，也就忽视了对自己孩子独立意识的培养，加上他们正处于职业生涯的上升期，忙工作、忙事业，把照顾、教育孩子的大部分责任转交给自己的父母，或更多关注孩子的身体健康和知识积累，忽略了孩子早期独立性的培养。就我们家庭而言，作为母亲本身就是独生子女，即使到了30岁在生活方面还会依靠父母，导致对自己孩子独立性培养意识薄弱。

2.缺少培养孩子独立性的常识。我们家长作为孩子的第一任老师，往往没有经过培训，就"上岗"。很多家长对于儿童发展规律一无所知，更不懂这是一个循序渐进的过程，且有规律可循，温室培育与拔苗助长都不利于孩子养成独立人格。就我们家庭而言，也是在培养孩子过程中遇到问题，才临时抱佛脚，看育儿方面的书籍，缺乏养育教育孩子的常识和知识储备。

二、外在原因

1.家庭环境：根据中国老龄中心的调查，目前我国帮助子女照顾孙子女的老年人比例达66.47%，2岁半以前由老人带孩子的比例约60%~70%，3岁以上占40%，比例相当高。隔代抚养过程中，隔辈亲导致部分老人大多会不自觉地溺爱孩子，不管孩子怎么搞破坏，永远是在后面等着收拾的那个。孩子发脾气，不管是对是错，都要无条件满足孩子的要求，让孩子失去了独立成长的家庭环境。在我们家，奶奶和姥姥轮番带孩子，无形中给孩子双倍的宠爱甚至溺爱，孩子在生活中一遇到麻烦就向老人求助，养成饭来张口、衣来伸手的不良习惯。

2.社会环境：当前社会似乎有这样一种共识——不能让孩子输在起跑线。在这一理念的催化下，也掀起了家长"内卷"的热潮，不少家长唯分数论，疯狂催促孩子考出好成绩，却忽略孩子自身独立人格的养成，甚至还向孩子发出"只要学习就好，家里的事都不要管"的号令。就这方面而言，我们家就加入了"内卷"大军，认为只要学习好，其他事都不重要，某种程度上，这也阻碍了孩子独立性格的培养。

行动求索

养育孩子，就像抓在手里的沙子，攥得越紧，沙子流失得越快；相反，适当把手放松，留在手中的沙子反而更多。正如英国著名心理学家西尔维亚所言，这个世界上所有的爱都以聚合为最终目的，只有一种爱以分离为目的，那就是父母对孩子的爱。父母真正成功的爱，就是让孩子尽早作为一个独立的个体从你的生命中分离出去，这种分离越早，你就越成功。

对于家长而言，放手让孩子独立的道理都懂，可在日常生活中却很难做到，一有不慎就落入"陷阱"。在笔者看来，认识到问题，就要勇于做出改变和行动，通过不断反思和学习，真正跳出"家长陷阱"，迎接你的将是一个独立自信有担当的小男子汉。

一、等一等，静待花开

培养孩子独立性绝不在一朝一夕，而是在朝朝暮暮。这个过程中，家长首先要掌握的技能就是等待——等孩子慢慢长大。

（一）尊重儿童发展规律

根据儿童发展理论，儿童发展的过程是一个循序渐进的过程，随着年龄发展、大脑的发育，对孩子的行为要求呈现一个持续递进的过程：两岁左右，孩子有一个最重要的独立议题，就是身体的独立，孩子需要去学习怎么用勺子吃饭，自己用身体探索外在的世界，这个时候如果爸爸妈妈比较愿意为孩子提供相对安全的环境，允许他不断地探索，允许他自己吃饭，身体就充分地发展了；到四岁左右的时候，随着思维的发展，出现了思维的独立，孩子开始有自己的想法，说"不要"，父母就要多尊重并且去听孩子的想法，允许孩子表达；到了五六岁的时候，要开始培养孩子生活独立的习惯，为上小学顺利过渡；而到了小学阶段，要培养孩子独立思考、独立完成作业，为人生奋斗路铺下第一块砖……既然孩子每一个年龄阶段都有着对应的"独立议题"，这就要求家长紧紧跟随其成长的节奏，一步步实现修炼独立性的"小目标"。

(二)学会"延迟满足"

当然,学会等待,还有另一层功效。有心理学家将等待的过程形容为"延迟满足":孩子发出请求时,不要急于满足,而是要等一等。儿子看到同学有一个变形金刚很酷炫,他也吵着要。家长言辞严厉,直接拒绝,有时会适得其反,引起孩子更强烈的逆反心理。这时不妨想办法缓一缓,比如让孩子自己去问价钱、商品名、购买地点等信息,甚至尝试和对方商量借来玩一会儿。通过设置一些简单任务让他冷静下来,主动去了解,然后再决定买不买。等待,是一个冷静的过程。在等待的时间中,孩子会逐渐控制自己的情绪,不论是哭鼻子还是发脾气,当他有足够的时间冷静下来之后,就会开始观察、思考,甚至是想法办去实现自己的愿望,那么这个等待就实现了它的价值。

二、分一分,界限理清

心理学研究表明,每个人都是独立的个体,有着自己的私人空间,包括身体空间和心理空间,私人空间被人侵入会引起不适感,所以人与人之间的交往是有边界的。这就像天冷时彼此靠拢取暖,但会保持一定距离,以免互相刺伤。而边界效应同样适用于亲子关系,父母不能肆无忌惮进入孩子的"私领域",而是要努力创造孩子独立成长的优越环境。

(一)给予条件,营造专属孩子的学习空间

由于居住在老旧小区,家里空间小,孩子一直没有专属于自己的学习空间。从上小学一年级开始,我们将家中的客厅进行升级改造,打造成开放式书房,划定宝贝学习区与爸妈工作区,尽量做到互不干扰。同时,儿子享有专属于自己的书架,藏有上百本经典绘本与故事书,每天在书桌前完成课业,就会来到书架前挑书阅读,这也是他私人阅读时间,开启安静勿扰模式。研究表明,孩子一旦有了自己的专属空间,就有了自我领地意识,更易于培养独立性。从本学期开始,已经开始尝试给孩子单独的卧室,自己单独睡觉。从心智发展来看,让孩子自己睡一个房间,不但可以培养其独立性、自主性,也有利于孩子发展"自我",并且学会表达自己及尊重他人。

(二)给予尊重,允许孩子心里藏着小秘密

"我们家孩子,一回家就跟我分享学校发生的事""我们家小宝说,又在学校交到了好朋友"……在与其他家长交流时,每当听到这样的对话,总是很羡慕对方。因为,我的儿子总是酷酷的,从来不与我们分享和讨论在学校发生的大事小情,一问就说是秘密。从儿童心理学分析,秘密是孩子意识到自己和他人的界限,拥有个人秘密是一个人走向独立和成熟的必经之路。而作为家长,一定要忍住刨根问底的毛病,把控好方向,既让孩子能安心拥有自己的秘密,又能做到足够地了解他,做好安全保障才是我们该做的事情。经过一年多的摸索,我们找到了亲子交流的最佳方式,我和爸爸经常与孩子敞开心扉,互

相分享生活的所看所思所想,也引起了孩子的共鸣,与我们分享学校发生的故事。

（三）给予自由,创造探索世界的成长空间

美国教育学博士简·尼尔森在《正面管教》一书中提到:"永远不要替孩子做他自己能做的事,我们不能替孩子去适应社会,不能替他承受他本该需要经历的磨炼。"因此,除了生活环境外,我们还要给孩子创造成长的独立空间,放下家长的指指点点与越俎代庖,允许他们自由探索,给予充分的行动支持。父母给予孩子信任与自由,孩子也将回馈独立与自律。经过一段时间的磨合,让我们与孩子之间有了默契。他自己会记录每次线上英语课的时间,会提前5分钟在电脑前准备好;每次看动画片时,儿子会定好闹钟,时间一到立刻关电视。

三、赞一赞,惊喜不断

俗话说,好孩子是夸出来的。那么,想要培养一个独立有担当的男孩的背后,更需要能屈能伸、能夸会夸的家长。

（一）花样鼓励,让孩子乐于做事

"儿子,妈妈又忘了取快递,这次又要辛苦你了。"儿子很欢快地应着,回身去找纸笔,歪歪扭扭地写下"取件码"三个字,记下一串数字,随后飞快下楼。随着"双十一"的到来,雪片般的快递如期而至,而这样的对话,几乎每天都上演。从刚开始的电话"远程操控"到现在的"一秒取件",取快递"熟练工"已经炼成;逛街的时候,儿子更是绝佳"伴侣",一句妈妈拿不动了,儿子总会酷酷地说:"我来!"小小的身影,提着大大的购物袋,大步走在前,总能引来路人妈妈们羡慕的目光……孩子愿意主动做事,妈妈也要具备"专业技能"——花样鼓励。就拿取快递来说,每次取回来,作为妈妈的我都要对儿子的勤劳付出说一句由衷的感谢,这是尊重更是认同。面对快递柜太高等小困难,也鼓励他自己想办法克服,于是就有了用快递箱垫脚站更高的小窍门。

（二）精准点赞,让孩子独立思考

平时,妈妈和爸爸喜欢读书,也带动儿子自愿走进书的世界,而这背后的内驱力是一次又一次的精准鼓励。还记得在他上幼儿园中班时,大字不识一个的儿子,能够通过看图完整讲述《神奇糖果店》的绘本。妈妈在惊喜之余,毫不吝啬地从他讲述的完整性、画面感、语言流畅度等方面赞美儿子。赞美给予孩子信心,从那时起他每天雷打不动地读绘本。上了小学二年级儿子开始尝试读更有深度的书。有一天,他拿起《哈利·波特》读起来,400多页的无插图纯文字,让他一下子就退缩了。"慢慢看,你可以的,一个魔法世界等着你。"听了我的话,孩子还是放下了书。可是令人惊喜的是,几天后,他竟然津津有味地看起了《哈利·波特与魔法石》。我不禁问:"你能看懂吗?"儿子回答说:"字不认识就翻字典,这本书很好看。"更出乎意料的是,他灵魂发问:"妈妈,罗恩是一个没有自信的人,就像我一样。但是,没有关系,我们终有一天会见识到自己的强大!"很显然,这孩子不仅看懂了这本"大部头",而且看得很深。在潜移默化中,孩子独立思考的思维方式渐渐在行动。

（三）走心加油,让孩子自信担当

父母发自内心的认同与赞扬到底有多大的力量？它就是孩子获得独立与自信的源泉,更能带给孩子一往无前的动力。进入小学二年级以来,儿子爱上篮球。一开始却把他当成一种好玩的游戏,抱着玩玩而已的态度,然而实际训练中却是艰苦的。这一过程中,孩子时不时会被这项运动的苦与累击败,时常带着哭腔跟爸爸说想放弃。爸爸从来不吼更不逼迫,而是不断给儿子注入能量,给他讲飞人乔丹与科比的奋斗故事；跟儿子一起训练,一起研究战术打法；比赛时,雷打不动陪在儿子身边。如今,得到爸爸支持与认同的儿子更加坚定了打好篮球的决心和目标。

综上所述,独立性培养的终极目标就是修炼孩子的内心,让他有足够的信心与力量拥抱未来,遇见更好的自己,这是父母能给孩子最好的礼物。

参考文献

[1] 云敏霞.谈家长如何培养孩子的独立性[J].教育界,2020(27):2.

[2] 达琳·斯维特兰,罗恩·施托尔伯格.孩子学会思考[M].马伊莎,译.成都:四川人民教育出版社,2019.

34

哆来咪发唆，我的"超越"成长法

厦门第二实验小学　2017级2班　徐芃茜

现场问索

2019年4月，我读二年级。有一天，语文老师告诉我，我将有机会代表学校参加思明区一场盛大的文艺会演——"鹭岛花朵"，如果获得优胜还有可能代表学校晋级市赛。这是我第一次有幸参加这么盛大的演出。

别看我个子矮，我的本事可不小。幼儿园里我曾一度是个"风云人物"，到了小学，奖状更是涵盖了征文、朗诵、绘画等，这让我一度以为自己"就是这条街最靓的仔"。于是，散发着主角光环的我，在老师和家长的指导下，自信满满地开始准备戏剧曲艺类的节目。可好景不长，准备一段时间后，我开始患得患失。

——从祖国的历史出发选材，还是从厦门的沿革出发立意？

——采用传统的演讲朗诵怎么样？不不不，太没创意了！

——创作一个小品如何？可是小演员们从哪里召集，能够默契地配合吗？

——这曲艺类节目太难了，要是没得奖怎么办？会不会很丢人？要不放弃吧？

就这样，反反复复，犹豫不决，在一个周末，当妈妈催促我快点准备比赛时，我的情绪一下子爆发了！我的眼泪止不住往下流，冲妈妈嚷道："这么多困难摆在面前，根本就不可能得奖，我还参加它干什么呢？"在一阵崩溃后，妈妈的一句话"得奖真的重要吗？成功就等于成长吗？"让我陷入了沉思。因此，在成长的过程中，该如何正确看待"成功"和"成长"成了我的必修课。

正本溯索

冷静下来的我,经过老师和家长的点拨,终于找到了问题所在,概括起来无非就是两点:偶像包袱和畏难情绪。

一、偶像包袱

虽说那时的我才二年级,但表演经验还是不少的,也得到过不少奖项。这些不菲的战绩,对于8岁的我来说,在同学当中还是十分耀眼的。因此,我开始背上了偶像包袱,时时刻刻都感觉头上顶着皇冠和光环,怕它会掉,怕自己会输。

二、畏难情绪

尽管表演经历不少,但是每一次的表演说来也都只是小打小闹,像"鹭岛花朵"这么大舞台的现场竞演,对我来说还是头一遭。关键是比赛结果代表着学校的荣誉,在我小小的内心形成了不小的压力。面对这场比赛,我一开始就设想了很多困难,产生了严重的"畏难情绪",把困难想象得太大、太重了,害怕迎接未知的新挑战,害怕创作不出优秀的表演作品,害怕没能获奖晋级辜负老师同学的期望,导致比赛之初的我一直停留在"想"的环节,始终迈不开步子大胆尝试下去。

归因追索

再往深层分析,偶像包袱和畏难情绪的产生,说到底有两种原因。

一、唯结果主义

在准备比赛过程中,没有分清楚"成功"和"成长"的价值区别,把二者简单地等同了,于是,我将"晋级得奖"作为唯一目标来奋斗,平白无故给自己增添了很多压力。事实上,无论比赛结果如何,准备比赛的过程才是真正意义上的"成长",它远比比赛的结果更重要,更有价值。

二、唯我主义

我在作品创作的过程中,害怕请教,一直保持一种闭门造车的心态,没有及时求助老师和家长;还害怕麻烦,不愿意考虑同学间的协同和合作。说到底还是习惯单打独斗,不懂得有效地利用身边的资源和力量。

行动求索

在摆正心态、克服畏难情绪之后,我开始认真对"鹭岛花朵"参赛作品的选材立意和表现形式进行创新创作。在语文老师的点拨下,我以自己在"海峡冰心杯"中征文作品为创作灵感,选择以"穿越故事"为题材创作了一个相声作品《王二小穿越记》,登上了"鹭岛花朵"的舞台。

通过这一次比赛,我更加学会了自我剖析,也找到了应对畏难情绪和战胜困难挑战的策略。这些策略,成为我快乐成长的法则和指南,我把它们命名为"哆来咪发唆",我的"超越"成长法则(见图 1)。它们就像音符,点缀着我的成长道路,谱写着我的成长奏鸣曲。

图 1 "超越"成长法则

一、哆——让信仰超越兴趣

很多事情的失败往往不是"能力"造成的,而是"情绪"导致的。正如一开始我在困难面前情绪崩溃,差点就轻言放弃了。但如果把走心当成一种信仰,那么很多事情就都难不倒你了!简而言之就是老师和老妈常说的一句话:要么不做,要做我们就要做好它!

什么是信仰呢?信仰就是人对某种主张或人物十分崇拜,并且把它当作自己的行为准则或者榜样,去约束自己或强令自己模仿它。当你把走心当成一种信仰,建立起正确的信念系统,你会发现它能超越兴趣产生更大的魔力。凡事走心,那么你在做事的时候就不会是做做样子来博取表扬,也不可能是简单完成任务来逃避责骂那么肤浅,而是能够从精益求精的过程中获得成就感。

从此以后,"走心"两个字便写进我的信念系统里,我用"精益求精"去跟自己的"惰性"做斗争,慢慢形成了一种超越兴趣的"内驱动力"。这就是我"超越"成长法则的第一条:"让信仰超越兴趣。"哪怕是做细小的事、单调的事,也要代表自己的最高水平,体现自己的最好风格,并在做事中提高素质与能力,从中寻找"匠心"的乐趣。

二、来——让创新超越模仿

很多事情看似很难,其实困难并没有想象中那么大,因为我们所经历的其实已经有人在我们前面经历过了,所以我们是有很多经验可以借鉴的。就拿语言表演这件事来说,我们是有很多优秀的作品可以模仿的。只要我们善于模仿学习他人的成功经验,也能很快掌握要领。而模仿得多了,内化为自己的风格之后,很容易就能找到创新的突破点。

认真回顾我从小到大的语言表演历程,不难发现,我其实一直在做着模仿和创新的切换。从参加经典诵读模仿名家的朗诵作品到参加语文读书节朗诵自创小诗《我愿如花》;从生动演绎书中故事到草根才艺秀上创作演绎简单的三句半作品《夸夸我的好老师》,到改编表演小品《昨天、今天、明天》;从校内、学区各种比赛、演出到客串厦门金融系统最美女职工舞台剧《培育好家风 传承好家训》、建行员工子女表彰大会的表演《我家的抗疫故事》;从赛前准备充分的脱稿比赛到思明区小主持人展演现场即兴发挥喜提一等奖;等等。我通过模仿一次又一次地进行舞台尝试,从中寻找到了乐趣,渐渐不满足于模仿,尝试在作品中加入自己的创新,形成了自己的一套表演风格,慢慢地,我发现老师同学对我的关注和认可更多了。

超越往往是从模仿开始,最终通过吸收内化并创新输出来实现的。这就是我的"超越"成长法则第二条:"让创新超越模仿。"创新超越的不一定是别人,往往更可能会是我们自己。

三、咪——让合作超越个体

在这场比赛之前,我对"合作"有比较深的误解,认为它很麻烦、很费时,不如自己"单打独斗",认为什么事情都应该独立完成,最好不要麻烦老师和同学。

但事实上不是这样的,老师和同学恰恰成为我参与这次比赛最强有力的支撑。语文老师非常重视我的这次演出,一方面指导了我的作品创作,一方面根据同学的特点精心帮我挑选了一个合适的搭档,同时利用课余时间,反复指导我们练习,很好地帮我解决了"搭档"和"时间"这两大难题。

在作品大致有了模样的时候,老师还让我们在全班同学面前小试了一下牛刀,取得了不错的效果。老师和同学们的鼓舞大大增强了我们的信心。而因为这个搭档的加入,也改变了我以往单打独斗的比赛模式,使我充分感受到了竞争和合作的微妙关系,在合作中你追我赶也成就了我和小伙伴彼此的进步。

这就是我的"超越"成长法则第三条:"让合作超越个体。"竞争与合作是我们成长最好的催化剂。

四、发——让过程超越结果

举个日常生活中常常遇到的现象:家长不让我们做家务,理由往往是我们做得不利落、效率低:"让你干了半天,结果还得我重新收拾一遍,还不如我亲自动手呢!"

而在这个细小而又常见的生活场景里,我们可以看到两种目的的冲突。一件事办成了,我们能得到实际的收益,这是它的成功价值;通过办这件事,我们获得经验教训,锻炼了才能,获得了知识,丰富了阅历,这是它的成长价值。如果你不会洗碗,迈出了宝贵的第一步,可是最终没能把碗洗得很干净,这个过程你就没有成长了吗?成功不等于成长,成长也不能简单地理解为取得成功的结果。

在"鹭岛花朵"的这场比赛中,虽然我们最终只获得了思明赛区铜奖,无缘决赛,但是我和我的搭档都超越了比赛前的自己。这一场比赛激发了我们的潜能,让更多的老师同学喜欢上我们的作品,见证了我们的实力和努力,在过程中赋予了我们更多的心理能量。

这就是我的"超越"成长法则的第四条:"让过程超越结果。"从失败中获得的成长往往大于成功。

五、唆——让快乐超越付出

如果你问我:"所有的成长过程总是快乐的吗?"我的答案是否定的。

一开始,面对困难,我没有摆正心态,所以我感觉到不快乐。然后经过认清自我、摆正心态、掌握方法之后,无论结果如何,我都很享受这个过程。我是成长的,也是快乐的!

可见,成长和快乐并不是先天矛盾的,我们是可以通过努力去转化它们的。而什么样的努力可以形成自驱动力,进而形成我们成长的快乐呢?

对于成功,快乐存在于嘉奖鼓励;

对于失败,快乐存在于坦然接受;

对于认可,快乐存在于感恩之心;

对于否定,快乐存在于知耻后勇。

简而言之,空杯归零的心态,严于律己的习惯,迎难而上的勇气,自己对自己负责的态度……这些都能形成使我们快乐成长的自驱动力。

这就是我的"超越"成长法则第五条:"让快乐超越付出。"快乐成长是教育值得期待的目标。

崇尚用心、勇于创新、善于合作、享受过程、自驱蜕变……当我们掌握了这些成长的法宝,不必急于求成,时间会成全我们所有的过去。

未来因成长而期待,成长因超越而精彩!